主 编 简 介

齐树洁，河北武安人，1954年8月生。1972年12月自福建泉州一中应征入伍，1978年4月从新疆军区某部退役，同年7月参加高考。1982年7月毕业于北京大学法律系，获法学学士学位。1990年8月毕业于厦门大学民商法专业，获法学硕士学位。2003年11月毕业于西南政法大学诉讼法专业，获法学博士学位。曾在西南政法学院、中国人民大学、香港大学、澳门大学、台湾政治大学、菲律宾雅典耀大学、英国伦敦大学、德国弗莱堡大学、法国巴黎第二大学、美国佛罗里达大学研修和访问。现为厦门大学法学院教授、博士生导师、司法改革研究中心主任，兼任中国民事诉讼法学研究会副会长、中国仲裁法学研究会副会长、澳门科技大学法学院博士生导师。

Access to Justice
厦门大学司法制度研究丛书

总主编 齐树洁 陈 斯

外国调解制度
Mediation System in Foreign Countries

齐树洁 主 编
方 俊 副主编

撰稿人（以撰写章节先后为序）

齐树洁 肖 燕 方 俊 占 强
陈爱飞 于放之 吴秋怡 黄河缘
汪文雨 许林波 王 言 王 晨
朱昕昱 齐 玎 欧 丹 李 纳
郑圭相 王从光

厦门大学出版社 国家一级出版社
XIAMEN UNIVERSITY PRESS 全国百佳图书出版单位

图书在版编目(CIP)数据

外国调解制度/齐树洁主编.—厦门：厦门大学出版社，2018.12
(厦门大学司法制度研究丛书)
ISBN 978-7-5615-7092-0

Ⅰ.①外… Ⅱ.①齐… Ⅲ.①调解(诉讼法)—司法制度—研究—国外 Ⅳ.①D915.104

中国版本图书馆 CIP 数据核字(2018)第 217615 号

出版人	郑文礼
责任编辑	李　宁
封面设计	李夏凌
美术编辑	蒋卓群
技术编辑	许克华

出版发行　厦门大学出版社

社　　址　厦门市软件园二期望海路 39 号
邮政编码　361008
总 编 办　0592-2182177　0592-2181406(传真)
营销中心　0592-2184458　0592-2181365
网　　址　http://www.xmupress.com
邮　　箱　xmup@xmupress.com
印　　刷　厦门集大印刷厂

开本　720 mm×1 000 mm　1/16
印张　30.5
插页　2
字数　536 千字
印数　1~2 000 册
版次　2018 年 12 月第 1 版
印次　2018 年 12 月第 1 次印刷
定价　83.00 元

本书如有印装质量问题请直接寄承印厂调换

厦门大学出版社
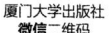
微信二维码

厦门大学出版社
微博二维码

出版说明

厦门大学法律系(现为法学院)创办于1926年,其后的发展几经坎坷,历尽艰辛。自1979年复办以来,法学院在重视提高诉讼法学教学质量的同时,始终密切关注并积极参与我国诉讼法律制度的改革及诉讼法学科的建设。近20年来,法学院教师出版、发表了许多专著、教材和学术论文,内容涉及民事诉讼、刑事诉讼、行政诉讼、仲裁制度、证据制度、破产制度、纠纷解决机制、台港澳诉讼制度以及司法改革等方面,成果显著。经国务院学位办批准,厦门大学自2000年起招收诉讼法专业硕士研究生,自2004年起招收诉讼法专业博士研究生。

2001年,为适应诉讼法教学和科研的需要,提升学术研究水准,促进诉讼法学科的发展,并为我国正在进行的司法改革摇旗呐喊,尽绵薄之力,我发起编写"厦门大学法学院诉讼法学系列"。受20世纪90年代英国民事司法改革的启示,我们将丛书的主题确定为"接近正义"(Access to Justice)。

本系列第一辑以民事诉讼法为主题,包括《民事程序法》、《民事司法改革研究》、《民事证据法专论》、《仲裁法新论》、《英国证据法》、《ADR原理与实务》(再版改名为《多元化纠纷解决机制》)、《强制执行法》、《破产法研究》等8种,已于2004年6月全部出齐并先后重印或再版。这套书的出版在法学界引起很大的反响,受到专家和读者的好评,并被多所法律院校采用为教材。2002年9月,英国文化委员会和英国驻华大使馆获知《英国证据法》出版的消息,特意发来贺信,对该书的出版表示祝贺并予以高度评价。① 2003 年,《仲裁法新论》获得厦门市第五次社会科学优秀成果二等奖;《英国证据法》获得福建省第五届社会科学优秀成果三等奖。2004 年,《民事程序法》《英国证据法》同时获得"首届中国优秀法律图书奖"。2006 年,《民事程序法》入选普通高等教育"十一五"国家级规划教材。

第二辑在继承第一辑写作风格的基础上,有所发展和创新。为适应我国司法改革的新形势,这一辑以司法制度及其改革为主题,共计 10 种,包括《程序正义与司法改革》《公证制度新论》《环境纠纷解决机制研究》《多元化纠纷解决机制原理与实务》《英国司法制度》《美国司法制度》《德国司法制度》《民事审前程序》《台港澳民事诉讼制度》《调解衔接机制理论与实践》,已于 2010 年 6 月全部出齐。其中,《程序正义与司法改革》《公证制度新论》于 2007 年同时获得福建省优秀法学成果一等奖,《程序正义与司法改革》《多元化纠纷解决机制原理与实务》于 2008 年分别获得厦门市第七次社会科学优秀成果二等奖和三等奖。

"厦门大学法学院诉讼法学系列"第一辑、第二辑共计 18 种书,总字数 1000 余万字,涉及面广,工程浩大,影响深远。数百名作者呕心沥血,不计名利,历时 10 年,终于大功告成。这是厦门大学诉讼法学科建设的一件大事,值得庆贺和纪念。

在此基础上,厦门大学法学院诉讼法学科与东莞市第一人民法院合作,决定共同编写"厦门大学司法制度研究丛书",由我和时任东莞市第一人民法院院长陈斯(厦门大学法学院兼职教授)担任丛书的总主编。本丛书以司法改革、多元化纠纷解决机制为主题,拟编写并出版十余种相关著作。

《外国调解制度》系新丛书之一种。20 世纪 60 年代以来,在许多国家,民事司法制度不能满足社会的需求已成为一个普遍的现象。所谓"民事司法危机"就是传统的诉讼制度不堪重负的结果。在全球民事司法改革浪潮中,调解制度受到了普遍的关注,并在不同程度上将其纳入各国司法改革的架构之中。

---

① 英国文化委员会和英国驻华大使馆的贺信称:"We are extremely excited about the publication of Evidence Law in the UK. The enlightening piece of work, being the first of its kind to elaborate on UK evidence law, is obviously a breakthrough in its particular field of study."

出版说明

我国正在全力构建多元化纠纷解决机制,各国有关调解制度改革和实践的成功经验为我们提供了可资借鉴的域外资源,也为我们少走弯路提供了值得参考的方向。

厦门大学法学院是我国纠纷解决机制研究的重要基地。在我的倡议和主持下,诉讼法专业2008级至2017级学生历时10年,收集、阅读、翻译了大量最新的外文资料,写出了三十多篇介绍、研究外国调解制度的文章。令人感动的是,韩国成均馆大学郑圭相教授在重庆的一次学术会议上与我认识,此后不久即应我之邀,欣然赐稿。2017年12月至2018年7月,我们对初稿进行了字斟句酌的反复推敲,重新编排体系,调整结构,增补内容,深化主题,终于完成了这部学术专著。本书旨在利用最新资料,全面介绍五大洲28个国家社会调解和司法调解的历史和现状,阐述其基本理论、程序和制度,向读者展示一幅调解制度新发展的全球图景,从中探索有益于调解制度发展的经验和规律。

本丛书的出版得到了厦门市中级人民法院、东莞市中级人民法院、福州市中级人民法院、泉州市中级人民法院、莆田市中级人民法院、漳州市中级人民法院、厦门市司法局、厦门仲裁委员会、厦门市公证处、泉州市公证处、北京市天元律师事务所、广东深圳君强律师事务所、福建天衡联合律师事务所、上海昊理文律师事务所、厦门大学法学院、厦门大学出版社,以及京外有才刑辩团队领衔律师翁京才的鼓励、支持和帮助,在此一并表示衷心的感谢。司法改革任重而道远,我们将不畏艰难,奋力前行。

虽然做了很大的努力,但是由于作者的学识和能力所限,本丛书的不足之处在所难免,恳请专家、读者批评指正。

齐树洁　谨识
2018年7月31日
于厦门大学法学院

丛书总序

东莞法院与厦门大学法学院的合作已经有好些年了,除了厦门大学法学院在社会的影响力外,更重要的原因在于齐树洁教授持续不断的推动。齐教授是位非常和善,治学却极为严谨的学者。我们在研究兴趣点上有很多的共通之处,其中最重要的是我们都感到研究法律除了需要扎实的理论功底外,司法实践是法科学生理解法律从而真正进入法律之门的必要途径。而要实现这一点,加强院校与司法实务部门的合作是最便捷也是最为有效的路径。对于长期在审判第一线工作的法官来说,能够在理论上得到提升,从而提高办案水平亦是其最为渴望的事情。显然,与院校交流是一个有效的办法。2009年之前,我们的合作主要是进行课题研究以及指导学生实习,合作出书只是口头上说说,并没有付诸行动。自我从东莞市中级人民法院调到东莞市第一人民法院工作后,面对着法官们辛勤工作之余撰写的文章,深感其内容丰富且有现实意义,意识到如能将其结集出版可谓善莫大焉。其意义在于,一是可以好好总结。从人均案件量来看,2009年东莞法官人均结案达355件,可以说,东莞的法官几乎是全国最忙的法官,东莞法院极其丰富的案件资源是学术界认识分析探究中国司法或者法律实践最好的素材,其中许多纠纷可能是中国最先碰到的问题,而这些法官的经验确实有必要好好总结。二是为了分享。我希望这些成果能够让全社会尤其是法律职业从业者一起来分享,因为东莞的今天或许是内地很多城市的明天,东莞法官今天面临的问题很有可能就是内地法官或者其他法律工作者明天面临的问题。从这个角度看,将东莞的经验公开实在是多赢的事情。根据齐树洁教授的建议,我们还会组织更多的学者参与撰写这套丛书,使其内容更加充实,既立足当下又面向未来。经验与学术结合、理论与实践互动将是这套丛书的主要特点。

在这套丛书里,对实务问题的研究是一个重点。我们把视角主要放在了东莞,除了因为合作主体的因素,还因为东莞是个非常特殊的地方。

东莞是个全新的城市,但说它"新"并不意味着没有根基,实际上东莞建郡已经有1700多年的历史。近代史的开篇之地便在东莞,史家均认为"虎门销烟"开启了中国近代社会的新篇章,而虎门正是东莞的一个镇。让人们感到东莞的"新"完全是基于30年来的改革开放。由于开放的缘故,东莞顺利承接了国际制造产业的转移,同时也接纳了国际通行的游戏规则,包括尊重规则信守合同的法治准则,市场经济的基本要素在东莞得到了充分的吸收和交融。而市场经济作为法治经济的特点不仅在于主体平等和交易自由,更重要的是重规则和秩序,这些因素既推动了经济的发展,同时也有效地促进了司法权威在东莞的树立。东莞——这个地处南国的边陲小镇,一个长期以农业为立身之本的乡土小城,一个远离中央权力并且缺少自然资源的小地方,居然在30年的时间里以年均约22%的增长率一举进入中国经济最为发达的城市之列。显然,取得这些成就不可能完全依靠地理条件和社会环境,市场经济法则的建立亦是其中重要原因。也正是因为对司法的信任,人们对纠纷解决更多地借助了司法途径,东莞法院的收案于是从早先的每年1000多件上升到去年的12万件。当然,与此相适应的是人们对司法公正的迫切要求。正是由于有了这一特殊的社会背景,东莞法院的法官们天然地对精研法律有着更高的热情,对如何恪守正义也有着更为深刻的理解和要求。

由于司法本身固有的中立性、终极性等特点,它一直充当着社会矛盾的化解器与社会动荡的减震器,正所谓天下之公器也。司法对社会的极端重要性同样也促成人们对司法机关尤其是对法官的特殊要求。专业性是其最突出的一部分。假设没有专业性的要求,那么法官就完全失去了其特殊性,法官也就无法成为德沃金所言的"法律帝国的王侯"。正是因为这一点,一个学识渊博的法官尤为令人景仰。在学识与经验的结合上,人们对法官的要求恐怕是所有行业中最高的,这点在英美法系国家尤其明显。在那里几乎所有最为杰出的法官无一例外都是优秀的法学家,这些人既是法律的界碑,同时也引领着法律的未来。

所以,我认为,在很大的程度上,学者与法官的追求是非常近似的,在他们的领域里,对专业或者学术的研究是无止境的。学者或者法官的专业学养越深厚,他们对这个领域乃至这个社会的贡献就越大,因为他们的思想可以变成人类共同的财富。

自从进入新世纪以来,东莞法院一向倡导的"培养专家型法官,打造学习型法院"的建院方针初见成效,法官精英开始显露头角,与院校的交流也日渐增多,东莞法院已经成为国内多家法学院校的研究基地。正是基于这个前提,东莞法院与厦门大学法学院的合作提升到了一个新的层面,我们开始共同享用双方的成果,而且这种共享并不是短期的或者是个别的,如果条件允许,这种合作将是长期的。

实际上,几乎没有人怀疑对法院审理的案件进行总结和分析是法官提高业务水准的重要路径。正是基于这种简单思维,我几乎每年都会将所审理过的案件进行简单的梳理,择其要者作一分析。如今,我又将这一要求作为任务下达给了东莞市第一法院的全体法官,当然,也包括我自己。而所有的这些成果已经成为或者将会成为我们这套丛书的内容。

我一直希望我们的法官也可以成为这样的人,他们既是学者也是法官,他们既精通理论又熟悉实务操作,既了解社情民意又深谙法律精髓,他们既能在象牙塔钻研学问,又可以在尘世间挥洒人生。一句话,他们既可以出世也可以入世。这是何等潇洒的一种精神境界!

基于这种理想的追求,我一直希望成为沟通理论与实务界的桥梁。近年来,中国最顶尖的法学家,包括我们熟知的江平先生、梁慧星、王利明、朱苏力、贺卫方、张卫平、王亚新教授等学者都是通过这座桥梁到了东莞,并在东莞法院播下了法律学术的种子,而那些长期在一线审判的法官们也将他们的司法实践经验馈赠给了学术界。

其实法律本来就是一门实践性的科学,而法官与学术的这种天然密切联系更加加强了东莞法院法官们对法律学术与实务沟通的认识。东莞这个改革开放的前沿地带所面临的前沿问题,迫使东莞的法官必须在学术和经验之中穿行和求索。值得我们欣慰的是,与我们同行的除了司法界的同行外,还有像厦门大学这样的院校,有齐树洁教授这样的学者,他们也在和我们一起穿行一起探索;而我们一起探索共同研究的所有收获都会成为全体法律人乃至全人类的共同财富。

也许,目前我们能够做的就只有这些。不可否认,这一切都还很不完美,然而千里之行,始于足下,由于参与者的真诚和努力,我们有理由为这一点一滴的成就感到骄傲。

陈斯　谨识
2010年4月30日

本书作者简介

（以撰写章节先后为序）

齐树洁 法学博士，厦门大学法学院教授、博士生导师，司法改革研究中心主任，中国民事诉讼法学研究会副会长、中国仲裁法学研究会副会长，澳门科技大学法学院兼职博士生导师。本书主编，撰写绪论、第一章、第三十章。

肖　燕 法律硕士，广东卓建律师事务所律师。撰写第二章、第十章。

方　俊 中国政法大学司法文明协同创新中心诉讼法博士研究生。本书副主编，撰写第三章、第十六章、第二十章、第二十四章、第二十八章。

占　强 厦门大学法学院诉讼法博士研究生。撰写第四章。

陈爱飞 中国人民大学法学院诉讼法博士研究生。撰写第五章。

于放之 法律硕士，厦门国贸集团股份有限公司法务专员。撰写第六章。

吴秋怡 法律硕士，中国农业银行杭州分行职员。撰写第七章。

黄河缘 厦门大学法学硕士，厦门美图之家科技有限公司高级法务专员。撰写第八章。

汪文雨 法学硕士，华创证券有限责任公司高级经理。撰写第九章。

许林波 法学博士，江西财经大学法学院讲师。撰写第十一章、第二十一章。

王　言 厦门大学法学院诉讼法博士研究生。撰写第十二章、第二十五章、第二十九章。

王　晨 厦门大学法学院诉讼法硕士研究生。撰写第十三章。

朱昕昱 厦门大学法学院诉讼法博士研究生。撰写第十四章、第十五章、第二十章、第二十三章、第二十七章。

齐　玎 法学博士，德国康斯坦茨大学法学院访问学者，美国哥伦比亚大学法学院访问学者，厦门大学现代法律服务研究中心研究员。撰写第十七章。

欧　丹 法学博士，波兰华沙大学法学院访问学者，浙江理工大学法政学院讲师。撰写第十八章。

李　纳　法律硕士，佳兆业集团控股有限公司法务专员。撰写第十九章。

郑圭相　法学博士，韩国成均馆大学校长、法学教授，韩国民事诉讼法协会前任会长，韩国民事执行法协会前任会长。撰写第二十二章。

王从光　厦门大学法学院诉讼法硕士研究生。撰写第二十六章。

目　录

绪　论 …………………………………………………………… 1
　一、ADR 的基础理论 …………………………………………… 3
　二、"接近正义"与司法危机 ………………………………… 15
　三、司法改革与 ADR …………………………………………… 19
　四、全球 ADR 运动的新发展 ………………………………… 22

第一章　调解制度的基本原理 ………………………………… 27
　一、调解的含义及基本原则 …………………………………… 27
　二、调解的观念基础与实践基础 ……………………………… 31
　三、调解的形式及分类 ………………………………………… 34
　四、调解的价值功能 …………………………………………… 38
　五、调解员的角色定位 ………………………………………… 40
　六、调解的基本程序 …………………………………………… 42
　七、调解与诉讼、仲裁的互动 ………………………………… 48

第二章　加拿大调解制度 ……………………………………… 54
　一、社会调解 …………………………………………………… 55
　二、法院附设调解 ……………………………………………… 57
　三、安大略省的法院附设调解 ………………………………… 60
　四、魁北克省的法院附设调解 ………………………………… 63
　五、余论 ………………………………………………………… 65

第三章　美国调解制度 …… 67
一、美国调解制度概述 …… 68
二、法院附设调解制度 …… 75
三、家事调解制度 …… 80
四、调解员制度 …… 82

第四章　墨西哥调解制度 …… 86
一、墨西哥调解制度概述 …… 86
二、调解的类型 …… 90
三、调解的程序 …… 93
四、调解保密制度 …… 95
五、调解员制度 …… 96

第五章　巴西调解制度 …… 99
一、巴西调解制度概述 …… 100
二、调解员制度 …… 103
三、调解制度的主要内容 …… 105
四、调解制度的实践与展望 …… 112

第六章　葡萄牙调解制度 …… 114
一、葡萄牙调解制度概述 …… 115
二、调解员制度 …… 119
三、调解程序 …… 121
四、调解的专业化 …… 126
五、简要的评析 …… 128

第七章　西班牙调解制度 …… 130
一、西班牙调解立法概述 …… 131
二、调解制度的主要内容 …… 134
三、对调解立法与实践的评析 …… 140

第八章 意大利调解制度 ··· 144
一、意大利调解制度的发展背景 ····································· 145
二、意大利调解制度的主要内容 ····································· 149
三、对调解立法的几点思考 ··· 155

第九章 希腊调解制度 ··· 160
一、希腊《调解法》的特征分析 ····································· 161
二、调解员制度 ··· 165
三、调解制度的未来改革 ··· 168

第十章 匈牙利调解制度 ··· 172
一、调解立法概况 ··· 173
二、调解制度的主要内容 ··· 175
三、调解员制度 ··· 179
四、调解程序 ··· 181
五、调解制度的运作效果 ··· 184

第十一章 奥地利调解制度 ··· 186
一、奥地利调解制度的发展背景 ····································· 186
二、奥地利调解立法概况 ··· 188
三、奥地利调解制度的主要内容 ····································· 191
四、奥地利调解员制度 ··· 194

第十二章 瑞士调解制度 ··· 198
一、瑞士调解制度的发展背景 ······································· 199
二、瑞士调解制度的主要类型 ······································· 201
三、瑞士调解制度的具体内容 ······································· 203
四、瑞士调解制度的发展趋势 ······································· 207

第十三章 法国调解制度 ··· 211
一、法国调解制度的发展过程 ······································· 212

二、调解制度的类型 ·· 214
　　三、调解员制度 ·· 218
　　四、强制调解制度 ·· 221
　　五、结语 ·· 223

第十四章　英国调解制度 ·· 225
　　一、司法改革与调解制度 ·· 225
　　二、调解的类型化 ·· 227
　　三、调解的职业化 ·· 229
　　四、调解程序的规范化 ·· 232
　　五、调解制度的激励措施 ·· 233
　　六、简要的评价 ·· 237

第十五章　爱尔兰调解制度 ·· 240
　　一、调解制度的发展历史 ·· 240
　　二、调解员与调解委员会 ·· 243
　　三、调解的类型 ·· 245
　　四、《调解法》的主要内容 ·· 247
　　五、简要的评析 ·· 251

第十六章　比利时调解制度 ·· 253
　　一、比利时调解立法概况 ·· 253
　　二、调解的制度化 ·· 255
　　三、调解的职业化 ·· 261
　　四、调解的电子化 ·· 264

第十七章　德国调解制度 ·· 268
　　一、《德国调解法》的立法背景 ·· 269
　　二、德国调解制度的主要内容 ·· 271
　　三、德国调解制度的新发展 ·· 277
　　四、德国调解制度的效果评析 ·· 280

五、结语 …………………………………………………… 283

第十八章　波兰调解制度 …………………………………… 285
　　一、波兰调解制度的发展背景 …………………………… 285
　　二、调解制度的主要内容 ………………………………… 287
　　三、调解员制度 …………………………………………… 293
　　四、简要的评析 …………………………………………… 296

第十九章　挪威调解制度 …………………………………… 299
　　一、挪威调解制度的发展背景 …………………………… 299
　　二、挪威调解制度的主要内容 …………………………… 301
　　三、挪威调解员制度 ……………………………………… 305
　　四、挪威调解制度的类型化 ……………………………… 307

第二十章　俄罗斯调解制度 ………………………………… 311
　　一、俄罗斯调解制度的发展背景 ………………………… 311
　　二、俄罗斯调解制度的主要内容 ………………………… 314
　　三、俄罗斯调解制度的实践运作 ………………………… 320
　　四、俄罗斯调解制度存在的问题 ………………………… 322

第二十一章　荷兰调解制度 ………………………………… 325
　　一、荷兰调解制度的发展背景 …………………………… 325
　　二、荷兰调解制度的发展概况 …………………………… 328
　　三、荷兰法院转介调解制度 ……………………………… 330
　　四、荷兰法院外调解制度 ………………………………… 336

第二十二章　韩国司法型调解制度 ………………………… 339
　　一、韩国司法型调解制度的主要内容 …………………… 340
　　二、韩国司法型调解制度的运营现状 …………………… 345
　　三、韩国司法型调解制度存在的问题 …………………… 353

第二十三章　日本调解制度 ………………………………… 359
　　一、日本调解制度的发展概况 ……………………………… 359
　　二、民事调解制度 …………………………………………… 360
　　三、家事调解制度 …………………………………………… 365
　　四、民间调解制度 …………………………………………… 367
　　五、行政调解制度 …………………………………………… 369
　　六、几点评析 ………………………………………………… 370

第二十四章　越南调解制度 ………………………………… 373
　　一、越南调解制度概述 ……………………………………… 374
　　二、越南调解制度的类型 …………………………………… 376
　　三、越南调解制度的主要内容 ……………………………… 381
　　四、越南调解制度的改革 …………………………………… 383

第二十五章　新加坡调解制度 ……………………………… 386
　　一、新加坡《调解法》的制定背景 ………………………… 387
　　二、《调解法》的适用范围和特征 ………………………… 389
　　三、调解保密制度 …………………………………………… 390
　　四、调解协议的可执行性 …………………………………… 392
　　五、新加坡调解制度的实践与展望 ………………………… 396

第二十六章　印度调解制度 ………………………………… 400
　　一、印度调解制度的发展背景 ……………………………… 401
　　二、调解制度的主要内容 …………………………………… 403
　　三、调解程序 ………………………………………………… 406
　　四、调解与其他纠纷解决方式的关系 ……………………… 408

第二十七章　澳大利亚调解制度 …………………………… 413
　　一、澳大利亚调解制度的概况 ……………………………… 413
　　二、澳大利亚调解制度的主要内容 ………………………… 415
　　三、澳大利亚家事调解制度 ………………………………… 420

四、简要的评析 ……………………………………………… 425

第二十八章　南非调解制度 …………………………………… 427
一、南非调解制度概述 ……………………………………… 428
二、法院附设调解制度 ……………………………………… 432
三、法院外调解制度 ………………………………………… 434
四、南非的调解技能培训 …………………………………… 439

第二十九章　加纳调解制度 …………………………………… 442
一、加纳现代 ADR 制度的发展背景 ……………………… 442
二、加纳调解制度的发展历程 ……………………………… 444
三、加纳调解制度的发展经验 ……………………………… 448
四、结语 ……………………………………………………… 452

第三十章　调解制度的发展趋势 ……………………………… 454
一、调解的法制化进程 ……………………………………… 454
二、调解的电子化运作 ……………………………………… 457
三、调解的职业化发展 ……………………………………… 459
四、调解制度发展的激励与保障 …………………………… 461

绪　论

人类社会的演变既是一个从野蛮到文明的渐变过程，也是一个不同类型的纠纷解决机制形成和发展的过程。在国家出现以前，自力救济是纠纷解决的常态。在国家出现以后，合法的暴力由国家统一行使，公力救济在纠纷解决中占据主导地位，同时，基于私法自治的特点，也允许存在一定的社会救济空间，自力救济则日趋式微。在现代社会，这三种纠纷解决机制仍依各自所占的或轻或重的地位并存着，从而构成了以诉讼为主导的多元化民事纠纷解决体系。

相较于其他民事纠纷解决机制，民事诉讼固然有许多突出的优点，但也存在着一些难以克服的局限，例如，法律与情理的矛盾、程序复杂、周期长、成本高等。如果一味追求通过诉讼的方式解决纠纷，势必造成一部分社会成员的利益无法得到保障的恶果。此外，民事诉讼严格的规范性和国家强制力在很大程度上限制了当事人的意思自治，不利于纠纷主体之间矛盾的调和。面对不断变迁的社会和日益多元的利益需求及其冲突，为了保障民众"接近正义"（access to justice）权利的行使，各国无不试图建立一个包括协商、调解、仲裁、诉讼等纠纷解决方式在内，能够满足社会主体多样化需求的程序体系和动态调整系统，即多元化的纠纷解决机制。在这个机制中，每一种具体的纠纷解决方式发挥着其独特的作用，并且相互联系，相辅相成。各种替代性纠纷解决机制（Alternative Dispute Resolution，简称ADR）正是在这样一种背景下应运而生并得以蓬勃发展的。①

除了传统的协商、调解、仲裁等方式外，ADR 还包括法院附设调解（court-annexed mediation）②、法院附设仲裁（court-annexed arbitration）③、简易陪审团审理（summary jury trial）④、早期中立评估（early neutral evaluation）⑤、小型审判或咨询法庭（mini-trial or executive tribunal）、调解—仲裁（med-arb）、聘请法官（private judging or rent-a-judge）等新型的纠纷解决方式。ADR 的

---

① 1976 年英国召开的讨论"大众为什么会对司法行政不满"的国家会议上，弗兰克·桑德尔教授第一次使用了"ADR"（Alternative Dispute Resolution）的概念。参见[英]西蒙·罗伯茨、彭文浩：《纠纷解决过程：ADR 与形成决定的主要形式》，刘哲玮等译，北京大学出版社 2011 年版，第 60 页。

② 法院附设调解是目前采用最多的法院附设 ADR 方式。调解是指当事人双方在中立第三方的协助下，在没有强力迫使解决争议的前提下，通过谈判相互协商以求得双方均满意的争议解决方案的一种非正式程序。美国的法院附设调解根据案件性质的不同可分为强制性调解与自愿调解。参见范愉主编：《ADR 原理与实务》，厦门大学出版社 2002 年版，第 467 页。

③ 法院附设仲裁是指法院根据法律的授权，对于在一定诉讼标的额以下的特定类型的案件，在进入审判程序之前强制性付诸仲裁处理。法院附设仲裁的仲裁员可能是法官、律师或者某一领域的专家。仲裁过程通常需要几个月的时间。在美国，为了避免引起违宪问题，强制仲裁的结果往往不具有拘束力（unbinding），即任何一方当事人都可以拒绝接受仲裁结果并要求重新开始审判所有的问题。但如果当事人经由审判获得的利益并不高于仲裁裁决所作出的裁决，那么拒绝接受仲裁结果并要求重新开始审判的当事人则会被处以罚款，罚款项目包括仲裁费、诉讼费乃至对方当事人的律师费。参见齐树洁主编：《外国 ADR 制度新发展》，厦门大学出版社 2017 年第 2 版，第 74～75 页。

④ "简易陪审团审理"由美国俄亥俄州北部地区法院法官托马斯·D. 兰布罗斯于 1980 年首创，其目的是为需要陪审团审理的案件在审前准备阶段提供促进和解的灵活的、无约束性的程序。该程序在简短的审理之后为当事人和他们的律师提供建议性裁决。在审理中，举证和辩论可以以简略的形式进行。陪审团的建议性裁决对于当事人达成和解具有积极的促进作用。参见齐树洁主编：《民事审前程序新论》，厦门大学出版社 2011 年版，第 300 页。

⑤ 所谓"早期中立评价"，最早是由美国加利福尼亚州北部地区法院所创设的一种纠纷解决程序，即在审前阶段将所有当事人和他们的代理人召集在一起，提出案件的摘要。对于案件所涉及问题由有丰富经验的中立人提出无约束性评价和案件计划的指导，如果当事人要求，还可以提供其他帮助。参见杨严炎：《美国司法 ADR 考察》，载《当代法学》2006 年第 4 期。

出现与发展不仅给特定纠纷的当事人,也给整个社会带来了巨大的利益。作为一种以利益为基础的纠纷解决方式,ADR 的产生促进了纠纷解决理念的变化,即从对抗走向对话,从价值单一化走向价值多元化,从胜负决斗走向谋求"双赢",从而有利于社会的和谐与发展。①

在多种民事纠纷解决机制并存的前提下,赋予当事人充分的程序选择权是必要的。通过对不同纠纷解决机制的权衡与比较,让纠纷主体根据法律的规定和自身利益的需求,选择相应的纠纷解决机制,是现代司法的必然选择。

所谓民事程序选择权,是指当事人在法律规定的范围内自主选择纠纷解决方式以及在纠纷解决过程中选择相关程序事项的权利。民事程序选择权是从当事人的角度出发,为满足当事人的个性化的利益需要而设计的制度。民事程序选择权的主体是当事人,以存在两种以上可供选择的、功能相当的程序机制为前提,主要通过当事人之间在充分权衡其实体利益和程序利益的基础上所达成的合意来实现的。民事程序选择权直接源于程序主体性原则。所谓程序主体性,是指当事人在纠纷过程中应当居于主体而不是客体的地位。根据宪法的规定,公民是权利主体,依法享有生存权、自由权、财产权、诉讼权等基本权利。为了保障国民的这些基本权利的实现,必须在一定范围内肯定公民在法律上的主体性,赋予当事人在纠纷解决程序中的主体地位。

一、ADR 的基础理论

(一) ADR 的含义及基本特征

从现有资料来看,学者及有关法律文件均未对 ADR 作语言精确与逻辑严密的概念界定:

Christian Buhring-Uhle 认为,ADR 一般泛指替代诉讼的任何程序。

---

① 齐树洁主编:《民事诉讼法》,厦门大学出版社 2017 年第 11 版,第 8 页。

ADR 在国内实践方面包括仲裁,国际实践方面则不包括仲裁。①

Henry J. Brown 认为,ADR 泛指任何作为诉讼替代性措施的程序,通常涉及一个中立和独立的第三人的介入和帮助。ADR 包括仲裁。但除非有第三人介入,谈判本身不是 ADR;只有在谈判失败时,ADR 才开始启用。② 换言之,谈判是启动 ADR 的前奏。

美国第九上诉法院弗莱彻法官认为,ADR 泛指不经过正式的审判程序而解决纠纷的办法。③

英国法学家施米托夫教授没有对 ADR 进行概念性界定,但他至少将协商程序、申诉程序、调解和仲裁看作司法外解决争议的方法。④

1992 年出版的《ADR 语言》(*The Language of ADR*)将 ADR 界定为"通常法律程序所接受的,通过协议而非作出强制性决定的解决问题的任何方法"(any method of resolving an issue susceptible to normal legal process by agreement rather than an imposed binding decision)。有学者认为该定义过于宽泛。⑤ 不过我国有学者认为该定义比较合理,并主张狭义的 ADR,即认为 ADR 不含仲裁,也不含法律框架内的 ADR,如诉讼或仲裁中的调解。⑥

1998 年美国《ADR 法》(*Alternative Dispute Resolution Act* 1998)第 3 条规定,ADR 包括由法官主持的审判之外的任何程序,具体而言,由中立的第三人通过诸如早期评估、调解、微型审理、仲裁等帮助当事人解决纠纷。

可见,除《ADR 语言》等少数资料外,人们对 ADR 的内涵都持有共同的

---

① Christian Buhring-Uhle, *Arbitration and Mediation in International Business: Designing Procedures for Effective Management*, Kluwer Law International, 1996, p. 261.

② Henry J. Brown, *ADR Principles and Practice*, 2nd edition, Sweet & Maxwell, 1999, p. 12.

③ 宋冰主编:《程序、正义与现代化——外国法学家在华演讲录》,中国政法大学出版社 1998 年版,第 420 页。

④ [英]施米托夫:《国际贸易法文选》,赵秀文译,中国大百科全书出版社 1993 年版,第 650~667 页。

⑤ Henry J. Brown, *ADR Principles and Practice*, 2nd edition, Sweet & Maxwell, 1999, p. 12.

⑥ 袁泉、郭玉军:《ADR——西方盛行的解决民商事争议的热门制度》,载《法学评论》1999 年第 1 期。

理解,之所以在 ADR 外延方面存在意见分歧,很重要的原因在于 ADR 仍处于不断发展的过程中,且具有很强的扩张性,这决定了 ADR 客观上只能是一个开放性的概念。由于人们可以通过民事诉讼的参照性概念对 ADR 的内涵进行外在的界定,因此 ADR 的开放性特征仅就其外延而言;尽管学者试图对 ADR 进行宏观的把握,但 ADR 的多样性却使得整体性研究与实证分析间以及不同的实证分析间经常存在冲突,比如仲裁的程式化与其他 ADR 方法迥然不同,为研究的方便,有些学者就对 ADR 的外延作出某些限制或排除。我们认为,"ADR"实际上只起一种"标签"作用,换言之,它实际上是一个内部松散的"集",其作用是体现在具体的 ADR 中,从微观角度研究 ADR 似乎更为可取。因此,刻意限制或排除 ADR 的外延似无必要,应将 ADR 视为发展的、包容的系统,这样不仅可以包容一切现实存在、具有纠纷解决功能的非诉讼方式和机制,还能够将以后继续出现、发展变化的 ADR 涵盖其中;其基本原理亦可适用于大量边缘性纠纷解决现象和方式。[①]

虽然 ADR 方法数量众多,但是不同的 ADR 方法间仍然具有某些相同或类似的特征。

1. 意思自治。ADR 的首要特征是当事人有权通过自愿协议的方式自由地处理争议,当然,自由的程度因不同的 ADR 而有所区别。

2. 灵活性。意思自治的结果是当事人可以自由地设计他们认为合适的程序,这种灵活性甚至可以延伸到纠纷解决的结果方面,使当事人不局限于减少法律规定的救济,还可以结合任何物质或非物质利益的转移和交换。

3. 谈判结构。无论是为了达成有约束力的或没有约束力的协议,经过谈判达成和解都是 ADR 的基本目标。换言之,谈判可以使当事人取得一致的可能性最大化,当然,不同的 ADR 有着不同的谈判结构。

4. 以利益为中心。与民事诉讼以当事人的权利为导向不同,ADR 主要以当事人的利益作为纠纷解决的焦点,这是因为,利益而非权利才是当事人最终之利害所在。由于权利是充当衡量利益合理性的基本工具,因此 ADR 具有

[①] 范愉、李浩:《纠纷解决——理论、制度与技能》,清华大学出版社 2010 年版,第 30 页。

权利导向的特征,①但它的基本价值取向仍然是直接切入纠纷的核心要素——利益冲突。

5.运用管理技巧。ADR 试图把法律争议(legal dispute)转化为商业问题(business problem),因此 ADR 要援用某些管理技巧以达到"双赢"(win-win)结果。与律师相比,公司高层主管更了解本公司的商业利益以及公司的优先与未来战略,因此他们往往能够更快、更富有创造性、更富有远见地与对方当事人达成协议,有时还可以把商业纠纷变成一次新的商业交易。

6.降低交易成本。尽管涉及的纠纷、当事人、所选择的程序以及第三人介入的效果都各有不同,但 ADR 具有节约时间与成本的优势显然毋庸置疑。这里的成本不仅包括当事人在运用 ADR 程序过程中支付的直接成本,也包括纠纷过程派生的间接成本,如业务中断、当事人间关系的破坏以及未来商业机会的丧失等。

(二)ADR 的表现形态

美国第九上诉法院弗莱彻法官认为,调解、仲裁和谈判是美国最常使用的 ADR 方法。② 的确,虽然 ADR 名目繁多,但是许多是调解、仲裁或谈判的派生形态,从调解、仲裁及谈判三个方面探讨 ADR 的具体形态是可取的。此外,近年来,英、美等国法院加大了将 ADR 纳入法院系统的步伐,从而出现了"法院附设 ADR"(Court-annexed ADR)的新形态。

1.调解及其派生形态

关于调解,迄今尚无普遍接受的定义,它主要被理解为第三者(调解员)依据一定的社会规范,如习惯、道德、法律等,对纠纷当事人双方进行劝说、沟通,

---

① 以调解为例,有学者认为,调解制度中具有实现法律内容或权利的性质应当说没有问题。参见[日]谷口安平:《程序的正义与诉讼》,王亚新、刘荣军译,中国政法大学出版社 1996 年版,第 45 页。

② 宋冰主编:《程序、正义与现代化——外国法学家在华演讲录》,中国政法大学出版社 1998 年版,第 427 页。1992 年 8 月美国司法部发布的《联邦法院诉讼中替代性纠纷解决方法适用指南》(*Guidance on the Use of Alternative Dispute Resolution for Litigation in the Federal Courts*, *August* 1992)中对仲裁、调解、早期中立评估、发现事实以及微型审理作了特别说明,似乎表明美国司法部对这些 ADR 方式特别重视。http://www.usdoj.gov,下载日期:2018 年 4 月 9 日。

促成当事人双方相互谅解和让步,从而解决纠纷。① 以主体为标准进行区分,可将调解区分为民间(社会)调解、行政调解和法院调解;以是否发生在诉讼过程中进行区分,调解可划分为诉讼外调解和诉讼内调解,民间调解、行政调解和仲裁调解都属于诉讼外调解,法院调解则属于诉讼内调解。② 调解的主要特征可概括为纠纷当事人的自愿性、纠纷解决的自治性、调解过程的非强制性、非严格的规范性、经济性及效率性。③

调解是最常见、最重要的一种 ADR,是其他 ADR 的基础。由于调解中第三人的角色与立场以及调解程序所蕴含的社会内涵不同,传统调解和现代调解间有着明显的区别,同时还存在介于二者之间的"灰色区域"。Christian Buhring-Uhle 详细分析了二者间的区别,如传统调解中的第三人通常指那些在社会团体中享有崇高社会地位或道德权威的人,而现代调解则优先考虑第三人在解决纠纷方面所拥有的技巧。④

调解可分为三个阶段,即前调解阶段、调解阶段及后调解阶段。前调解阶段的主要任务是使当事人同意进行调解、克服调解的障碍(如对调解的不信任或不了解)、筹备调解会议(如指定调解员);调解阶段的主要任务是当事人阐述、各自召开会议与联席会议以及闭会;在后调解阶段,调解员可能充当一种信息沟通渠道,或作为一种解决纠纷的动力;在未能达成调解的情况下,签署一些局部性协议或备忘录,以便在未来达成和解。

在实践中,人们根据需要对调解作了某些变动,从而出现了包括微型审理(mini-trial)、有部分约束力的调解(semi-binding mediation)、调解—仲裁

---

① Jonathan Law, *Oxford Dictionary of Law*, 8th edition, Oxford University Press, 2015, p.394. 根据对不同法律系统的调查,可以发现法律规定的与司法过程中形成的调解的定义,在关注点和定义的组成要素方面表现出较大的差异。但定义的差别性中却存在一个核心的共同点,该共同点构成了上述通行定义的功能性基础,即调解的中立性与保密性。参见 Klaus J. Hopt & Felix Steffek, *Mediation: Principles and Regulation in Comparative Perspective*, Oxford University Press, 2012, pp.10~12.
② 唐茂林:《法院调解的规范化研究》,法律出版社 2015 年版,第 16 页。
③ 丁寰翔、王宁主编:《人民调解的实践与发展》,中国民主法制出版社 2015 年版,第 6~7 页。
④ Christian Buhring-Uhle, *Arbitration and Mediation in International Business: Designing Procedures for Effective Management*, Kluwer Law International, 1996, pp. 280~282.

(med-arb)等在内的派生形态。

"微型审理"是一种先期程序,旨在缩小当事人对诉讼中胜诉机会的看法分歧以及通过"中立顾问"召集代表当事人的高层决策人士进行建设性和解谈判。其基本特点是通过一个信息交换结构,双方当事人的代表向一个由高级主管组成的专门小组简要阐述案件的有关问题。由于这些高级主管没有介入这些纠纷,因此有很高的权威性来处理这些纠纷。在当事人提交的信息以及听取当事人意见的基础上,专门小组举行秘密讨论并且寻求和解方案,这个过程中可能有也可能没有中立顾问的帮助。1977年,"微型审理"首次运用于一宗专利侵权案。经典的"微型审理"不过是调解的一种变化形式,但在缺乏中立的第三人参与时,"微型审理"成为另外一种ADR。1984年后,纽约公共资源中心(Center for Public Resources,CPR)和苏黎世商会开始提供制度化的"微型审理",包括审理程序和"微型审理"条款,帮助当事人设计"微型审理",并帮助选择中立顾问。

根据美国司法部《联邦法院诉讼中替代性纠纷解决方法适用指南》的介绍,微型审理一般适用于涉及当事人人数较少的纠纷,尤其对于解决如下4类纠纷最为有效:(1)在因一方当事人对他方当事人及其实力估计过高而导致谈判陷入或即将陷入僵局时;(2)存在着某些重要政策问题,而决策者的面对面对话有助于解决这些政策问题时(在缺乏中立第三人介入的场合);(3)在纠纷属于技术性问题,并且决策者与中立第三人对纠纷问题具有专业知识时;(4)中立第三人所拥有的专业证书有助于纠纷案件时。

有部分约束力的调解是指当事人在调解协议中赋予调解员的建议以某些"强制性因素",据此调解员的意见可以被援用于随后发生的诉讼或仲裁程序,或规定经济方面的惩罚措施。

调解—仲裁是指在无法达成调解协议时,调解员随即作为仲裁员并作出有约束力的裁决。虽然其目的是试图以诉诸仲裁为压力提高调解的效率,但是在运用这种方式时,恰恰可能由于启用仲裁程序而产生如下问题:由于在调解程序中当事人所作出的任何信息披露在仲裁程序中都不能作为证据,从而可能抑制当事人在调解中的有效谈判,进而影响到调解程序的整体活力;更为复杂的是,仲裁员是否能够不受他在调解中获取的信息的影响从而影响其中立性?即便可以,当事人是否能够认可仲裁程序的公正性?在美国,调解—仲裁主要适用于涉及雇佣关系的情形。不过,目前人们对调解—仲裁仍然意见不一。

2. 仲裁及其派生形态

仲裁，又称"公断"，是指民事主体在纠纷发生之前或者纠纷发生之后达成协议，或者根据有关法律的规定，将纠纷提交给中立的民间组织予以审理，由其作出有约束力的裁决的一种纠纷解决机制。就其性质和特征而言，仲裁既不像诉讼那样以公权力为依托，通过严格的诉讼程序，直接作出具有法律强制执行力的裁判，也不像调解、和解等其他诉讼外纠纷解决机制那样极端的民间化和随意性。仲裁在本质上属于民间性纠纷解决方式，但在机构设置、裁决效力等方面又具有准司法的性质。[①]

仲裁产生于古希腊和古罗马时期，最初主要用来解决商人之间的商务纠纷，在中世纪时成为一种法律制度。至19世纪末20世纪初，随着商品经济和国际贸易的发展，仲裁逐渐通行于各国，其适用范围也由最初的商事争议扩展到各种民事纠纷，包括劳动争议、医疗纠纷、消费者纠纷、环境纠纷、知识产权纠纷等。在当今世界，几乎所有国家和地区都设立了仲裁制度，并且出现了国际性的仲裁机构和仲裁立法。

现代仲裁制度具有以下特点：(1)民间性。作为第三者的仲裁机构可为常设性的，也可为临时性的，[②]无论其为何种形式，均非国家机关，而为民间组织或者社团法人。仲裁员通常是当事人选定或约定的专家，而非国家公务人员。(2)自治性。仲裁充分地体现了当事人的意思自治。具体表现如下：是否采用仲裁方式解决纠纷，取决于当事人的合意（特殊情况下的强制仲裁除外）；当事人自行商定值得信任并对纠纷处理较为便利的仲裁机构；当事人有权选定或约定仲裁员；当事人可以约定审理方式和开庭形式；仲裁程序的继续进行往往以当事人的意志为前提；当事人在仲裁中可自愿达成和解或调解协议；在一定

[①] 齐树洁主编：《纠纷解决与和谐社会》，厦门大学出版社2010年版，第19页。

[②] 《中华人民共和国仲裁法》仅规定了常设仲裁机构，而未规定临时仲裁制度。学界普遍认为这是立法上的一个缺憾。临时仲裁具有方便、快捷、节省费用的特点，有利于尽快解决争议。学者建议，将来修改仲裁法时，应当考虑临时仲裁的法律地位问题，给予其一席之地。参见赵秀文主编：《国际商事仲裁法》，中国人民大学出版社2014年第2版，第50～51页。

情形下,当事人还可选择适用的程序规则和实体法规范。(3)法律性。① 仲裁必须以最低限度的合法性为原则。仲裁的民间性和自治性并不能完全排除由当事人选定或者法律规定必须适用的仲裁程序法和民事实体法,尤其不得排除强行法的适用。在仲裁与诉讼的关系上,就我国而言,仲裁过程中的证据保全、财产保全以及仲裁裁决的执行,均只能借助于法院依靠国家强制力来实施;法院还可以通过撤销仲裁裁决或不予执行仲裁裁决的方式对仲裁进行司法监督。②

这里仅就仲裁在实践中的两种派生形态,即"高—低"仲裁("high-low"or"bracketed" arbitration)和"最后要约"仲裁("final-offer" arbitration)稍作分析。

"高—低"仲裁。如果仲裁程序中的当事人对金钱数额存在争议,并且想避免采取极端的解决办法,则当事人可以先确定最高数额和最低数额——一般不对仲裁员披露,如果仲裁员的裁决数额在最高数额与最低数额构成的区间内,则该裁决为最终裁决;如果在该区间外,则采取与裁决数额较近的那个数额,据此,通过设定"高—低"区间降低了裁决的变动风险。

"最后要约"仲裁。许多仲裁员偏向于作出折中性裁决,"最后要约"仲裁的目的正是抵销这种倾向性。当事人或是向仲裁员提交"最后要约",后者只能在"最后要约"间选择;或是请求仲裁员确定一个数额,当事人接受与该数额较接近的那个"最后要约"。总体看来,"最后要约"仲裁与"高—低"仲裁很相似,但前者鼓励当事人在提出"要约"时采取合理立场,以使最后时刻有可能达成和解。"最后要约"仲裁广泛运用于美国棒球运动员工资纠纷和公共部门的集体性交易场合,美国一些州还强制规定特定公共服务纠纷应适用该程序。

3.谈判及其派生形态

谈判的基本含义是通过双向信息交流,取得共识并达成协议。谈判既是不同类型的 ADR 运作中的重要内容和重要手段,也是一种独立的 ADR,以是否有第三人介入来判定谈判的性质缺乏合理性。事实上,谈判同样符合 ADR

---

① 仲裁的法律性是在仲裁成为法律制度之后才具有的属性。早期的仲裁是一种纯粹的民间纠纷解决方式,未渗入国家公权力和法律因素。随着仲裁制度的法律化,国家公权力渗入仲裁,从而使仲裁具有一定的法律性。

② 齐树洁主编:《民事诉讼法》,厦门大学出版社 2017 年第 11 版,第 5 页。

的三个基本要素,即非诉讼、当事人的自主选择性和纠纷解决的功能性,而且在纠纷解决过程中使用最多。① 作为 ADR 的一种方法,谈判有着与调解、仲裁等解决方式不同的特征。其中最为特别的就是谈判从发起到作出决定,都由双方当事人自行磋商,并没有第三者参与决策。因此,谈判程序使当事人最大限度地保持对纠纷解决的控制权。②

谈判基本上遵循以下流程:设定谈判场所(an arena);形成谈判议程(agenda formation);探测谈判底线(exploring the limits);缩小差异(narrowing the difference);讨价还价(bargaining)以及达成协议(agreement)。

"早期中立评估"(Early Neutral Evaluation,ENE)是谈判的一种派生形态,它是指在纠纷早期阶段,当事人的法律顾问各自把纠纷提交给一名中立人或中立人小组,请求后者就可能的诉讼结果作出预测,并采取相应的鼓励和解的措施。在当事人之间的谈判由于技术性问题而陷入僵局时,ENE 的作用尤其明显。但是,由于 ENE 是一种相对较新的 ADR 方法,人们对它的性质及其与调解的关系尚未达成确定的理解,因此,ENE 的运用尚待进一步发展、完善。③

4. 法院附设 ADR

20 世纪 70 年代以来,美国法院逐步将 ADR 直接引入传统的纠纷解决机制,(这)不仅丰富了民事诉讼制度改革的内容,而且也意味着 ADR 实现了民间与官方的双轨道运行,由此大大推动了 ADR 的发展。④ 早在 1983 年,美国《联邦民事诉讼规则》第 16 条就允许法官在审前会议阶段考虑运用和解或司法外程序解决纠纷的可能性并采取行动;1996 年联邦司法中心和国际争议预

---

① 范愉:《非诉讼程序(ADR)教程》,中国人民大学出版社 2016 年第 3 版,第 98 页。
② 齐树洁主编:《美国司法制度》,厦门大学出版社 2006 年版,第 174 页。
③ 至少在法院附设 ADR 中是如此,参见 Elizabeth Plapinger & Donna Stienstra, ADR and Settlement in the Federal District Courts: A Sourcebook for Judges and Lawyers (1996), http://www.fjc.gov,下载日期:2018 年 6 月 8 日。该报告是 1996 年联邦司法中心与纽约公共资源中心(CPR)纠纷解决研究所一个合作项目的研究成果。
④ 为有效应对大量的诉讼,在发展法院附设 ADR 的同时,美国联邦和州法院还积极拓展与法院关联的 ADR 项目,将诉至法院的案件委托给法院的 ADR 项目化解,如社区纠纷调处中心、调解志愿者和律师群体等。参见高陈:《接近正义:美国纽约州法院司法改革项目研究》,中国政法大学出版社 2015 年版,第 46 页。

防与解决协会(International Institute for Conflict Prevention & Resolution)纠纷解决研究所的合作项目详细介绍了联邦地区法院实施的各种法院附设ADR项目的技术与数据;1998年以后,与众多的法院附设ADR项目和行业组织协助法院发展ADR计划相伴的是,越来越多的学术机构和行业组织公布了"模范标准"和"统一法案"。其中,仅涉及调解的州法规和联邦法规就已经超过2000部。① 这些"模范标准"和"统一法案"对于提升法院附设ADR司法实践的管理和技术水平具有现实意义。此外,很多行业组织每年都会定期举行有关法院附设ADR研究及一些具体ADR技术研讨的学术会议。学者、法官、律师通过这些平台得以进行充分的对话和交流,从而有力地促进了法院附设ADR的发展。

长期以来,ADR在英国并未受到足够的重视,人们对ADR一直持怀疑甚至于排斥的态度。但在20世纪90年代开启的以"接近正义"为主题的民事司法改革中,ADR却受到了沃尔夫勋爵的极力推崇,被其视为降低诉讼成本、缓解诉讼压力的主要途径之一。② 1999年4月26日正式生效的英国《民事诉讼规则》明确地将ADR引入法院系统,并以此作为案件管理的重要手段。

法院附设ADR在加拿大、澳大利亚、新西兰、德国等国家也得到普遍的运用。实践表明,几乎所有的ADR方式都可以被导入法院系统,如法院附设仲裁、法院附设调解等。当然,法院本身也着手设计某些ADR,如简易陪审团审理(Summary Jury Trial)。

(三)关于ADR的争议

美国是ADR发展的策源地,但是其发展过程却伴随着种种争议,对ADR的责难主要体现在两个方面:第一,ADR恶化弱者在纠纷解决中的地位。只有发生在具有平等交易权利的当事人之间的和解才会是公平的。但是由于当事人之间经常拥有不平等的资源,贫穷的人收集信息的手段较少,难以对结果作出准确的预测,不仅如此,也会因不能负担大笔的诉讼费用而不得不寻求和解,这样被迫进行和解作出的结论对弱者极为不利。费斯(Fiss)教授曾指出:

---

① 齐树洁主编:《美国民事司法制度》,厦门大学出版社2011年版,第147页。
② 齐树洁主编:《英国民事司法制度》,厦门大学出版社2011年版,第197页。

"面对这些资源的不平等,法官是一堵隔离墙,而且能够通过独立的程序和实体法律标准,对当事人提起的诉讼进行裁判,从而最低限度地避免这些不平等。"第二,ADR削弱了诉讼制度的公共政策功能。裁判具有广泛的目的,不仅仅在于解决当事人之间的私人纠纷。裁判的角色是一个用以明确在宪法和法律中所包括的公共价值的论坛。相反,和解剥夺了法院作出司法解释的机会。①

此外,其他反对ADR的人还认为,诉讼外机制只会带来便宜却扭曲的纠纷解决,并规避法律的适用。调解一旦被滥用,就会成为一种拖延战术。

但是,ADR的倡导者对此提出了反击。针对ADR恶化弱者在纠纷解决中的地位这一责难,他们认为,费斯教授过高估计了法院和法官对当事人权利加以平等保护的能力,认为ADR不仅促进纠纷的解决,而且能引入更好的解决方案,也会使当事人能够更自觉地执行他们所确定的解决方案。传统的诉讼只会导致人们主张权利,并不必然导致纠纷的解决。针对ADR削弱诉讼制度的批评,他们认为,引入法院对ADR的审查,能够使法院发挥维护公共价值的重要作用,更何况在大多数情况下,ADR在处理纠纷时不仅得到法律规范的指引,还受到先例判决的影响;②而且,ADR并不适用于某些涉及重大法律争议的复杂、疑难案件,因此ADR并不会削弱法院通过此类新型、复杂案件调整社会利益的功能。③

(四)ADR的法律效力

ADR是否具有法律效力,例如,其程序规则是否具有法律约束力,其协议或决定是否具有可执行力,这不仅是ADR实践中不可回避的问题,而且是许多人对ADR持怀疑态度的原因。如果赋予ADR以法律效力,必然要面临着一个两难的选择:纠纷解决是以权利为基础还是以利益为基础?一般来说,法治社会总是力图将社会关系通过明确的权利义务纽带转换成法律关系,据此确定相应的权利救济方式,而ADR或是主要以利益为基础,或是当事人直接

---

① 范愉主编:《多元化纠纷解决机制》,厦门大学出版社2005年版,第198页。
② [美]史蒂文·苏本、玛格瑞特·伍:《美国民事诉讼的真谛:从历史、文化、实务的视角》,蔡彦敏、徐卉译,法律出版社2002年版,第218页。
③ 齐树洁主编:《民事司法改革研究》,厦门大学出版社2006年第3版,第603页。

采取权利妥协的方式达成协议(当然也不排除完全以权利为基础的 ADR)。显然,这种以利益为基础或权利妥协并非完全合理,甚至不合法,由此可能违背法治精神。① 以调解为例,日本学者谷口安平认为,"今天我们的社会生活和意识中已经渗透了法和权利的观念,完全不问法律上谁是谁非而一味无原则地要求妥协的调解方式已不可能再获得民众的支持",因为"申请调解的当事人虽然没有选择利用诉讼制度,却也是为了实现自己的权利才提出要求调解"。② 因此,是否赋予及如何赋予 ADR 以法律效力,确实是一个重大的法律理论与实践问题。

我们认为,不管是主要以利益为基础还是直接通过权利妥协,ADR 实践都不能脱离法治轨道,这是决定是否赋予 ADR 以法律效力的根本前提。以此为基点,考虑到程序正义可以担负实现实体正义的功能,③我们主张,ADR 程序正式化程度是决定是否赋予法律效力的基本依据。详言之,由于 ADR 的复杂性,概括性地赋予 ADR 以法律效力很可能违反法治精神,较为可取的办法是,以 ADR 程序的正式化程度分类别地决定是否赋予法律效力。

从 ADR 运作层面来看,进入 20 世纪 90 年代后,ADR 呈现出一个重要的

---

① 从这个角度来看,前述美国 Fiss 教授反对通过和解方式解决纠纷的观点并非没有道理。参见[美]欧文·M.费斯:《反对和解制度》,吴蓉译,载张卫平、齐树洁主编:《司法改革论评》(第 9 辑),厦门大学出版社 2009 年版。与此相似,我国学者徐国栋教授也曾指出,调解的本质特征即在于当事人部分地放弃自己的权利,这种解决方式违背了权利是受国家强制力保护的利益的本质。调解的结果虽然使争议得以解决,但是付出的代价却是违背当事人的合法权利,它违背了法制的一般要求。参见徐国栋:《民法基本原则解释——成文法局限性之克服》,中国政法大学出版社 1992 年版,第 123~124 页。从诉讼的角度出发,李浩教授也认为,法院调解的合理性大可质疑。参见江平主编:《民事审判方式改革与发展》,中国法制出版社 1998 年版,第 222 页。

② [日]谷口安平:《程序的正义与诉讼》,王亚新、刘荣军译,中国政法大学出版社 1996 年版,第 45 页。

③ 蔡从燕:《民事审判方式改革的法理学思考》,载《厦门大学学报》2000 年第 1 期。

发展特点和趋势,即 ADR 日益程式化,这与早期 ADR 有着明显的区别。① 这些程式化特征不仅体现在 ADR 适用规则的制定,还体现在 ADR 从业人员的专业培训上。在法院附设 ADR 中,法院有职责制定具体的 ADR 的适用规则。这不仅为运用 ADR 实现实体正义提供了重要的程序保障,而且为赋予 ADR 以法律效力提供了必要的实践基础。

目前 ADR 的立法实践已经自觉或者不自觉地采取了这个做法,比如各国普遍规定仲裁裁决具有法律效力,可以强制执行;法院主持的调解也具有法律效力,可以强制执行。显然,仲裁程序的正式化不言自明,而法院主持的调解作为一种法院附设 ADR 也有较为可靠的程序保障。当然,此类立法实践中最具说服力的无疑当属美国 1998 年的《ADR 法》。虽然该法并非仅仅规范法院附设 ADR,但是从该法的基本内容来看,它主要或着重针对此类 ADR 进行规范,比如该法第 5 条 a 项规定,任何允许运用 ADR 的联邦地区法院都应当制定适当的程序,以使当事人可以获得中立人。任何联邦地区法院都应当颁布选择中立人的程序和标准。该法第 5 条 b 项接着对中立人的培训及其任职资格的取消作了规定。可以认为,《ADR 法》主要通过对法院附设 ADR 程序的规范表达了立法者对 ADR 程序正式化的重视,该法也因此可以为有关国家决定是否赋予及如何赋予 ADR 以法律效力提供了有益的借鉴。

二、"接近正义"与司法危机

20 世纪 60 年代以来,许多西方国家在民众诉讼需求大幅度上升,甚至出现局部性"诉讼爆炸"现象以及纠纷复杂化等背景下,掀起了"接近正义"

---

① 其实,早在 20 世纪 70 年代,N.卢曼就指出,目前在调解中已经产生了当事人在一定的社会关系的前提下强调自己的主张的正当性和合理性,并且服从合乎正义的判断的论证样式。20 世纪 80 年代末,R.伦坡特教授在实证研究中也发现,调解中对于程序性和实体性的各种问题的反复交涉会导致结晶化的现象,形成某种范型和非正式的规则。调解机关承认这些规范的约束力,从而减少了解决纠纷的恣意性。在此基础上,季卫东先生进一步概括指出,调解程序中存在着非形式主义的特点与形式化的发展倾向之间的紧张。正是这种紧张状态的持续,使得调解既可以弥补审判的不足,同时也有助于国家法的发展。参见季卫东:《法治秩序的建构》(增补版),商务印书馆 2014 年版,第 28~29 页。

(Access to Justice)的运动,其目的在于保障民众接近和利用司法的权利,为民众寻求法律救济,实现个案正义创造更好的制度条件。这种旷日持久、辐射面广的运动迄今已经历了三个阶段,被称为"三次浪潮"。第一次浪潮是通过创立具有实际效果的法律援助和法律咨询制度,为经济能力较低的当事人提供接近司法审判的途径和保障;紧接其后的第二次浪潮旨在努力为少数民族、残疾人、妇女老人、消费者、环境污染受害者等弱势群体提供一种利益,包括在涉及公益的领域以提供法律服务的方式,帮助当事人提起集团诉讼;利用司法的第三次浪潮将正义与司法(法院)区分开来,重新理解和解释正义的内涵,使民众有机会获得具体而符合实际的正义,即纠纷解决的权利。这一理念所带来的,就是 ADR 的发展。[①]

从"接近正义"的角度来看,困扰西方民事司法制度运行的问题主要包括诉讼迟延、讼费高昂以及诉讼烦琐等问题。以至于南非首席大法官桑代尔·尼科博在 2011 年 7 月 8 日召开的第 3 次全国司法会议上特别强调,在南非,面对日益加剧的司法危机,各级法院开始采取措施,妥善应对司法中的拖延和案件积压现象,有些法院已尝试引入 ADR 来缓解案件的积压。[②]

诉讼迟延或案件积压实际上等于拒绝审判,但人们现在却发出这样的哀叹:"诉讼迟延是诉讼制度与生俱来的、现在依然困扰着法院的难题。诉讼迟延对于司法的运作来说,几乎可以说是一种宿命的慢性疾病。迟延是一种宿疾。"[③]虽然程度不同,但是这种被称为诉讼制度的"宿命"的诉讼迟延似乎无一例外地伴随着各国司法制度的运行,法治后进国家固然如此,许多法治发达国家也未能幸免,甚至更为严重。在意大利,诉讼迟延问题非常突出。普通诉讼的当事人通常需要等待 10 年才能获得其争议的最终解决。意大利学者 Chiarloni 指出,意大利民事诉讼程序在很大程度上对寻求正义的公民来说是

[①] 齐树洁主编:《民事司法改革研究》,厦门大学出版社 2006 年第 3 版,第 5~7 页。

[②] 桑代尔大法官强调此次以"获得司法救济"为主题的会议意义非凡:这是南非第一次将各界、各部门的领导人以及非政府组织、私营机构、学术机构的代表、优秀法学家聚集到一起,行政、立法和司法部门第一次共同反思、探讨南非的司法制度改革。参见[南非]桑代尔·尼科博:《把正义分配给每一个公民——从现实出发的南非司法改革》,蒋惠岭、蒋丽萍译,载《人民法院报》2012 年 12 月 7 日第 6 版。

[③] 范愉:《非诉讼纠纷解决机制研究》,中国人民大学出版社 2000 年版,第 117 页。

没有意义的,有过错的一方当事人往往利用漫长的诉讼期间逃避法律责任。在葡萄牙,民事司法不能在合理的时间内满足民众的权利保护需求,其不良运行已经降低了公众对司法制度的信任。巴西司法制度面临种种问题,其民事诉讼程序是复杂的、过时的、冗长的,诉讼的成本高,配置到司法中的资源严重不足。在印度,2015年各级法院积压的案件超过2700万件,其中600万件的庭审时间已经超过5年。① 荷兰的情况比较好,这主要是因为该国建立了用以替代法院诉讼的更好、更快,成本更低的解决争议的方式。

在许多国家,讼费高昂是横亘在公民与法院之间的鸿沟。例如英国,诉讼成本不仅很高,而且不可预测。在现实中,每一方当事人的诉讼成本很可能都超出了争议标的的数额。欧文勋爵指出,讼费高昂是英国民事司法制度存在的主要缺陷之一。② 英国民事司法改革咨询报告对此予以关注。以"接近正义"为主题的司法改革研究《最终报告》"附录三"对此专门作了探讨。该附录指出,据统计,当诉讼标的额低于12500英镑时,诉讼费用大大超过了诉讼数额。这意味着要通过法院主张1万英镑的权利,起诉人必须先投入大于其请求数额的金钱,而且他还要承担着补偿对方诉讼费用的风险。由于42%的英国居民年收入不足1万英镑,因而这部分居民在利用诉讼程序方面面临着诉讼费用的沉重压力。可见,降低诉讼的成本已成为英国民事司法改革的重点内容。其他普通法系国家的情况不会比英国更好。在澳大利亚,案件数量和诉讼的复杂性呈巨大的增长,而现行的制度人力密集、成本偏高、效率低缓。正如在英国那样,法律援助预算的紧张表明它已经难以维持下去。因此,澳大利亚已经对法律援助的获得进行果断的缩减。美国的情况更为复杂,虽然其诉讼高成本的社会影响在某种程度上被胜诉酬金制软化了,但是该制度也引发了严重的问题。律师喜欢接手胜诉取酬诉讼,多半是受到高额的惩罚性损害赔偿金的激励。③

---

① 黄雪杉:《一官司一甲子,不可思议的印度司法》,载《法制日报》2016年9月5日第7版。

② [英]欧文勋爵:《向民事司法制度的弊端开战》(1997年12月3日在伦敦普通法和商法律师协会的演讲),蒋惠岭译,载《人民司法》1999年第1期。

③ 齐树洁主编:《民事司法改革研究》,厦门大学出版社2006年第3版,第14~15页。

并非所有国家的公民在支付诉讼费用方面都面临着沉重的压力。在德国,国家诉讼费用救助作为社会救助在司法领域的特殊形式,致力于确保当事人以平等的方式接近司法。根据德国《民事诉讼法》第114条的规定,当事人如果按照其个人情况和经济情况,不能负担起进行诉讼的费用,或仅能负担一部分,或仅能分期支付的,如果他要进行的伸张权利或防卫权利是有希望得到结果的,并且不是轻率的,可以通过申请而得到诉讼费用的救助。① 总之,诉讼费用通常不会成为德国公民进行诉讼的障碍。当然,公民诉讼费用的低廉化并不意味着纠纷解决社会总成本的低廉化。事实上,相当部分的诉讼费用以各种形式(如法律援助、诉讼保险)转由国家或社会承担,这种诉讼费用的转承加大了国家财政负担,在一些国家已经到了不堪重负的程度。

程序烦琐是"接近正义"受阻的另一个重要表现。以英国为例,郡法院与高等法院都有权审理一审案件,前者处理的诉讼案件主要根据日常的理由予以审理,法律原则简单,问题也不复杂,此类案件一般而言并不需要经过复杂的程序,但它一旦进入法院,接踵而来的就是双方当事人大量的中间申请、法院针对这些申请作出的不同的命令以及与此有关的听审,其程序之复杂往往超出了人们诉讼前的想象。对大部分诉讼来说,其附属诉讼的工作量已超过诉讼本身,大量的拖延与耗费由此而产生。② 在德国,虽然不存在许多国家那种严重的诉讼迟延及费用高昂问题,但是基于专业化的司法理念,多种一审法院并存(如普通法院、劳动法院、社会法院、财政法院等),每个法院体系各有其自己的专业管辖领域,它们之间互不隶属、彼此独立。这些不同的法院制定的程序规则相当繁杂,使得一般老百姓根本无法理解,即使是专业人员有时也难以适从。③

不难看出,诉讼迟延、讼费高昂及程序烦琐是公民在实现"接近正义"方面受阻的重要体现,从国家角度来看也是民事司法制度的运作存在问题的重要表现。此外,对于国家来说,诉讼数量的大幅增加也是其民事司法制度面临的一个问题,甚至成为不可忽视的社会性问题,虽然诉讼是公民实现"接近正义"

---

① 《德国民事诉讼法》,丁启明译,厦门大学出版社2016年版,第26页。
② 齐树洁:《英国民事司法改革及其借鉴意义》,载《河南省政法管理干部学院学报》2001年第4期。
③ 齐树洁:《德国民事司法改革及其借鉴意义》,载《中国法学》2002年第3期。

的基本途径,因而诉讼数量的增加与公民"接近正义"之间至少在理论上不应存在冲突,但是显然,诉讼数量的急剧增加普遍性地构成各国进行民事司法改革的重要原因之一。诉讼数量增加既指诉讼绝对量的增加,也指诉讼相对量,即诉讼率的提高。诉讼数量增加已经成为一种全球性现象,在一些国家表现得尤为突出。数十年前,荷兰与中国一样都被认为是"厌讼"文化主导的国家。[①] 然而,从 1985 年至 2015 年,荷兰法院受理案件的数量不断增长,荷兰最高法院每年受理案件的数量也从过去的 200 件增至 500 件。

三、司法改革与 ADR

大力发展 ADR 是近年来西方各国民事司法改革的普遍实践。从理念层面上说,ADR 的发展是由于人们对"正义"的丰富内涵有了更深刻的理解,即将正义与司法(法院)区分开来,重新理解和解释正义的内涵,使公民有机会获得具体而符合实际的正义,即纠纷解决的权利。"这一理念所带来的就是替代性纠纷解决方式的发展。"[②]

在美国,1990 年《民事司法改革法》(Civil Justice Reform Act)授权联邦法院进行法院附设调解的试验。这是指当事人之间运用协商的方式,在中立第三人(调解人)的帮助下达成和解的纠纷解决方式。法院附设调解被广泛应用于离婚、抚养等家事纠纷中,并取得了令人满意的效果,调解成功率非常高。[③] 美国的法院附设调解可由当事人申请,也可由法院指定进行,并依此标准分为自愿型与强制型两大类。当然这种"强制性"和"自愿性"仅仅是描述案件如何进入调解程序,而不是用来描述在调解程序中所发生的或达成的结果的类型。虽然法院对于调解过程有一定的指导作用,但是从本质上说,法院附

---

① Erhard Blankenburg, The Infrastructure for Avoiding Civil Litigation: Comparing Cultures of Legal Behavior in the Netherlands and West Germany, *Law & Society Review*, 1994, Vol. 28, No. 4.

② 范愉主编:《ADR 原理与实务》,厦门大学出版社 2002 年版,第 724 页。

③ Michael Palmer & Simon Roberts, *Dispute Processes: ADR and the Primary Forms of Decision Making*, Butterworths, 1998, p.259.

设调解仍是通过当事人的合意解决纠纷的方式。① 在各地法院所进行的试验中,较为著名的有"密歇根式调解",又称为"丝绒锤"(The Velvet Hammer),比喻调解像丝绒锤一样,打在要求过高的当事人身上,迫使其降低要求。

在众多的发达国家中,英国民事司法改革对 ADR 的吸纳尤为突出。虽然传统上英国对 ADR 持消极态度,但是在 20 世纪末的民事司法改革中,司法当局明显改变了这一立场。前述《最终报告》指出,鼓励人们只有在用尽其他可资利用的、更为适合的纠纷解决方式后才诉诸法院;所有民事法院均应提供有关替代性纠纷解决方法的来源的信息。为鼓励民众利用 ADR,《最终报告》建议采取一些具体措施,特别是如下两类措施:其一,法律援助资金同样可以适用于诉前解决争议以及通过替代性纠纷解决方法解决争议。其二,一方当事人在提起诉讼前,可以就全部或部分争议提出和解请求要约,如另一方当事人不接受的,诉讼费用将适用特别规则,对不合作的当事人予以费用制裁(cost sanction),此即英国独具特色的"调解程序中的诉讼费用罚则"。如果当事人在案件管理阶段以及审前评估阶段不合理地拒绝使用 ADR 或者在使用ADR 过程中从事不合理行为,法院可以对此加以考虑。可见,《最终报告》已经考虑通过经济杠杆(包括法律援助和诉讼费用罚则)促进当事人使用 ADR。

英国《民事诉讼规则》从基本原则到具体制度都体现了对 ADR 的鼓励。首先,法院通过案件管理制度促使当事人采取 ADR。根据《民事诉讼规则》第 1.4 条的规定,法院在认为适当时,可以鼓励当事人采取替代性纠纷解决程序,并促进有关程序的适用,以及协助当事人就案件实现全部或部分和解。《民事诉讼规则》第 26.4 条规定,当事人在提交案件分配调查表时可以书面请求法院中止诉讼程序,但法院也可以依职权中止诉讼程序,由当事人尝试通过替代性纠纷解决方法解决争议。特别是,法院可以通过诉讼费用杠杆,根据当事人的不同行为给予诉讼费用补偿或惩罚。其次,法院利用诉讼费用制度促使当事人采用 ADR,这主要是通过审查当事人的行为(含诉前行为和诉讼中行为)并结合诉前议定书制度得以实现的。《民事诉讼规则》第 44.3 条和第 44.5 条规定,在裁定诉讼费用时,法院可以考虑当事人的所有行为,特别是在诉讼程序前以及在诉讼程序进行中的行为,特别是当事人遵循任何有关诉前议定书的行为及在诉讼程序前以及在诉讼程序进行中,为试图解决争议所做

---

① 杨严炎:《美国司法 ADR 之考察》,载《当代法学》2006 年第 4 期。

的努力，比如提出和解要约或向法院付款。具体而言，第36.10条规定，如果一方当事人在诉讼程序启动前提出和解要约的，法院在作出有关诉讼费用的命令时，应当考虑有关当事人提出的和解要约。第36.13条规定，原告承诺接受被告提出的要约或付款的，有权要求补偿最高至承诺通知书送达之日止的有关诉讼费用。第36.14条规定，被告承诺接受原告提出的要约和付款的，有权获得最高至被告送达承诺通知书之日止的有关诉讼费用。第36.20条规定，如果原告不接受对方的和解要约或付款，并且在其后的诉讼中没有取得比该要约或付款更好的结果的，原告应当补偿对方的任何诉讼费用以及附加利息。

不仅如此，法院还积极利用民间ADR资源。比如，法官在当事人之间缺乏有关协议时可以指令ADR提供者，比如"纠纷解决中心"（CEDR）有权任命调解员。此外，英国还消除了某些阻碍ADR实践的消极因素，特别是把法律援助资金扩大适用于ADR程序。长期以来，法律援助资金只适用于诉讼当事人，而不适用于ADR当事人，这无疑极大地制约了当事人采用ADR的积极性。1998年10月，英国法律援助委员会下属诉讼费用与上诉委员会作出Wilkinson决定，确认在计算报酬时应当把作为接受法律援助的当事人之代理人的律师为参加调解而花费的时间计算在内。《民事诉讼规则》实施后，Wilkinson决定的适用范围扩大了。目前，法律援助资金同样可以适用于包括调查、仲裁、早期中立评估、调解在内的ADR方法。[①] 这无疑是一个重大的发展。

由于在大幅度增加司法资源投入方面，以及公民支付诉讼费用方面存在困难等原因，一些发展中国家也十分注重发展ADR，以减少国家在增加司法资源投入，并减轻公民在支付诉讼费用方面的负担。在这方面，俄罗斯、阿根廷、越南的经验值得重视。

在20世纪90年代进行的民事司法改革中，与诉讼制度改革的差强人意相比，ADR制度的发展成为全球司法改革中最为成功的亮点。例如，俄罗斯于2011年、2016年、2017年分别施行《调解法》《仲裁法》《公证法》，全面推进

---

① Karl Mackie, *The ADR Practice Guide: Commercial Dispute Resolution*, Butterworths, 2000, pp. 64~79.

ADR 制度的建构。2017 年年底,俄罗斯各大城市和所有自治地区均已设立调解中心。

在阿根廷,一部分案件从诉讼中转移并以仲裁和 ADR 得到了解决。在实施司法改革后的 5 年内,通过仲裁和 ADR 得到解决纠纷是通过诉讼解决纠纷的 3 倍。1993 年,仲裁中心处理了所有案件的 63%,1997 年这一数字增加到 75%。贫穷者通过 ADR 机制获得的保护力度超过了从前,这也是有目共睹的。①

21 世纪初,越南将 ADR 制度作为司法改革和法治建设的关键因素之一,大力发展法院附设调解与基层调解。2006 年至 2010 年,越南法院民事案件的受案量为 881966 件,法院附设调解分流了 46.2% 的案件。此外,遍布越南各地的 120462 个基层调解组织和 623157 位基层调解员,1999 年至 2008 年调解处理了 3899745 件民间纠纷。

四、全球 ADR 运动的新发展

(一)共同趋势

1. 国家对 ADR 的支持不断加强。大多数国家确立了积极鼓励 ADR 发展的战略、政策和法律,并在不同程度上将其纳入司法改革架构中。以欧美为代表的发达国家通过立法创新不断提升 ADR 的法制化水平。令人瞩目的是,21 世纪以来欧盟及其成员国掀起了调解立法的热潮。一些发展中国家也不甘落后,努力推动 ADR 制度的法制化。例如,越南于 2005 年 5 月制定《2005 年至 2020 年司法改革策略决议(49-NQ/TW)》,并将 ADR 作为司法改革的重要内容。《2007—2012 年"俄罗斯司法系统发展"联邦规划》要求"建立非诉讼的纠纷解决机制,以减轻法院工作量和提高法院判决质量"②。

---

① 缪静:《阿根廷司法改革评述》,载张卫平主编:《司法改革论评》(第 2 辑),清华大学出版社 2002 年版,第 462 页。
② 《2007—2012 年"俄罗斯司法系统发展"联邦规划》,于海梅译,载《金陵法律评论》(2013 秋季卷),法律出版社 2013 年版。

2. ADR 的适用范围不断扩大。传统的仲裁、调解获得更广泛的应用,各种行业性、专门性纠纷解决机制及新型 ADR 方式层出不穷。具体表现如下:(1)ADR 移至互联网空间,在信息技术的支持下,在线纠纷解决机制(ODR)异军突起。ODR 发展最快的是美国,大多数 ODR 网站由美国企业及科研机构设立。欧盟也是 ODR 的积极倡导者和推动者。1998 年欧盟《电子商务指令》第一部分第 17 条要求各成员国的法律不应妨碍消费者通过各种法院外途径包括电子方式解决纠纷。欧盟《在线纠纷解决条例》于 2016 年 1 月获得通过。该条例要求欧盟委员会建立 ODR 平台以便利纠纷中的消费者与商家沟通,并提供替代性纠纷解决程序(ADR)。(2)ADR 打破了公权力领域纠纷解决司法化的局面。行政案件、刑事案件乃至公共领域和决策活动都开始使用 ADR。例如在日本,行政机关的调解行为颇为普遍,主要方式有行政不服申诉、专门行政裁判、斡旋、调停、仲裁、苦情处理等,在实践中取得了令人瞩目的成就。[1] (3)ADR 的类型化创新。基于不同纠纷的特点及社会的需求,有关部门有针对性地设置样式繁多的纠纷解决机制。环境纠纷 ADR、劳动争议 ADR、医疗纠纷 ADR、电子商务 ADR、金融纠纷 ADR 等新的 ADR 程序层出不穷。此外,随着经济全球化、政治多极化和文化多元化,和平的交流、对话、互利和双赢将成为人类社会的主流,ADR 在国际社会政治、经济、文化、外交等各个领域中的作用愈加凸显。[2]

3. ADR 的发展模式日益多元。由于司法体制、社会观念和国家政策等差异,世界各国在 ADR 发展的途径、格局和形式方面各有不同,而纠纷解决实践、传统和地方资源的多样性,也要求 ADR 保持其多元化、适应性、灵活性。[3]

4. ADR 制度化水平不断提高。世界各国通过立法促进、鼓励和保障 ADR 的发展,同时又加强对 ADR 的法律规范,其范围包括 ADR 程序、ADR 组织、ADR 工作人员等方面。

---

[1] 殷守革:《日本行政调解法律制度研究》,载《日本研究》2016 年第 2 期。
[2] 范愉:《当代世界多元化纠纷解决机制的发展与启示》,载《中国应用法学》2017 年第 3 期。
[3] 范愉:《非诉讼程序(ADR)教程》,中国人民大学出版社 2016 年第 3 版,第 66 页。

(二)发展阶段

20世纪后半期,世界各国对ADR的政策持续转变,大致经历了三个发展阶段。

1. 允许阶段。在ADR潮流到来之前,各国均允许民间仲裁和部分调解机构合法存在,但法律对民间机制的合法性和边界严加监管,ADR的实际作用仅限于部分私人纠纷,不可能与诉讼分庭抗礼,其效力亦没有保障。

2. 鼓励阶段。ADR发展初期,世界各国开始鼓励、促进ADR的建立和运行,承认其合法性,并注重对ADR进行法律规制,引导其发展。

3. 强制阶段。世界各国开始积极推行ADR的优先适用,包括法律直接强制和法律赋权法院(法官)强制。[1] 当前,适用第一种强制方式的国家最多。适用第二种强制方式的国家主要是美国、希腊、韩国以及澳大利亚。例如,在韩国,根据《民事调解法》第6条的规定,对于诉讼案件,法院认为有必要进行调解的,可以在控诉审之前依职权交付调解。[2]

世界各国都注重通过立法促进ADR的利用和发展,大多数国家目前仍处于鼓励阶段,而在美国、英国、德国、法国、日本、韩国等法治发达国家,在部分甚至全部民事纠纷处理中已经实现强制调解、强制仲裁或者专门调处机制。[3]

(三)模式差异

不同国家的ADR发展模式存在一定的差异,主要表现为以下几个方面:

1. 市场模式与司法模式。英美法系程序法内在的灵活性使自己更能轻松地应对纠纷解决的情况变化,纠纷解决领域面向公民和私人领域开放的理念促成了ADR的多样化,形成所谓的ADR市场模式。一般认为,美国是ADR市场模式的始作俑者,20世纪80年代这一模式拓展到澳大利亚和英国等国。

---

[1] 李德恩:《民事调解理论系统化研究——基于当事人自治原理》,中国法制出版社2012年版,第123页。

[2] [韩]孙汉琦:《韩国民事诉讼法导论》,陈刚审译,中国法制出版社2010年版,第51~52页。

[3] 范愉:《非诉讼程序(ADR)教程》,中国人民大学出版社2016年第3版,第67页。

英美法系国家倾向于将市场机制和社会力量引入ADR,把一部分纠纷解决功能授予非司法机构,而大陆法系各国的ADR大多以法院为中心展开。ADR被大陆法系国家当作是由法院依职权提供的公共福利或者公共服务产品,内嵌于诉讼程序之中,形成所谓的ADR司法模式。[1]

2. 立法推进与司法推进。在ADR的建构中,大陆法系国家习惯采用立法模式,体现出顶层设计的理性特征。[2] 例如,承袭大陆法系传统的俄罗斯分别于2010年、2015年、2016年制定《调解法》《仲裁法》《公证法》,通过立法推进ADR的发展。值得说明的是,欧盟国家在ADR立法上的态度积极。2008年欧洲议会及欧盟理事会发布《关于民商事调解若干问题的2008/52/EC指令》,要求各成员国在2011年5月21日前将该指令内容转换为国内法。2012年,欧盟制定了《庭外纠纷解决机制的指令》和《线上网络贸易纠纷解决机制条例》,要求各成员国在2015年前转换为国内法。司法推进模式,则是以司法机关为主导,通过司法政策、实践创新和具体指导,推动各种非诉讼纠纷解决机制的建构与发展,在取得效果之后,再形成立法和正式的制度。采用司法推进模式往往更易创新和实行,但法院需要得到立法机关的授权,否则会受到限制,特别是强制调解。美国、英国、加拿大以及澳大利亚是这一模式的典型代表,这些国家的法院成为推进ADR发展的中坚力量。

3. 一体化模式与专门化模式。一体化模式是制定基本法或综合法,建立统一的ADR制度和受理各类纠纷的综合性解纷机构。例如,欧陆国家大多已通过了综合性调解法,从整体上对ADR的发展与实践予以原则性调适,以保障ADR灵活、多样的生命力。但纠纷解决专业化已成为普遍趋势,即通过专门法对特定领域(如家事、劳动、医疗、环境等)进行实体法与程序法相结合的专门化设计,推动ADR的类型化实践。但需要说明的是,综合立法与专门立法是ADR发展的一体两面,相辅相成。

(四)张力调适

在全球化时代,世界各国ADR发展彼此借鉴,走向趋同,都面临着ADR

---

[1] 王福华:《现代调解制度若干问题研究》,载《当代法学》2009年第6期。
[2] 范愉:《当代世界多元化纠纷解决机制的发展与启示》,载《中国应用法学》2017年第3期。

制度化或非制度化、ADR 职业化或非职业化、ADR 程序化或非程序化之间的张力问题。这些张力的本质是 ADR 价值功能与纠纷解决公平高效在多大程度上实现平衡。前述三大张力在未来 ADR 的理论与实践中的调适和融合，已成为 ADR 深度发展的现实课题。

结　语

当代社会的多元化纠纷解决机制必然是社会生成（自然形成）与国家理性建构相结合的产物——其需求来源于社会，其形式往往是对传统资源的创新，其运作则须适应特定社会或社区公众的生活习惯以及精神文化需求，满足当代社会纠纷解决和社会治理的需要。这种机制及具体制度建构或改革，通常是针对现实问题，通过局部或自下而上的实践和尝试而开始的，当经验积累达到一定程度后，决策者就应当对这种需求及时作出反应：或者通过立法加以确认，或者进行合理的制度设计，通过政策自上而下地加以推广，从而将个别和局部的经验纳入制度化的多元化纠纷解决机制之中。

毫无疑问，当代世界不同的国家和文化之间的相互借鉴是极其自然和频繁的。我国的人民调解制度曾对西方国家的纠纷解决机制提供了启示，而当今我国多元化纠纷解决机制的建构，同样也受到当代世界 ADR 运动的影响。我们所处的时代是全球化时代。按照一般的理解，全球化指的是经济的全球化，但全球化的内容无论如何也不仅仅是，甚至不主要是关于经济上的相互依赖。① 这一特点决定了中国正在建构的多元化纠纷解决机制不能独立于世界 ADR 发展的潮流，我们不仅要以"文化持有者的内部眼界"来看待当前中国多元化纠纷解决机制的发展，更要以他者的眼光来观察其他国家和地区已取得的 ADR 制度的新发展。

---

① 齐树洁：《程序正义与司法改革》，厦门大学出版社 2010 年第 2 版，第 286 页。

第一章

调解制度的基本原理

在当今世界,"诉讼爆炸"(litigation explosion)已是一种普遍的社会现象。传统的审判机制面对日益增长的诉讼负荷,开始显得力不从心。诉讼的高成本和迟延引发了全球范围的司法改革运动,包括调解在内的ADR(诉讼外纠纷解决机制)成为其中最引人关注的重要内容之一。在过去的50年中,调解制度在世界范围内广为运用,由此形成了全球调解浪潮。通常认为,现代调解于20世纪70年代发端于美国,80年代出现于澳大利亚和英国,90年代拓展至欧洲大部分大陆法系国家和南非。[①] 进入21世纪以来,这场波及全球的浪潮正在广度和深度上持续拓展。现代调解的兴起大大开拓了人们关于正义、司法和纠纷解决的视野,改变了传统的纠纷解决架构,塑造了一系列新的司法理念。调解与诉讼、仲裁、公证的互动日趋紧密,法院附设调解、仲裁调解、公证调解等纠纷解决的新模式由此形成。

一、调解的含义及基本原则

关于调解,迄今尚无普遍接受的定义,它主要被理解为第三者(调解员)依据一定的社会规范,如习惯、道德、法律等,对纠纷当事人双方进行劝说、沟通,

---

[①] [澳]娜嘉·亚历山大主编:《全球调解趋势》,王福华等译,中国法制出版社2011年版,第2页。

促成当事人双方相互谅解和让步,从而解决纠纷。① 在英文中,"mediation"和"conciliation"都可译成调解。国外学者对调解所下的定义也大都涵盖了"中立第三方""达成协议"等关键词,如英国学者卡尔·麦基(Karl Mackie)就把调解(mediation)定义为,在中立第三方的介入下,纠纷当事人就争议解决达成协议的一种形式。② 对"调解"一词产生的分歧主要表现在对"mediation"和"conciliation"内涵的理解和具体运用上。许多学者倾向于将"mediation"和"conciliation"解释为具有相同的含义,但也有学者认为"mediation"和"conciliation"的内涵不同。事实上,对"mediation"和"conciliation"的严格区分在现代争议解决体系中并没有什么实际的意义。随着调解在世界范围内蓬勃发展,人们更注重的是调解在纠纷解决中的实用价值,而不再纠缠于其具体的措辞用语。"mediation"和"conciliation"只是表达和习惯的不同,两者之间的含义逐渐趋同,甚至可以互相换用。换言之,随着调解的广泛运用,人们对调解含义在理解上的差异正在不断缩小。如果排除因各国在制度上的差异而存在的定义上的微小的歧义,可以根据性质和功能对调解作如下界定:调解是在第三方的协助下,以当事人自主协商为主的纠纷解决活动。③ 调解的特征主要包括以下几个方面:

1.自愿性。调解的进行以纠纷当事人的自愿为前提,促使当事人通过合意解决纠纷是调解的本质特征。从程序上看,调解的启动、调解规则的适用、调解员的选定、调解程序的开展以及调解结果的履行等都取决于当事人的共同意愿。调解员虽然在调解过程中可以进行说服劝解,促使当事人达成谅解,甚至提出具体的争议解决方案,但这一方案被采用与否仍取决于当事人,调解员并不能把自己的意志强加在当事人身上。还应指出,即使在有些情况下,法

---

① Jonathan Law, *Oxford Dictionary of Law*, 8th edition, Oxford University Press, 2015, p.394. 根据对不同法律体系的调查,可以发现法律规定的与司法过程中形成的调解的定义,在关注点和定义的组成要素方面表现出较大的差异。但定义的差别性中却存在一个核心的共同点,该共同点构成了上述通行定义的功能性基础,即调解的中立性与保密性。参见 Klaus J. Hopt & Felix Steffek, *Mediation*: *Principles and Regulation in Comparative Perspective*, Oxford University Press, 2012, pp.10~12.

② Karl Mackie, et al, *The ADR Practice Guide Commercial Dispute Resolution*, Butterworths, 2000, p.48.

③ 范愉:《非诉讼程序(ADR)教程》,中国人民大学出版社2016年第3版,第107页。

律规定在提起诉讼之前,必须进行强制性调解,但所谓强制性调解也不应被理解为侵害了调解的合意本质,因为调解协议的达成及其履行仍取决于当事人的自愿。

2. 灵活性。自愿性的结果是当事人可以自由地设计他们认为合适的程序,这种灵活性甚至可以延伸到纠纷解决的结果方面,使当事人不局限于法律规定的救济,而且还可以结合任何物质或非物质利益的转移和交换。这一灵活性主要体现在程序适用、法律适用上。作为一种程序便捷的纠纷解决方式,调解无须遵循严格的程序,当事人可以根据纠纷的特点、彼此的关系以及各自的需要选择适用适当的程序。调解在纠纷处理过程方面较为灵活,除依据现行法律法规外,还可以各种有关的社会规范作为解决纠纷的依据和标准,例如地方惯例、行业标准、乡规民约等。有学者指出,在调解中,调解员并不总是试图运用现有的法律规范来解决双方的纠纷,而是对纠纷双方提出的观点和要求策划一种妥协与和解的方法。[①]

3. 协助性。与协商谈判、仲裁与审判相比较而言,调解最大的特点在于中立第三方的协助。由于缺乏经验以及意见分歧较大等原因,当事人往往会难以通过直接协商并达成协议,而借助于第三人的协助则较容易在某些问题上妥协,从而达成和解。调解程序本身就是一种人际间信赖关系的延伸,为取得当事人的信任,第三人必须是中立的,即保持独立和公正,不偏向于任何一方当事人。应当指出的是,在现代调解中,第三人的中立性往往只被限定在调解协议的达成上,对于调解的进行,第三人往往不是中立的,而是积极地引导程序的进行,促使当事人达成和解。在调解实践中,为保证第三人(调解员)的中立性,第三人通常应当遵守一定的行为规范,同时,当事人也拥有对第三人的选择权。

4. 契约性。调解协议的形成和生效不具有国家强制性,但其效力能够得到法律的保证。一般而言,调解协议等同于合同,具有契约效力。这一属性的意义在于调解一般不能剥夺当事人的诉权,非强制性和非终局性增加了调解协议达成的概率。调解的契约性贯穿于调解的整个过程,包括调解程序的启

---

① [英]罗杰·科特威尔:《法律社会学导论》,潘大松等译,华夏出版社1989年版,第239页。

动、调解员的选任、调解规则的适用、调解协议的达成以及调解的终止等,这些事项当事人都可以通过合意达成契约。尽管第三人介入调解过程,并在事实上影响调解的进行,调解协议的达成仍是建立在当事人合意的基础上,本质上仍属于当事人之间的契约。调解协议是否具有司法性(即强制执行力)取决于具体调解机构的性质和各国的立法与实践。例如,民间调解、行政调解和司法调解达成的调解协议存在差异明显的强制性效力(从低到高递增)。多数国家的法律规定,如果调解由司法机构或准司法机构主持,或者调解协议经过法院确认,有关的调解协议就具有与生效判决相同的效力,对当事人具有约束力,并可据以强制执行。而大量非制度化的民间调解达成的协议一般均可视为一种以纠纷解决为目的的合同,法院在诉讼程序中可以根据合同法的原理对其作出确认、撤销或宣告无效等裁判。

各国对调解所适用的基本原则及其具体表述存在差异,但其中仍有不少共通性原则,主要包括:(1)调解自愿原则;(2)调解平等原则;(3)调解公平原则;(4)调解中立原则;(5)调解合法原则;(6)调解保密原则。(1)至(5)的原则与民事诉讼基本原则类似且较好理解,这里重点论述调解保密原则。调解保密原则是指调解应当仅在当事人之间进行,与案件无关的公民不得旁听,新闻媒体不得采访、报道,当事人在调解过程中为达成调解协议或者和解而妥协所做的陈述、承认,不得在以后的诉讼程序中作为对其不利的证据而披露或者使用。① 这一原则对当事人、调解员及其他参与人均同样适用,其具体内涵是保密义务和免证特权。美国弗里德曼教授认为,调解保密性是指当事人保持调解内容免受用作后续法律程序证据的能力。② 获得"免受用作后续程序证据的能力"有利于解除参与调解的当事人的顾虑,便于他们敞开心扉地沟通、对话,有助于调解程序的开展和调解协议的达成。

---

① 邱星美:《调解的回顾与展望》,中国政法大学出版社2013年版,第199页。
② Lawrence Freedman, Confidentiality: A Closer Look, in Confidentiality in Mediation: A Practitioner's Guide, *Journal on Dispute Resolution*, 1985, Vol.19.

二、调解的观念基础与实践基础

冲突是人类社会的普遍现象,是社会体系中不可避免的普遍特征,它通常发生于短缺资源的分配中,是社会体系变迁的主要根源。① 冲突的显化构成了现实性纠纷,对其进行管理或解决显属必要,②这是社会控制的具体形态。冲突管理有三种模式:忽视或回避冲突;使用武力或其他强制手段解决冲突;使用以利益(interest)或权利(right)为导向的"程序解决"方式。③ 现代调解的兴起与发展正是社会控制观念与实践在纠纷解决领域内的具体表现。

(一)观念基础

虽然现代调解观念的广泛传播始于 20 世纪 70 年代,但是运用调解解决纠纷的思想在东、西方均自古有之:儒家的"礼"治思想在中国可以追溯到春秋战国时期,西方的古罗马也有一句影响深远的法谚:消灭诉讼对国家有益。④

14、15 世纪后,随着近代民族国家的逐步形成,国家主权观念迅速兴起。至 16 世纪,由于"社会政治组织已成为首要的了。它具有或要求具有,而且就整个来说也保持着一种对强力的垄断。"由此法律"已成为社会控制的首要工具"。⑤ 在国家主权观念的支配下,诉讼成为实现正义的象征。例如在英国,

---

① [美]乔纳森·H.特纳:《现代西方社会学理论》,范达伟等译,天津人民出版社 1988 年版,第 182 页。

② 冲突论学者刘易斯·A.科塞认为,冲突在特定条件下具有提高社会单位的更新力和创造力水平等积极功能。参见[美]乔纳森·H.特纳:《现代西方社会学理论》,范达伟等译,天津人民出版社 1988 年版,第 228~255 页。尽管如此,对于具体的、特定的冲突而言,它无疑揭示了一种紧张状态。

③ Christian Buhring-Uhle, *Arbitration and Mediation in International Business: Designing Procedures for Effective Management*, Kluwer Law International, 1996, p. 220.

④ Henry J. Brown, *ADR Principles and Practice*, 2nd edition, Sweet & Maxwell, 1999, p. 13.

⑤ 沈宗灵:《现代西方法理学》,北京大学出版社 1992 年版,第 289 页。

冲突过程中的决策总是与国家和法官的形象联系在一起的;成为一名法官被认为是律师职业的最高成就。①

这种状况从 20 世纪 70 年代起发生了显著的变化,调解作为一种纠纷解决机制逐步具备了必要的观念基础。这些变化是多方面的,它既体现在对国家权力和公民权利的重新诠释上,也体现在对政治国家和市民社会的重新理解上,还体现在对司法理念的更新改造上,但其目的都在于论证纠纷解决非正式化(informalism)的合理性。M. Cappalletti 和 B. G. Garth 认为,"接近正义"(access to justice)是一种先于国家存在的自然权利,而自然权利只要求国家不允许他人侵犯这些权利,并未要求国家通过积极行为加以保护。② 这与 18 世纪末 19 世纪盛行的民事诉讼作为个人主义哲学根本反映的观点大相径庭。国家权力方面,自由主义政治学说主张的权力结构单一性——国家权力或司法权力——的观点也出现了危机,B. de Sousa Santos 认为,那些看起来丧失合法性(delegalization)的东西实际上被重新合法化(relegalization)了。换言之,政治国家以市民社会的形式扩大了其领域,国家权力通过间接规则实现了扩张。③ Abel 也指出,非正式制度普遍扩大而非缩小了国家权力。④

总之,调解作为一种纠纷解决机制所必要的观念基础已经具备,至少在某些国家是如此。比如在为民事诉讼制度改革而提交的《最终报告》(1996 年)中,英国沃尔夫勋爵(Lord Woolf)认为,鼓励运用包括调解在内的 ADR 是他针对案件管理所提出的建议的重要内容,⑤这与他在《中期报告》(1995 年)中

---

① Michael Palmer & Simon Roberts, *Dispute Processes: ADR and the Primary Forms of Decision Making*, Butterworths, 1998, p. 25.

② M. Capparlletti & B. G. Garth, *Access to Justice*, Sijthoff & Noordhoff, 1978, p. 6.

③ R. L. Abel, *The Politics of Informal Justice*, Academic Press, 1982, p. 262.

④ Michael Palmer & Simon Roberts, *Dispute Processes: ADR and the Primary Forms of Decision Making*, Butterworths, 1998, p. 29. 当然也不乏反对意见,例如,Fiss 教授就反对以和解的方式解决纠纷。他认为当事人的和解剥夺了法院解决纠纷的机会,甚至解决的能力,因此社会从中获得的要比看起来的少,而且还要承担它并不知道的代价。参见 O. M. Fiss, Against Settlement, *Yale Law Journal*, 1984, Vol. 93.

⑤ Henry J. Brown, *ADR Principles and Practice*, 2nd edition, Sweet & Maxwell, 1999, pp. 28~29.

对 ADR 所持的谨慎态度相比明显发生了变化。

(二) 实践基础

调解的形成并非纯粹的理论创造,而是有着坚实的实践基础的:首先,人们注意到民事诉讼制度在纠纷解决中的局限性;其次,人们注意到调解在纠纷解决中的独特作用,重构传统的纠纷解决机制因此成为必要与必然。调解的最高价值就在于诉讼与非诉讼机制的协调,其格局取决于社会需求,在不同的历史发展阶段、不同的社会体制乃至不同的文化背景下,会呈现出迥然不同的形态,体现着社会主体的选择与价值取向,而且始终处在动态的调整变迁之中。[①]

从民事诉讼制度的角度来看,国家与公民在民事诉讼制度方面存在着供需矛盾。一方面,作为非营利性公众产品的民事诉讼制度的供给增幅无法跟上公民的需求增幅,从而客观上导致或加剧了诉讼拖延和积压。美国司法部曾指出,案件的急剧增加"不仅对法院是一个危机","对于要求寻求公道的诉讼当事人来说,对人权的要求以及对法治来说都是一个危机。因而它是对国家的一场危机"。[②] 另一方面,为保障公正审理,法院程序常常是正规的、冗长的、昂贵的,这让当事人感到沮丧。[③] 在美国,每年的诉讼费用已经涨到1000亿美元。许多美国公司的高级主管认为,费钱费时的美国民事诉讼制度是美国公司在国际市场上的一个竞争弱势。在其他国家,如英国,也存在着类似的情况。为实现法律正义,许多国家逐步重构传统的纠纷解决机制。重构一般采取双轨制模式:(1)改革现行民事诉讼制度,提高绝对供给能力(如增加法官数量)或相对供给能力(如提高审判效率)。20世纪70年代中期前,人们的讨论焦点是改革审判方式。(2)在民事诉讼制度之外寻求其他有效的纠纷解决机制。20世纪70年代中期后,人们更加注意那些"补充性"(suplementary)或

[①] 范愉等:《多元化纠纷解决机制与和谐社会的构建》,经济科学出版社2011年版,第36~37页。

[②] 程燎原、王人博:《赢得神圣:权利及其救济》,山东人民出版社1993年版,第431页。

[③] [英]施米托夫:《国际贸易法文选》,赵秀文译,中国大百科全书出版社1993年版,第652页。

"替代性"(alternative)方法。

与此同时,调解的优点逐步引起人们的注意。这些难以取代的功能优势包括:较强的灵活性、较低的纠纷解决成本、较高的专业性和保密性。调解所具有的上述优势使其较容易为当事人所利用,因此,从某种意义上来说,调解扩大了对法律的利用,拓宽了获得正义的渠道。①

三、调解的形式及分类

由于历史传统以及调解实践的差异,世界各国的调解形式多样,并且仍在不断创新。按不同的划分标准,调解相应地主要包括以下几种类型:

(一)以功能为标准,调解可分为判断型调解、交涉型调解、教化型调解和治疗型调解②

以功能为标准划分调解类型首见于日本诉讼法学家棚濑孝雄。他把以发现在法律上正确的解决方案为第一目标的调解称为判断型调解。在判断型调解中,调解员主动寻求合乎法律规定的解决方案,并向当事人展示其判断,双方当事人以该判断为中心寻求合意,进而解决纠纷。调解员的判断本质上是对审判结果的一种模拟。这种模拟有助于当事人认清自己的"胜算"以及可能的纠纷解决结果,从而促使当事人考虑通过和解解决纠纷。但是,这种审判模拟与程序严格的诉讼制度毕竟相差甚远,其解决方案的正当性和公正性也难以与判决相比拟。从目前的情况来看,大部分司法性 ADR(如司法调解)实际上都是以判断性(评价性)为基本模式的。对于期待得到法律上的解决方案,但又想避免诉讼延迟和高成本的当事人来说,这种调解方式是较好的选择。例如,在越南,司法调解属于判断型调解。

交涉型调解是指当事人双方在估量可能的解决结果以及解决成本的基础上寻求对自己最有利的解决方案的调解类型。这类调解是基于当事人在衡量

---

① 齐树洁主编:《英国民事司法制度》,厦门大学出版社 2011 年版,第 200~202 页。
② [日]棚濑孝雄:《纠纷解决与审判制度》,王亚新译,中国政法大学出版社 2004 年版,第 54~69 页。

所期待达到的目标和所愿付出的成本之后,通过自身的权衡选择而进行的。交涉型调解以自愿为原则,调解程序、调解方案的提出等事项的决定权均在双方当事人。在功能方面,交涉型调解的重心在于降低纠纷解决成本,并不以发现法律真实为目的,因此较为简便、经济,易为当事人所采用。但是,交涉性调解的结果往往取决于当事人拥有的资源以及讨价还价的能力或技巧,由此具有较大的不确定性。世界各国的社会调解均属于交涉型调解。

教化型调解是指以发现调解自身特有的正义或所谓另一种正确的解决作为主要任务,谋求纠纷"圆满的解决"的调解类型。这种调解类型的优点在于过程不需要具有专业法律知识或受过专门法律训练的专家参与,因而可以节约纠纷解决的资源和成本。但前提是必须存在着特定的共同体和人际关系,而且双方当事人还必须认同所适用的社会规范。如果不具备这两个条件,则调解可能收效甚微。依托于社区和共同体的自治性调解,特别是解决邻里纠纷、家事纠纷和人事纠纷的调解大多属于这一调解类型。例如,越南基层调解属于教化型调解,主要调处家庭和民事等诸多轻微纠纷。

以调整、恢复人际关系为主要宗旨的调解为治疗型调解。治疗型调解把纠纷视为人际关系的一种病理现象,并试图通过广义的人际关系调整方法来治疗病变。治疗型调解更像是一种心理治疗,经常适用于解决邻里纠纷、家事纠纷和人事纠纷。与教化型调解不同,治疗型调解的调解员不是地方或共同体的权威,而是专门的心理或社会问题专家。此外,二者依据的规范、采用的方法和力图达到的目的也都截然不同。例如,英国、日本的家事调解属于治疗型调解,注重追求家庭福祉、保障未成年子女最佳利益。

(二)根据调解员的身份和性质,可将调解分为司法调解、民间调解、行政调解、律师调解和仲裁调解

所谓司法调解,是指在法院的主持下,双方当事人自愿平等协商,达成协议,经法院认可后,终结司法程序的活动。司法调解是在诉讼中进行的,当事人在法官主持下自愿达成调解协议,调解协议经法院审查确认并送达当事人签署后生效,并具有与判决书相同的效力。倘若一方当事人不履行调解协议,另一方当事人可以请求法院强制执行。例如,在日本,家事法官主持家事调解,就属于典型的司法调解。

所谓民间调解,主要指在非司法性和非行政性的民间组织、团体或个人主

持下进行的调解。民间调解的表现形式复杂多样,主要包括社区调解、商业调解、行业调解等。民间调解与纠纷类型紧密相连,呈现类型化的趋势。例如,美国广泛存在消费调解、环境调解、校园调解、社区调解等专业的调解机构。

所谓行政调解,主要包括两类:一是行政机关在日常管理或指导工作中附带性的纠纷解决,二是行政机关为解决特定纠纷专门设立的行政性非诉讼程序。在附带性纠纷解决中,行政机关一般只主持调解,促成纠纷当事人达成和解,如在医疗事故损害赔偿纠纷中,行政机关依当事人的申请开展调解。在专门的行政性非诉讼程序中,行政机关可以根据法律规定采取裁决和决定的方式处理纠纷,当事人对处理结果不服的,可以提起行政复议或向法院提起诉讼,但在多数情况下也可以采用调解结案。行政调解具有权威性、高效率和低成本的优点,而且调解协议的履行也有一定的监督保证,因此具有重要的实践价值。例如,美国、日本是行政调解比较发达的国家。美国国会于1990年《行政纠纷解决法》和《协商立法法》,授权和鼓励行政机构广泛使用调解。日本国民生活中心和消费生活中心是日本具有代表性的行政调解机构,深受民众的好评。

律师调解本质上也属于民间调解,从形式上可以分为两类。其一,单向咨询,即由律师向当事人提供法律意见,预测判决结果,分析诉讼利弊。促使当事人考虑放弃诉讼,与对方达成和解。在实践中,律师出于自身的利益考虑,往往不愿意推动当事人和解。其二,由律师或律师事务所作为中立第三人主持调解。近年来,由于制度改革和观念变化,许多国家(地区)的律师或律师事务所都积极地参与或支持调解,对解决纠纷发挥了重要的作用。例如,美国属于律师调解特别发达的国家,一些律师事务所设立了ADR业务组,部分州的律师职业道德规范要求律师须向当事人建议调解,或者在诉辩程序中确认他们已开展促进调解行为。

所谓仲裁调解,主要是指仲裁机构在仲裁中所进行的调解。由于仲裁机构本质上属于民间性组织,因此此类调解也属于民间调解的范畴。在实务中的做法是,仲裁庭在作出裁决前,可以对所审理的案件进行调解。当事人自愿调解的,仲裁庭应当调解;调解在当事人完全自愿、案件事实基本清楚的基础上进行;仲裁庭可以通过灵活的方式促使双方当事人自愿达成和解;调解达成协议的,仲裁庭应当制作调解书或者根据协议结果制作裁决书;仲裁调解所达成的仲裁调解书与仲裁裁决书具有同等的法律效力。20世纪30年代以来,美国出现了一种新型的纠纷解决方式"调解—仲裁"(Med-arb)。但"调解—仲裁"与仲裁调解不同,因为前者先进行调解,调解失败后转入仲裁程序,调解员一般继续担任仲裁员。目前对这一方式人们仍存在较大的争议,支持者认为仲裁员在纠纷解决中应该发挥更为积极的角色,可以先通过调解帮助当事人和解,只有在调解失败后,才转入仲裁作出裁决;反对者认为,仲裁员是纠纷的裁判者而不是中立的主持人,两者的角色是冲突的,不能共存。[1]

所谓公证调解,主要是指公证机构在公证中所进行的调解。近年来,世界不少国家(地区)的公证机构以不同的形式积极参与 ADR 制度的建构,提供调解服务。这一全新实践可称为公证调解模式。公证调解的"独立"是指不依附于法院,包括案源、调解的启动受理、调解的过程和处理等,都由公证机构独立进行,其全过程都与法院无关,不受法院干涉、影响。这一模式大体上分为两类:(1)在公证机构内部不设专门的调解部门,当发生公证纠纷时,应当事人的申请,公证机构随机组织或指定相关公证人员依法进行调解。(2)内设专门调解部门。这一形式是在调解多元化发展形势下,由公证机构积极呼应实际需求而产生的创新类型。[2]

(三)根据达成的调解协议是否具有强制执行力,可将调解分为有强制执行力的调解和无强制执行力的调解

有强制执行力的调解是指调解协议对当事人具有约束力的,当事人必须执行调解协议的内容,否则另一方可以向法院申请强制执行。这种类型的调解主要包括司法调解、仲裁调解。此外,虽然不是由法院或仲裁机构调解,但是调解协议经法院审核后具有强制执行力的调解也属于此类。如比利时的法定调解。无强制执行力的调解是指调解所达成的调解协议不具有强制执行力,如果一方当事人在达成调解协议后反悔,另一方无法申请法院强制执行调解协议。

---

[1] Michael Palmer & Simon Roberts, *Dispute Processes: ADR and Primary Forms of Decision Making*, Butterworths, 1998, p.230.
[2] 陈梅英:《论公证调解的模式、类型及其受案范围》,载《中国公证》2017年第4期。

四、调解的价值功能

(一) 主动性

调解的方式具有主动性,有利于纠纷的及时解决。民事诉讼程序的启动遵循"不告不理"的原则,只有在当事人向法院提出诉讼请求时,法院才有可能依照法定程序进行审判以解决纠纷。换言之,法院不能主动出击寻找案件,只能被动地等待纠纷送上门来。而当纠纷各方到了非上法庭不可的时候,矛盾往往已经激化到了不可调和的程度。调解制度则不然,部分调解组织和调解员可以采取主动介入的方式对纠纷进行调解。对于已经发生的纠纷,主动介入调解,避免矛盾扩大。对于可能发生的纠纷,究其根源,力争将矛盾解决在萌芽状态。正是因为调解的主动性,才有利于纠纷的及时解决。

(二) 廉价性

以调解解决纠纷的成本较低。在民事诉讼中,提出诉讼的一方当事人必须缴纳一定数额的诉讼费用,诉讼费用的高低大多取决于诉讼标的额的大小。标的额较大的案件,诉讼费用往往让人瞠目结舌,但这仅仅是成本的一部分而已。由于诉讼程序的复杂性和法庭对抗的激烈性,当事人为了增大胜诉的可能性,一般情况下还会聘请律师担任诉讼代理人。高昂的诉讼费和律师费给希望解决纠纷的当事人带来沉重的负担,而国家相应的司法成本投入也不在少数。与运用诉讼方式解决纠纷相比较,调解的成本要低得多。调解组织进行调解一般是不需要缴纳费用的,而且当事人也不必花费巨资聘请律师,只要纠纷各方冷静且和气地将纠纷的来龙去脉讲清楚,调解员就可以进行调解。这不但为当事人节约了大笔的费用,而且减少了国家司法成本的支出。

(三) 自愿性

调解的方式具有自愿性,有利于当事人之间和睦相处。人类几千年来的传统文化道德观念是"以和为贵",即强调和睦相处。尽管随着法治的发展,诉讼在各国社会中已变得愈来愈平常了,人们的诉讼观与以往相比发生了重大的转变，但毕竟没有发展到对上法院打官司习以为常的程度，仍有多数人保持着传统法文化中的厌讼心理。此外，用诉讼的方式解决纠纷虽然能够解决一时的矛盾，但是激烈的法庭对抗和非黑即白的裁判结果却可能使纠纷双方永远都无法恢复曾经存在的和睦关系。而采取调解的方式就温和得多了，双方当事人在调解员的主持下就如何解决争议进行协商并最终达成协议。调解中的协商是为了解决纠纷而不是寻求以对抗为价值取向的交涉，因此双方当事人除了要对和解表示诚意外，还要有足够的灵活性和妥协性，所以互谅互让是当事人避免冲突的基本态度，友好的气氛是解决纠纷的关键所在。当事人之间没有正面冲突，避免一方胜诉、一方败诉的结局，既解决了纠纷又不伤和气，很可能达到双赢的局面。

(四)保密性

调解具有保密性。保密性是指调解不必公开进行，在调解的过程中，调解员对于双方当事人告知的信息严加保密，不会透露给任何人。一方面，对涉及个人或家庭的纠纷，当事人通常不希望将它们公之于众；对发生在商务活动中的纠纷，当事人一般也不愿意闹得沸沸扬扬。另一方面，调解员为了找到问题的症结，需要从当事人那里获得真实而充分的信息。保密性正好满足了这个方面的要求，它既是当事人乐于选择调解的原因，又是调解成功的条件之一。"调解可以满足一部分不喜爱打官司或抛头露面的人的心理，合乎价值多元化之社会发展潮流。"[①]

(五)简易性和高效性

调解程序的简易性和处理的高效性。调解没有固定的程序，以当事人的同意为前提。调解员和当事人可以采用灵活多样的简便的方式进行调解。调解处理具有高效性，只要当事人双方真正自愿同意，只要不违反法律强制性规定和社会公共利益，随时可以达成协议，解决纠纷，结束争议，而不必像诉讼那样经历烦琐的程序和长时间的等待。

---

① 王建勋：《关于调解制度的思考》，载《法商研究》1996年第6期。

(六)灵活性与易履行性

调解结果的灵活性和调解协议的易履行性。调解协议是当事人协商的结果,是当事人自愿达成的,因此调解协议不必严格依照法律,只要法律中的强制性规定,不损害社会公共利益,不损害第三人的合法权益,调解协议的内容就是合法的。调解结果的灵活性既可以使调解员审时度势地引导当事人达成调解协议,又可以使调解结果照顾到双方当事人的长远利益,这样最有可能使纠纷得到彻底的解决。在调解过程中当事人平等参与,自愿协商,在互谅互让的基础上达成切合实际的调解协议。基于以和为贵的传统,调解协议较容易得到履行。

(七)普遍性

调解的普遍性和广泛性有利于降低法院和民众的压力。基于经济的发展、社会的变迁,纠纷正在不断增多,且类型日益复杂化。如果所有的纠纷都通过法院来解决,法官的数量即使再增加几倍也难以应付。从现实的角度考虑,这种做法既不必要也不可能。通过诉讼的方式只能解决一部分,而其他众多纠纷只能通过非诉讼的方式解决,调解就是其中较为理想的一种方式。此外,能够通过调解解决的纠纷的范围也很广泛,法院审理的民事纠纷可以调解,法院不受理的一些家庭的、邻里的、感情的纠纷也能通过调解解决。因此,通过调解这一道防线,可以及时、有效地化解大量的纠纷和纠纷的萌芽,大大减轻法院的负担。

五、调解员的角色定位

调解员应当具有如下的性格特征:(1)优秀的调解员应当值得信任(trustworthy)。当事人的信任对调解员工作的成功与否至关重要。获得信任的途径可以来自于在调解行业良好的信誉,也可以来自于在调解过程中所表现的客观、诚实以及可靠。(2)调解员应当是不善断的(non-judgmental)。调解与诉讼最大的区别在于不要求对每个问题作出非此即彼的判定。调解员在工作中不但自己不能擅作结论,也应当制止当事人这样做。(3)调解员应当具有较强的理解能力(empathetic)。他应当能在最快的时间内理解当事人的想法和感受,不仅通过言辞,还通过表情以及语调等等。(4)调解员应当具有想象力(creative)。尽管调解受到法律的规制,调解员的思维方式仍然应当不拘一格,为纠纷解决提供多种方案。(5)调解员应当有耐心(patience)、恒心(persistence)和容忍(tolerance)。调解程序往往持续很长时间,它可能非常乏味;在某一时间段,它可能是极端没有成效的。调解员在这一过程中必须始终保持清醒的头脑,在当事人出现不冷静的情况时,还必须控制局面。他必须能忍耐不同文化背景的当事人之间的差异。具备这些性格特征的调解员才有可能保证调解程序的顺利进行。①

根据实际情况,调解员可以扮演如下全部或部分角色:

1. 商谈场所(forum for discussions)。调解员为当事人的商谈提供中立和可靠的环境,克服事务性障碍(如谈判地点、时间和议程无法达成一致)。

2. 商谈"和事佬"(moderator of discussions)。调解员可以劝阻当事人的进攻性行为,引导当事人合理行事,防止紧张、对抗的情绪升级。

3. 情绪"避雷针"("lightning rod" for emotions)。其目的在于使当事人在一个受到控制的气氛里发泄情绪,强调一方在阐述时不得被打断,并且不使用侮辱性的语言。

4. 信息沟通渠道或转换器(communications channel/translator)。调解员的一个重要功能是充分信息沟通的工具,同时也可以把特定的主张"转换"成不含偏见的语言或反映当事人潜在的利益主张。

5. "催化剂"(catalyst)。现代调解的主要目标是帮助当事人制定纠纷解决方案,调解员充当一种提高当事人解决问题技巧的"催化剂",帮助当事人了解纠纷的根源以及双方的利益所在。

6. 顾问(advisor)。除可以对有关情势以及是否批准纠纷解决建议方案进行中立评估外,调解员还可以为当事人提供一系列的分析方法和决策工具。

7. 现实性代言人(Agent of Reality)。作为局外人,调解员可以对当事人的假设、看法和判断提出质疑,减少当事人过高的期望,注入务实性精神。"测试现实性"(reality-testing)是调解员最有效的调解技术之一。

---

① W. Maggiolo, *Techniques of Mediation*, Oceana Publications, 1985, p.73.

8. "替罪羊"(scapegot)。在即将取得某种一致意见，或提出建议时，出于情感上的顾虑，当事人可以授权调解员提出或接受一项解决方案。

9. 起草人(draftman)。一旦达成协议，调解员可以帮助当事人明确地表达协议内容，避免在协议文字方面出现争议。起草协议时应避免使用语义含糊的条款，以防止达成协议之后发生破裂。

10. 遵守协议的监督者(compliance monitor)。调解员有时候还应邀监督协议的履行，并解决其中出现的任何争议。① 根据调解员在法律层面上的服务型分类，其不享有调解结果的权益，而只需为促进当事人达成调解协议，把握整个调解过程的进行。为达致上述目标，调解员具有较大的自由裁量权，同时必须承担严格的注意义务和忠实义务。②

六、调解的基本程序

ADR 的实践表明，调解及其结果若要取得公正性的外观，程序的保障必不可少。③ 鉴于调解程序因不同类型而有所差异，以下论述主要围绕常态下调解程序的基本模式展开。

(一)调解的启动

调解的启动即纠纷的受理和程序的开始。纠纷类型和调解机构影响程序启动的方式，在实践中有如下几种情况：

1. 当事人申请调解。这一方式既可以当事人双方共同申请，也可以一方当事人申请并经对方同意接受。世界大多数国家的社会调解的启动均须在纠纷产生之前或者纠纷产生后达成调解解决争议的协议(条款)。

---

① Christian Buhring-Uhle, *Arbitration and Mediation in International Business: Designing Procedures for Effective Management*, Kluwer Law International, 1996, pp. 287~293.

② Klaus J. Hopt & Felix Steffek, *Mediation: Principles and Regulation in Comparative Perspective*, Oxford University Press, 2012, pp. 64~65.

③ 范愉主编：《ADR 原理与实务》，厦门大学出版社 2002 年版，第 340 页。

2. 法院(法官)建议、指令或委托调解。在美国,法官经常建议或指令当事人先行进行调解。在西班牙,法院会根据案件的性质劝说当事人接受调解,或者待到程序性障碍消除、案件事实确定后,尽力推动调解。

3. 调解机构主动进行调解。行政执法中的附带性调解具有主动性,如社区警察进行的家庭纠纷、邻里纠纷调解,劳动监察进行的劳动争议调解,工商管理进行的消费纠纷调解等。倘若当事人不拒绝,则调解具备自愿性基础;若当事人拒绝,则不能径行开展调解。

4. 强制调解。为了提高纠纷处理的效率和社会效果,越来越多的国家在特定类型的纠纷处理中建立诉前强制调解制度。对于特殊纠纷,在当事人直接起诉的情况下,法院可以不予受理,或视为申请调解,启动调解程序。例如,根据德国《民事诉讼法施行法》第15a条的规定,针对特定的案件类型必须进行诉前强制调解,各州可以规定,下述争议所提起大的诉讼只有在州司法管理机构设置或认可的调解机构对争议调解之后才能被受理:(1)地方法院受理的财产争议数额低于750欧元;(2)邻地争议,即《德国民法典》第906条、第910条、第911条、第923条,《德国民法施行法》第124条规定的争议,涉及经营活动的除外;(3)没有经过媒体、广播报道的个人名誉损害。

(二)调解的准备

1. 调解员的选任。调解的成功率和当事人的满意度往往取决于调解员的权威、经验和技巧。因此,调解员选任成为调解程序的关键环节。这一般有两种方式:(1)选定。根据自愿原则,调解机构应向当事人提供调解员名册,包括基本信息和调解资质等,由当事人自行选择调解员。(2)指定。在没有调解员选择程序或在当事人不愿或难以作出选择等情况下,可以由调解机构或法院指定调解员。但当事人享有对指定调解员的回避申请权。例如,在比利时法院建议调解中,法官在诉讼阶段认为存在调解的必要性与可能性,在征得当事人的同意调解后,指定专职调解员。

2. 调解场所的选择。调解场所应以便利当事人和促进调解为原则,既可以在调解机构进行,也可以由双方当事人选择其他地点。无论选择任何调解场所,均应注意以下一些基本因素:尽量淡化对抗性、营造温馨的和解氛围、弱化权力或裁决等不利协商和解的符号、准备可与当事人进行背对背谈话的场所、调解场所应当保密等。①

3. 调解预备工作。一桩有效率的调解离不开细致的预备工作,②充分的准备有助于促成纠纷的解决。至于准备的程度因事而异,但基本工作包括:确定参与调解会议的人员,预先说明调解的功能、程序及调解协议的法律效力,当事人权利义务,调解费用,调解员资历及回避与否等。

(三)调解的进行

英国学者认为,调解会议可以划分为两个阶段,即争点的确定和问题的解决,二者又各自包含一些具体的步骤。③ 调解进行程序一般并无严格的程序步骤要求。在多数调解程序中,调解会议的核心是争点确定和问题解决。一般而言,较为正式的调解会议应包括如下必要的环节:(1)调解员的说明与引导,就调解意向、当事人权利义务等调解规则与当事人形成共同确认,引导当事人及其他参与人诚信、友好、保密地进行商谈。(2)当事人陈述与事实调查。调解一般无须复杂的举证质证程序,通常将当事人陈述、辩论和举证、质证等环节放在同一过程中交叉进行。事实认定主要依靠调解员的审慎、经验和良知。(3)面对面调解、背对背调解及其混合式调解。在这一环节中,调解员应保证各方当事人的平等和自愿,坚持中立和公平调解原则,促进当事人达成和解,满足程序保障的基本要求。(4)调解方案的提出与形成。经过前面的调解环节,双方当事人之间争议差距逐渐缩小。在此情况下,调解员带着各方的要约和反要约往返于双方之间,或是双方重新坐在一起互相交换意见。最终,若双方同意协议草案,调解员会及时主持他们重新确认对解决方式的理解,并补充细节,签订一份正式的调解协议。④

在调解的过程中,可以举行调解员单独与一方会谈的秘密会议,也可以举行双方都在场的共同会谈。但在单独会议中,调解员要确保在会谈中一方当

---

① 范愉:《非诉讼程序(ADR)教程》,中国人民大学出版社 2016 年第 3 版,第 116 页。

② C. Moore, *The Mediation Process*:*Practical for Resolving Conflict*, Jossey-Bass, 1996, p.81.

③ S. Henderson, *The Dispute Resolution Manual*:*a Practical Handbook for Lawyers and Others Advisers*, Data Legal Publication, 1993, pp.103~104.

④ 范愉主编:《ADR 原理与实务》,厦门大学出版社 2002 年版,第 353 页。

事人不希望对方知道的内容不被对方所知。①

在调解过程中,调解员可以采用协助或者评估式,②尽力保证让那些对结果可能产生影响的元素得到充分的展示,并使最终达成的协议尽可能地符合公平正义。调解员若没有履行上述义务,原则上应承担责任。许多法律和法庭规则都规定了调解员需要为违反义务的行为承担责任。但在美国,处罚调解员是极少见的现象,很少有调解员被起诉的报道。有些地区调解员被赋予豁免权。比如在受法院指派进行调解的情况下,该豁免权是作为司法豁免权的延伸得以适用的。

(四)调解的终结

调解的终结有两种情形,即调解的成功和调解的失败。

1. 调解成功,当事人之间达成调解协议。一般而言,在较为正式的调解中,调解协议是书面形式的。对于简易纠纷,也可以在调解员的见证下达成口头协议并即时履行。

2. 调解失败,当事人之间未能达成调解协议,宣告调解程序终止,转入后续纠纷解决程序。在强制调解的情况下,相关争议可直接转入诉讼程序。在

---

① 调解过程中的会议有两种类型:一种是联合会议(joint conference),要求当事人双方均出席会议。另一种是私下的预备会议(private caucuses),仅一方当事人出席会议。在前一种情况下,让所有当事人都在一起讨论。如果他们选择后一种私下的预备会议,调解员就得单独会见当事人。在后一种情况下,调解员必须保证除非得到授权,否则在会议中一方当事人所作出的陈述不能透露给对方当事人。这个环节的关键在于,调解员应尽力判断各方的真实想法,尽可能查清所有的细节,寻求一种妥当的解决方法。如有必要,预备会议可以多次召开。参见 Albert P. Melone & Allan Karnes, *The American Legal System, Foundation, Processes, and Norms*, Roxbury Publishing Company, 2003, p. 358.

② 在实践中,调解的方式是多种多样的。有的采用协助的方式,调解员构建便于当事人沟通的平台;有的采取评估的方式,调解员在了解案情的基础上提出建议。实际上,最通常的做法是调解员先采用协助式,随着当事人的见解差异的缩小,再引入评估式的调解模式。协助模式的优点在于能使当事人及其律师容易产生受到公平对待的心理。但是,如果在整个调解过程中只使用这种模式,将会影响纠纷解决的效率。评估模式的优点在于调解员可以在案件中发表观点,从而推进解决的进程,因而将两种模式结合起来是最佳的选择。

仲裁调解中,调解员可将案件移送仲裁员,及时开展仲裁程序。

(五)调解协议的效力及其履行

调解协议应具备实质上的合法性,即应符合下列条件:(1)当事人具有完全民事行为能力;(2)意思表示真实;(3)不违反法律、行政法规的强制性规定或者社会公共利益。不符合这些要件的调解协议为无效。[①]

在一般情况下,非诉讼程序中达成的调解协议,仅具备契约性,并不具有司法性或者强制执行力。为此,当事人须对调解协议的效力进行升级。例如,将有支付内容的调解协议转化为公证债权文书,申请法院的司法确认,申请仲裁机构将调解协议制作成仲裁调解书或者裁决书,由此赋予调解协议强制执行的效力。

当事人应当自觉履行有效的调解协议,不得随意反悔或拒不履行。一方当事人拒不履行的,对于没有强制效力的调解协议,另一方当事人只能求助于调解员和调解机构的道德规劝;对于具有强制效力的调解协议,另一方当事人通过强制执行实现调解协议的内容。值得说明的是,在不具强制效力调解协议不被自动履行的情况下,当事人只能选择将纠纷诉诸法院。倘若法院判决结果和调解结果相差不大,拒不履行调解协议引发诉讼的一方当事人需要向对方支付相应的诉讼费用,以此惩罚当事人的不诚信行为、限制轻率诉讼。此即英美法系国家的诉讼费罚则制度。

(六)调解的后续工作(Post-Mediation Activities)

调解可能因为和解协议的达成而终结,也可能因为调解不成而终结。在前一种情况下,当事人往往要在调解结束之后进行一系列的后续工作,使调解的功能切实发挥到最大。

1. 和解协议的批准和审查(Ratification and Review)

尽管参与调解程序的当事人代表一般都已经获得了充分的授权,由于和解协议关系到重大的实体权利,在很多情况下,尤其是商事调解中,和解协议还必须得到公司董事会的批准。当事人还有机会就和解协议向律师、会计师

---

① 范愉:《非诉讼程序(ADR)教程》,中国人民大学出版社2016年第3版,第119页。

等专业人员寻求咨询意见。这些程序为当事人的利益提供了有效的保障。在涉及公共利益的调解中,和解协议通常还要经过一系列的立法程序,以政府文件的形式最终确定下来。因此,花费在这个过程上的时间是不容低估的。①

2. 官方确认(Official Sanction)

有些情况下,法院或其他官方机构的确认是和解协议生效的要件。例如,英国《民事诉讼规则》第 21.10 条规定:在未成年人人身损害赔偿案件中,如果该未成年人的父母代表未成年人与对方达成和解协议,则该协议必须得到法院的批准才能生效。当调解发生在诉讼过程中时,和解协议一般都必须得到法院的确认方能生效。法院将根据和解协议的内容作出判决或发布命令,和解协议因此获得了更高的执行力。在英国的商事法院中,法院往往通过 ADR 令状的形式,对和解协议的效力进行确认。②

3. 移转(Referral)和报告(Reporting)

根据调解的效果,调解员可以自行决定将当事人介绍给心理医生、律师或社会工作者,以方便其从专业人士那里得到帮助。但是,这种介绍必须征得当事人的同意,不能是强制性的,并且不得违反保密义务。

一旦在调解过程中发现虐待儿童或其他特别严重的事项,调解员应当立即向有关部门报告。英国《商事法院指引》(*Commercial Court Guide*)还规定:如果当事人经过调解未能达成和解协议,当事人应当向法院详细汇报调解程序进行的情况,并且总结调解失败的原因。

4. 调解人的自我总结(Mediator Debriefing)

调解程序结束后,调解员有时会对调解程序进行仔细的分析和评估,并形成一份书面报告。这份报告可以在调解员之间流通,也可以提交给调解组织的上级部门。通过自我总结,调解员能够了解自己在调解过程中的情绪变化;鼓励自己在未来的调解工作中扬长避短。有时,调解员还会向当事人发放问卷,听取当事人对自己的批评和建议。通过不断的自我总结,调解员和调解组织能够建立起一个有关调解的信息库,包括调解的成功率、收费情况等等,这

---

① Laurence Boulle & Miryana Nesic, *Mediation*: *Principle*, *Process*, *Practice*, Butterworths, 2001, p.142.

② 齐树洁主编:《英国民事司法改革》,北京大学出版社 2004 年版,第 181~182 页。

对调解程序的改革以及调解人员的培训无疑将起到非常积极的作用。①

七、调解与诉讼、仲裁的互动

在日本学者棚濑孝雄关于纠纷解决过程的理论框架中,任何纠纷解决皆可以划入以下两大类型之中:根据合意的纠纷解决和决定的纠纷解决。在现实中,将纠纷解决过程中以合意还是决定、状况性还是规范性的类型加以截然区分是不可能的。这些因素总是混合在一起的,而且混合的程度随纠纷当事人、利害关系者以及社会一般成员的利益所在、他们相互的力量对比关系、与其他纠纷解决过程的关联等情况的不同而多种多样。在调解现代化的进程中,调解制度与诉讼制度、仲裁制度的互动日益紧密,并创新了纠纷解决的范式和实践。

(一)调解与诉讼的互动

调解与诉讼之间的差异是显而易见的。然而,此种差异并没有使调解与诉讼互相排斥,相反,调解和诉讼在许多国家(地区)还呈现出互相融合、互相补充的趋势,主要表现如下:

1. 诉讼"阴影"下的调解

相对于调解而言,诉讼由于有一般性法律规则作为参照,具有结果可预测性的特征,因此,对将来可能出现的审判结果的预测就经常会成为调解过程中当事人进行利益博弈的筹码。此外,当事人也可能会出于尽可能避免将纠纷卷入代价高昂的诉讼程序这样的考虑,以一种更为积极的态度在调解过程中谋求达成合意。由此可见,审判这样的"法的决定过程"在为诸如调解这样的诉讼外纠纷解决手段提供参照的同时,也以一种间接的方式促成了调解。

2. 调解协议的司法确认与执行

调解是以当事人之间的合意作为立足点的,因此,一旦调解成功,绝大多数调解协议都能够在当事人自愿的基础上得到履行。不过在现实生活中,难

---

① J. Folberg & A. Taylor, *Mediation: a comprehensive guide to resolving conflict without litigation*, Jossey-Bass, 1984, pp. 65-72.

免会出现当事人达成调解协议后又反悔的情况,由于主持调解程序的中立第三方并不具备强制执行调解协议的权力,纠纷当事人最终往往不得不诉诸法院来执行调解协议。此时,法院应如何对调解协议的效力予以确认便成为调解与诉讼之间衔接点。对此问题,调解协议倘若被随意撕毁,既浪费了社会的调解资源,也容易徒增讼累,各国大多建构了调解协议司法确认制度或者直接赋予调解协议的强制执行力。例如,俄罗斯《调解法》规定,调解协议经由普通法院或者仲裁法院的司法确认即具有强制执行力,等同于法院判决。再如,德国《调解法》未对调解协议强制执行效力作出规定,但其《民事诉讼法》第794条规定了调解协议获得执行力的几种路径。

3. 法院附设调解

在许多国家,调解与民事诉讼的结合还表现为法院附设调解制度。与司法调解相比较,法院附设调解是一种将社会性调解机构设在法院的制度。它的运作与诉讼程序严格区分开来。法院附设调解整合了散落在社会上的各类纠纷解决资源,实现诉讼内纠纷解决方式和诉讼外纠纷解决方式的无缝对接,有助于更加简便、低廉、高效地解决纠纷。一般而言,法院附设调解程序在流程上与审判程序分立,调解失败的,可以由当事人决定是否转入诉讼,调解员除由法官充任外,往往还包括律师、社会工作者等其他人员,且担任调解员的法官一般不参与后续诉讼程序。这一分立可以避免"调审合一"的弊端,从而在发挥调解功能的同时,又能维持诉讼程序的独立运作。例如,美国是法院附设调解实践最发达的国家。调解是联邦地区法院使用最为广泛的附设程序,94个联邦地区法院中有一半提供调解并且在一些案件强制适用调解。多数调解项目由联邦法院自行管理,只有极少数的法院通过律师协会或者私立ADR组织来提供调解。[①]

4. 强制调解前置

在不少国家,某些特定类型的纠纷在进入诉讼程序之前必须经过调解阶段。如日本《家事审判法》规定,涉及人事关系的案件由家事裁判所管辖,调停为诉讼程序的必经阶段。在诉讼实证研究的基础上,对于当事人因事件性质、居住环境或一定的亲属关系而特别需要维持彼此间和睦关系,或者标的额太

---

① 杨严炎:《美国司法ADR之考察》,载《当代法学》2006年第4期。

小,或者调查证据认定事实特别烦琐困难因而进行诉讼程序显然违反费用相当性原则,或者事件具有浓厚的非讼色彩而法院裁判主要在于斟酌决定双方将来的权利义务,宜列为强制调解的范围。① 但强制调解既不意味着结果强制,也不代表着全部调解过程的强制,仅是调解程序启动环节的强制而已。②

(二)调解与仲裁的互动

仲裁与诉讼一样都是根据决定的纠纷解决方式,对于此种依据第三者的决定来解决纠纷的机制而言,其正当化的一个重要方法就是保证决定是按照社会普遍认同的价值规范作出的。为了确保这一点,许多国家(地区)制定了严格的仲裁规则,使仲裁程序日趋复杂、耗时、费力,并且仲裁费用也因此变得越来越昂贵。这导致仲裁在不少国家(地区)陷入困境,为了保障仲裁当事人权益而制定的规则却导致仲裁正在丧失其原有的优势。在"仲裁诉讼化"的背景下,调解开始被导入仲裁,以此来降低仲裁的对抗性和决定性的风险,增强当事人在纠纷解决中的自治因素。具体而言,具有实践价值的调解与仲裁相结合的模式主要是以下两类:

1. 调解—仲裁

这一模式的基本形态是在仲裁流程中增设调解前置程序,如果调解成功,则由仲裁员按照调解协议作出裁决,这种裁决被称为"合意裁决"或"协议裁决";如果调解不成,则转入仲裁程序由仲裁员最终作出仲裁裁决。调解前置的优势在于,倘若双方当事人之间的差距比较小,运用这一方式可以降低纠纷解决的成本,并可以维系当事人之间的合作关系。

"调解—仲裁"模式在实践中,调解员与仲裁员基本上是同一的。其优势在于,由于调解员对争议内容已有相当的了解,在进入仲裁阶段以后,他能够迅速作出判断,有助于提高解决纠纷的效率。不过,也有反对意见指出这种模式的弊端,主要是:首先,仲裁员在调解过程中尤其是在私下会晤中所获取的信息内容容易导致其对当事人产生好恶感,从而在之后的仲裁过程中对当事人抱有偏见;其次,为了促成当事人达成调解协议,调解员可能利用兼任仲裁

---

① 陈荣宗、林庆苗:《民事诉讼法》,台湾三民书局2002年版,第1062页。
② 王福华:《现代调解制度若干问题研究》,载《当代法学》2009年第9期。

员的身份,对一方当事人施加压力,迫使他们做出不得已的让步;再次,由于顾及调解员将在此后担任仲裁员,当事人将不愿意坦率地披露信息,从而降低了达成调解的可能性。但是,如果调解员与仲裁员由不同的人员担任,那么实际上与单独的调解程序和仲裁程序相差无几,难以发挥基于调解与仲裁互补而产生的优势。对此问题,虽然可采取诸如仲裁员列席调解会议的变通方式予以弥补,但是亦弊大于利。这是因为,首先,当事人必须在调解阶段就开始为仲裁员支付费用,这与"调解—仲裁"的目的之一——节省费用相背离;其次,由于仲裁员列席,当事人力图给仲裁员留下好印象,以便在以后的仲裁中取胜,这将使调解变得和仲裁一样充满对抗性。[1]

基于上述考虑,一种被称为"调解—仲裁—选择—退出"的模式赋予当事人在调解结束后的一段时间内重新选择仲裁员的权利,这可以免除当事人的顾虑,使他们在调解过程中更加坦诚。同时,调解员也不至于因为急于达成调解,利用其双重身份对当事人施压。因此,这一模式既尊重了当事人的意思自治,又尽量避免了调解员与仲裁员分离所造成的资源浪费。

2. 调解与仲裁并行

在调解与仲裁并行的情况下,调解与仲裁两个程序不存在绝对的先后顺序问题,而是两种程序同时进行或交叉进行。此种模式最大的优势在于,由于仲裁裁决具有强制性,各方当事人都会尽力收集并在庭上出示对自己有利的证据,这种证据的交流将促使当事人双方抛弃原有的不切实际的想法,对案件的结果形成一个更准确的估计,从而有利于调解协议的达成。[2] 不过,从不利的角度来看,仲裁程序的对抗性也可能使双方的关系陷入僵局难以恢复,继而造成裁决执行的困难。在美国、德国、瑞士等国家,调解与仲裁相结合已经十分普遍。具体而言,调解与仲裁并行主要有以下三种表现形式:

(1) 仲裁中调解

仲裁中调解是实践中最常运用的调解与仲裁相结合的方式,也是世界上多数国家(地区)最常用的一种规模。其基本的运作模式是在启动仲裁程序之

---

[1] Peter Hibberd & Paul Newman, *ADR and Adjudication in Construction Disputes*, Blackwell Science 1999, p. 125.
[2] [美]理查德·A. 波斯纳:《法律的经济分析》(下),蒋兆康译,法律出版社1997年版,第727页。

后,仲裁员在仲裁过程中的任何时候都可以进行调解,并且不论调解是否成功,最终都由仲裁员作出裁决。实践证明,仲裁中调解有许多优点:①公平与效率的统一。在仲裁程序中进行调解,当事人无须缴纳在单独的调解程序中必须缴纳的"调解费";如果调解成功,后来的仲裁程序就不必继续进行,仲裁庭可以依据调解书的内容作出裁决书,当事人也可以申请撤案;如果调解不成功,则已经开始的仲裁程序可以迅速地继续进行。②在仲裁程序中由仲裁员进行调解,比调解员在调解程序中进行调解的成功率大。③调解员主持达成的调解书不具有执行力,而通过仲裁员在仲裁程序中调解,双方当事人达成调解协议后,仲裁员根据该协议作出的裁决书,法院将予以执行。④有利于维护、巩固乃至发展当事人之间既存的将来的商业合作关系,最大限度地满足当事人的商业需要。当然,这种调解、仲裁合一的模式弊端也是显而易见的,前文对此已有详细的分析,不再赘述。为了克服此种弊端,实践中发展出调解与仲裁平行的一种模式,这就是下文介绍的影子调解模式(shadow mediation)。

(2)影子调解

影子调解的主要模式如下:纠纷进入仲裁程序以后,在一个恰当的阶段启动平行的调解程序,由调解员对当事人的争议进行调解。如果调解成功,则终结当事人之间的争议;如果调解不成,平行进行的仲裁程序可以确保争议的最终解决。在这种方式中,仲裁员和调解员不是同一人,调解机构与仲裁机构也是两个不同的机构。这种模式主要是为了克服"仲裁中调解"中调解员与仲裁员合一而可能产生的弊端而设计的,但是,这种方式与生俱来的缺陷就在于它是一种高成本的纠纷解决模式。调解员与仲裁员分别独立意味着必须为此支付两笔费用。同时,由于启动调解程序时,调解员对于纠纷的事实一无所知,因此必须从头开始接触案情,这就降低了纠纷解决的效率,而时间成本也随之大幅度攀升。

(3)调解与仲裁共存(Co-Med-Arb)

在这种模式中,调解员与仲裁员并不同一,但他们共同列席关于纠纷之争点整理的听证程序。调解员有权与纠纷当事人进行私下会晤,仲裁员不参与这种私下会晤,而是由调解员负责向其披露在与当事人接触过程中获取的信息。调解员全程参与仲裁程序,并在时机适当的时候对当事人进行调解。这是一种结合了调解、影子调解、小法庭和仲裁诸因素的程序变体。① 与影子调解模式相类似,调解与仲裁共存克服了前述调解员与仲裁员合一可能产生的弊端,避免仲裁员受调解阶段的影响,使得当事人得以抛开顾虑,坦诚面对调解员。同时,由于调解员与仲裁员共同参与事实发现的听证程序,克服了影子调解模式中由于存在两个事实发现程序而造成的拖延。但是,这一模式仍然带有费用成本相对过高的弊端。

"妥当、公正、迅速、廉价的纠纷解决"是各国法律界所追求的普遍理想。其中,妥当和公正大致对应着纠纷解决的实体正义和程序正义;迅速和廉价则属于纠纷解决效率的主要内容。多元化的价值取向往往需要多样化的程序设计来予以满足。调解等非诉讼纠纷解决方式在实现这两个方面的立法指向上都具有重要的意义。首先,从调解等非诉讼纠纷解决方式对诉讼程序的作用来看,调解等方式不仅"是分流诉讼、减轻法院压力、提高司法效率和扩大司法利用,更重要的是具有从质量上改善司法、增加当事人参与和诉讼的平等性、民主性及协商性的功能,有利于培养和促进社会自治与纠纷解决的生态平衡"②;其次,从诉讼程序对调解等非诉讼纠纷解决方式的作用而言,审判程序的终局性和权威性有利于防止调解等非诉讼方式运行失范,引导其遵守基本的程序交涉要求,自觉地贯彻现代法治精神和程序正义理念。

---

① 王生长:《仲裁与调解相结合的理论与实务》,法律出版社2001年版,第79页。
② 范愉:《纠纷解决的理论与实践》,清华大学出版社2007年版,第311页。

外国调解制度

第二章

加拿大调解制度

加拿大系联邦制国家,由 10 个省和 3 个地区构成,国土面积 998 万平方公里,人口 3689 万(截至 2017 年 10 月)。法院系统分为联邦、省和地方(一般指市)三级。① 加拿大的法律制度起源于 17 世纪由殖民者和冒险家带来的欧洲法律制度。1759 年后,由于英国人打败了法国人,除魁北克省外的其他地区都继受了英国法律制度。而魁北克省则承袭以《法国民法典》为核心的大陆法传统。早期加拿大绝大多数地区适用普通法,但是随着社会经济的发展,单纯的普通法难以应对日趋复杂的新问题。为此,加拿大在联邦设立国会,制定适用于联邦的成文法;各省也设立了省级立法机关,制定在本省范围内适用的成文法。

与邻国美国相比,调解制度在加拿大起步较晚,早期主要集中于劳动争议和农场债务纠纷。20 世纪 90 年代以来,联邦政府大力推广调解制度,取得不错的成效。加拿大调解制度主要包括法院附设调解和社会调解两类。在联邦层面,法院附设调解比较典型的有离婚强制调解和农场债务调解;在省级层面,安大略强制调解和魁北克司法调解的特色较为明显。调解不仅适用于民商事领域,还广泛运用于刑事和行政领域。联邦政府重视并推动强制调解,因

---

① 加拿大的十个省:阿尔伯塔省(Alberta)、不列颠哥伦比亚省(British Columbia)、马尼托巴省(Manitoba)、纽芬兰与拉布拉多省(Newfoundland and Labrador)、新不伦瑞克省(New Brunswick)、新斯科舍省(Nova Scotia)、安大略省(Ontario)、爱德华王子岛省(Prince Edward Island)、魁北克省(Quebec)和萨斯喀彻温省(Saskatchewan)。三个地区:努纳武特地区(Nunavut Territory,于 1999 年从西北地区分割出来)、西北地区(Northwest Territory)和育空地区(Yukon Territory)。参见中华人民共和国外交部:《加拿大国家概况》,http://www.fmprc.gov.cn,下载日期:2018 年 4 月 20 日。

为它有效提高了调解使用率、节约了司法资源、减轻了法院的压力。值得注意的是,加拿大是联邦制国家,根据《1867年宪法》(Constitution Act 1867)第91条和第92条的规定,立法权由联邦和各省共同享有。[①] 在各自的立法权限内,联邦与各省皆有独立的调解制度,全面了解其调解制度,须有所区分。

一、社会调解

社会调解主要是指在非司法性和非行政性的民间组织、团体或个人的主持下进行的调解。相较于法院附设调解,社会调解的程序更灵活、保密性更强、效率更高、费用更低。联邦和各省均无统一的社会调解规则,在实践中发挥规范作用的一般是调解机构的调解手册。目前,联邦和各省存在众多的社会调解和仲裁机构。由于社会调解具有成本低[②]和保密性强等优势,立法机关和社会团体都竭力推广社会调解。各省和地区设立了众多的社会调解机构,它们处理的纠纷数量在调解案件总量中所占比例较高。[③]

(一)调解的条件

为启动社会调解程序,双方当事人必须在纠纷发生前达成同意调解的协议或者在纠纷发生后达成约定调解的补充协议。在调解实践中,合同或者其他类似合同纠纷的当事人更愿意诉诸调解。在合同关系中,当事人在任何时候都可以以协议或者补充协议的方式约定以调解作为纠纷的解决方式。相关协议须对以下内容作出规定:双方当事人的姓名或名称、调解适用的纠纷范围、调解机构的名称、调解的地点和调解过程中使用的语言。

加拿大法律没有直接规定约定调解的协议的法律效力。在实践中的处理方法与仲裁协议类似。约定调解的当事人在纠纷发生后不愿意调解,比较流行的做法是审查协议的内容。如果协议直接载明调解条款具有强制力,或者

[①] 汪习根等:《别具一格的加拿大宪法》,载《当代法学》2004年第4期。
[②] 调解费用由调解员与当事人协商决定,协商时需要考虑纠纷的复杂程度、花费的时间、专业程度、类似案件的收费情况等因素。
[③] 高小力:《加拿大替代性纠纷解决方式与法院调解》,载《法律适用》2003年第1期。

从协议内容可以间接推断出当事人想要赋予调解条款强制力,则该纠纷必须调解,反之则不然。如果主合同无效,作为约定纠纷解决方式的调解条款效力如何?加拿大法律评论员认为应当区分主合同和调解条款,主合同无效,调解条款并不当然无效。①

(二)调解员

基于调解的自愿性特征,当事人有权选择调解员。除非约定调解的协议有特别规定,否则处理案件的调解员应是两人以上。如果双方当事人无法协商确定调解员,则由调解机构任命。调解员决定调解的地点和时间,起草调解书,且须平等地对待双方当事人。关于社会调解的调解员,联邦法律没有规定相应的培训课程和执业条件,即他们无须经过专业培训及通过专门的任职资格考试。

(三)调解程序

社会调解的程序具有非正式性和保密性。在加拿大,社会调解并不存在具体的法定程序。社会调解机构的调解手册也只简单地规定了一些基本的调解规则,且这些规则仅具有参考价值,并不必然适用。

根据 ADR 机构的调解手册,在调解程序开始前,调解员应和当事人及其代理人就调解的相关事项②进行沟通交流。调解员的权力仅限于协助当事人达成解决纠纷的合意,而非对纠纷作出裁决。但倘若双方当事人无法达成合意,调解员可以提出有助于促进当事人达成合意的提案。当事人须亲自参加调解。如果当事人同意且愿意付费,调解员可以邀请专家和律师参与调解。当一方当事人聘请了律师,他须提前 3 日通知调解员和对方当事人。双方当事人经调解达成协议的,调解员制作调解书。如果双方当事人不愿意继续调解,他们可以通过发布一份终结调解的声明的方式结束调解程序。调解程序

---

① Boulle Laurence & Kathleen J. Kelly, *Mediation*: *Principles*, *Process*, *Practice*, Butterworths, 1998, p. 276.

② 主要事项包括:调解结束后调解记录是否需要销毁;当事人提交调解机构的材料是否返还;调解结果是否保密;调解结果的形式;调解书是否必须双方当事人签字才生效等。

也可能因为调解员认为当事人无法达成合意而终结。

关于社会调解达成的调解协议有无强制执行力的问题,在实践中的做法并不统一。一般认为,有约束力的调解书才具有强制执行力。因此,只有当调解协议写明或者表明它具有强制执行力,且一方当事人不主动履行时,另一方当事人才可以直接申请强制执行。判例法则认为,经社会调解达成的调解协议和合同的效力一样,不可以直接作为强制执行的依据,必须转化为法院的裁决后才具有强制执行力。① 但是也存在例外情况,在魁北克省,由于受大陆法系传统尤其是《法国民法典》的影响,注重保护当事人意思自治,调解协议可以直接作为强制执行的依据。

二、法院附设调解

立法机关引进调解制度的原因是多方面的。一是调解能将司法机关从高负荷的工作压力中解脱出来。法院的超负荷运转往往意味着案件的大量积压,而调解能快速解决纠纷。二是调解能有效降低诉讼成本。由于加拿大的诉讼成本非常高,联邦议会希望通过调解减少诉讼案件的数量,从而削减司法的耗费,实现国家财政的更合理分配。② 从20世纪90年代开始,联邦议会修改了大量制定法以引进调解制度。这些法律包括:《破产法》《广播法》《运输法》《环境评价法》《离婚法》《农场债务调解法》《劳动法》《人权保护法》《移民和难民保护法》《青少年刑事审判法》《体育运动法》等。通过研究这些法律,可以发现调解制度不仅适用于民商法领域,而且广泛运用于公法领域。③

---

① Klaus J. Hopt & Felix Steffek, *Mediation*: *Principles and Regulation in Comparative Perspective*, Oxford University Press, 2012, p.919.

② Mitchell Sara Mclaughlin, Mediation in Interstate Disputes, *International Negotiation*, 2014, Vol.19, Issue 2.

③ 朱立恒:《英美刑事和解探析——以VOM模式为中心的考察》,载《环球法律评论》2010年第2期。

(一)离婚案件调解

根据《1867年宪法》的规定,联邦拥有结婚和离婚领域的立法权。议会制定了《离婚法》(Divorce Act),以规范离婚的条件、儿童的监护、婚姻的维持和离婚的程序等事项。根据《离婚法》第8条第2款的规定,只有在夫妻感情确已破裂时,夫妻一方才能申请离婚。夫妻感情破裂的判断标准是夫妻双方在离婚前,因感情不和分居超过一年。《离婚法》并不过于关注因谁的过错导致夫妻感情破裂。[①]

加拿大法律鼓励当事人通过调解的方式离婚,以达成双方都可以接受的未成年子女监护和抚养的合意。但最终是否选择调解程序,完全取决于当事人的意思自治。如果双方当事人同意调解,但无法在婚姻关系解除、子女监护和共同财产分割等问题上达成一致意见,离婚案件依然需要通过诉讼程序进行审理。

法律要求离婚案件的代理律师努力促成当事人和解。根据《离婚法》第9条的规定,离婚案件的代理律师有义务告知当事人调解的合理性。离婚律师在呈交给法院启动诉讼程序的正式文件之前,必须保证他已经严格按照《离婚法》的规定履行了告知义务。[②]

根据联邦宪法的规定,各省享有子女的抚养、监护、收养等领域的立法权。为了与联邦离婚调解程序相适应,各省均制定了诸多配套法律。《安大略省未成年人保护改革法》(Ontario Children's Law Reform Act)授权法院在取得双方当事人的同意后启动调解程序,以就未成年子女监护和探视等问题达成合意。该法还对调解的启动条件、调解的法律依据、调解员的职责、调解书的形式、调解书的份数、调解书的制作场合、调解的费用等事项进行了规定。《安大略省家事法》(Ontario Family Law Act)也有相似的规定。该法第3条规定,涉及未成年子女抚养和家庭财产分割的纠纷可以通过调解解决。魁北克省以一种略微不同的方式把调解制度引入家事程序。《魁北克省民事诉讼法》

---

① Richler Joel, Court-Based Mediation in Canada, Judges' Journal, 2011, Vol. 50, Issue 3.

② Joel Lee, *Engaging Lawyers as Partners in Mediation*, https://www.mediate.com, 下载日期:2018年4月20日。

(*Code de Procédure Civile du Québec*)第814条第3款规定,只有双方当事人已经在调解员的帮助下进行过调解且无法达成合意,法院才能将子女监护、夫妻财产分割等与婚姻有关的纠纷转入诉讼程序。

(二)农场债务调解

联邦议会于1997年通过《农场债务调解法》(*Farm Debt Mediation Act*),将现代调解制度引入农场债务纠纷解决领域。该法规定了破产农民无力偿还借款纠纷的调解制度,从而成为破产和执行制度中的特殊程序。当农民破产而无法偿还债务时,债权人必须通过诉讼或者个人破产程序来实现诉求。一旦个人破产程序启动,农民将失去农场。为避免上述情况的出现,联邦议会试图通过农场债务调解的方式,在破产农民和债权人之间达成可行的方案,既可以让农民继续持有土地,又尽量不损害债权人的合法权益。①

农场债务调解程序必须由破产农民向农业与食品部的官员申请,官员在初步审查农民的经济状况和双方当事人达成调解的可能性的基础上作出是否受理的决定。官员受理调解申请的同时,应当作出诉讼中止的裁定,诉讼中止的期限为30日,期满可以申请延长。法院和相关机关有义务协助破产农民和债权人达成合意。② 接到调解申请后,农业与食品部的官员必须书面通知所有的债权人诉讼的中止。在专家的帮助下,官员审查破产农民的经济状况,出具书面审查报告,并任命调解员。《农场债务调解法》没有规定农场债务调解员的资格和学历,但要求调解员须公正平等地对待当事人。调解员在农民财产报告的基础上,协助当事人就还款的具体事项与债权人达成合意。根据《农场债务调解法》第11条的规定,调解程序终结的情形主要有以下几种:(1)调解成功,双方当事人就还款事项达成合意;(2)破产农民拒绝参加调解;(3)多数债权人拒绝参加调解;(4)调解无法达成合意。如果出现调解终结的情形,调解员必须向农业与食品部的官员报告,由官员根据具体情况而作出程序终结的裁定,并通知双方当事人。

---

① Klaus J. Hopt & Felix Steffek, *Mediation: Principles and Regulation in Comparative Perspective*, Oxford University Press, 2012, p. 930.

② 无论诉讼进行到任何阶段,裁定一旦作出,与该纠纷相关的诉讼或者执行行为必须中止,直至调解结束。

三、安大略省的法院附设调解

(一)发展历程和目标

为进一步推广调解制度,安大略省于 1999 年修改《民事诉讼规则》(*Civil Procedure Rules*),决定在较大的城市选出若干民事法庭试行诉中强制调解制度,即法院立案后,将案件直接转入调解程序。该制度在试验阶段取得良好的实施效果,此后即予以全面推行。《民事诉讼规则》以制定法的形式确立了诉中强制调解制度,以期在立案后通过调解来阻隔诉讼程序的继续。强制调解制度本是仅在多伦多和渥太华地区法院实施的试点项目。该制度试行两年后,评估委员会根据实施报告,认为强制调解应当作为一项长期的制度纳入安大略省《民事诉讼规则》。[①] 该提案最终转化为《民事诉讼规则》第 24 条和第 76 条的规定。

由于当事人和解或其他原因,90%的诉讼案件在第一次听审前就已经终结,但法院仍积压了大量的未决案件。[②] 根据《民事诉讼规则》第 24 条的规定,设立强制调解制度的目的是降低诉讼成本,减轻当事人的讼累,高效公正地解决纠纷。强制调解的案件必须在被告第一次答辩后 180 日之内结案,纠纷解决时间的缩短可以有效减少当事人和国家的诉讼支出,而且能使法院有更充足的时间来处理无法调解的复杂案件。

一些学者认为,强制调解有悖于调解最重要的当事人意思自治原则。调解的核心在于当事人的合意,调解员只能予以协助,而不能对当事人施加任何压力。[③] 但应当指出的是,强制调解所谓的强制只限于第一次调解协商,此后当事人可以自行决定是否继续调解、纠纷解决的具体方案、是否回到诉讼程序等事项。

---

① [澳]娜嘉·亚历山大主编:《全球调解趋势》,王福华等译,中国法制出版社 2011 年版,第 91 页。
② 高洪宾:《加拿大法院调解制度的启示》,载《法律适用》2005 年第 2 期。
③ 王福华:《现代调解制度若干问题研究》,载《现代法学》2009 年第 6 期。

(二)调解员

各县均设有地方调解委员会,其成员由司法部长从律师、法院工作人员和普通公民中任命。[①] 高等法院的首席法官在每一个调解委员会中都任命了一位法官或案件管理人员,司法部长任命调解协调人,主要负责调解委员会的日常管理工作。调解委员会制作调解员名册,监督调解员的行为,接受当事人对调解员的投诉,增减名册上的调解员。

当事人可以从调解员名册中选择调解员,也可以在名册之外选择调解员。如果当事人无法在被告第一次答辩之日起180日内选出调解员,调解协调人有权指定调解员,被指定的调解员必须在被任命之日起90日内安排调解事宜。调解员应当提前20日书面告知双方当事人调解开庭的时间、地点和出庭的义务,并及时将通知的复印件提交调解协调人。

(三)调解程序

1.程序的启动

强制调解程序内嵌于诉讼程序之中,当事人须先提起诉讼,然后才有可能启动调解程序。多伦多、渥太华和艾塞克斯县辖区内的所有民事案件在进入实体处理前,必须进行调解。[②] 调解的案件类型包括:商事案件、不动产案件、信托案件等。强制调解必须在被告第一次答辩后180日内结束,如果出现一方当事人人数众多或案件需要更长的时间收集证据等情形,法院有权决定延长期限。

2.调解会议

为了高效地达成调解合意,当事人须提交与案件相关的所有材料。当事人必须在调解第一次开庭7日内,提交一份书面声明,并且分别给对方当事人和调解员提供一份复印件。声明必须表明本人清楚本案所涉及的事实和法律问题,了解自己的地位和利益所在。声明还须载明他已与对方当事人达成一致意见。如果因为一方当事人没有合法地履行声明义务而导致调解无法继

[①] Richler Joel, Court-Based Mediation in Canada, *Judges' Journal*, 2011, Vol. 50, Issue 3.

[②] 张艳:《加拿大民事诉讼中的审前准备程序》,载《政治与法律》2002年第4期。

续,调解员将取消调解,起草一份当事人不遵守义务的书面文件提交调解协调人。若当事人违反上述义务,可能出现如下法律后果:(1)在后续的诉讼程序中,法官不采纳他提供的书证。(2)如果是原告,法官驳回起诉;如果是被告,法官不采纳其抗辩声明。(3)法官判决违反义务一方当事人负担更多的诉讼费用。

调解是一种自愿的、非正式的纠纷解决方式,法律并未规定严格的调解程序。当事人在调解员的斡旋和帮助下,自愿达成纠纷解决方案,调解程序的启动和终结完全取决于当事人。[①] 但是,强制调解和其他形式的调解不同,当事人和代理人必须亲自参加调解会议。如果当事人在约定的调解开始时间30分钟内尚未到达调解地点,调解员有权取消调解会议,起草一份当事人违反义务的文件提交调解协调人。

3. 程序的终结

调解程序终结后10日内,调解员必须根据调解的基本情况制作一份报告,提交调解协调人。如果调解成功或者部分成功,具体的解决方案必须书面记录并且经当事人及其代理人签名。如果通过调解彻底解决了纠纷,被告应在签署调解书之日起10日内,向法院提交一份书面文件。如果一方当事人不履行调解协议,另一方当事人可以选择根据调解协议的内容直接向法院提起诉讼或继续原来的诉讼。调解协议必须以书面形式记录并经双方当事人签名,其目的是防止当事人反悔。一方不履行调解协议载明的义务,并不影响调解的正当性,调解协议可以作为起诉的证据。[②]

法律对强制调解的费用有明确的规定,调解费用以小时计算,具体包括1小时的调解准备时间和不超过3小时的调解协商时间。费用的多少还与双方当事人的数量紧密相关,两个当事人的调解费用为600美元,3个当事人的调解费用为675美元,4个当事人的调解费用为750美元,5个以上当事人的调解费用为825美元。调解费用一般由双方当事人平均负担,但是法官有权决定让不配合调解的当事人承担更多的调解费用。

---

① 齐树洁主编:《纠纷解决与和谐社会》,厦门大学出版社2010年版,第98页。
② Cutolo Daniele & Shalaby Mark Alexander, Mandatory Mediation and the Right to Court Proceedings,*Dispute Resolution International*,2010,Vol. 4,Issue 1.

四、魁北克省的法院附设调解

魁北克省的法律制度属于大陆法系，拥有独立的民法典和民事诉讼法典。与别具一格的法律制度相一致，魁北克省的调解制度也存在诸多特殊之处，其最大的特色在于由法官担任调解员。1997年，该省引进司法调解制度，时至今日，司法调解仍被学者认为是全球最有特色的调解组织方式之一。[①] 该制度最初只适用于民商事诉讼，后来逐步扩大到包括刑法和行政法在内的其他领域。[②]

(一) 司法调解

1. 调解的启动

原告向法院提起诉讼，被告答辩后，即启动司法调解程序。当事人可以在诉讼的任何阶段向主审法官递交载明纠纷的主要争议事项的调解申请书。主审法官有权向当事人提出调解的建议，如果双方当事人接受，主审法官将任命一位法官作为调解程序的主持人，因为只有法官才有资格作为魁北克司法调解的调解员。法院送达法律文书后进入程序的第一阶段，该阶段当事人必须参加。为了加快程序的推进，法官可以作出各种裁决。[③]

2. 调解程序

魁北克法律没有规定严格的调解程序，具体案件的调解程序由双方当事人和调解法官本着有助于纠纷快速高效解决的原则协商决定。《魁北克民事诉讼法》只规定了部分重要程序：当事人及其代理人必须参加调解；获得一方当事人同意后，调解法官可以单独会见另一方当事人；获得当事人及调解法官同意后，第三人可以参加调解程序。

与诉讼程序相比，司法调解的特色在于保密原则。上诉法院以判例法的

[①] [澳]娜嘉·亚历山大主编：《全球调解趋势》，王福华等译，中国法制出版社2011年，第90～96页。

[②] Dollak Paul, Myth and Reality of Party Confidentiality in Ontario's Mandatory Mediation Program, *Advocates' Quarterly*, 2004, Vol. 29, Issues 1 & 2.

[③] 刘小飞等：《加拿大法院案件管理的规则、实践与启示》，载《法律适用》2008年第11期。

形式确立了调解法官的司法豁免权,而且本人无权放弃该豁免。① 该原则保证了司法调解制度的完整性,使当事人更愿意在调解过程中表达真实的想法。如果调解法官可能在调解失败后的诉讼程序中作为证人出庭,他的公正性将受到质疑。如果调解失败,即恢复诉讼程序,从程序正义的角度来看,只有法官在审判前尽量少地了解案件情况,才能最大限度地保证司法裁判的公正性,且由于司法调解和诉讼是在同一个法院进行的,调解程序的保密尤为重要。② 但保密的范围不包括调解书,调解书可以在后续的诉讼程序中作为证据。

3. 调解的终结

如果双方当事人最终无法达成纠纷解决的合意,则恢复诉讼程序。为保证司法裁判的公正性,本案的调解法官在后续的诉讼程序中应当回避。法院正试图从管理上区分诉讼程序和调解程序。如果双方当事人同意,调解法官可以转换身份,主持庭前会议,为接下来的庭审做准备。③ 如果调解成功,一方当事人不履行义务,另一方当事人可以直接申请执行调解书的内容。

(二)魁北克省其他形式的法院附设调解

虽然在实践中,司法调解是最重要和特殊的调解制度,但是魁北克还存在其他形式的调解制度。

1. 小额诉讼调解

魁北克省小额诉讼案件的标的额不能超过 7000 加元,且当事人必须是自然人或者一年内雇员不超过 5 人的法人。小额诉讼程序简单,当事人不得聘请律师,案件实行一审终审。地域管辖的依据是被告住所地或者商事活动发生地,但如果管辖法院距离原告住所地超过 80 公里,原告可以在其住所地的法院起诉。

法院的登记员(greffier)收到起诉状后,应在审前程序中告知当事人尽量通过调解解决纠纷。如果当事人接受调解建议,登记员直接将案件移送到法

---

① L Otis. C Rousseausaine, *Confidentiality in Judicial Mediation*:*Lessons from Canada*,http://www.allacademic.com,下载日期:2018 年 4 月 20 日。

② [澳]娜嘉·亚历山大主编:《全球调解趋势》,王福华等译,中国法制出版社 2011 年版,第 98~100 页。

③ Jukier Rosalie, Inside the Judicial Mind:Exploring Judicial Methodology in the Mixed Legal System of Quebec, *Journal of Comparative Law*,2011, Vol. 6, Issue 1.

院调解部门。调解员必须是律师或者其他司法机构认可的公民。在调解成功的情况下,调解员必须书面记录纠纷解决方案,同时向法庭提交复印件。调解程序终结后,调解员应当向法庭说明案件的事实问题和法律问题,并移交当事人提供的证据材料。

2. 家事调解

家事调解是调解类型中最重要的组成部分之一,魁北克家事调解制度亦有其特殊之处。法院在收到调解员关于案件调解情况的书面报告前,无权在家事诉讼中就当事人诉请的婚姻关系解除、未成年人抚养和夫妻财产分配等问题发表意见或作出裁判。[1] 调解程序开始前,法院必须告知当事人调解的目的、特点和调解员的作用。当事人了解这些信息后,可自由决定是否选择调解作为纠纷解决的方式。如果当事人在该阶段无故缺席,调解法官可以要求他承担所有费用。

当事人应从调解员名册中选择调解员。法律对家事调解员的资格、职责和调解费用等事项有明确的规定。家事调解员主要包括律师、司法工作人员、心理学家、社会工作者、家庭治疗专家、婚姻顾问和青少年保护中心的员工。他们必须完成至少60小时的家事调解课程训练,并且在自己的专业领域从业3年以上。新晋家事调解员必须在有经验的调解员的监督和帮助下办理一定数量的案件,而后方可单独执业。

当事人可以在调解的任何阶段终结调解程序,家事调解员在调解结束后需要向法庭提供一份书面报告。除非当事人同意,否则禁止将调解阶段当事人的言论作为证据在其他的纠纷解决程序中使用。法庭取得双方当事人同意后,可以给予他们不超过90天的调解时间。在魁北克家事调解程序中,前6次调解庭审免费,第7次以后的庭审费用由双方当事人负担。

五、余论

加拿大调解制度发展迅速,形式多样:社会调解和法院附设调解并存,省

---

[1] Martin Nuria Gonzalez, International Parental Child Abduction and Mediation: An Overview, *Family Law Quarterly*, 2014, Vol. 48, Issue 2.

级调解制度与联邦调解制度相互结合,调解与诉讼、执行相衔接,调解嵌入司法,由此构成了加拿大调解制度的基本架构与整体格局。

随着网络技术和电子商务的普及和成熟,在线调解成为一种可行的方案而为普通民众、商业企业所接受。加拿大在这方面近年来有较大的突破,注重发挥网络技术对调解制度发展的助推作用。2015年,加拿大大不列颠哥伦比亚省创设了民事纠纷在线解决法庭,以更加方便和低成本的方式解决小额案件(低于25000加元),包括借贷、损害赔偿、财产返还及部分公寓类纠纷。线上法庭程序分为几个阶段:首先,线上法庭帮助当事人寻求可能的解决方案;其次,各方使用线上谈判平台进行商谈;如果在一定期限内无法解决纠纷,线上法庭会指定人员通过线上或电话方式协助当事人解决纠纷;最后,如果仍然无法达成协议,法官可通过线上平台、电话、视频会议等方式审理该案件并作出判决。

当事人意思自治是所有调解的基本原则,这一原则不仅适用于社会调解,而且适用于强制调解。① 加拿大通过各种强制机制促使当事人选择调解程序。强制调解作为一种纠纷解决方式,有效减轻了法院的压力,节约了司法资源。很多案件中的当事人迫于各种压力,不得不接受调解作为纠纷的解决方式。甚至在某些案件中,由于法院不受理未经调解的案件,当事人对于是否选择调解程序没有任何自由。一些加拿大的学者认为,法院附设调解尤其是强制调解,可以给无法承担高额诉讼费的当事人一个低廉的"接近正义"的渠道。在诉讼中,当事人提交的证据由法官或陪审员按照法定标准客观公正地进行评价。由于调解不存在严格的事实认定和法律适用程序,程序和结果均取决于当事人合意。考虑到调解与诉讼在程序和功能上的区别,把调解作为一种接近正义的手段,显然与司法正义的基本精神不相协调。②

---

① 齐树洁主编:《纠纷解决与和谐社会》,厦门大学出版社2010年版,第95页。
② Klaus J. Hopt & Felix Steffek, *Mediation: Principles and Regulation in Comparative Perspective*, Oxford University Press, 2012, p.954.

第三章

美国调解制度

"好讼"是美国文化不可或缺的组成部分,"美国人几乎可以将所有的问题,以各种不同的形式转化为司法问题,托付给法院加以解决"[①]。这一状况使得美国成为诉讼超级大国,拥有比世界上任何一个国家都更多的律师、更多的法律和更多的诉讼。20世纪后半期以来,美国民事司法制度面临很大的危机,具体表现为诉讼延迟、讼费高昂和对抗性增强等问题。[②] 为了应对日益严重的民事司法危机,社会各界开始反思原有的纠纷解决方式,不断调适司法制度、司法权力与社会之间的边界。20世纪70年代后,替代性纠纷解决方式(ADR)逐渐进入民事司法改革者的视野。1990年的《民事司法改革法》和1998年的《替代性纠纷解决法》(以下简称《ADR法》)为ADR提供法律依据的同时,也为其发展开辟了广阔的空间。毫不夸张地说,美国作为ADR的重要发源地,在实践ADR方面可谓不遗余力,不断开拓创新。

调解是最为常见和最重要的ADR方式,也是所有其他ADR方式的基础。在美国,调解的适用范围日益扩大,不断渗透到各类纠纷解决实践中,在降低诉讼费用、提升诉讼效率、转变诉讼文化方面发挥了巨大的作用。与诉讼手段相比,调解解决可以节约成本70%。[③] 21世纪初,美国民事诉讼甚至出现了"消失中的审判"的现象。著名法学家格兰特教授于2004年指出:联邦法

[①] 汤维建:《美国民事司法制度与民事诉讼程序》,中国法制出版社2001年版,第4页。

[②] [英]阿德里安·A.S.朱克曼主编:《危机中的民事司法:民事诉讼程序的比较视角》,傅郁林等译,中国政法大学出版社2005年版,第18~19页。

[③] Danny Ciraco. Forget the Mechanics and Bring in the Gardeners, *University of Baltimore Intellectual Property Law Journal*, 2000, Vol. 70, No. 6.

院通过庭审结束的民事案件的比例仅约为2%。① 可以说,美国是世界上调解制度最为发达的国家。通过对美国调解制度运作情况的跟踪和描述,不仅可以对该制度实践创新和理论发展作出分析和评述,而且能够为我国目前多元化纠纷解决机制的建构提供重要的借鉴。

一、美国调解制度概述

美国调解制度的源起最早甚至可以追溯到殖民地时代。当时,新阿姆斯特丹的荷兰殖民者以及马萨诸塞湾和康乃狄克、宾夕法尼亚、南卡罗莱纳等殖民地的清教徒,就习惯于通过调解或仲裁来解决纠纷。独立之后,美国移植了英国对抗制诉讼制度,对抗制文化逐渐渗透并主导美国社会。对抗制的焦点集中于审判、陪审团以及证明的提出上,因此没有容纳因调解而和解的空间,②调解逐渐退居至纠纷解决机制的边缘地带。

20世纪初,现代调解的勃兴初现端倪。1935年《国家劳动关系法》真正推开了ADR在现代社会重生的大门,因而在美国法制史上被认为具有里程碑式的意义。③ 20世纪50年代,经济的高速发展、文化的日趋多元、族群的对抗加剧、平权的意识高涨等使得传统司法制度无法有效应对新型经济社会问题。在此背景下,调解重新受到立法与司法部门的青睐。20世纪70年代以后,在司法危机和立法创新的双重驱动下,调解制度的发展进入快速阶段,由联邦政府、联邦法院及各州政府、州法院、美国律师协会、高等院校、社会组织等主体积极推动调解活动,由此调解制度在美国得以完全确立。传统的司法领域发生了颠覆性的变化——改革民事司法制度,扭转对抗制诉讼文化,鼓励通过协商解决纠纷。有学者指出:"'和解'被描绘成了法院的主要目的,而审判则退

---

① Marc Galanter, The Vanishing Trial: An Examination of Trials and Related Matters in Federal and State Courts, *Journal of Empirical Legal Studies*, 2004, Vol.1, No.1.

② [美]史蒂夫·苏本、玛格瑞特·伍:《美国民事诉讼的真谛》,蔡彦敏、徐卉译,法律出版社2002年版,第204页。

③ 熊浩:《知识社会学视野下的美国ADR运动——基于制度史与思想史的双重视角》,载《环球法律评论》2016年第2期。

居到次要辅助的位置。"①

(一)发展的背景

"二战"结束后,基于经济的迅猛发展、技术的不断创新,美国进入了高度繁荣的时期,导致诉讼案件数量呈现爆炸式的增长。例如,1940年至1995年,联邦法院的受案量从34734件增加至239013件,增长了约5.9倍;加州高等法院的受案量从32337件增至852772件,增长了约25.4倍。② 在对抗制的诉讼架构下,美国民事司法制度不可避免地面临严重的诉讼延迟问题。此外,学者普遍认为,讼费高昂是美国民事司法制度的另一宿疾,尤其是律师费过高。③ 自20世纪70年代以来,诉讼延迟、讼费高昂已经越来越引起社会的关注,不满情绪日益加剧。1976年,包括联邦最高法院首席大法官沃伦·伯格在内的全美最知名的法律人士,参加了"关于公众不满司法当局原因"的研讨会,即所谓的"庞德会议"。庞德对对抗制下法律的社会救济能力提出了质疑,并警告说,"当人们需要法律来做些什么时……法律的实施却是困难重重"④。与会代表讨论民事诉讼的高成本和低效率的问题,呼吁发展包括调解在内的ADR制度。

美国调解制度的兴起与发展是对一连串社会运动的法律回应。20世纪60年代后,整个社会开始出现动荡不安的局面:黑人运动从非暴力群众直接行动走向城市造反的高潮;以青年学生为主体的新左派运动则对正统思想和整个制度提出了挑战;同时,妇女运动和反正统文化运动也对传统的主流文化发起了冲击。⑤ 这一系列运动造成社会的分裂,冲击了既有的司法秩序和社

---

① [英]西蒙·罗伯茨、彭文浩:《纠纷解决过程:ADR与形成决定的主要形式》,刘哲玮等译,北京大学出版社2011年版,第5页。
② 李德恩:《民事调解理论系统化研究——基于当事人自治原理》,中国法制出版社2012年版,第26页。
③ 齐树洁主编:《民事司法改革研究》,厦门大学出版社2006年第3版,第488~489页。
④ 肖建华、杨兵:《对抗制与调解制度的冲突与融合——美国调解制度对我国的启示》,载《比较法研究》2006年第4期。
⑤ 刘绪贻、杨生茂:《战后美国史1945—1986》,人民出版社1989年版,第112页、第300页、第311页、第324页。

会权威,使得大众正义、朴素正义的观念粉墨登场,使得调解越来越成熟,无论是作为一种学科抑或是一种制度。①

社会参与成为美国调解制度发展的重要动力。与政治传统相一致,美国的调解从一开始就走上了多元主体的发展道路,各类社会主体都能找到自己参与调解事业的空间和定位。20 世纪 60 年代末,蓬勃发展的调解机构多为非营利性社会团体所创立。例如,1979 年成立的司法仲裁调解机构(Judicial Arbitration and Mediation Services,JAMS)现已成为全美最大的调解公司。

20 世纪 80 年代中期以后,各州纷纷通过立法推动 ADR 的发展和利用,仅 1989 年就制定了 34 个与 ADR 有关的州法,而提出的法案则超过 140 件。1990 年《民事司法改革法》明确授权联邦地区某些试点法院进行法院附设 ADR 试验,以促进 ADR 在法院的快速发展。1998 年《ADR 法》授权联邦地区法院制定具体规则,对相关制度作出详细规定,法院附设 ADR 至此开始得到快速的发展。与此同时,司法实践表明,几乎所有的 ADR 形式都可引入法院,法院附设调解制度进入了蓬勃发展时期。

(二)发展的阶段

虽然在联邦制下各州司法体制有着不同的发展方向和步调,但是也有着共同的基本原则,因此可以认为调解制度是具有不少共同之处的。从 20 世纪 70 年代至 21 世纪初,美国的调解经历了三个清晰的发展阶段。第一个阶段是试验阶段。至 20 世纪 80 年代初,调解肇始于一系列的试验性项目和试点方案。其中大多数项目以社区为基础,不属于法院附设项目。不过,随着许多社区调解中心的建立和发展,小额法院也开始采用调解。第二个阶段发生在接下来的十年里。这是调解的快速实施期,法院和社会积极设立了大量的调解项目,并呈现出明显的多样性。最后,调解职业进入了管理阶段。管理范围极其广泛,包括调解案件的管理、调解过程的进行、当事人在调解过程中的行为以及调解员的质量控制等。② 由此可见,美国调解制度的发展遵循了"先实

---

① 熊浩:《知识社会学视野下的美国 ADR 运动——基于制度史与思想史的双重视角》,载《环球法律评论》2016 年第 2 期。

② [澳]娜嘉·亚历山大主编:《全球调解趋势》,王福华等译,中国法制出版社 2011 年版,第 361 页。

验后规制"原则,避免了建构理性主义存在统一行动的盲目和系统失败的风险。基层是生产经验的田野,实践是创造理论的源泉。为此,美国十分注重初级法院和基层社区,将调解实践与初级法院、基层社区紧密结合,自下而上地推进调解制度的发展。

(三)发展的格局

1. 调解实践的法院主导。在美国,法院是促进调解制度发展的核心力量,有学者称为"司法推进模式"①。例如,调解是联邦地区法院使用最为广泛的附设程序,94个联邦地区法院中有一半的法院提供调解,并且在一些案件中强制适用调解。多数的调解项目由联邦法院自行管理,只有极少数的法院通过律师协会或者私立 ADR 组织来提供调解。② 再如,截至 2010 年 8 月,25000 多名佛罗里达州的调解员完成了该州最高法院的调解培训项目。

2. 社会调解的迅猛发展。2012 年,全美有 408 个社区调解项目,将近 1300 名的专职员工,超过 2 万名志愿社区调解员,每年接收 40 多万份案件转递。典型的社区调解中心通常有 3 位全日制的员工,平均 50 名调解人和每年 15 万美元到 20 万美元的预算。③ 近年来,JAMS 公司年均可以解决 13000 至 14000 件纠纷,大部分达成调解协议。④ JAMS 公司(总部在美国)在世界各地设有 26 个纠纷解决中心(办公室),已成为全球纠纷解决法律服务的领跑者。它的迅猛发展离不开退休法官和专职律师的贡献,他们都是业绩斐然的法律专业人士,且绝大多数全职从事纠纷解决工作。可以说,社会力量日益积极地参与调解制度的发展,这是美国发达的公民社会的具体展现。

3. 强制调解的推广适用。为了提高纠纷处理的效率和社会效果,不少国家建立了诉前强制调解制度。美国的强制调解模式属于法官裁量型,即立法将依职权启动调解程序的权力直接赋予法官,由其决定受诉案件是否需要、是

---

① 范愉:《当代世界多元化纠纷解决机制的发展与启示》,载《中国应用法学》2017 年第 3 期。
② 杨严炎:《美国司法 ADR 之考察》,载《当代法学》2006 年第 4 期。
③ 徐君:《美国的社区调解机制及其建构》,载《中国行政管理》2013 年第 10 期。
④ 赵蕾:《纠纷解决服务市场化运行的领跑者——美国司法仲裁调解服务公司的最新发展》,载《人民法院报》2018 年 6 月 22 日第 8 版。

否适宜交付调解。在这一模式下,几乎所有的纠纷均可适用强制调解,由此大大提高了调解适用率。美国的经验表明,强制调解须以讼费罚则的吓阻为后盾。

4. 调解规范的相继颁布。调解运用的不断扩大,对调解规范的供给需求日益增大。21世纪初,仅涉及调解的州法规和联邦法规就已经超过2000部。① 与此同时,越来越多的学术机构和行业组织公布了"模范标准"和"统一法案"。例如,由美国律师协会、美国仲裁协会和纠纷解决专业社团合作编写的《调解员行为模范标准》(*Model Standards of Conduct for Mediators*)。美国律师协会和统一州法律委员全国会议起草的《统一调解法》(*Uniform Mediation Act* 2001)等,对各州的调解立法起到了普遍的指导作用。这一示范法已成为许多州调解程序所适用的法律。

5. 调解的法律教育。调解的存在与发展为法律职业共同体提供了巨大的利益来源,因此法学院和律师公会日益重视调解的教育与培训。自20世纪90年代初以来,各大学法学院竞相开设ADR课程,"从1992年到2002年,法学院开设的争议解决类课程数量急剧增加"②。随后,根据社会纠纷化解的需要,美国各大法学院不断细化和完善所开设的争议解决课程,其中调解课程被单独列出。

6. 律师积极参与调解。近年来,由于制度改革和观念变化,美国律师事务所及律师都积极地参与或支持调解,对纠纷解决发挥了重要的作用。例如,一些律师事务所设立了ADR业务组;全美800家最重要的企业和律师事务所共同设立了公共资源中心纠纷解决协会(CPR Institute for Dispute Resolution);部分州的律师职业道德规范要求律师向当事人建议调解,或者在诉辩程序中确认他们已开展促进调解行为。③ 这些举措表明美国的诉讼文化和律师制度正在发生重大转向:从对抗走向合作,从博弈走向共赢。

7. 电子调解的全新实践。在电子化时代(E-age),网络技术在纠纷解决中发挥着日益重要的作用。电子技术与调解制度融合的产物"电子调解"正在成为纠纷解决的新范式。作为电子信息发达的国家,美国走在电子调解发展的

---

① 齐树洁主编:《美国民事司法制度》,厦门大学出版社2011年版,第147页。
② 廖永安、张莹:《美国调解制度的启示与借鉴》,载《怀化学院学报》2013年第12期。
③ 范愉:《非诉讼程序(ADR)教程》,中国人民大学出版社2016年第3版,第73页。

最前沿,成为电子调解的具体实践和法制建设上的执牛耳者。例如,美国律师协会的电子商务和 ADR 部门(ABA-eADR)的职责即是处理与 ODR 有关的法律问题。① 再如,JAMS 公司专门开发了办公软件,建立纠纷解决中心的案件管理平台,主要为案件管理人与中立第三方,特别是案件管理人就纠纷导入、基本信息录入、纠纷解决基本程序各个节点记录,提供电子化操作平台,最终平台会自动生成案件全部文档记录和自动生成账单,从而实现调解、谈判、仲裁等纠纷解决的现代化管理系统。② 此外,eBay 在线纠纷解决中心也是一个典型的代表。为适应快速增长的纠纷解决的需求,eBay 根据互联网平台纠纷的特点于 2010 年创建了 eBay 在线纠纷解决中心,为客户提供便捷、高效的在线解决服务。近几年来,该中心每年至少处理了 6000 万件纠纷,保证 90% 以上的纠纷可以通过买卖双方自动化友好协商方式解决。③

(四)《统一调解法》

《统一调解法》并不是联邦议会或者州议会制定的正式法律,而是一部由社会机构制定的示范法。④ 由于联邦制的权力架构,美国并不存在统一的调解立法。这一立法模式虽然保持了调解多样性发展的优势,但是也在一定程度上导致跨州调解的困难。为此,美国积极谋求调解立法达成最低的统一标准。2001 年,统一州法全国委员会批准了《统一调解法》⑤,并推荐给各州立法机关据此制定相应的法律。2002 年,美国律师协会也批准了《统一调解法》。该法共 16 条,其内容包括术语解释、适用范围、当事人的保密特权及其例外、当事人可以请求陪同调解、调解员披露利益冲突的义务、保密的义务等。

---

① 有关美国律师协会的电子商务部门和 ADR 部门所处理的 ODR 法律问题的介绍,http://www.law.washington.edu,下载日期:2018 年 5 月 9 日。
② 赵蕾:《纠纷解决服务市场化运行的领跑者——美国司法仲裁调解服务公司的最新发展》,载《人民法院报》2018 年 6 月 22 日第 8 版。
③ 赵蕾、黄鹂:《eBay 在线纠纷解决中心的设计理念与机制》,载《人民法学报》2017 年 10 月 13 日第 8 版。
④ 示范法有助于促进全国法律的统一化,减少各州间的法律分歧,主要供各州采纳或参考。
⑤ 关于该示范法的条文,参见蒋惠岭主编:《域外 ADR:制度·规则·技能》,中国法制出版社 2012 年版,第 388~394 页。

兹分述之：

1. 适用条件与范围。该法适用于当事人同意的，需要依据法律、法院或行政机构的规则调解，或者由法院、行政机构或仲裁员提交的调解的案件。该法不适用于工会事项的调解、小学生或中学生的学校纠纷，以及主持法官可能依据此案创设法律规则的案件。

2. 调解保密。鉴于保密原则关乎调解程序的公正性，该法规定了调解保密制度。对调解机密的保护类似于律师代理人的保密特权。保护调解机密具有重大意义：首先，能够让当事人免除后顾之忧，坦率地说明自己的利益、需求以及优势，从而提高解决效率。其次，免予调解员作证义务，有利于保持其中立角色。最后，调解保密也有助于保持审判的完整性。特别是在法院附设调解的程序中，能够避免审判员受调解所获知的片面信息的影响，依据诉讼中的事实和法律依据，作出公正的判决。因此调解保密不仅保障了调解各方的利益，同时也保护了审判制度的良性运转。《统一调解法》对当事人和调解员的保密特权的范围规定得很广泛。调解一方当事人可以拒绝并禁止其他当事人向当事人以外的第三人披露调解信息。调解员的保密特权则限于其自身的交流信息不被披露。该特权后扩展至任何在场的调解参与人。出于公共政策的考虑，该法还规定了很多保密特权的例外情形，包括威胁实施人身伤害、暴力犯罪，交流信息被用来计划或实施犯罪、渎职或行为失当的证据、虐待或忽视儿童的证据。

3. 调解员利益冲突的披露。调解员倘若与当事人或争议事项有利害关系的，应当主动披露。

4. 当事人享有可以由律师等其他人辅助调解的权利，该法允许当事人律师或者朋友、家人陪同参与调解，特别是当事人在法院或者其他政府部门命令进行调解的情况下。

这一示范法极大地促进了调解立法的统一，推动了跨州调解的发展。截至 2009 年 10 月，共有 11 个州采用了示范法，5 个州引入了示范法，11 个州采纳了类似的法律。[①] 此外，《统一调解法》吸收律师协会参与立法，有助于获得

---

① Casey Deleissegues, Mediation Confidentiality: Has It Gone Too Far? *University of La Verne Law Review*，2011，Vol. 33.

律师界对调解的支持,并改变传统的律师文化。从比较法视野来看,《统一调解法》因其立法的创新和规范,成为其他国家或地区调解立法的示范蓝本。例如,欧洲议会及欧盟理事会2008年5月制定的《关于民商事调解若干问题的2008/52/EC指令》就借鉴了《统一调解法》的一些规定。

二、法院附设调解制度

美国是世界上法院附设调解最发达的国家。法院附设调解与司法调解的区别在于,前者是一种将调解组织设在法院的调解制度,它的运作与诉讼程序严格区分开来。法院附设调解整合了散落在社会上的各类纠纷解决资源,实现诉讼内纠纷解决方式和诉讼外纠纷解决方式的无缝对接,有助于更加简便、低廉、高效地解决纠纷。1974年,根据《民事案件管理计划》的要求,法院在诉讼程序中引入附设调解,该项计划的首要目的是鼓励缩短烦琐的诉讼程序以求迅速解决案件。此后的《民事司法改革法》和《ADR法》是最有力地推动法院附设调解发展的立法。前者明确授权某些联邦地区开展法院附设调解的试验。据此,各试点地区法院均把调解的运用作为案件管理的基本准则之一。后者更进一步要求每一个联邦地区法院都应运用调解制度,并授权法院可以强制当事人参加调解。在实务中,法院附设调解首先在小额案件中试行,后于21世纪初因其低风险及非正式性而在州及联邦法院中广泛运用。其中,佛罗里达州(以下简称佛州)的法院附设调解制度在美国居于领先地位,其调解范围广泛,项目繁多,在实践中取得了巨大的成功。兹作简要介绍。

(一)调解的适用范围

依据佛州法院附设调解制度的相关规定,只要法律未予禁止的案件都能适用调解,但存在例外情形:

1.根据州最高法院的命令,禁止调解的纠纷类型如下:(1)不涉及人身伤害的房屋租赁纠纷;(2)追偿债务纠纷;(3)医疗事故纠纷;(4)适用小额程序规范的纠纷;(5)法院认为案件适合无拘束力的仲裁的;(6)当事人达成仲裁协议的;(7)当事人要求依法进行快速审判(expedited trial)的;(8)当事人要求依法按照自愿案件进行解决的。

2.一般民事程序中禁止调解的案件如下:(1)债券征收;(2)特别令状;(3)债券评估;(4)民事或刑事上严重的藐视法庭行为;(5)巡回审判中首席法官特别规定的其他事项。

3.上诉审程序中禁止调解的案件包括:(1)未决和已决的刑事案件;(2)涉及人身保护权法和特别令状的案件;(3)民事或刑事上藐视法庭的案件;(4)因遭受性暴力而作出非自愿民事承诺的案件;(5)附带性刑事案件;(6)其他由行政机关处理但不应调解的案件。

此外,一些特定类型的案件不仅关系到当事人的个人权益,还可能涉及公共利益,因而也不应适用调解。

(二)调解的类型

根据不同的标准,佛州法院附设调解可分为多种类型。

根据调解程序启动方式的不同,调解可分为当事人自愿调解和法院命令调解。法院命令调解是根据州最高法院的程序规则而进行的调解。法院通过命令使纠纷进入调解程序,但调解过程本身并不具有强制性,法院也不得强迫当事人达成调解协议。因此,这种做法并未侵犯当事人的诉权或招致违宪的质疑。

根据调解内容的不同,调解可以分为小额调解、家事调解、抚养调解、巡回调解和上诉调解。小额调解受理从县法院移交的标的额不超过15000美元的民事案件。在2009—2010年的财政年度中,54家县法院共受理并调解小额案件逾64000件(标的额不超过5000美元),其他案件5200余件。小额调解受理的案件类型包括但不限于房屋租赁纠纷、合同纠纷、财产损害赔偿纠纷、汽车维修纠纷、消费者权益纠纷、无效支票和相邻权纠纷。小额调解不收取调解费用,对于超过小额标准的纠纷进行调解,县法院向每方当事人收取60美元的调解费用。佛州法院命令家事调解对家事案件享有普遍管辖权,这些案件主要涉及离婚、变更之诉、财产分割、配偶赡养费、子女监护权和探望权、亲缘关系和子女抚养等。佛州的20家巡回法院都建立了家事调解项目。佛州法律规定,如果存在家庭暴力史可能严重影响调解过程的,基于动议或当事人一方的请求,法院可禁止对该家事案件进行调解。抚养调解项目受理法院移交的虐待和忽视子女案件。对该案件的移交期限在儿童请愿表明抚养关系需要法院介入保护至抚养关系中的儿童要求终止亲权的期间内。在2009—

2010的财政年度中,20家巡回法院中有19家使用了抚养调解程序。巡回调解是指根据调解成文法的规定,对标的额超过15000美元的非家事民事案件进行的调解。调解案件类型包括但不限于合同纠纷、人身伤害纠纷、机动车过失致人损害的纠纷、遗嘱和玩忽职守引起的纠纷。巡回调解与其他领域的法院附设调解的不同之处在于:巡回调解中调解员的选任受到限制。一般而言,巡回调解只能由当事人选择的私人调解员(而非由法院指定或提供调解员名单)来进行调解。当事人与调解员约定酬劳金额及支付方式。调解费用通常由当事人分摊。上诉调解是针对地区上诉法院受理的案件进行的调解。上诉调解项目为当事人和律师提供了与对方协商解决争议的机会,同时也保护了当事人的上诉权。

(三)调解保密原则

调解的保密性原则非常重要。对此,有美国学者如下评论:"(保密性)……的重要不仅在于法学的标准,还在于实践的视角……保密性对于调解的重要性同样在于其能确保调解程序公平对待当事人。当事人对在调解中交流的信息有着保密的预期……保密性对于保证调解员的中立性有着十分积极的作用。"[1]

对于调解保密的范围,目前还存在很大的争议。《联邦证据法》(*Federal Rules of Evidence*)第408条仅对经选择的某些谈判内容作出有限的保护[2],1998年的《ADR法》没有对调解内容的保护提供任何建议,而只是要求各个州自行制定保护的法规。

佛州调解的保密原则规定于《调解保密和特权法》(*Mediation Confidentiality and Privilege Act*)之中。除法律另有规定外,对于调解的保密性及其例外情形的规定适用于所有调解,包括:(1)依据成文法、法院规则、

---

[1] Paul Dayton Johnson, Confidentiality in Mediation: What Can Florida Glean from the Uniform Mediation Act? *Florida State University Law Review*, 2002—2003, Vol. 30.

[2] Rule 408 of Federal Rules of Evidence: Evidence of conduct or statements made in compromise negotiations is likewise not admissible. This rule does not require the exclusion of any evidence otherwise discoverable merely because it is presented in the course of compromise negotiations.

对特定案件的口头或书面命令以及法院命令进行的调解;(2)调解当事人以协议的方式表明遵守佛州《ADR 资源手册》(*ADR Resource Handbook*)第 44 章第 401 条至第 406 条的规定;(3)经州最高法院认证的调解员主持下的调解,除非当事人明确同意他们不受《调解保密和特权法》的拘束。虽然有其他规定,当事人仍可书面约定排除《调解保密和特权法》部分或全部条款在调解程序全过程或某阶段的适用。调解保密的内容及其例外情形如下:

1.除下文所示例外,所有的调解交流都应保密。当事人不得将调解交流的内容向对方当事人或律师以外的第三人披露。佛州《ADR 资源手册》列举了调解保密的救济方式。如果该调解是法院命令的,违反保密性原则将受到法院的制裁,包括但不限于费用、律师报酬和调解员报酬等方面的惩罚。

2.调解当事人有权拒绝作证并禁止其他调解参与人在随后的其他程序中就调解交流的事实作证。

3.如果调解的当事人超过两方,其中一方当事人向其他当事人发出书面通知告知他将退出调解,发出通知的一方当事人有权拒绝对方当事人或案外人将调解过程中获得的信息作为证据以证明案件事实。

4.虽然有第一项、第二项的规定,但是当事人已经签署的书面调解协议不在保密特权范围之内。该条款适用于任何一项调解,除非当事人另有约定;如果该交流很有可能被用来预谋犯罪或实施犯罪、隐瞒正在实施的犯罪行为,则对交流内容不予保密;为证明律师、法官在调解过程中存在失职行为而提供的报告、证明等不在保密范围之内。

5.证据开示程序中所披露的事实不因调解而保密。

6.一方当事人可以放弃他所享有的保密特权,但只能在对方当事人同意的范围内放弃。

(四)调解的基本程序

调解程序包括调解前、调解中和调解后的相关程序。调解前的准备包括调解员和调解时间的确定。在佛州,调解员的确定方式有两种:法院指定和当事人约定。除法院另有规定外,第一次调解应当在提交申请后的 60 日内举行。从调解员或仲裁员确定之日起 15 日内,法院或其指定的调解员应当将进行协商会议或听证会的时间和地点以书面形式通知各方当事人。

调解过程包括当事人出席、协商、延期审理、临时措施或紧急救济、调查证据等。首先，调解各方当事人或其代理人必须出席调解会议。如果一方无正当理由不能如期参加调解，法院将对其实施制裁，包括视情况判决其承担调解费用、律师费用和诉讼费等。其后是协商过程，调解员应当遵守调解程序，时刻控制调解进程，使调解按照法定程序进行，并允许当事人及其代理律师进行秘密交流。调解员也可以私下会见任何一方当事人或其代理律师。除非法院另有规定，根据调解员的决定和双方当事人的协议，调解可以在没有律师在场的情况下进行。即使在未通知调解各方的情况下，调解员仍有权在任何时间中止调解程序并确定恢复调解的时间。一方可以在任何时候向法院申请采取临时措施或紧急救济措施。在调解员未作出中止调解或者法官未作出决定时，调解应当继续进行。除非当事人合意或者法院裁定，调解不影响证据的调查。

调解的结果包括达成协议和未达成协议两种情形。如果当事人未达成任何协议，调解员应当客观地向法院汇报该结果。经当事人同意，调解员的报告可以作为对某些申请、实体问题、程序问题或当事人行为的确认，以此促进纠纷的解决。如果当事人就争议的部分或者全部达成协议，调解员则应将其转化为双方即将签署的书面协议。依照法律规定或者当事人达成的合意，双方当事人须将该调解协议提交至法院，或向法院提交免责协议。倘若当事人对达成的协议发生分歧或者是执行失败，法院可以采取措施实施制裁，包括令其承担调解费用、律师费或其他适当的救济措施，亦包括依照协议进入审判程序。调解要收取一定的费用。在指定调解后，当事人以经济困难为由反对调解的，法院在考察当事人的经济状况和相关情况后可以减少或者免除调解费用。

(五)调解协议的执行

与法院判决相比，调解协议的履行率更高。由于协议是自愿达成的，当事人更可能理解协议应当如何履行，并按照协议要求按时履行。在小额纠纷调解程序中，经常出现当事人承认债务的存在，但由于经济困难而无法履行债务的情况。调解的主要优点在于当事人能够就支付日程表进行协商。但是如果协议未能得到履行呢？倘若案件是由法院移交调解程序的，法院有权强制当事人履行调解协议，如同强制当事人履行法院命令一样。当然，法院所强制履行的调解协议必须含义清晰且无歧义，而且，法院只能强制当事人履行偿付金钱的义务。虽然类似"当事人同意将来互相尊重"的条款对纠纷的实质解决具有重要的意义,但是法院不能强制执行此类条款。由于调解系当事人自愿选择的,经调解达成的协议理应具有法律效力。在不主动履行调解协议的情况下,当事人可以向法院提起履行合同之诉。

三、家事调解制度

"二战"后,受经济的快速发展、社会的深度变迁的冲击,美国社会单身同居以及替代家庭形态渐变为社会常态。自20世纪70年代以来,无过错离婚的施行导致离婚率攀升,家事纠纷增多,传统对抗性诉讼程序越来越难以应对家事纠纷的解决。近几十年来,美国家事审判模式经历了理念与制度层面的重大转变,不仅对传统的对抗制诉讼架构进行深刻的检讨和反思,而且对家事纠纷解决机制的目的以及法院在解决家事纠纷中的角色定位有了重新的认识。[1]

在前述背景下,被誉为现代家事调解之父的 Coogler 创设了结构型调解模式。这一模式不仅提供调解服务、制定调解规则,而且成立专门的调解协会,负责家事调解员培训等事宜。其后,社会工作者、心理健康专家等专业人士纷纷加入家事调解队伍之中,冀望通过多科知识与娴熟技能辅助当事人跨越心理因素等方面的障碍,以理性、友好、合作地解决家事纠纷。专业性的社会调解机构及家事调解员提供的家事调解服务在家事纠纷解决方面成效显著,获得了社会民众的普遍认可与支持。

(一)发展概况

基于联邦制的原因,美国家事法事项属于各州管辖的范围。截至2010年,38个州已对家事调解进行立法规范。由于家事纠纷的共同特质,各州家事调解制度的主要内容与总体特点基本上一致。[2]

---

[1] 齐玎:《论家事审判体制的专业化及其改革路径——以美国纽约州家事法院为参照》,载《河南财经政法大学学报》2016年第4期。

[2] 来文彬:《家事调解制度研究》,西南政法大学2010年博士学位论文,第105页。

1. 调解的非司法性。家事调解是由专门社会组织与个人充当第三人,帮助家事纠纷当事人平等、自主、合作性协商,以达成双方均能接受协议的非对抗性程序。调解程序独立于法院诉讼,不是司法程序。家事调解既可由社会机构主持,也可在法院进行。不过法院进行的家事调解均是附设性的,因法官并不参与调解而不具有司法性质。

2. 调解员的专业化。一般而言,家事调解员由法律人士、心理健康专家、社会工作者等专业人士担任。各州对家事调解员的资质条件和认证制度等大多有具体的要求,不断推动家事调解员的专业化、职业化的发展。

3. 调解类型的多元化。从程序启动视角来看,美国的家事调解可分为强制调解、自愿调解和转介调解三类。一些州主要针对子女监护与探望事宜规定了诉前强制调解,但通常存在例外情形,如具有家庭暴力或者虐待因素等。其他一些州则采取自愿调解的方式。此外,基于法院促进调解的义务,在诉讼中,法院亦可将案件转交专门的调解机构与个人予以调解。从纠纷类型视角来看,美国家事调解有离婚调解、子女监护与探望调解、老年人调解等。其中,大多州对子女监护与探望纠纷均实行强制调解。

4. 调解模式以当事人为中心。在实务中,美国已发展出不同的模式,如早期的结构型调解、劳务管理型调解以及治疗性调解等。所有的调解模式均以当事人自主决策为中心,调解员保持中立、公正,为当事人保密,通过信息提供、治疗辅导等方式增强当事人自主决策能力,以帮助当事人达成协议为主要任务。

简而言之,美国家事调解已实现专业化、职业化、制度化,其成效显著、社会接受程度稳步提升,已成为家事纠纷解决的重要方式、优先方式之一。[①]

(二)典型实践——以纽约州家事调解为例

美国多数州都设有专门的家事法院,有些还设有专门的婚姻协谈人员,这些协谈人员不是法律专家,而是个案作业的专门技术人员,他们不仅在家事案件的受理、调查或其他事项中,对案件进行调解,而且在法官审理过程中,如认

---

① 杨冰:《从理念转变到多元协作——略论美国家事纠纷解决机制新发展》,载《河北法学》2011年第12期。

为有和解希望时也可以将案件移送于他们手中。① 在纽约州,调解并非家事纠纷裁判的前置程序,但从近年来家事法院的实践来看,调解已经成为迅速高效解决家事纠纷的重要途径。目前,纽约州家事法院主要针对子女监护与探视案件、儿童保护及终止父母抚养权案件为当事人提供免费的法院附设调解。② 但法院附设调解并不由主审法官负责,而是由法官委派符合资质要求的调解员开展调解,积极协助当事人探索解决家事纠纷的友好、圆润的方案。多数家事案件的调解员由具备丰富调解经验的律师全职担任,并须定期接受法院的专项培训;在少数情况下,法院也会聘请在社会学、心理学、婚姻家庭关系等领域的专家担任兼职调解员。纽约市家事法院2010年年度报告指出,在2009年受理的800余件儿童保护及终止父母抚养权案件中,有75%的案件运用了调解方式解决纠纷,其中约有54%的案件最终达成了正式的调解协议。③ 在调解失败的情况下,调解的运用也产生了一定的积极效果,如避免家庭矛盾的激化,为后续诉讼解决纠纷创造有利的时空条件。

四、调解员制度

调解是一项极具专业性的争议解决艺术,调解员的专业水准直接决定争议解决的效果。因此,调解对调解员的要求极高,绝非仅凭个人经验可以体悟,而是需要经过系统的学习和培训的。④ 美国立法者试图通过规范调解员准入条件来确保调解的质量,虽然立法对调解员的资格要求通常只能适用于对法院转交案件的调解,但是立法的指导却很有可能塑造纠纷解决各个方面

---

① 陈爱武:《家事调解:比较借鉴与制度重构》,载《法学》2007年第6期。
② 齐玎:《论家事审判体制的专业化及其改革路径——以美国纽约州家事法院为参照》,载《河南财经政法大学学报》2016年第4期。
③ The 2010 Annual Report of New York City Family Court, https://www.nycourts.gov,下载日期:2018年5月10日。
④ 将犁:《中美调解文化的碰撞与交流——记北仲与美国培普丹大学施特劳斯争议解决中心调解项目培训》,载《法制日报》2008年3月30日第7版。

的实践。①

(一)发展概况

美国调解制度可以大体上分为法院附设调解和社会调解两大类。不同调解类型的调解员职业化程度存在差异。在法院附设调解中,美国采取"调审分离"的结构,即调解与审判相互独立,避免审判对调解的影响与干预。法院附设调解的调解员主要由在法律界具有一定地位的律师和退休法官担任。此类调解员主要分为两类:一是附属于社会调解机构的调解员,有专职的也有兼职的。案件进入诉讼程序后,法院提供自己的调解员名单供双方选择。二是法院聘用的调解员,有专职的也有兼职的。专职调解员作为法院的工作人员,是常设的,只能在该法院开展工作,不能在其他法院进行诉讼活动。② 社会调解主要是指社区调解、商事调解。在社区调解中,调解员大多是志愿者,由非营利的民间机构管理。商事调解具有浓厚的市场性质。在这一领域的突出代表是JAMS。当前,这家公司有36名在册的纠纷解决专家,其中退休法官、专职律师约各占一半。这些专家都是专职的调解员,而且训练有素和经验丰富。

准入制(licensing)和认证制(certification)是管理调解员的两种不同路径。在准入制下,要想成为调解员必须获得某部门的许可;而认证制则仅表明获得认证的人具备了成为调解员的资格,但这并不妨碍一些未获得认证者成为调解员。目前,美国调解员的管理以认证制为主。美国的纠纷解决专家协会(Society of Professionals in Dispute Resolution,SPIDR)下设的资格委员会就是一个专门审查调解员和仲裁员资格的组织。该组织于1995年发布报告认为,由政府机构来对纠纷解决从业者实施许可是不恰当的,那样会形成一个专断的标准,从而限制当事人的自由选择权并将一些有能力者拒之门外。而在认证制下,当事人可以基于对调解员的了解、调解员的声望、调解的费用和便利性等因素的考虑而选择未获得认证的调解员,当事人的自由选择权受到充分的尊重。当然,在实践中也存在潜在的准入制,如一些法院会规定只将案

---

① [美]斯蒂芬·B.戈尔德堡等:《纠纷解决——谈判、调解和其他机制》,蔡彦敏等译,中国政法大学出版社2004年版,第175~176页。
② 杨超:《中美调解员制度比较分析》,载《重庆科技学院学报》(社会科学版)2014年第4期。

件提交给已获得调解资质证书的调解员。但总体而言,调解员的服务是由市场机制来调节的,缺乏能力的调解员通常会在调解实践中被逐步淘汰。

获得调解员资格是否必须具备高学历或专业知识。一种观点认为,调解员必须具备4年大学文化程度或同等的工作经历。另一种观点则认为,没有任何证据表明大学学历对一个有能力的调解员来说是必备的,恰恰相反,学历要求会成为那些有能力者进入调解员行业的障碍。目前,美国各州对调解员学历的要求各不相同。有的州要求调解员必须具备大学学历,有的州则只要求接受过调解培训,有的州则要求上述两个条件兼备,只有少数州对调解员没有任何学历或培训的要求。如果有学历要求,通常集中在法律、心理健康或行为和社会科学等领域。[①]

(二)典型实践——以德克萨斯州、佛罗里达州为例

调解员是调解制度的关键人员。德克萨斯州(以下简称德州)和佛州关于调解员制度都有比较成熟的做法。

德州法院一向高度重视法院附设调解,试图加强调解员的管理,以保证调解质量。2005年6月13日,德州最高法院颁布《调解员行为指南》,[②]旨在为调解员提供基本的行为指导。该指南对调解员提出如下行为准则:(1)调解员的职责是协助双方当事人自愿达成和解,而不得对任何一方施以强迫。调解员可以提出建议,但所有和解协议的内容均应由当事人自愿达成。(2)调解员应维护整个调解过程的公正性和保密性。调解过程中的任何信息均应保密,且受特权规则保护。调解员不得披露调解过程中的任何信息,但经相关当事人同意或者有法律规定的除外。(3)调解员应当在调解开始之前尽早向当事人解释调解过程中将收取的各种费用、开销。调解员不应当收取机动费用,不得依据调解结果决定收费数额。在某些符合条件的纠纷中,调解员应当减少收费甚至免除费用。(4)在调解开始之前,调解员应全面公开自己与当事人或

---

① Donald T. Weckstein, *Mediator Certification: Why and How*,转引自肖建华、杨兵:《对抗制与调解制度的冲突与融合——美国调解制度对我国的启示》,载《比较法研究》2006年第4期。

② 蒋丽萍:《美国德克萨斯州〈调解员行为指南〉》,载《人民法院报》2011年3月25日第6版。

当事人的律师之间存在的可能影响调解员中立地位,或者给人产生调解不够中立印象的关系。如果一方当事人就某种利益冲突或者可能存在的利益冲突对调解员提出异议,调解员则不应当主持此次调解。

在佛州,县法院的调解员必须年满21周岁,至少拥有高中以上或同等学历证书,完成佛州最高法院认证的调解培训和导师制培训。其中,调解员参与地方性的调解培训项目可以协助个人完成导师制培训的要求。此外,调解员还需要具备良好的道德品质,当申请者的某些行为涉及调解员的资质认证时,其道德品质是否良好就须接受调查。供职于不同领域的调解员应符合不同的资格要求。申请者欲获得县法庭、家事法庭、巡回法庭或初审、上诉审的调解员资格证书,须取得相应的分数,完成经州最高法院认证的专项调解培训项目、教育或调解经验培训和导师制培训等内容。立法也有一些关于调解员资格认证条件的排除性规定,例如首次申请调解员资格证书的申请者不得触犯重罪;除非已恢复民事权利,被判重罪缓刑的申请者在缓刑考察期内同样不具备申请资格。2010年6月,新颁布的佛州《注册调解员与法庭任命调解员修订规则》对上诉程序的调解作了重要的修改。该规则要求除了"州最高法院认证的巡回、家事法院调解员",上诉法院调解员的申请者必须"成功地完成州最高法院认证的上诉调解培训项目"。为了协助法庭对上诉案件进行调解,法庭必须至少有一位认证的上诉调解员。新规则同时要求,道德咨询委员会至少有一位认证的上诉调解员。[①]

[①] Erin E. Bohannon, Florida Appellate Mediation: Promising New Rules and Ethical Challenges, *University of Miami Law Review*, 2011, Vol. 65, No. 1277.

第四章

墨西哥调解制度

墨西哥合众国(The United Mexican States)位于北美洲南部,北邻美国,国土面积1964375平方公里,人口1.28亿(2016年)。① 1917年2月,墨西哥颁布《宪法》,规定立法、行政、司法三权分立,实行联邦制。联邦议会由参议会、众议会组成,行使立法权。法院系统分为三级:最高法院、大区法院(巡回法院)和地区法院。由于地处南北美洲的贸易要塞,且人口众多、民族多样,墨西哥长期面对冲突不断、纠纷丛生的现实压力。

20世纪90年代以来,随着政局的逐渐稳定和经济的快速发展,墨西哥已成为全球重要的经济体。② 但与此同时,各种社会矛盾和司法问题日渐显现。在社会层面,活跃的市场贸易产生了大量新型的民商事纠纷,这些纠纷依据原有的法律规定无法得到妥善解决;在司法层面,民事诉讼暴露出低效率、高成本的弊端。此外,司法系统的腐败、懈怠等问题也不容忽视。为了扭转日益严峻的司法危机,墨西哥日益重视诉讼外纠纷解决机制(ADR),调解制度由此进入快速发展的阶段。

一、墨西哥调解制度概述

(一)调解制度的发展历程

墨西哥民众向来注重良好的人际关系,提倡友爱互助。在"厌讼"观念的

---

① 中华人民共和国外交部:《墨西哥国家概况》,http://www.fmprc.gov.cn,下载日期:2018年6月20日。

② 崔晓伟:《墨西哥渐成全球重要经济体》,载《上海金融报》2009年1月20日A6版。

影响下,调解制度广泛适用于各行各业。然而,这一纠纷解决方式一直没有被立法所确认。

20世纪末,随着民商事纠纷的不断增多,墨西哥司法部门开始寻求更加有效、经济的应对措施。部分州认识到调解的作用和价值,发起了调解立法运动。这项运动的影响范围逐渐扩大,并最终覆盖墨西哥全境。在调解法律化过程中,第一部调解法律是1997年8月由金塔纳罗奥州(Quintana Roo)制定的《诉讼外纠纷解决机制法》。其后,1999年克雷塔罗州(Querétaro)也制定了《诉讼外纠纷解决机制法》,并创建专门机构运行ADR制度。该州因此成为20世纪末墨西哥唯一由法院提供调解服务的州。[①]

21世纪初,受调解立法运动的驱动,很多州都制定了相关的法律,但仍有少数州尚未开启调解法律化进程。地方立法混乱、联邦立法迟缓的局面持续到2008年。2008年6月,墨西哥《宪法(修正案)》颁布实施,其中第17条将实行诉讼外纠纷解决机制确立为一项宪法性义务,要求各州在8年过渡期内制定相应的法律。自此,墨西哥进入调解法律化的新时期。截至2015年,大多数州已进行调解立法并付诸实践,调解在墨西哥已成为解决纠纷的常规途径。

(二)调解制度的发展特点

1.各州的发展情况不同

调解制度的扩大适用需要时间投入和空间磨合,不仅要在法规范内得到确立,而且还依赖于诸多社会因素。近20年来,墨西哥调解制度已积累了丰富的实践经验,并通过立法加以规范。目前,各州调解制度的发展情况大不相同,这主要源于设施建设和投入成本的差异。

以瓜纳华托州(Guanajuato)为例。除颁布相关法律外,该州在基础设施、人员配置和宣传上投入了大量的资金,还在几个重要城市设立了调解办事处。[②] 由于优质的基础设施,该州的调解中心被评为"国家一级调解中心"。

[①] Ius Humani, Mediation and Citizen Participation in Mexico, *Revista de Derecho*, 2016, Vol.5.

[②] 这些调解办事处分别位于瓜纳华托州的León、Irapuato、Salamanca、Celaya和Guanajuto。

自2014年12月1日至2015年11月30日,该中心处理了7165件案件,调解达成协议的案件共计5450件。其中,商事案件为2674件(占49.06%),民事案件为2012件(占36.92%),家庭纠纷为641件(占11.76%),其余的是刑事案件和未成年人犯罪案件(占2.26%)。而在一些基础设施匮乏和投入资金较少的州,调解使用率较低。例如,自2005年至2008年,米却肯州调解中心共有418件案件进入调解程序,但最终达成协议的仅有233件。[①] 近年来,虽然米却肯州的调解制度有了较大的进展,但是与瓜纳华托州之间仍存在不小的差距。[②]

学者在分析差异背后的原因时,各执一词。但可以肯定的是,调解制度由地方自主推行,而非联邦自上而下地统一规划,必然会因客观条件的差异而导致发展状况的参差不齐。

2. 调解类型的多样化

在调解制度的建构和发展过程中,墨西哥调解类型趋于多样化。近年来,除由调解中心主导的一般调解外,社区调解、原住民调解、校园调解等新的调解类型应运而生。

调解类型多样化是近20年来调解制度与本土环境相互磨合的最佳体现。这一实践格局并不是立法凭空创造出来的,而是各州在制度实践中根据实际需要而逐渐形成的。事实上,社区成员、原住民、学生及教师等都可以成为调解程序的参与者,他们熟悉案件的背景和环境,能够及时、有效地为当事人和调解员提供帮助,起到对症下药的效果。

3. 调解模式的美国化

墨西哥调解模式具有鲜明的美国特点。调解模式美国化的具体原因如下:(1)国际商事调解规则的长期影响。20世纪中期以来,随着政局的逐渐稳定,墨西哥政府将工作重心转至经济建设。在经济发展优先的政策下,墨西哥对外贸易活动日益频繁,国际商事纠纷也随之增多。与此同时,国际贸易通行采用的国际商会(International Chamber of Commerce)规则于2001年6月制

---

① Ius Humani, Mediation and Citizen Participation in Mexico, *Revista de Derecho*, 2016, Vol. 5.

② 根据《2014年瓜纳华托州司法部统计报告》和《2014年米却肯州司法部统计报告》,在2014年,瓜纳华托州共达成11131件调解协议,米却肯共达成1026件调解协议。

定了《ADR指南》(Guide to ICC ADR),其中的调解规则与美国调解规则十分相似。因此,在日益频繁的商事贸易解纷过程中,墨西哥使用的是美国化的调解规则,并惯性地将这些规则运用于国内民商事纠纷的解决。[①] (2) 毗邻美国的地缘影响。由于地缘政治和国际环境等诸多因素,墨西哥和美国形成了"特殊关系",有学者将之称为"权宜婚姻"。[②] 这一关系使得墨西哥政治经济制度具有了美国色彩。例如,墨西哥学者普遍认为调解制度应当像美国模式一样依托于市场化的律师制度,因为这不仅能有效保障双方当事人的合法权益,同时也有利于调解程序高效、实质性的展开。许多州的调解法律明确规定在调解过程中的双方当事人应当有律师代理。此外,美国调解制度具有实用主义和追求多元价值的特点,与同为多民族、多文化的联邦制国家的墨西哥高度契合。

4. 公众积极参与调解

司法部门不仅重视调解制度的立法和宣传,还意识到调解需要公众的参与。这一认识不仅体现在校园调解、社区调解等新的调解类型中,也体现在一般调解中。例如,根据《联邦家事调解法》第39条的规定,当事人不仅可以邀请调解所需要的任何专业或者行业专家参与到家事调解中,同时还可以接受调解中心以外的律师的建议或者调解方案。

公众参与对调解制度具有重大的意义和价值。近年来,无论是校园调解中的大学教授、学生或者社区调解中的邻居,他们对调解过程的顺利进行及调解协议的达成都发挥着独特而重要的作用。调解不仅涉及法律问题,也需要借助生活经验和其他学科的知识。这就需要寻求当地民众或专业人员的协助。墨西哥调解规则鼓励调解机构积极利用这些资源,而非片面地依赖调解员的法律知识和沟通技巧。此外,鼓励和接纳社会其他人士参与调解可以让他们能够身临其境地观察纠纷的解决过程,有利于切实理解相应的法律规定与法律理念,在确保当事人利益的基础上发挥普法教育的作用。

---

① Willamette, Mediation in Mexico, *Journal of International Law and Dispute Resolution*, 2002, Vol. 10.

② 王文仙:《"墨西哥奇迹"与美国因素》,载《拉丁美洲研究》2015年第3期。

二、调解的类型

由于历史传统以及调解实践的差异,世界各国的调解形式多样,并且仍在不断创新。① 墨西哥在这一方面表现得尤其明显,各州形成了不同的调解类型。根据适用场合和规则的不同,调解可以分为以下几种:

(一)一般调解

调解是指在中立第三方的主持下,发生纠纷的当事人通过相互沟通协商,对其所争议的民事权利义务关系达成协议的活动。② 一般调解是调解中普遍使用的种类,它对民事诉讼规则予以灵活性地修改和增补,以达到快速解决纷争和修复当事人社会关系的目的。在一些州的立法规定中,一般调解还包括刑事调解。刑事调解是打击犯罪、保护人权与修复性司法(Restorative justice)相互平衡的产物。一般而言,法律对刑事调解适用作出明文规定,譬如瓦哈卡州将范围限定在轻微的亲告罪。在刑事调解中,对被害人的赔礼道歉和赔偿损失是核心内容,调解协议有可能会影响法院判决。例如,根据新莱昂州(Nuevo León)《诉讼外纠纷解决机制法》第3条第4款的规定,法院判决可能受到调解协议中损害赔偿条款的约束。

(二)家事调解

2005年,墨西哥颁布了《联邦家事调解法》,明确规定家事调解的程序规则。该法的立法意旨是通过设立家事调解制度,细化调解规则,更好地解决复杂、微妙的家事案件。《联邦家事调解法》不是对原有调解体系进行大刀阔斧的修改,而是精确和细化家事程序中的某些定义或规则,因此家事调解规则与一般调解规则大体一致。

与其他调解案件相比,家事案件具有明显的人身属性。为此,家事调解范围比较特殊,一般分为以下几类:(1)配偶或者事实婚姻关系的伴侣之间的纠

---

① 齐树洁主编:《纠纷解决与和谐社会》,厦门大学出版社2010年版,第97页。
② 齐树洁主编:《民事诉讼法》,厦门大学出版社2017年第11版,第69页。

纷;(2)亲属(无论是否一起居住)之间的人身关系及财产关系;(3)未成年人的监护权;(4)家庭暴力问题。其中未成年人监护权案件和家庭暴力案件值得特别关注。

在未成年人监护权的案件中,基于未成年人利益最大化的原则,家事调解应当注意以下要求:(1)调解员应当积极听取未成年人的意见,并将其作为调解方案的重要指标予以考虑;(2)除非有正当理由,未成年人的监护人必须出席调解会议;(3)当法定代表人未出席会议时,调解员可以通知法定代表人并给予其不超过5日的准备时间。如果法定代表人依然缺席会议,则调解程序终止。

并非所有家庭暴力案件都能适用调解。调解员应当在事前对申请人及其家属进行初步访谈,评估施暴程度。如果在访谈过程中发现当事人存在身体暴力、精神恐吓或者非自愿参与调解的情形,调解员应及时作出拒绝调解的决定。

家事调解的时限取决于具体案件的性质和复杂程度,但从第一次调解会议开始,调解期限最长不得超过6个月。倘若调解过程中存在达成协议的可能性,调解时限可再延长6个月。家事调解不是家事案件的必经程序,但案件进入诉讼程序后又采用调解的,调解时限不得超出法院允许的期限。

(三)校园调解

校园调解是针对学生之间的纠纷而专门设立的调解方式,目的在于积极避免和妥善解决校园学生暴力行为,让他们了解和学习以平和、友好的方式解决纠纷。

以阿瓜斯卡连特斯州(Aguscalientes)为例,该州开展了一项名为"校园调解计划"(Programa mediación escolar)的实验项目。它由阿瓜斯卡连特斯自治大学实施,调解对象为本州部分小学,涉及的人员有大学教授、高校学生和小学校长、小学生及其家长。这项计划分为三个步骤:(1)对参加计划的大学生进行培训,让他们了解校园暴力事件以及急需改变的暴力行为,以提高消除或者至少减少使用暴力的意识;(2)对本州的小学进行问题诊断,发现校园中存在的诸如辱骂、斗殴、盗窃、破坏校园设施等问题;(3)由受过良好训练的大学生为产生纠纷的学生提供针对性治疗,其中法律专业的大学生还兼顾普法任务。符合一定要求的大学生将被选为官方调解员。近年来,参与校园调解的大学生的数量在不断增多,专业种类也在日益丰富,由原来的法学和心理学扩展到其他专业。①

(四)社区调解

社区是现代社会的基本载体之一,社区治理直接关系到社会的稳定和发展。为有效维持社区秩序、解决社区冲突,墨西哥部分州发展出社区调解。社区调解的当事人均是社区内部成员,纠纷类型主要包括噪音、宠物污染、车库堵塞、儿童争执、邻里安全等。这些看起来不严重或者不复杂的问题,倘若不及时、妥善解决往往容易诱发更大的冲突和矛盾,导致社区秩序的严重破坏。

社区调解的优势在于社区成员的参与。他们更加了解彼此的生活状态,也更容易发现问题的症结所在。经过一定的培训后,社区成员即可在社区内进行调解工作,以高效、友好地解决邻里纠纷。目前,社区调解已逐渐获得许多州的关注,开始通过司法实践予以推行。

(五)原住民调解

墨西哥有50多个原住民族群,占全国人口的10%,是拉美国家中原住民人口较多的国家。基于原住民特殊的民族特性和文化传统,政府对原住民实行某些特别的管理制度和政策。原住民调解的产生与原住民政策的变化息息相关。

从1821年宣布独立到1980年梅里达(Mérida)第八届美洲本土化会议之前,墨西哥政府实施"民族一体化"政策。该政策是指在承认多民族和多元化文化的前提下,通过对包括原住民和混血族群在内的所有民族宣传祖国情感,将原住民纳入国家主流社会,使之参与国家政治、经济和社会发展进程,构建一个包括所有墨西哥人在内的一体化文化,②即"原住民的墨西哥化"。在这项政策的指导下,立法机关和行政机关始终以大民族的标准制定法律法规和各项政策,这使得原住民群体的特殊利益得不到有效的保障,甚至基本权益也遭受严重损害。这一政策及相关立法造成原住民与政府之间的矛盾和隔阂,引发一系

---

① Ius Humani, Mediation and Citizen Participation in Mexico, *Revista de Derecho*, 2016, Vol. 5.

② 李毅夫、赵锦元:《世界民族概论》,中央民族大学出版社1993年版,第554页。

列的暴力冲突。面对这些事件的爆发和随之而来的内外部压力,[①]政府开始反思原有政策的合法性和合理性,重新审视原住民自有文化和民族特性,并逐步实行"民族多元化"政策。2006年,福克斯政府在宪法修正案中重申文化多样性的必要性,强调在尊重联邦主权的前提下,可适当依照原住民公社的传统习俗办事。[②] 因此,行政执法和司法裁判积极接纳原住民传统的组织形式和习惯法,在法律制度与原住民文化相互融合的过程中,逐渐构建原住民调解制度。

原住民调解是墨西哥最具特色的调解类型,是本土文化与外来经验相结合的产物。它最大的特点在于调解涵盖了原住民文化和习俗等因素。原住民调解的特点在立法和司法上均有体现。以伊达尔戈州(Hidalgo)为例,《诉讼外纠纷解决机制法》第3条将原住民调解员定义为"了解原住民习俗、文化、传统、语言和价值观的中立的第三方"。该法第17条第1款的规定:"本州调解中心或地区总部的调解员须有合法的专业职称,但原住民调解员可以免除这项要求,只要申请人达到当地'光荣人士'的标准即可。"除调解员的资质标准外,原住民调解程序还要受到当地原住民习俗和惯例的约束。在司法实践中,司法机关重视对翻译人员的培训,以保证调解员与原住民的正常沟通。调解员也应当了解地方性知识和原住民传统文化,以便更好地理解当事人的真实意图和特殊利益,防止因文化冲突导致矛盾激化。

三、调解的程序

(一)调解的启动

法庭一般没有启动调解程序的权力,当事人可以通过向调解中心或者私

[①] 1997年12月,恰帕斯阿克特阿尔村发生45名印第安人惨遭屠杀的血案。1998年1月,萨帕塔民族解放军写信给联合国人权委员会,要求联合国在恰帕斯建立常设委员会,调查该州的人权状况。2000年,国家行动党人比森特·福克斯·克萨达上台,为了避免恰帕斯原住民问题国际化,他在就职时允诺将解决恰帕斯冲突。2001年4月,国会通过《可可帕法建议案》,明确政府解决族群问题的多元化主义立场。

[②] 谭融、田小红:《从同化到多元化:墨西哥原住民政策的发展》,载《天津师范大学学报》2015年第3期。

人调解机构申请以启动调解程序。调解中心与私人调解机构的区别在于是否为有偿调解。私人调解机构通过提供调解服务获得报酬,是"社会自治型调解",而调解中心提供的调解服务属于"国家依附型调解"。① 如果双方争议的案件已经提交给法院,则当事人只能选择调解中心进行调解。

在申请调解时,调解中心或者私人调解机构应当向当事人说明调解的相关事项,如调解原则、调解程序、调解协议履行等。在收到调解申请后,调解中心或者私人调解机构应当及时审查并判断该案件是否适宜调解。如果确定可以适用调解时,调解组织将邀请对方当事人及其代理律师或者信任的人参加初次询问。这一目的在于确认对方当事人是否愿意参与调解以及了解案情,为后续调解会议作好充足准备。在调解组织发出三次邀请后,对方当事人仍然拒绝参加,则表明他不愿意通过调解解决案件,调解程序即时终止。

(二)调解会议

调解会议以对席调解的方式展开,双方当事人通过协商确定会议的时间和地点。调解机构会根据案件的复杂程度决定调解员的数量,调解员的人选则交由双方当事人协商。在会议正式开始之前,调解员应当自我介绍,并释明调解规则并确定会议讨论的范围等。在调解过程中,当事人无正当理由在调解期日不到场的,调解员可以决定处以一定金额的罚款。如果案件无法通过协商达成合意,调解员有义务及时终止调解,并发布无法受理的声明。

所有调解会议都以口头方式进行,没有书面记录,也不录制会议音频视频。在特殊案件中,调解员可以邀请专家出席调解会议,助力于提出更加合适的调解方案或解决某些疑难问题。当事人如有选定的专家,可以向调解员提出申请。如果没有,调解员可为当事人提供专家名册。邀请专家所产生的费用及其分担由当事人和专家协商确定。调解开始之后,案件的诉讼时效中断。若案件的部分争议在调解程序中未能得到解决,当事人可以诉诸其他救济手段。

(三)调解终止

从墨西哥各州立法上看,调解程序可能以多种方式终止。

---

① 周建华:《法国现代调解的发展:传承、借鉴与创新》,载《法学家》2015年第2期。

第一,双方当事人通过达成调解协议而终止调解。调解协议既可以是全案协议,也可以是部分协议。调解协议应当符合以下几个要求:(1)遵守宪法和相关法律;(2)采用书面形式;(3)应当记载调解的时间和地点;(4)记录纠纷发生的背景及相关事项;(5)记录调解会议所达成的调解方案。该方案包括双方的给付义务、容忍义务以及道德义务,但道德义务不具有强制执行力;(6)双方当事人应当签名。如果当事人不能签名,可以用指纹代替。在特殊情况下,调解协议应附上调解机构的名称、代表人签名或者指纹。调解协议一式三份,其中一份保存在调解中心或私人调解机构的档案中。

第二,调解员因某些原因作出终止调解的决定。这些原因包括:(1)当事人存在激化矛盾的行为;(2)当事人反复作出不尊重甚至是侵犯另一方当事人或者调解员的行为;(3)调解员意识到该案件存在非法行为,可能需要将案件提交给相关部门。

第三,因当事人自身原因而终止调解。具体情况如下:(1)当事人或其代理人认为没有继续调解的必要,可以使用其他方式来解决纠纷;(2)当事人或其代理人连续三次无正当理由不参加调解会议[①];(3)当事人或其代理人拒绝签署调解协议。

第四,因其他原因终止调解。例如,案件争执的标的物已经在其他案件中得到裁判并予以执行或因不可抗力而不再存在等,已没有必要继续调解。

四、调解保密制度

从制度建构的角度来讲,调解保密性是调解不可或缺的制度保障,它为当事人创造轻松、坦诚的对话氛围,不必担心调解信息可能作为对己不利的证据。[②] 墨西哥各州大多设立了调解保密制度。

从法律规定上看,调解保密的义务主体分为广义主体和狭义主体。大多数州规定调解义务主体为调解员和参加者,其中参加者包括行业协会顾问、学

---

① 也有州(如科阿韦拉州)立法是当事人或其代表连续两次无正当理由不参加调解会议即可终止。

② 肖建华、唐玉富:《论法院调解保密原则》,载《法律科学》2011年第4期。

者和其他任何参加调解会议的人士。但少数州采取广义主体的保密立法。例如,新莱昂州《诉讼外纠纷解决机制法》将对调解员进行认证的认证机构也规定为义务主体,即其应当对调解员的认证过程保密。

调解保密制度禁止调解员和参与者将调解过程中所获的信息披露给调解程序以外的任何第三人,也规定不得将这些信息用于后续的诉讼程序或者仲裁程序中。调解信息包括调解过程中涉及的数据、报告、评论、对话、协议或者当事人的立场。当然,调解保密制度也存在例外情形。例如,《联邦家事调解法》规定了两种例外情形:(1)有迹象显示在调解过程中存在威胁参加者身体或者精神的情形;(2)存在犯罪行为。某些州还将伤害未成年人的权益作为例外情形。当发生上述例外情形时,该案件不再受调解保密制度的约束,调解员应当及时将案件报告给调解中心,并向有关机关披露信息。

五、调解员制度

受美国模式的影响,调解员制度在调解中发挥着十分重要的作用。这一制度的出现既扭转了法官垄断调解的局面,也突破了传统调解模式的消极角色①。目前,墨西哥没有关于调解员的选任、培训等事项的联邦法律,各州对相关事项的规定并无太大的差异。

(一)调解员的任职条件

调解不仅要考虑客观上发生或实际上存在的事实,还须努力掌握当事人的感情、情绪、主观想象等心理上、精神上的因素,并对症下药式地作出适当的应对,②这对调解员的职业要求提出较高的标准。一般而言,各州立法均设立以下准入门槛:

1. 国籍要求。调解员应当是墨西哥公民,并享有民主政治权利。
2. 年龄要求。调解员在调解过程中需要根据具体情境设身处地替当事人

---

① 在传统的调解模式下,调解员消极地服务于双方当事人。
② 王亚新等:《中国民事诉讼法重点讲义》,高等教育出版社2017年版,第240页。

着想并灵活调整对话内容。这需要丰富的实务经验、生活常识和人生阅历,因此调解员必须达到一定的年龄。在年龄的具体要求上,现行法律规定稍有不同,如墨西哥州(Estado de México)《调解法》规定调解员须年满30周岁,《联邦家事调解法》则规定调解员须年满28周岁。

3.学历要求。调解员应取得相关专业的学士学位,但其专业并不限于法律。大多数州法律规定,专业领域只要是社会科学均可,如心理学、伦理学和社会学等。在家事调解中,法学专业调解员和心理学专业调解员已成为很常见的调解组合。

4.培训要求。调解员必须接受专业培训并取得认证资格。以瓦哈卡州为例,调解员的培训课程要达到150小时以上,培训合格的标准由培训机构决定。培训机构必须是官方组织或者国家认证的组织。调解培训内容主要是通过案例模拟培养申请人的实践技能,以提高申请人对调解过程的把控能力和应变能力。除此之外,申请人还须完成司法调解中心100小时的调解练习。在培训合格后,申请人将获得高级法院颁布的调解员证书。

5.品质要求。调解员必须拥有公认的良好品格和声誉。

6.无犯罪记录要求。一部分州立法都要求调解员没有故意犯罪的记录,另一部分州对罪过没有要求而只限定在一年有期徒刑以下的犯罪。如果罪行是盗窃、欺诈等严重损害声誉的犯罪,则不论量刑长短都不得成为调解员。

符合上述任职要求的调解员在正式入职后,应接受调解中心或者私人调解机构的管理,遵守法律和机构的管理规定。调解员应当到司法调解中心登记并接受定期资格审查和业绩评估。

(二)调解员的义务和职责

首先,调解员应当积极推动调解程序的进行,努力促成双方当事人达成调解协议。在调解过程中,双方当事人往往无法清醒地认识到案件的争点要害与法律问题,使调解过程变得缓慢且缺乏实质进展。为此,调解员应当积极主导调解程序,在听取和整理庞杂案件事实后,筛选出与纠纷有直接关系的信息,使调解过程不固执于与案件无关的琐碎问题,从而达到高效解决纠纷的效果。由于调解的最终结果由双方合意形成而非由第三方独立裁决,为使调解协议能够顺利达成,调解员应在调解过程中尽量让双方当事人表达自己的诉求及其理由,吸收他们的不满情绪,尽力获得当事人的信赖,使他们认同调解的结果。

其次,调解员应当遵循中立、公正、保密、诚信的原则。众所周知,调解的成功率和当事人的满意程度往往取决于调解机构或者调解员的权威性、公信力和能力。[①] 调解员若无法做到中立地对待双方当事人,公正地处理案件,并对调解过程保密,则必然会招致当事人的不满,从而根本上违背了调解的初衷。在以下情况,当事人可以向调解机构提出书面投诉或者要求更换调解员:(1)调解员不遵守相关法律规定和程序;(2)调解员无正当理由怠于履行调解职能,不按期召开会议;(3)调解员不遵守保密原则,向调解程序以外的第三方提供信息或者为了自身的利益使用这些信息;(4)调解员制定的调解方案违反了强制性的法律规定。

最后,其他禁止行为。除了遵守保密原则外,调解员还不得担任调解机构具体案件的证人、律师或者保证人,在调解过程中不得损害他人利益和公共秩序。

在下列情形下,家事调解员应被终止调解资格并将案件移交给其他调解员:(1)是本案当事人的配偶或其与当事人有直接血亲、四代以内旁系血亲或姻亲关系的;(2)与本案有直接或间接利益关系的;(3)由于案件特殊性质或复杂程度可能导致调解员无法胜任调解工作的;(4)调解启动前6个月内与本案当事人存在业务关系的。

(三)辅助调解员

墨西哥大多数州设立了辅助调解员制度,以帮助一般调解员解决重大、复杂或者包含专业知识的案件。辅助调解员是兼职调解员,具有多科性的教育背景和专业知识,如社会工作者、心理咨询师等。在实践中,辅助调解员大多出现在家事案件的调解中。

[①] 范愉:《非诉讼程序(ADR)教程》,中国人民大学出版社2016年第3版,第112页。

第五章

巴西调解制度

巴西联邦共和国位于南美洲东南部,其国土面积851.49万平方公里,人口1.92亿。联邦议会是国家最高权力机构,由参、众两院组成。全国共分为26个州和1个联邦区。根据1988年《宪法》的规定,联邦最高法院、联邦法院、高等法院、高等劳工法院、高等选举法院、高等军事法院和各州法院行使司法权。[①]

巴西是南美洲面积最大、人口最多、经济最发达的国家,同时又是贫富两极分化、社会矛盾尖锐的国家,治安形势严峻,社会矛盾丛生。[②] 为妥善、高效地化解矛盾,巴西法院在审判中广泛适用调解,鼓励双方当事人在法院的主持下达成和解协议。例如,里约热内卢州法院规定,小额争议(标的额大约在人民币2万元以下)在向法院起诉前必须经过调解。对于超过该数额的民事纠纷,法官在判决前必须征求双方当事人的调解意见。2010年,与调解有关的第一个有效力的规定正式施行,即国家司法委员会2010年第125号决议。2015年6月,联邦参议院通过《调解法》。该法的施行促进了巴西调解制度的发展。

[①] 中华人民共和国外交部:《巴西国家概况》,http://www.fmprc.gov.cn,下载日期:2018年5月25日。

[②] 成都法院考察组:《巴西、秘鲁司法制度考察报告》,http://cdfy.chinacourt.org,下载日期:2018年4月23日。

一、巴西调解制度概述

(一) 制定《调解法》的缘由

调解已成为世界各国普遍采用的一种行之有效的纠纷解决手段,但其在巴西依然处于起步阶段。[①] 大陆法系国家习惯采用立法模式,推动调解制度的快速发展。为此,巴西制定了第一部正式的国家层面上的《调解法》。那么是何种原因促使这一部法律的成型呢?其原因大致有以下三个方面:(1)外部环境的影响。以调解、仲裁为核心的替代性纠纷解决机制已成为全球大趋势。(2)巴西社会中广泛存在的非正式性。由于巴西社会的灵活性本质以及当地独特的商业运作模式,许多巴西人更乐于通过传统的"中介"来处理彼此间的纠纷,而不是选择制度化的调解程序。这里的"中介"一般是未经培训的第三方,如朋友或亲戚,他们至少与其中一方当事人相识,由此很难保证调解的中立性。(3)国内纠纷解决的迫切需求。在巴西不健全的市场环境中,投机行为比比皆是,而投机盛行衍生了大量的纠纷,使得巴西法院系统承受着极大的案件压力。值得注意的是,巴西的人口近2亿,每年有超过1亿的案件等待法院审理,也就是说平均每两个人就产生一个案件。由此观之,巴西已经处于诉讼爆炸的时代,案多人少的矛盾极为突出。因此,在域外调解大趋势与本国因素的双重作用下,巴西愈加重视调解的制度化,赋予其明确的法律地位,改变以往无法律授权的尴尬境地,以应对日益增长的纠纷。巴西适时制定《调解法》,将调解提升为与诉讼、仲裁同等重要的纠纷解决方式可谓是极为明智之举。

(二) 调解与仲裁的不均衡发展

巴西诉讼外纠纷解决实践(如调解、仲裁)严重滞后于世界其他主要经济体。但其仲裁的发展程度仍然远远超过调解,二者在巴西的纠纷解决体系中

[①] Mauricio Almeida Prado, Commercial Mediation in Brazil: An Effective Tool or A Waste of Time, *International Business Law Journal*, 2015, No. 1.

呈现出极为显著的不均衡发展态势。在调解方面,情况极为复杂,十多年来,调解在巴西司法系统和私人纠纷的解决中一直存在。直至2015年之前,巴西调解制度依然未得到充分的发展,这令人匪夷所思。随着《调解法》的施行,调解已变得触手可及。在过去的一年中,巴西调解案件的增长速度超过了过去十年。

这不禁让人想起过去20年巴西仲裁制度的飞速发展,那么又是何种原因导致仲裁在巴西如此戏剧性地大幅上升呢?有学者认为,大体上可归结为三点:其一,外国投资者希望通过仲裁条款来避免地方法院的延误、不确定性和可能的偏见。其二,巴西批准了《纽约公约》,且在2005年确立由高级法院接管和简化对仲裁案件的司法处理。其三,一个规模庞大且功能强大的仲裁机构的兴起,即巴西仲裁委员会的出现,它拥有1000多位专业仲裁员。其四,也是最为重要的一点,巴西形成了完整的仲裁法体系。自1996年《仲裁法》的实施至2015年《仲裁法(修正案)》的颁布,巴西《仲裁法》史上存在着四个具有里程碑意义的事件:一是1996年9月23日颁布的《仲裁法》。二是2001年巴西联邦最高法院承认了《仲裁法》的合宪性。《仲裁法》制定后的五年中,仲裁的发展基本上处于停滞状态,直至巴西联邦最高法院在2001年承认其合宪性,使得仲裁制度在实践中有了立足之地。三是2002年巴西批准了《承认及执行外国仲裁裁决公约》。四是2015年5月26日颁布了《仲裁法(修正案)》。该修正案已于2015年7月27日正式生效。以上四个事件从宏观上确立了巴西的仲裁法体系,形成了一系列新型的仲裁法律制度。[①] 随后在不到20年的时间里,巴西仲裁法体系有了更深、更高层次的发展。

在立法的指引下,巴西司法部门通过建立大量的调解机构,分流和解决部分案件。譬如,为促进多元化纠纷解决机制的发展,巴西联邦最高法院建立了一个新型的纠纷解决中心(ADR中心)。在司法调解方面,各地法院也建立起相应的司法调解中心,以推广司法调解的适用。例如,里约热内卢州法院是巴西司法调解的先驱。在非司法调解领域,多个备受尊敬的调解中心和商会正在发挥着重要的纠纷解决作用,如法国商会调解中心、巴西调解和仲裁中心,

---

① 陈爱飞:《巴西2015年〈仲裁法(修正案)〉的最新发展》,载《人民法院报》2018年2月23日第8版。

美国商会调解和仲裁中心以及巴西调解和仲裁协会。

此外,巴西近期 ADR 的发展也超出了司法机构的范畴,出现在执行机构中,他们鼓励在关于继续和重建公共合同准则的规定中使用 ADR。这项规定对促进包括调解在内的 ADR 制度的发展是非常重要的,它授权在涉及公共行政的问题上使用调解、仲裁和其他纠纷解决方式。有必要指出的是,在这种涉及公共行政的争议中使用仲裁早有先例存在,这并不是一个新问题,其新颖之处在于授权利用调解和其他司法外的纠纷解决方法,而后这些方法也在巴西国内法律文化中得到传播与发展。①《调解法》的颁行对于巴西调解制度的发展而言,具有积极的意义,它改变了以往国会所持的"由于调解未得到法律的授权,故而不应当进行调解的观点"。

(三)《调解法》与《新民诉法》的解释与适用

调解是一个灵活的过程,因而《调解法》需要考虑到其固有的灵活性,而不是束缚调解的进行。为此,《调解法》对"司法调解"与"司法外调解"作了明确的区分。对前者予以严格管制,而对后者较为宽松。如果不能对二者进行有效的规范,那么业已出台的《调解法》将备受质疑。因此,调解法应在区分"司法调解"与"司法外调解"的基础上,明确二者适用的具体情形,包括适用范围、适用主体、适用时间等因素,防止过度干预,同时要求对"司法外调解"进行最低限度的规范,预防其滥用。虽然在《调解法》施行之前,司法外调解已经在个人与私人实体的纠纷中得到适用,但是仍需法律的规范调整。

《调解法》与 2015 年 3 月 16 日修订的《巴西新民事诉讼法》(以下简称《新民诉法》)相辅相成,形成合力,应当一并解释与适用。《新民诉法》规定,即使在向法院提起诉讼时,在被告提交答辩之前,也必须经过调解程序。根据案件的具体情况,一审法官可以将案件转介至调解机构,调解机构通知当事人、律师等人员参加调解。②《新民诉法》最重要的转变是,社会民众现今可以通过私人调解和调解机构在诉讼之外处理当事人之间的争议。私人调解可以是临

---

① Monica Mendonça Costa, *Brazil: The New Brazilian Mediation Law*, http://www.mondaq.com. 下载日期:2018 年 5 月 3 日。
② Teresa Arruda Alvim Wambier, Cassio Scarpinella Bueno, Civil Justice in Brazil, *Brics Law Journal*, 2016, Vol. 3, No. 4.

时的或机构的。临时调解由当事方和调解员自己管理,没有调解机构的支持与参与,是一种非正式的调解模式。机构调解则是由正规调解机构主持,有着严格且正规调解程序的正式调解模式,它们通常有自己的调解规则、调解员行为准则、调解员名单,以及其他可以被当事人完全或部分采纳的参数。在具体操作方面,既可以采用面对面的调解方式,也可以根据当事人的选择采用在线纠纷解决方式(Online Dispute Resolution,ODR)。

二、调解员制度

(一)调解员的资格

《调解法》和《新民诉法》对调解员的资格进行了规定。以往只有行政法规对调解员制度作了一些规定,但并未制定关于调解员资格的联邦法律。首先,两法对于司法外调解员的资格没有特别的要求,任何具有法律行为能力和当事人信任的人都可以担任司法外调解员,调解员不必是任何类型的实体或协会的成员。其次,对于司法调解员而言,根据《新民诉法》的要求,应当有严格的司法调解员认证制度,包括调解员与私人调解机构应当在联邦数据库正式登记注册。巴西设有专门的国家调解员登记注册数据库,记录与调解员表现有关的所有数据,如调解员参加的案件数量、各方当事人是否达成和解、涉及的主体类型,且每年应至少公布一次。另根据《新民诉法》第167条第1款的规定,调解员必须符合最低课程数量要求,参加并完成由官方认可机构开设的课程。《调解法》第11条也要求司法调解员应当至少受过两年的大学教育。

地方管理机关可以提出更具体的要求。例如,根据《里约热内卢调解规则》第2条的规定,调解员不能有犯罪行为。《调解法》和《新民诉法》还确立了一些调解员资格的原则性规定,如调解员的公正性和独立性、当事人的正当性、调解的口头性、非正式性、当事人的自由意愿、调解的保密性,以及诚实信用原则和保障当事人的知情权。

(二)调解员的培训与认证

调解制度要想取得成功,不应低估管理和推广的作用,应将其作为一项实质性的工作看待,注重调解员的培训与认证。其中一个关键的问题即调解员的培训和认证标准,如果调解要在现代司法系统内发挥作用,那么提供服务的人(调解员)的素质和能力至关重要。虽然巴西法律对司法调解员规定了严格的标准,但是对于司法外调解员没有任何类似的规定。在许多情况下,这是一个矛盾体:一方面,自《调解法》生效时起,虽然立法并未规定对司法外调解员进行专门培训,但是它又允许具有不同专业背景的人在类似的多样性争议中充当中立的第三方,且同时加强了对司法调解员与司法外调解员的培训。另一方面,它对地方调解协会负责,促进司法外调解员培训和质量的提高。

较之于司法外调解员,国家司法委员会对司法调解员的专业能力有更为具体的规定,其中包括角色扮演练习和监督实习的培训课程。地方法院可以规定调解员需要完成的课程和要求方面的具体规则,以便人们能够对如何获取司法调解员的正式资格有一定的了解。[①]《新民诉法》第 167 条第 2 款规定,正式登记可以在公职人员考试之前或之后进行。如果法院选择建立自己的调解员名单,那么该名单应当接受公共服务审查。在接受继续教育方面,国家司法委员会 2010 年第 125 号决议要求司法调解员和参与纠纷解决的任何其他专家必须接受终身的经常性培训计划和公共评估。2016 年 3 月,国家司法委员会 2010 年第 125 号决议修订,该决议确立了关于处理本国利益纠纷的适当方式的国家司法政策,这项修正案允许部分学校和培训机构对司法调解员进行培训与认证。

(三)调解员的身份要求

巴西国家共同监督委员会指出,司法调解最好在调解员和法官的协助下进行,他们有责任在任何时候促进当事人达成协议。根据国家司法委员会的要求,法官、律师、公设辩护人和检察官应在诉讼过程中鼓励调解,采用调解和其他友好型的纠纷解决机制化解纠纷。为了执行这一程序,地方法院应建立司法调解中心,负责举行调解会议和调解听证会,并制定旨在协助,指导和激励双方当事人达成调解协议的方案。

---

① Humberto Pinho, Michele Paumgartten, The Challenges of Court Mediation from the Brazilian Perspective, *International Journal of Procedural Law*, 2015, Vol. 5, No. 2.

调解业界内最具争议性的话题之一是,调解员在具备调解员身份后能否继续从事其他职业。其中律师在司法领域中能否扮演调解员角色的问题争议最大。有人认为,在司法调解计划中工作的司法调解员(包括律师)不得再以其原有的身份行事。多数人主张不应有此种倾向,他们认为,这将使很多律师置于调解之外,律师中的大多数人不会真的愿意"抛弃"他们已经建立的事业,进入全新的未知领域。

由于调解员来自各行各业,具有不同的职业背景,无论其职业背景如何,他们都可能与商会、公司和个人保持某种关系。在这种情况下,对律师进行予以区别对待是非常不公平的。在调解之前,调解员(律师和非律师)应当向双方当事人披露其个人信息及背景等情况,确保及时充分披露所有的相关事实,以便当事人决定是否继续选择其担任调解员。事实上,对这一争议的看法可从调解行业本身的基本性质——调解员的公正性出发,公平公正是调解的基石。无论调解员来自何种职业,其都应当始终秉持独立、中立之立场,以独立、中立、公正之方式行事,以公平、优质和尊重的态度对待所有当事人,避免任何偏袒或偏见,确保调解的公正性。[①]

三、调解制度的主要内容

《调解法》对调解制度的适用作了较为细致的规定,并使其成为大多数诉讼早期阶段的一种选择。它还正式授权法官可在当事人双方愿意进行调解的情况下中止诉讼程序。除了少数例外情形,这一新的公共政策可以适用于所有可以协商的纠纷。巴西希望通过扩大调解制度的适用,减轻法院的诉讼压力,使其发展成为与仲裁同一等级的替代性纠纷解决机制。同时,考虑到调解在巴西尚属较为新型的纠纷解决模式,所以官方也强调为那些不熟悉调解的各方当事人提供更为细致的保障。

---

① Andrea Maia, *Lawyers as Mediators in Brazil—To Be or Not to Be*,http://mediationblog.kluwerarbitration.com,下载日期:2018年5月1日。

(一)适用调解的领域

调解适用的争议范围也有所扩大,不仅包括涉及可自由转让权利的事项(这些事项可以根据巴西《仲裁法》进行仲裁),而且还包括可以谈判、协商但不能仲裁的某些事项,如环境权和家庭权。[①] 根据《调解法》第3条的规定,任何与一次性权利有关的争议或不可剥夺权利的争议都可能进行调解。具体表现如下:(1)家庭纠纷和消费纠纷,并越来越多地用于商业纠纷。(2)涉及公共问题的争议。《调解法》和《新民诉法》均对此作出具体的规定,明确允许以调解的方式解决涉及公共行政机构或实体的纠纷,包括集体调解与公共服务有关的纠纷。(3)劳资纠纷。在《调解法》颁布之前,劳动争议一般不得调解,此类案件主要是由巴西劳工法庭解决,但目前延迟审理的案件已达数百万件。《调解法》对此有所突破,规定劳动争议亦可调解。可以认为,2016年是巴西调解制度发展的一个重要节点,其提出在劳资问题争议中适用调解。同年9月,巴西最高劳工司法委员会发布了一项决议,规定在涉及劳工纠纷的案件中适用调解。这项决议具有开创性,但在巴西的不健全市场环境下,在涉及劳资关系的纠纷中使用调解依然存在很多不信任的情况。(4)知识产权纠纷。2013年,巴西国家知识产权局制定了具体的调解规定,并设立了知识产权纠纷调解中心。近年来,调解也有向破产领域发展的趋势。

(二)调解程序中的强制性条款

《调解法》专门设立了有关调解程序的章节,该法的其他部分也有一些诉讼程序条款。除《调解法》外,《新民诉法》中还有一些关于调解程序的规定。一般而言,由当事人选择或接受的不具有决定权的公正的第三方必须开展调解程序,以协助或鼓励他们就争议达成协商一致的解决方案。对于部分特定情形,法律规定了与之对应的强制性规定。首先,当各方当事人解决涉及权利不可转让但容易通过和解解决的权利争议时,《调解法》第3条第2款规定,当事人必须将该争议提交司法确认,然后由国家检察官提出意见。此外,在司法

---

① Andrew Fiddy, *Rules, Regulations and Mediation in Brazil*, https://www.cedr.com,下载日期:2018年5月2日。

调解中,当事人必须由律师协助。关于司法外调解,考虑到《调解法》第 10 条的规定,当事人能否得到律师的协助很大程度上取决于其自身的意愿。①

需要强调的是,在司法程序中,原告和被告必须以参与调解的方式申明自己的利益。只有在调解阶段结束后,被告才能提出正式的辩解。在调解期间,如果司法或仲裁程序正在进行中,当事人应请求暂缓诉讼或仲裁,以便双方达成一致的争议解决方案。对于司法外调解,当事人须就调解条款达成一致,该条款应当规定第一次调解会议的日期和地点,选择调解员的标准以及当事人未参加第一次调解会议时适用的处罚措施。

(三)调解的程序要求

《新民诉法》第 166 条第 4 款规定,调解将根据当事人的自由意志进行,法院与当事人可在法律规定的范围内对程序规程予以灵活调整。《调解法》也有一节涉及程序性要求的一般规定,如调解的启动程序。对于司法调解外,《调解法》第 21 条规定,有意开始调解的一方必须向另一方发出正式的邀请。该邀请必须说明调解的范围以及第一次调解会议的日期和地点。如果对方当事人在 30 日内未回复此邀请,则视为拒绝。对于司法调解,当事人必须在记录中首先表明其调解的利益。此后,根据《新民诉法》第 334 条的规定,法官将安排调解并举行调解听证会。只有当双方不能达成和解时,被告才能提出正式的辩论意见。当事人可以选择通过调解机构发布的规章来规范程序的运行。针对可能出现的没有充分说明适用的准则或规定的情况,《调解法》规定了一些规则。例如,第 22 条第 2 款规定,对收到调解邀请但不参加第一次调解会议的当事人应予以处罚。

《新民诉法》第 166 条第 4 款规定,当事方的自由意志将决定调解及其程序。《调解法》第三章专门规定了与调解程序有关的重要规则。譬如,关于调解程序的完成时限就存在着不确定性,由于调解程序是由各方当事人自己来定义的,这将直接决定程序的时间框架。对于司法调解,《新民诉法》规定,只要不超过第一次调解会议两个月就可以举行多次调解会议。当事人可通过其

---

① Carlos Roberto Siqueira Castro, *Mediation in Brazil*, https://gettingthedealthrough. com,下载日期:2018 年 4 月 28 日。

律师得到会议日期的通知。只有当双方明确表示对纠纷的友好解决方案缺乏兴趣或者解决方案不适用时,才会举行调解听证会。在各方存在激烈争议的情况下,各方必须声明对调解没有兴趣。在调解会议中,当事人也可以选择授权律师代理谈判。《调解法》第 20 条规定,如果双方能够达成一致同意的解决方案,则调解协议将由法官书面确认,并作出最终裁决。调解最终将以书面文件结束,表明双方已达成协议,得到法官确认的调解协议将成为正式的司法执行文书。

(四)参与调解的义务

《新民诉法》第 334 条规定,如果当事人享有正当的诉讼权利,法官则必须在诉讼中以强制调解或调解听证作为初始行为,其在诉讼中的第一项行为是安排调解会议或举行调解听证会,当事人必须参加。只有当双方当事人宣布他们没有解决利益冲突时,法官才会解散调解会议或调解听证会。任何一方当事人无正当理由缺席听证会将被视为损害司法尊严,未参加的当事人必须支付相当于最高值 2% 的罚金。但是,《调解法》也明确规定,任何人都没有义务将案件一直停留在调解程序中。应该指出,在司法调解中,律师必须协助当事人。根据《调解法》第 26 条和《新民诉法》第 334 条第 9 款的规定,在司法调解中,当事人必须由律师协助。根据《调解法》第 10 条的规定,司法外调解不要求律师参与。法律没有规定专家和证人的参与规则。虽然法律没有禁止专家与证人参与到调解中,但是在巴西专家和证人参与调解并不常见。[①]

(五)调解的费用

在私人调解程序中,双方将确定由谁负责支付费用,或者双方是否将分摊费用;后者是最常见的规定。对于司法调解,《调解法》第 13 条规定,法院规定调解员的报酬由参与调解的各方当事人承担。《新民诉法》第 169 条第 1 款规定,调解可以作为一项自愿工作来进行;第 2 款规定,法院将确定私人调解和调解商会必须承担的无报酬听讯比例,以便使调解程序更为正规。法院将根

---

① Fernando Vieira Luiz, Designing a Court-Annexed Mediation Program for Civil Cases in Brazil: Challenges and Opportunities, *Dispute Resolution Law Journal*. 2015, Vol. 15, No. 1.

据国家司法委员会的参数对调解员的报酬进行评估。根据《调解法》第 4 条第 2 款之规定,如果一方当事人能够证明其不具备支付调解费用的能力,那么将免除其承担的调解费用。《调解法》第 26 条还规定,如果一方当事人能够证明没有足够的经济能力负担律师费用,公共辩护人将免费为其提供法律援助。

(六)合同中的调解条款

《调解法》鼓励当事人在合同中约定调解条款。这意味着他们可以事先约定在启动司法或仲裁程序之前,通过调解解决未来可能产生的争议。该法赋予合同中约定的调解条款以法律约束力,因此,对于合同中已有约定调解的案件来说,调解将成为强制性的纠纷解决手段。但是,调解的基础依然是当事人之间的合意,这一点是无论如何也不能违背的。由于任何一方参与调解都被认为是自愿作出的决定,因此当事人仅有义务参加第一次调解会议,届时调解员将向当事人解释调解过程并阐明与调解过程相关的问题或疑虑。当事人可以选择自愿签署协议,进行调解或选择采取其他的行动。关于调解条款的要求,《调解法》第 22 条规定,调解条款必须至少包含第一次调解会议发生的日期和地点的规定,选择调解员和当事人不参加第一次会议时适用的处罚。当事人可以选择使用调解机构发布的规章来管理调解程序的进程。

根据《新民诉法》的规定,当事人若在合同中约定了调解条款,调解即具有强制性,这一点与调解法相一致,除非案件本就属于不可以通过调解解决的事项。在合同中载明发生争议时通过调解的方式解决纠纷是一个明智的策略,可以确保各方在最终纠纷解决之时获得更为专业的法律知识和技术知识的协助。通过调解达成一致解决方案的成本往往远低于追求正义发生的成本。调解取得的成果通常是积极的,且成本低,时间短。根据案件的复杂程度和当事人的数量,调解程序可以在几天、几周或几个月内完成,而且即使当事人没有达成协议,他们在调解过程中所做的准备工作也有利于法庭或仲裁程序的进行。

(七)调解与仲裁的衔接

在巴西,调解和仲裁之间没有强制性衔接。尽管如此,双方可能就争议解决条款达成一致,规定任何争议都将进行调解;如果双方没有达成协议,他们将选择仲裁。在这种情况下,根据《调解法》第 6 条①和《新民诉法》第 166 条第 2 款的规定,此后调解员不能担任同一纠纷的仲裁员或其担任调解员时处理的同一纠纷的证人。在上次调解聆讯后一年内,调解员不能协助、代表或捍卫任何一方原纠纷当事人的利益。法律没有规定调解员以后担任法官或调解员的可能性。在任何仲裁或诉讼中,当事人可以同意将争议提交调解。值得注意的是,巴西 1996 年《仲裁法》第 21 条第 4 款规定,在程序开始时,独任仲裁员或仲裁庭应当试图协调当事人。仲裁员和法官也可以在仲裁或诉讼期间向当事人提出调解的建议。根据《新民诉法》的规定,鼓励双方当事人在任何时候进行调解属于法官的职责之一,且纠纷最好是通过调解员来解决。《新民诉法》第 166 条第 3 款明确规定,调解员可合理使用谈判技巧,为当事人达成有利的解决方案提供便利。②

(八)保密和披露

《调解法》第 30 条规定,与调解程序有关的任何信息应当对当事人以外的第三人保密。除非经当事人的同意,否则调解员不能透露私人调解会议期间一方当事人公布的信息。法律禁止在任何仲裁或诉讼中披露调解程序中共享的信息。尽管如此,保密并不是绝对的。根据该法第 30 条的规定,如果法律要求披露,或者执行解决方案需要当事方通过调解达成,则应当披露相关的调解信息。保密性还存在另一个特殊例外,即涉及与犯罪有关的信息,必须通过刑事诉讼来处理。保密义务对调解员、当事人及其代理人,律师以及任何直接或间接参与调解程序的主体具有约束力。在调解程序启动之时,调解员应当告知当事人有保密的义务。《调解法》第 6 条规定,不允许调解员作为与其曾经作为调解员时处理的纠纷有关事实的证人。虽然当事人可以在调解条款中说明这些规定,但是法律并未对违反保密义务作出具体的处罚规定。如果

---

① 巴西《调解法》第 6 条规定,不允许调解员作为与其曾经为调解员处理的纠纷有关事实的证人。

② Juliana Loss de Andrade, *Brazilian Mediation—Ten Years In One*, http://mediationblog.kluwerarbitration.com,下载日期:2018 年 4 月 28 日。

一方当事人违反保密义务给对方造成损害,可能只需要承担相应的民事责任。①

(九)调解员的责任和制裁

法律没有规定调解员的责任和制裁。但2010年第125号决议和《新民诉法》第173条规定了调解员可能被排除在国家登记册之外的情况:一是在调解期间恶意或过错行事;二是违反保密规定。此外,在司法调解中,负责案件的法官或负责调解中心的法官可在核实调解员怠于履行职责后,通过合理决定,禁止调解员在180日内参与调解活动。

(十)在线纠纷解决(ODR)

《调解法》第46条规定,在双方当事人同意的情况下,允许通过互联网进行调解,或允许通过远程的其他沟通方式进行调解。《新民诉法》第334条第7款也规定了允许在线调解听证。2016年3月,巴西国家司法委员会启动了一个ODR平台,一些银行已经采用了这一服务。ODR方式是最为现代化的纠纷解决方法,可以有效避免与减少差旅费用和时间,给予当事人极大的便利。

(十一)纠纷管理系统

司法机关指出,应当确保在准备、认证、监督新调解员的过程中做到严格要求,创建有效的案件分类和管理系统,在僵化程序的司法体系中实现以客户为中心的调解实践。目前,巴西产生了一些值得注意的调解案例,例如涉及TAM航空公司的案件,该案件创建了一个特定的调解分庭以解决涉及TAM 3054航班事故的争议。该案例已成为巴西成功调解的先驱和杰出范例。此外,一些拥有密集消费业务的公司,如电信公司、银行和航空公司都设立了内部调解部门,处理消费者权益纠纷,该措施是巴西司法部于2014年发起的"国家战略无讼化"的一部分。银行和电信公司的纠纷在巴西法院占据很大的比例,银行在法院待决的所有诉讼中占38%,而电信公司占6%。为此,巴西司

---

① Carlos Roberto Siqueira Castro, *Mediation in Brazil*, https://gettingthedealthrough.com,下载日期:2018年4月28日。

法部鼓励企业建立内部调解部门,解决此类消费者权益纠纷。

四、调解制度的实践与展望

(一)全新的实践

调解是否会在巴西掀起波澜,还是仅为昙花一现,这是《调解法》制定之时就应当考虑的问题。[①] 首先,对巴西而言,近几年是充满挑战的时期,在经济领域,该国面临着极为严重的发展与转型危机,国家需要克服的挑战难以计数,而司法问题的严重程度甚至超越了经济问题。巴西司法系统拥挤不堪,每年有超过1.05亿件的诉讼案件进入法院。其次,近几年也是巴西ADR发展极不平凡的时期。随着《调解法》和《新民诉法》的施行,调解在巴西的影响力越来越大。在过去的3年中,仲裁案件的数量稳步增加,而调解尽管仍然处于初步探索的阶段,但巴西司法界与民众对调解的兴趣却在不断增长。最近几年也是巴西历史上仲裁和调解最繁忙的年份之一,在此期间,这两种机制在纠纷解决领域都取得了重大的成就。

由于有关当局对于《调解法》的实施缺乏有效的准备,负责执行法律的相关机构之间合作不力,以及迄今为止几乎没有关于《调解法》的广泛的公众宣传活动,从而造成在巴西27个联邦单位中,《调解法》的实施很不均衡。立法机关期待《调解法》的施行会改变人们对调解的认识,更倾向于在诉讼之前通过法院外调解的方式解决纠纷。一旦公众对调解采取此种态度,那就表明《调解法》已经在一定程度上发挥了作用,人们愿意以和平与对话的方式解决争议。

通过比较调解与仲裁的发展,我们发现其中一些推动因素似乎是仲裁所独有的,不适用于调解,而另一些可能与调解有相似或相同之处。因此,需要思考两个问题:(1)在调解的起步阶段,需要采取什么措施来推动调解,以便在

[①] Paul Eric Mason, *The Brazilian Mediation Wave—Will It Rise*? http://mediationblog.kluwerarbitration.com,下载日期:2018年5月9日。

法庭上和法庭外达到解决纠纷的目的。这方面可借鉴仲裁的发展模式,譬如,是什么因素使得仲裁在巴西取得了成功,并探寻其中是否有值得调解制度学习的经验。(2)观察其他具有相似文化背景的国家,如葡萄牙、阿根廷,分析调解在这两个国家发展的状况如何,调解是否已成为当地纠纷解决的有效手段。由于巴西的调解制度还处于起步阶段,因而不能将仲裁的模式、概念、规则简单地照搬到调解中来。一些ADR机构试图复制他们的仲裁规则来提供调解服务,由此导致调解制度丧失了本身的灵活性。幸运的是,这些偏差已经得到纠正,从而不再削弱调解灵活性的固有优势。

(二)未来的展望

无论《调解法》能否推动巴西诉讼文化的变革,它都是一个颇具争议的话题。毋庸置疑,法律的批准将加速法律体系内调解的制度化进程,迫使巴西的律师、法官、公设辩护人、国家公务员乃至广大公众了解这一过程。在一个人们习惯于法官为他们作出决定的国家,即将到来的变化必然相当深刻。随着《调解法》在巴西联邦制体系中的实施,不可避免地会遇到一系列政治、社会和文化方面的障碍。其中,对于州法院如何施行新法律缺乏明确的指示,公众的家长式倾向等,使得该法的施行面临相当巨大的挑战。展望巴西司法改革的历程,这一改革存在着重大的风险,调解可能无法实现其承诺和期望,其公信力与可信度面临严峻的考验。部分调解员和法官认为公信力与可信度的丧失将严重阻碍调解的制度化进程,他们担心调解正式进入纠纷解决系统之后会面临同样被质疑的命运。同时也应该意识到,对巴西法律体系中调解制度的改造将会使调解变成何种形态,是否符合立法初衷,能否实现立竿见影的纠纷解决效果,这些都是未来巴西调解实践面临的问题。

在过去的40多年中,调解已经在很多国家得到了广泛推广并取得成功的经验。可以预见,在不久的将来,调解在巴西的扩大适用将是一个必然的趋势。

第六章

葡萄牙调解制度

葡萄牙位于欧洲伊比利亚半岛的西南部。东、北连西班牙,西、南濒大西洋,人口逾1030.9万(2016年),国土面积92212平方公里,分为18个大区和2个自治区。① 作为一个现代化的"工业—农业"国,葡萄牙在欧洲处于中等发达水平。近年来,受"欧债"危机的不良影响,该国经济发展缺乏动力,失业人口增加,社会矛盾加剧。

20世纪70年代以来,多元化纠纷解决机制(ADR)在世界范围内蓬勃兴起,调解作为该机制的重要组成部分,也获得了迅猛的发展。受全球ADR发展趋势的影响,葡萄牙议会于2001年颁布《治安法院法》,建立了调解制度,并逐渐形成了一套以小额纠纷的调解为主,涉及劳动、家事、刑事等领域的调解制度。② 在2008年欧洲议会及欧盟理事会《关于民商事调解若干问题的2008/52/EC指令》(以下简称《调解指令》)的推动下,③葡萄牙立法机关于2013年4月通过《调解法》,全面规范调解制度,并对公共调解领域的机构设置、执法监督以及法律责任等问题作了规定。

---

① 中华人民共和国外交部:《葡萄牙国家概况》,http://www.fmprc.gov.cn,下载日期:2018年4月22日。
② 龙飞:《葡萄牙非诉讼纠纷解决机制及启示》,载《人民法院报》2011年8月26日第6版。
③ 该指令第12条要求欧盟各成员国在2011年5月21日之前遵照指令颁布必要的法律、规章和行政规定。参见《欧洲议会及欧盟理事会关于民商事调解若干问题的2008/52/EC指令》,陈洪杰译,载张卫平、齐树洁主编:《司法改革论评》(第八辑),厦门大学出版社2008年版。

一、葡萄牙调解制度概述

葡萄牙是一个共和制国家,在法律传统上属于大陆法系,其普通法院体系分为最高法院、上诉法院和基层法院三级,一般实行两审终审制。[①] 自2001年《治安法院法》施行以来,葡萄牙开始在全国组建治安法院(调解的主要机关)。西方传统的治安法院发源于英国。治安法官通常由当地有名望的人士兼任,以"熟人社会"为基础,主要负责纠纷的调解。[②] 与之相比较,葡萄牙治安法院似乎只是借用"治安法院"(Julgados de Paz)之名,实质上更接近于小额法院。每家治安法院由2名公开招考的职业法官和若干名职业调解员组成,负责对5000欧元以下的民事纠纷进行裁判和调解。

截至2015年12月,葡萄牙已设立25家治安法院,管辖约340万居民。治安法院的工作受议会咨询机构的监督,并公布月度、年度的数据和报告。

(一)调解制度的发展历程

2002年,司法部设立ADR办公室,从中央政府层面上对全国ADR工作进行统一管理。该办公室的具体职责包括:设置和完善调解制度以确保人们及时得到法律救济;建立、推广和普及调解、和解和仲裁等非诉讼纠纷解决机制并提供相应的支持;促进仲裁中心、治安法院和调解制度的建立,并为其提供支持。

2006年至2007年,立法机关以《治安法院法》中的调解制度为范本,构建了家事调解、劳动调解以及刑事调解的制度。

2009年,立法机关参照《调解指令》,修改了《民事诉讼法》《治安法院法》,并改革了治安法院的调解程序,如增订调解导致诉讼时效的中断、调解协议司法确认、调解保密义务以及在普通诉讼程序中适用调解等规定。

2013年4月19日,《调解法》颁布。该法主要规定了在该国领域内进行

[①] 纪敏:《葡萄牙法院概览》,http://www.chinacourt.org,下载日期:2015年4月15日。

[②] 周建华:《法国现代调解的发展:传承、借鉴与创新》,载《法学家》2015年第2期。

调解的基本法律原则,还对民商事调解、调解员监督管理以及公共调解系统的法律规范进行了梳理。

在葡萄牙,无论是治安法院调解、家事调解、劳动调解还是刑事调解都在不同程度上涉及国家机关。以治安法院和ADR办公室为主的国家机关掌握着调解的启动权以及监督、管理调解员的权力。葡萄牙学者将这类调解定义为公共调解(public mediation)。与之相对的是私人调解(private mediation),即由私人机构组织进行调解)。在2013年《调解法》的颁布之前,葡萄牙在相当长的一段时间内并没有法律规范对私人调解予以规制。

(二)调解制度的法律渊源

《治安法院法》第35条第1款规定:"调解是一种私人间的、非正式的、秘密的、自愿的并且具有非诉讼性质的纠纷解决程序。在调解程序中,当事人在调解员的协助下,通过积极、直接的参与,以协商、和解的方式解决纠纷。"

《调解法》第2条将调解定义为:"由私人或公共部门运作的,为两方或两方以上的当事人在调解员的协助下共同寻求纠纷解决的替代性纠纷解决方式。"

对比上述两种定义,我们可以发现立法机关已经确认,调解不仅可以由"公共部门"主导,也可以由"私人部门"运营,这意味着调解业务逐渐向市场开放。葡萄牙立法者对由私人部门提供调解服务的信任,开始借用市场的力量在全国范围内推广调解制度。这是《调解法》相较于《治安法院法》的一大进步。

在调解的过程中,调解员作为中立、独立并且公正的第三方,无权作出对当事人具有约束力的决定。根据《调解法》的规定,葡萄牙调解制度具有6大基本原则,即自愿原则、保密原则、平等中立原则、独立原则、权责统一原则以及可强制执行原则。

此外,在葡萄牙,调解(Mediação)与和解(Conciliação)是两个不同的概念,应当加以区分。它们的主要区别如下:(1)法律渊源不同。有关和解的规定见于《民事诉讼法》《破产法》等法律,而调解的相关规定主要见于《治安法院法》《调解法》。(2)启动的主体不同。和解可以由个人发起,而调解主要由公权力机关启动。(3)第三方的地位不同。在和解中,第三方通常可以提出更加积极的建议,甚至通常拥有裁决的权力。(4)制度的目的不同。和解以解决私人具体纠纷为目标,而调解则侧重于更进一步地缓和当事人之间的根本矛盾,使其在以后的交往中能够继续保持较好的关系。(5)性质不同。和解通常具有私人性和职业性,而调解具有公法性。

《治安法院法》的施行标志着葡萄牙首次建立了一套法院附设调解制度。[①] 根据该法的规定,当治安法院受理案件后,治安法官会询问当事人是否愿意参与调解。当事人同意的,调解将会直接在治安法院进行,由当事人选择的职业调解员主持。职业调解员经司法部许可,并被列入治安法院公布的调解员名单后,方可从事调解业务。《治安法院法》还规定了治安法院的组织架构、受案管辖以及纠纷解决程序,并将调解程序内嵌于其中。

2009年,立法机关根据《调解指令》的规定强化调解在普通法院中的适用。此后,纠纷可以在任何司法机关进行调解。与治安法院一样,普通法院的调解程序也应由职业调解员(而非法官)主持。

然而,由于有关调解的规定散见于葡萄牙法律体系的各部分,并未集中于某一部法律,导致调解的法律规范检索较为困难。碎片化的立法体例招致了一些批评。为解决这一立法问题,司法部将有关调解的所有法律法规在其官网上集中公布,并收入《法律汇编》之中。

法律规范碎片化的问题在2013年《调解法》施行后得到了彻底的解决。《调解法》对葡萄牙关于调解的法律规范予以梳理,对保密、自愿、可执行、独立、平等、中立等调解原则进行了细化规定,统一了调解程序、调解员管理以及公共调解等具体制度的法律规范,由此促进了调解制度的发展,也便于当事人利用调解解决纠纷。

(三)调解的基本样态

1.公共调解与私人调解

按组织调解的机构不同,调解可以分为公共调解和私人调解。除了《调解法》规定的调解基本原则和强制性规定外,各个私人调解机构可以自行制定调解规则。此外,不论是私人调解还是公共调解,所有的调解员都应遵守《调解

[①] Ferreira Jamie O. Cardona, *Mediation and the Importance of Portuguese Peace Judges*, http://www.ssrn.com,下载日期:2018年4月19日。

法》对其职责、任职资质、考核标准的规定。

公共调解覆盖面与私人调解相同,可以处理所有类型的调解。2013年《调解法》的主要目的之一就是梳理、统一关于公共调解制度的法律规范。该法第5章对公共调解的机构、调解员、收费和监督等事项作了规定。

公共调解机构由公共部门运营,负责监督和管理公共调解体系,通过信息技术手段监控调解过程、收集调解数据,用于科学研究。有关公共调解的投诉也由公共调解机构处理。公共调解机构收集的关于调解的信息均应当公开,任何人均有权通过电话、电子邮件等方式获取。

在公共调解机构进行监督的过程中,部门负责人在听取调解员的申辩后,可以依照相关法律对有过错的调解员予以处罚。

2. 调解模式

一般而言,调解制度主要可以分为以下三种模式:(1)立案前法官调解。在法院受理案件前,由立案法官对案件进行积极调解,避免纠纷进入法院。(2)委托调解。法院在立案时将案件委托给法院外的社会组织的调解模式,治安法院调解便是此种类型。(3)社会调解。这是指社会力量在法院受理案件前,主动参与对纠纷的调处。① 葡萄牙采用的调解模式即社会调解,当事人可以根据其意愿,在职业调解员的主持下,采用调解方式解决纠纷。

2009年之前,调解制度仅在小额诉讼中适用,治安法院法官应当在正式诉讼开始前询问当事人是否愿意进行调解。2009年,依照《调解指令》修改的《民事诉讼法》扩大了调解的适用范围,使调解可以适用于普通诉讼的各个阶段以及未进入诉讼程序的纠纷,且不再受5000欧元诉讼案件标的额的限制。因此,在所有的民商事纠纷中,当事人都可以在起诉前选择采用调解方式解决纠纷。

值得注意的是,在葡萄牙,调解并非强制的诉讼前置程序,当事人可以随时选择终结调解程序,调解员在认为调解无法达成有效结果时也可结束调解程序。

3. 协议调解

《调解法》填补了《治安法院法》关于调解协议的规范空白,规定当事人可

---

① 唐力、毋爱斌:《法院附设调解的实践与模式选择》,载《学海》2012年第4期。

以通过合同条款或者专门的协议约定"与合同相关的或者由合同产生的一切纠纷"均通过调解予以解决。调解协议须是书面形式,所谓"书面形式"可以是合同条款,也可以是书信、电文等。

(四)调解的激励机制

葡萄牙的法律并未规定强制调解制度,调解激励主要是通过降低诉讼费用的方式实现的。[①] 例如,在治安法院调解中,当事人将纠纷提交治安法院后,各方当事人须预先缴纳35欧元的案件受理费,若通过判决解决纠纷,败诉方将承担所有费用。如果双方通过调解解决纠纷,治安法院将向双方各返还10欧元。纠纷当事人无须为调解另外支付费用,调解员的报酬由财政部负责。调解员的报酬与调解时长和案件标的额无关,实行计件薪酬制。若调解成功,财政部将支付调解员110欧元;反之,为90欧元。每次调解准备会议的报酬为25欧元。此外,调解员的差旅费也可以由司法部报销。

上述规定存在以下问题:一旦遇到复杂冗长的调解,这种固定的收费方式会导致调解员怠于履行职责,造成调解效率低下或结果不公平;但若改成以小时或以会议次数计费,则可能会变相鼓励调解员故意拖延时间,导致纠纷久调不解。此外,现行制度还可能会诱使调解员为了获取更多的报酬而刻意追求和解,导致调解员权力的滥用。因此,有人建议采用调解员固定月薪制,大概是基于成本的考虑,这项建议最终被立法机关否决。

二、调解员制度

调解员通过调解使当事人双方达成和解,恢复社会的安宁,维护社会的稳定。由于调解的自愿性和保密性,调解员应遵守一些特定的义务。此外,根据《治安法院法》第51条第2款的规定,只有当申请人完成一些由葡萄牙司法部认证的课程,并且被列入治安法院公布的调解员名单时,才有资格进

[①] 齐树洁:《葡萄牙调解制度》,载《人民调解》2018年第1期。

行调解工作。[1]

(一)调解员的选任标准

在葡萄牙,只有列入治安法院名单的调解员才能够主持调解、获得报酬。该名单由司法部修订,并在《法律日报》公布。获得了行政许可的调解员才能够进入该名单,而进入该名单并不意味着其能够获得报酬,只有被选任或者指派主持调解的调解员才能够获得司法部支付的报酬。此外,《治安法院法》第30条第2款规定,调解员不得以律师的身份代理所在治安法院审理的案件。

在治安法院担任调解员必须具备以下条件:年满25周岁;具有完全民事行为能力;有相关的大学学历;拥有司法部颁发的职业许可;无犯罪记录;葡萄牙语流利;居住在相关的治安法院管辖区域者优先。

法律对"相关的大学学历"并未作出明确的规定,但可以肯定的是,这一表述并非将调解员的学历限于法律专业。居住在治安法院管辖区域的申请者优先,是基于掌握地方性知识有利于纠纷成功调解的考量。上述标准均由职业资格申请委员会解释。

开办调解员培训课程需经过葡萄牙司法部的许可。相关课程包括至少40小时的一般性ADR培训和至少140小时的治安法院纠纷调解理论和实践的培训。申请人完成这些课程的时限为3个月至1年。葡萄牙最大的调解员培训机构为"葡萄牙调解员和仲裁员培训所"(IMAP),该机构提供价值1800欧元、"50小时+140小时"的课程。

(二)调解员的资格

调解员的许可由司法部调解员职业资格审查委员会负责。首先,ADR办公室在其网站上公布各治安法院所需调解员的数目,并接受许可申请。随后,调解员职业资格审查委员首先驳回不满足基本标准的申请,再用0~20分评判其余的申请人。这个过程中教育背景和地方性经验占较大权重,只有得分超过10分的申请者才有资格成为调解员。最后,所有满足条件的申请者将会按照分数的高低,依次分配到相应的治安法院空缺的岗位上,获得调解员的资

---

[1] Portuguese Directorate-General for Justice Policy, Mediation, http://www.dgpj.mj.pt,下载日期:2017年4月1日。

格。其余申请将被驳回。

调解员的名单确定之后,应在《法律日报》上公布。调解员必须于每年年末声明是否在下一年继续从事调解业务。未声明的,下一年将不再被列入调解员名单。此外,犯故意罪的调解员将丧失调解员资格。

(三)调解员的职责和义务

《治安法院法》第30条第2款规定,调解员必须中立、独立、忠诚、能干、尽责、勤业。《葡萄牙调解员行为规范》和《欧洲调解员行为规范》对调解员的义务作了细致的规范。调解员违反义务,对因故意或者重大过失所造成的损害负有责任,构成犯罪的,依法追究刑事责任。值得注意的是,葡萄牙法律并未规定调解员必须参加职业责任保险。

《调解法》对调解员的职责有较大篇幅的规定。该法第26条规定:调解员应当做到以下几点:(1)向当事人告知调解的性质、基本原则和程序;(2)不得强制当事人接受调解协议,不得对调解结果进行保证,应当采取负责任的态度,公开地与当事人进行合作;(3)在需要专家介入调解时,及时向当事人提出建议;(4)及时披露可能会影响独立性、公平性的信息;(5)遵守相关的法律、程序以及职业规范,不违背职业道德。

司法部部长任命了一个3人委员会,专门负责调解员的监管工作。该委员会负有以下职责:监管调解员的行为;保证调解员的独立性;监督调解员是否遵守法律和职业道德;提供关于规范治安法院调解的建议;研究并提出关于调解的最佳方案;对调解实践及其效果进行月度报告;查明有关调解员的犯罪问题;提交调解员名单的确定报告。

三、调解程序

(一)调解程序的基本原则

《调解法》第3条至第9条对调解的基本原则作了细致的规定,这些基本原则适用于所有在葡萄牙进行的任何性质的调解。在每个原则之后,《调解法》还规定了相应的配套制度。

1. 自愿原则

《调解法》规定,调解是一项完全自愿的程序,需在当事人完全了解调解程序并同意后,方可进行。在调解过程中,当事人一方或双方共同撤回调解申请,调解即告终结。此外,《调解法》还明确,拒绝或者中止调解不会构成侵权行为,也不会影响随后民事诉讼中的权利和义务。

2. 保密原则

保密原则要求除因"公共政策"(public policy)外,调解员应当对在调解程序中获得的信息保密。对于何谓"公共政策",《调解法》通过列举的方式予以说明:(1)在监护权调解中儿童的利益;(2)为保护人身(包括生理、心理)的健全;(3)为了保护与前述同样重要的利益。

3. 平等、中立原则

在调解程序中,调解员必须平等地对待当事人。为此,调解员需要合理安排程序以保证当事人享有同等的权利、义务。此外,调解员不得与争议事项具有利益关涉。

4. 独立原则

调解员有义务根据职业需求,保护其独立的地位。调解员应在不受其自身利益、价值观以及外界影响的情况下独立履行职务。如果调解员的行为不符合技术或执业规范,需要承担相应的责任。

5. 效能原则

调解员在完成相应的训练后,尤其是须按照《调解法》第24条的规定完成司法部认证的相关培训,才能获得相应的调解资格。如果调解员违反包括《调解法》以及其他有关调解的规范,应对其造成的损失依法承担相关民事赔偿责任。

6. 可执行原则

调解达成的协议,如满足以下条件,无须经过司法确认便可获得强制执行效力:(1)争议事项属于法律规定的无须司法确认事项;(2)当事人有权同意调解;(3)通过调解获得的结果是在法律上可以预见的;(4)经过调解达成的协议之内容不违反公共政策;(5)由经过司法部确认的调解员主持调解(不适用于公共调解)。

(二)调解的启动

在葡萄牙,调解完全是一个自愿的过程,当事人拒绝调解并不会带来消极的影响。《调解指令》要求在普通法院中推广调解,并提出通过降低诉讼费用以鼓励调解。《调解法》第16条规定,调解须在得到当事人书面同意的情况下才能开始。当事人的书面同意须包含以下内容:(1)当事人的身份信息;(2)调解员以及调解机构的身份信息和住所地;(3)当事人同意调解的意思表示;(4)当事人和调解员对保密条款的承诺;(5)纠纷的概述;(6)适用调解规则、调解程序的时间安排以及签署该书面同意的日期;(7)有关调解费用的约定(限于私人调解)。

调解开始前,根据《民事诉讼法》和《调解法》的规定,调解员或当事人有权提议举行调解准备会议。调解准备会议由职业调解员主持,通过会议的召开,向当事人提供关于调解程序的相关信息。法律规定主持准备会议的调解员不得参加后续的调解活动。这一规定旨在排除当事人在准备会议中对调解员的影响,但却存在一个明显的弊端:后续的选任或指派的调解员须从头开始熟悉案件。若不能立即确定第二位调解员,则可能打破准备会议和正式调解之间的连贯性,降低调解的效率。在实践中,这一规定已沦为具文,但《调解法》仍然未做相应的修改。

由于相关的法律并未规定调解和被告人答辩期间的关系,调解员是否可以在答辩期间届满前开展调解活动尚且存在争议。如果在答辩期间届满前开始调解程序,那么可能导致当事人通过调解获得一些额外的信息,从而在接下来的诉讼程序中占据优势。如果须待答辩期间届满后方能进行调解,那么不仅会导致调解效率降低,还可能使当事人关系进一步恶化,不利于纠纷的妥善解决。从葡萄牙的法律规定来看,立法者倾向于保障调解的效率,即调解程序和诉讼程序可以同时进行,答辩期间不会因调解而中断或延长。据此,当事人即使有意愿参与调解,被告也应当在相应期间内提交答辩状,否则若调解失败,则可能导致被告因在答辩期间内未及时提交答辩状而处于不利的诉讼地位。

(三)调解员的选任

根据《调解指令》的要求,当事人有权自行选任一名或多名调解员。《治安法院法》中,对调解员的选任有更加细致的规定。在小额案件中,当事人对调解员的选任未能达成一致的,由治安法院秘书处指派。针对案情复杂或者当事人人数众多的案件,法律允许多名调解员参与同一个案件(共同调解),但只有被选任或指派的那一位调解员可以获得报酬。

此外,与案件有利益关系,可能影响公平性、独立性原则的调解员,应自行申报利益关系,主动提出回避。

(四)正式调解程序

在调解会议中,当事人可以邀请律师、专家或其他人员予以协助,但当事人本人必须出席。法人的法定代表人有权在调解中作出弃权、确认对方的请求以及达成合意的意思表示,其法律后果由法人承担。

当事人可以在任何阶段撤回调解申请。当出现了可能影响其独立性、公正性的情况,调解员也可以中止调解并请求更换调解员。

除了上述一般规定外,对一些特殊领域的调解还有专门的规定。例如,在治安法院中,为了达成纠纷的和解,经当事人同意,调解员可以采用"背对背"调解模式,即举行只有一方当事人参与的单独调解会议。

在正式的程序中,调解可能会因以下原因中止:(1)达成协议;(2)一方撤回调解意愿;(3)调解员认为调解程序应当终止;(4)无法达成调解协议;(5)事前约定的调解期限意见届满。

(五)调解对时效的影响

《调解法》延续《民事诉讼法》的规定,除将调解范围扩大到所有类型的民商事案件外,还规定了调解对诉讼时效的影响。

此前,不论是《治安法院法》还是《民法典》,都未对调解是否能够引起诉讼时效的中断进行规定。在以往的司法实践中,只有当事人的起诉行为,才会引起诉讼时效中断(suspend)的法律效果。2009年修改后的《民事诉讼法》填补了这一法律漏洞。该法第249条规定:"一方当事人拒绝调解的,或调解员宣布调解程序结束的,时效继续计算。"《调解法》则对调解中断时效的规定予以细化。该法第13条规定,调解员或者调解机构(在公共调解中)在开始调解时应当出具时效中断证明,写明:调解事项、调解当事人、调解开始的日期等信息。此外,《调解法》还规定,调解程序中止超过法定期限的,诉讼时效也会继续计算。

(六)调解的结果

1. 调解成功

在葡萄牙,一份协议约定或允诺给付金钱、交付货物或者作出某种行为的义务,经义务人签字确认,法律便直接赋予该协议执行力。因此,大多数协议(不论是否经过调解)无须经过司法机关确认,即可直接申请法院执行。然而,根据《治安法院法》第 65 条第 1 款的规定,当事人达成的协议必须以书面形式向治安法官申请确认。该规定实质上将调解的效力等同于法院的判决。《民事诉讼法》第 279 条第 5 款也对普通法院确认调解协议作了一般性的规定。

对于庭外达成的调解协议,根据《民事诉讼法》第 249 条的规定,当事人可以选择是否进行司法确认。虽然未经司法确认的调解协议同样具有执行力,但是仍有不少当事人请求法院进行司法确认,主要理由如下:(1)经过确认的协议可以等同于司法裁判,相较于私人协议更加容易被强制执行;(2)在其他欧盟国家也容易被强制执行;(3)通过法庭的确认,可以检验协议中适用法律是否正确。

《调解法》对调解达成协议的认可和执行的程序作了更加细致的规定。虽然法律并未强制当事人在达成通过调解达成的协议后向法院申请承认,但是当事人基于上述理由向法院申请承认通过调解达成的协议时,必须由双方当事人共同向司法机关提出申请,而司法机关也会从以下角度对通过调解达成的协议进行审查:当事人的自愿性;当事人是否诚实信用;是否违反法律强制性规定;是否违反公共政策;是否违反调解的基本原则。如果法院不予承认的,当事人可以在 10 日之内重新达成协议,提交法院申请承认。[1]

2. 调解失败

在治安法院的调解程序中,如果调解不成功,调解员应当及时告知法官。经法官决定,审判程序会在调解终结之日起 10 日以内开始。

在私人调解中,当事人和调解员均有权结束调解程序。调解程序结束的,诉讼时效继续计算。

---

[1] Esplugues, Carlos, and L. Marquis, *New Developments in Civil and Commercial Mediation*, Springer International Publishing, 2015, p.553.

此外,不论是成功的调解还是失败的调解,调解参与人都需要对调解内容承担保密义务。《民事诉讼法》第249条确认了调解保密原则,约束调解员和当事人。该条文规定,调解员不得以证人的身份参与后续的诉讼、仲裁程序。只有在"可能或者已经侵犯第三人利益以及违反公序良俗的情况下",在调解中获得的信息才能作为证据在庭上使用。

有学者对上述规定提出了批评,认为这一例外规定可能会被利用以逃避保密义务。因此,《调解法》对该例外规定进行了限缩,只有在违反"公共政策,尤其是儿童利益"或者"个人生理、心理健康"时,当事人才可以不受调解保密制度的拘束。

四、调解的专业化

葡萄牙法律对劳动调解、刑事调解、家事调解均作了相应的规定。这些法律部门虽然形式上是独立的,但是在调解方面均借鉴了《治安法院法》的有关规定,同时受《调解法》中关于调解基本原则的约束,内容高度相似。在劳动和家事领域,ADR办公室负责告知当事人调解的性质、指派调解员(若当事人未能就调解员的选任达成一致),支付调解员报酬以及对调解场所提出建议。在刑事领域,上述职责属于公诉人。在这些专业的领域中,当事人达成和解的,调解员将会获得120欧元的报酬;反之,报酬则为100欧元。每举行一次调解准备会议,调解员会获得20欧元的收入。在调解员的监管方面,《调解法》是针对国内所有调解员的法律,由此当然适用于专业领域的调解员。此外,各个领域的专业调解员还应当接受专门的调解培训。

(一)家事调解

家事调解是指基于根据身份伦理、血缘亲情、公益社会性等家事纠纷的特殊因素,在中立第三方的参与下,通过说服、斡旋、开导等方式使当事人达成合意,以自主、妥当地解决家事纠纷为目标的纠纷解决机制。①

家事调解最初仅适用于里斯本地区的监护权纠纷。2007年,其适用的地域范围进一步扩大,后逐步扩展至葡萄牙全国,且覆盖了包括监护、离婚、分居、分居伴侣的复合、赡养以及姓名权等家事法的所有领域。2008年通过的关于离婚的一部单行法对离婚案件调解的告知程序作了相应的规定,登记机关或者法庭在离婚程序的开始前,必须告知当事人有权进行调解。

(二)劳动调解

劳动调解是指"劳动争议的双方当事人在劳动纠纷处理机构的主持与斡旋下,依据事实、法律、法规、政策和道德规范,通过平等协商、互谅互让而达成协议,从而解决劳动争议的一种方式"②。2006年5月5日,葡萄牙工会、雇主协会以及司法部签订了劳动调解议定书(PML)。经过一年的试行期,该议定书已经在全国范围内施行。

劳动调解包括了除劳动事故以及基本人权之外的所有劳动法律问题。葡萄牙新设立了劳动咨询委员会,在其中所有签署议定书的成员均派有代表,由该委员会对劳动调解工作进行监督和建议。

(三)刑事调解

2005年,葡萄牙司法部开始着手研究在刑事诉讼中增设调解程序。在经过广泛的社会讨论之后,关于刑事程序调解的法律于2007年4月通过,2008年1月正式开始实施。③ 在两年试行期中,刑事调解程序运行良好。目前,试用地域范围已经扩大。刑事调解的法律定义如下:刑事调解是一个非正式程序,在中立第三方的主持下,被告人和被害人以法律谈判的形式达成赔偿协议。

调解适用于轻微伤害案件、告诉才处理的案件或者法律规定的其他自诉

---

① 林芳雅:《澳大利亚家事法院调解制度初探》,载齐树洁主编:《东南司法评论》(2013年卷),厦门大学出版社2013年版。

② 姜颖:《劳动争议调解仲裁法专题讲座——原理·制度·案例》,中国法制出版社2008年版,第96页。

③ 龙飞:《葡萄牙的刑事调解制度》,载《人民法院报》2011年7月29日第6版。

案件。除了上述限制外,刑事调解还排除了以下情形:可能处以 5 年有期徒刑以上的犯罪;性侵犯案件;贪污贿赂犯罪;被害人为 16 岁以下青少年的案件;适用简易程序的案件。

调解程序只能在初步侦查阶段通过公诉人的决定或当事人之间的协议而启动,但调解员均由公诉人指派。调解员会根据具体情况判断案件是否可能达成和解。若当事人缺乏调解的意愿,或者有其他阻碍的,调解员会将此情况告知公诉人,由公诉人决定重新开始刑事诉讼程序。刑事调解的期限为 3 个月。期限届满未达成协议的,调解员可以向公诉人提出延期申请,但延期不得超过 2 个月。在调解中,当事人可以聘请律师或者法律顾问协助,但仍须亲自出席。

刑事调解参与人应当对在调解过程中知悉的任何信息都予以保密,在任何诉讼中都不得将其作为证据使用。调解员亦不得参与任何与调解相关的庭审。然而,对于《民法典》第 249 条规定的保密原则的例外情况是否适用于此,[1]仍然存在争议。在刑事调解中,调解员常常会遇到可能有悖于公序良俗的情况,因此即使适用该例外,也应对"公序良俗"进行严格解释,否则可能导致保密原则名存实亡。若双方达成和解,当事人应签署协议,并交予公诉人。该文件经公诉人确认后,视为被害人的撤诉决定。加害人在约定时间内未履行相应义务的,受害人可以在履行期届满之日起 1 个月内请求公诉人继续进行诉讼程序。

葡萄牙法律对调解协议基本上没有作任何限制,仅规定了调解协议中不能约定侵犯人身自由、人格尊严的内容以及义务的履行期不得超过 6 个月。

五、简要的评析

在葡萄牙,每个案件的平均审理时间长达 29 个月,[2]民事司法制度已经

---

[1] 根据《民法典》第 249 条的规定,已经或者可能有悖于公序良俗的情况可以作为保密原则的例外。

[2] Daniela Pacheco, *The Portuguese Perspective of the Institutionalization of Mediation*, http://revistademediacion.com,下载日期:2018 年 4 月 11 日。

难以承受越来越大的案件压力。《调解法》就是在司法危机的背景下制定的。立法者希望通过扩大调解的适用范围、规范调解程序,建构起替代性纠纷解决机制,以缓解法院的负担。《调解法》通过对私人调解的开放,确立统一调解的原则,进一步规范葡萄牙境内的全部调解制度,以期充分发挥调解制度对传统诉讼的替代作用。然而,即便《调解法》开始对私人调解敞开大门,在葡萄牙的调解制度设计中,我们仍能看到立法、行政机关不愿意实现调解完全市场化的态度。例如,葡萄牙的调解体系中仍然设置了覆盖所有民商事纠纷的公共调解机制,并在调解员资格的认定以及各个专门领域调解中,把行政权置于举足轻重的地位。这些做法彰显了立法者对市场机制的不信任,可能最终影响调解制度的今后发展。

此外,从法律规范的层面来看,依照《调解指令》对国内法进行的整理和修改,被葡萄牙法律界视作一个进步。[1]《调解法》对在境内所有调解程序作了一揽子规范。但是,无论是《民事诉讼法》还是《调解法》,对于调解的制度设置都较为笼统,原则性规范较多,更多地体现立法宣示的性质。尤其对于具体调解程序的规范仍然不够细致,缺乏可操作性。

相关数据显示,葡萄牙调解制度发展迅速。以治安法院调解为例,在诉讼案件连续增长的情况下,治安法院所组织的调解的比例仍始终保持在25%左右。但与所有案件的数量相比,通过调解解决的案件只占非常小的比例。[2]由于司法界尚未认识到调解的价值,法官、律师等法律界人士大多也缺乏参与调解程序的经验。

今后如何进一步发掘调解程序的潜力,也是葡萄牙学者热烈讨论的议题之一。不少学者指出,治安法院可以作为推广调解制度的核心支点,在小额诉讼程序中推行调解方式,让法官、律师等法律界人士逐渐了解并乐于运用调解方式解决纠纷,以充分激发调解制度的潜力。

---

[1] J. Cardona Ferreira, *Overview of Judicial Mediation in the World*, L'Harmattan Press, 2010, p.44.

[2] 有数据显示,2012年通过调解解决的案件仅占葡萄牙总案件数量的0.24%。

外国调解制度

第七章

西班牙调解制度

西班牙是欧盟成员国之一,位于欧洲西南部伊比利亚半岛,面积50.6万平方公里,人口4654万人。全国分为17个自治区、50个省。司法系统的领导机构是司法总委员会,由20名成员组成,最高法院院长兼任主席。司法机构分为司法法院和行政法院两大系统。①

近年来,欧盟为推动ADR制度的发展,使之在"接近正义"运动中发挥更大的作用,先后发布了多个关于调解与和解的指令、文件,并在民商事和公共司法领域资助了多个ADR和调解项目。② 其中,欧洲议会及欧盟理事会于2008年5月颁布的《关于民商事调解若干问题的2008/52/EC指令》③(以下简称《调解指令》)对成员国调解制度的发展起到了助推器的作用,并将以"ADR"为特色的第三次"接近正义"浪潮推向了新的高度。根据《调解指令》的要求,西班牙于2012年制定了第一部全国性的《调解法》。随着《调解法》的颁布,西班牙首次将调解制度纳入全国性的立法体系。调解制度在西班牙形成了独具一格的特色,既具有良好的运行基础,又在许多方面顺应全球调解发展的潮流。《调解法》的正式施行实现了西班牙调解制度的规范化,并为其深度发展带来了契机。但该法在实践中也暴露出一些不足,有待今后的立法加以完善。

---

① 中华人民共和国外交部:《西班牙国家概况》,http://www.fmprc.gov.cn,下载日期:2018年4月22日。

② Laura Davis, *The EU and Advancing Justice issues in Mediation*, http://www.initiative for peace building.eu,下载日期:2018年4月26日。

③ 该指令的全文参见《欧洲议会及欧盟理事会关于民商事调解若干问题的2008/52/EC指令》,陈洪杰译,载张卫平、齐树洁主编:《司法改革论评》(第8辑),厦门大学出版社2008年版。

一、西班牙调解立法概述

(一)调解制度的立法过程

《调解指令》要求诸成员国(丹麦除外)于2011年5月21日前根据该指令进行民商事调解制度的立法,以推进调解在跨境民商事争议中的适用。为了避免欧盟的制裁,西班牙政府于2011年4月紧急启动立法程序,并在2012年3月颁布了5/2012号皇家法令。① 皇家法令是西班牙法律体系中一种特殊的立法形式,《宪法》第86条第2款的规定该法令只需获得众议院的通过即可生效。显然,西班牙政府采取皇家法令的方式进行立法,旨在通过简化立法程序,快速通过调解法,以规避欧盟的制裁。然而,2012年3月,就在众议院即将通过该皇家法令之际,西班牙国会根据《宪法》第86条第3款的规定,决定对5/2012号皇家法令进行重新审议,并提交议会修改。这一立法程序于2012年6月28日正式完成。2012年7月,该法律文本经西班牙官方公报发布,成为现行的西班牙《调解法》。

《调解法》是西班牙第一部全国性的调解立法。在此之前,关于调解制度的规定多散见于各地区的家事及民商事立法之中。《调解法》不仅吸纳了《调解指令》所要求的跨境民商事调解规则,而且对西班牙国内民商事调解制度作了详尽的规定。它的颁行基本上满足了民商事调解实践的需求,推动了调解在民商事争议中的适用。

(二)特殊领域的调解立法

1. 小额纠纷

实践中普遍存在的小额案件具有数量众多、争议标的额小、容易协商解决且绝大多数当事人都有履行能力等特点。有鉴于此,20世纪以来,世界上的

---

① 西班牙最终未能在2011年5月21日之前完成调解立法。欧洲理事会向包括西班牙在内的9个未按规定期限完成调解立法的成员国寄发了正式通知函(Letters of Formal Notice)以示警告,并要求这些成员国在2个月之内作出回应。

许多国家如美国、英国、日本、韩国纷纷设立简易化的、快速解决小额纠纷的诉讼程序,用来解决当事人之间的小额纠纷。① 西班牙《调解法》创造性地为小额纠纷开设了简易调解程序,并且完美地融入了"在线调解"(Online Mediation)的适用,具有首创意义。根据《调解法》第24条第1款的规定,对于争议标的额小于600欧元的小额纠纷,当事人可以在具备客观物质条件时通过视频会议等电子媒介进行在线调解,该类小额纠纷的调解期限应当控制在1个月以内。《调解法》原则上要求当事人亲自参加调解,但也允许当事人在某些情形下通过视频会议等电子媒介参与调解过程。这种被研究者称为"虚拟个人调解"(Virtual Personal Mediation)的新颖调解方式,在节约成本,提高效率,实现不同语言、时区人员的同步交流方面,具有卓越的优势。研究者认为,《调解法》涉及小额纠纷的特别规定,着眼于社会实践中数量庞大的小额纠纷的解决,提高了解决争议的效率、节约了调解资源,有利于推进小额案件当事人"接近正义"。②

2. 消费纠纷

消费纠纷的典型特征在于,与纠纷相关的经济价值和司法解决的成本之间比例失衡。显然,消费纠纷在争议当事人之间自行解决或通过法庭外程序解决,符合所有争议当事人的利益。③ 早在1998年,欧盟就发布了《关于消费纠纷的庭外解决责任机构之建议》,希望构建一套简便有效的消费纠纷庭外解决程序。《调解指令》明确规定调解适用于消费纠纷。欧盟理事会正在酝酿中的关于消费纠纷中适用诉讼外纠纷解决机制的重要立法提案,④也说明了对于在消费纠纷中适用调解已成为共识。然而,2012年《调解法》却将消费纠纷排除在适用范围之外,《消费者法》也没有关于调解的规定。这一立法现状与消费纠纷广泛适用调解的实践情况极不协调。西班牙全国消费者协会2007

---

① 马强:《美国小额法庭制度与借鉴》,载《比较法研究》2011年第5期。

② Pablo Cortés, *Does the Proposed European Procedure Enhance the Resolution of Small Claims?* http://www.ssrn.com,下载日期:2018年4月26日。

③ 刘益灯:《欧盟消费者保护法的最新发展及其启示》,载《政治与法律》2009年第5期。

④ Proposal for a Directive of the European Parliament and of the Council, on Alternative Dispute Resolution for Consumer Disputes, http://www.eur-lex.europa.eu,下载日期:2018年4月23日。

年度公报显示,20.64%的消费者诉求最终通过调解解决,该数据表明调解在消费纠纷的解决中扮演了重要的角色。因此,研究者从如下西班牙其他相关法律规范中为消费纠纷适用调解寻找依据:首先,《宪法》第 51 条规定,各国家机关有义务采取有效措施保障消费者的安全、健康及其他合法权益。其次,规范消费争议仲裁机制的 231/2008 号皇家法令将调解作为仲裁的前置程序。该法规定,各消费争议仲裁委员会在对案件进行仲裁以前,须秉持等同于调解员的中立性和保密性原则对案件进行调解;调解将使为期 6 个月的仲裁时效中断。最后,除了全国性法律依据之外,各地区立法对调解在消费纠纷中的适用作了更细致的规定。

3. 劳动纠纷

在西班牙,调解一直都是解决劳动争议的常见方式。西班牙《社会管辖权法》(Law 36/2011,10th October)规定,劳动争议当事人在将案件付诸诉讼前,必须先行调解或和解;当事人一方无正当理由缺席调解或和解程序,须承担诉讼费用;调解协议无须经法庭确认即可获得强制执行力。上述规定将劳动争议调解或和解作为诉讼的前置程序,使它具有了强制属性。虽然《调解法》没有将劳动争议案件纳入其适用范围,但是劳动争议调解制度已经相当成熟。针对个人劳动争议,西班牙早在其民主制的发轫之时就已建立起全国性调解、仲裁与和解机构。随着纠纷解决权的逐渐下放,大部分地区设立了调解服务机构,以分担越来越多的调解事务。针对集体劳动纠纷,案件的管辖机构根据案件的性质而有所差别。对于跨地区的集体劳动争议,主要由跨地区调解与仲裁服务组织(the Interconfederal Service of Mediation and Arbitration,以下简称 SIMA)受理。SIMA 诞生于一份由各大企业和工会组织在 1996 年签署的替代性纠纷解决协议,这份协议分别在 2001 年、2004 年、2009 年、2012 年进行了定期更新,以不断改进解决争议的诉讼外机制。根据 SIMA 发布的 2010 年跟踪报告,在该年度 216 件启动调解程序的案件中,56 件达成了调解协议,且其中的 89%获得了良好的履行,这使得共计 818991 名职工受益。对于地区内的集体劳动争议,调解工作主要由各地区内负有调解职责的机构承担。由于各地区立法上的差异,承担调解职责的机构也是多种多样的,比如马德里区的劳工组织、加泰罗尼亚区的劳工法庭等。

二、调解制度的主要内容

(一)调解的定义与属性

根据西班牙《调解法》和一系列地方立法中对调解的定义,调解是指发生争议的双方或多方当事人在调解员的介入下自愿达成协议的一种纠纷解决机制。其具有如下属性:(1)调解是一种相对于诉讼而言的替代性纠纷解决机制;(2)调解必须出于自愿;(3)调解必须在调解员的协助下进行;(4)调解力图使当事人避免卷入诉讼程序或者使已经进入诉讼程序的当事人摆脱讼累。[1]

值得一提的是,西班牙和绝大多数欧洲国家一样,对调解与和解并没有严格的区分。二者都表现为当事人自行达成协议,都可以在诉讼前或诉讼中启动,且最终达成的协议都需经过法院确认方可获得强制执行力,不同的是调解有中立第三人的介入。

(二)调解的类型

1. 当事人自主调解

当事人可以在争议发生之前以合同条款的形式约定将现有的或未来发生的争议交付调解解决。当事人以调解条款的形式,自主决定将争议提交调解是调解程序启动的常见模式。《调解法》规定,在当事人之间就纠纷的解决约定调解的情形下,当事人须依约先进行调解,在此之前不得启动诉讼程序;倘若当事人一方已经启动诉讼程序,另一方当事人应当及时向法院提交调解条款,使已开展的诉讼程序中断。根据该法的规定,当事人应当及时将调解条款提交法院,在普通程序中,须于答辩期限起算后的 10 日内提交;在简易程序

---

[1] Aura Esther Vilalta, The White Book of Mediatin in Catalonia, http://www.ssrn.com,下载日期:2018 年 4 月 24 日。

中,须于收到审讯传票后5日内提交。① 然而,研究者认为,这样的规定有违调解的自愿属性,而且会导致争议解决的迟延。在实践中多见当事人一方以提交调解条款或约定的方式来达到拖延诉讼的目的,因为根据西班牙法律的规定,这样的中断最长可达6个月。显然,西班牙立法者此举意在效仿仲裁制度中仲裁协议,但忽视了仲裁协议和调解条款或约定对于当事人全然不同的效力,因此难以取得预期的效果,甚至延误了纠纷的解决。

2. 法院转介调解

与其他欧盟成员国不同的是,西班牙没有推行法院强制调解制度。尽管如此,法院在诉讼程序的各个环节都积极地推动当事人选择调解。在通知当事人参加庭审时,法院会预先告知当事人,案件可以提交调解解决。进入审理程序之后,法院会根据案件的性质劝说当事人接受调解,或者待到程序性障碍消除、案件事实确定后,试图推动调解。在诉讼的任何阶段,只要当事人表现出调解的意愿,法院都应予以支持,并审查当事人及其代理人是否具有相应的法律能力自行解决纠纷。正是法院在推动调解方面表现出的近于"热衷"的态度,调解在许多时候被视为司法的衍生程序。

(三)调解的基本原则

1. 当事人自愿原则

《调解法》第6条第1款规定,调解必须是自愿的。当事人自愿原则是私法上的意思自治原则在纠纷解决领域的延伸。根据该原则,当事人自主决定是否进入或退出调解,何时开始或终止调解,是否达成调解协议;当事人之间可以约定将现在发生的或将来可能发生的争议交付调解解决。该法第6条2款规定,当事人在将争议付诸诉讼或仲裁等其他解决方式之前,应当首先善意地尝试调解。② 当然,法律没有阻碍当事人在尝试调解之后选择其他争议解决方法。如前所述,当事人自愿原则可能会诱使当事人一方以提交调解条款

---

① 西班牙的一般民事诉讼程序分为普通程序和简易程序,前者适用于案情较为复杂或诉讼标的额超过6000欧元的案件,后者适用于案情较为简单或诉讼标的额小于6000欧元的案件。

② Dr. Carlos Esplugues Mota, A New General Legal Regime for Mediation in Spain: the Royal-Decree-Law5/2012 of March 5th, 2012, http://www.ssrn.com,下载日期:2018年4月23日。

或约定的方式来达到拖延诉讼的目的。研究者认为该款规定因不具有积极效用而显得多余。

2. 调解员中立性原则

调解员中立性原则主要用来规范调解过程中调解员的行为。事实上,在有第三方介入的所有纠纷解决机制中,第三方的中立性原则可以说是这些形式各异的纠纷解决机制的"公分母"。① 在调解中,调解员只负责为当事人提供进行交流的场所或平台,帮助他们排除交流的障碍、更加理性地考虑问题。调解员应当给予各方同等的发言机会和被倾听的机会,帮助当事人恢复对他们自身的价值、力量和应对问题的能力和信心,同时帮助当事人认识和理解对方的境遇。至于是非对错、如何处理纠纷,需要当事人自己作出判断和决定。② 因此,按照通常的理解,调解员只起着帮助当事人的作用,一般不会提出关于纠纷的事实判断和价值判断,更不会为当事人提供任何实质性的解决方案,这也正是调解有别于诉讼和仲裁等其他纠纷解决机制的鲜明特点。

3. 保密原则

保密原则是基于建立当事人之间以及当事人与调解员之间信任关系的目的而产生的。对于调解这种由当事人自行达成协议以解决争议的纠纷解决机制来说,当事人之间以及当事人和调解员之间的信任关系至关重要。保密原则禁止调解员以及参与调解过程的人员在后续的诉讼或仲裁程序中,未经当事人明确许可且未有法院的强制命令,引证或提交与调解过程有关的资料或事实。《调解法》第9条第1款规定了保密原则。该原则的意义在于,避免在调解过程中获取的文件、资料等重要信息在随后可能启动的诉讼或仲裁程序中成为对当事人不利的证据。确保与调解相关的资料信息的保密性,有利于当事人各方成功达成协议,更快速而富有成效地解决纠纷。从这个角度来说,保密义务是一种消极的、避免与调解程序有关的各种事实和资料被泄露的义务。有鉴于此,参加调解程序的人员都负有保密义务。

---

① Dr. Fernando Garriga Ariho, Mediation in the Calatan Legal System: Special Reference to this Guiding Principles, *ILSA Journal of International & Comparative Law*, 2012—2013, Vol. 19, No. 3.

② 范登峰、李江:《从美国法院附设ADR调解制度探索中国法院调解的改革之路》,载《西南政法大学学报》2013年第5期。

(四)调解协议

当事人在调解员的协助下,就全部或部分争议事项达成合意后,应制作调解协议,从而将调解成果固定下来。根据《调解法》的规定,一份合法的调解协议须包含如下内容:当事人的身份、住址;协议签署的时间、地点;协议确认的当事人权利义务;协议的法律依据;调解员的指示;组织调解程序的调解机构;调解协议的效力。[①] 调解协议应由当事人签字,并在调解结束之日起 10 日内送交调解员签字。《调解法》没有赋予调解协议强制执行力,因此如果没有履行特定程序来获得强制力,一份调解协议就只具有合同的约束力。《调解指令》第 6 条要求成员国提供可以使调解协议获得强制执行力的法定途径,该途径既可以是由法院认可调解协议来使其获得强制执行力,也可以是通过某一有公信力的手段赋予其强制执行力。[②]《调解法》根据《调解指令》的要求,规定了如下两种途径来赋予调解协议强制执行力:(1)如果是在诉讼过程中提出调解,当事人可以请求法院许可调解协议,经过法院许可的调解协议便具有了法律赋予司法裁判文书的强制力。(2)如果调解发生在诉讼之外,当事人可以请求公证处对该调解协议予以公证。公证处在收到当事人递交的调解协议以及调解笔录副本后,详细审查该调解协议是否符合法律规定和公共政策的要求,对于符合规定及要求的调解协议予以公证。为了鼓励调解的适用,《调解法》规定公证处办理调解协议公证只收取最低一级的费用。无论采取了以上哪种方式,调解协议都可以获得等同于一般司法令状的强制执行力,但是两者在有权执行机构上有所差别。对于得到法院许可获得强制力的调解协议,须由许可该协议的法院强制执行;对于由公证处登记而获得强制力的调解协议,须由对协议签署地有管辖权的一审法院负责执行。

对于跨境民商事调解所达成的调解协议的执行,《调解法》规定,经国外有权机关许可获得强制执行力的调解协议,在西班牙国内具有同等效力;在国外未获得强制执行力的调解协议,须由当事人双方共同申请西班牙公证机构对

---

① Aura Esther Vilalta & Rosa Pkrez Martell, Overview of the New Normative on Mediation in Spain, *American Journal of Mediation*, 2012, Vol. 6.

② Jacqueline M. Nolan-Haleyf, Is Europe Headed Down the Primrose Path with Mandatory Mediation? *N.C. J. INT'LL. & COM. REG*, 2011—2012, Vol. 37.

该协议进行公证方能使协议获得强制执行力。此外,如果前述调解协议明显违背了西班牙的公共政策,将被拒绝执行。

(五)调解员

对于希望通过调解获得令人满意的纠纷解决方案的当事人来说,选择一位兼具能力和经验的调解员至关重要。调解员的素质是调解能否成功的关键因素,其在调解过程中扮演着重要的角色。调解员不是为争议提供解决方案的裁决者,而是仅为争议双方传递信息,促成协议达成的中立第三人。一名合格的调解员应引导调解程序的进行,使当事人各方充分地参与协商,最后达成符合双方意愿的协议。西班牙《调解法》参照《欧盟调解员行为守则》[①],根据《调解指令》的要求,对有关调解员的责任、义务及教育等方面作出如下规定:

1. 调解员的选任

根据《调解法》的规定,调解员可以由当事人一方选任或者根据双方合意确定。当事人既可以在有法定资格的调解员名单里选任,也可以通过选择由调解机构来指派调解员;既可以选择律师作为调解员,也可以选择其他人员;既可以选择公共调解机构的服务,也可以选择民间调解机构的服务。调解以一名调解员的参与为常态,如果争议事项较为复杂或者当事人共同要求,《调解法》也认可由多名调解员协同参与。在签署了调解服务协议后,当事人和调解员之间就形成了类似于律师和当事人之间的合同关系。如果调解员在调解过程中表现出偏见、非中立等情形,当事人可以随时解聘调解员。

2. 调解员的义务和责任

(1)注意义务

《调解法》明确规定了调解员在履行职责时应遵守的一系列注意义务,其中包括:①告知义务。调解开始后,调解员有义务向当事人阐明本次调解的特点、流程,帮助当事人了解调解协议的内容和效力。②沟通义务。调解员并不需要为当事人提供具体的解决方案,其主要作用在于帮助各方当事人沟通信息,增进理解,引导当事人进行充分协商。③保密义务。调解程序的所有参与

---

① European Code of Conduct For Mediators, http://www.ec.europa.eu,下载日期:2018年4月22日。

者对在调解过程中获知的资料信息都负有保密义务。调解员参与整个调解过程,可以接触到各方当事人的文件资料,应负有更重的保密义务。《调解法》规定,对于在调解过程中获取的各方当事人的资料文件,调解员负有保密义务,不能随意透露给他方当事人;调解结束后,调解员应将文件归还当事人;对于不能归还的应当记录在案,并至少保留4个月。

(2)忠实义务

中立而无偏见是调解员在履行职责时的基本要求。在调解程序中,调解员应当始终坚持扮演中间人的角色,起着增进沟通交流的桥梁纽带作用,促使当事人自行达成纠纷解决协议。调解员在心理上不能偏向于任何一方,因为调解员的偏好会影响调解结果的公正合理。因此,调解员在程序开始之时,应当告知当事人哪些状况有可能会使其产生偏见,当事人有权获知并选择是否接受该调解员的调解。为彰显调解员的中立性,《调解法》列举了如下3种可能影响调解员公正性的情形:①与当事人一方存在某种个人关系,比如合同上的或业务上的往来关系;②与调解结果存在直接或间接的利害关系;③调解员本人或与他同一机构的其他人员在除调解以外的其他场合中支持过其中一方或多方当事人。值得一提的是,《调解法》在规定调解终结的常见原因时,准许调解员在确认当事人各方的立场不可调和的情况下,决定终止调解。虽然这条规定符合《欧盟调解员行为守则》,但是研究者认为,此项规定不仅违背了调解员的忠实义务,而且不符合调解的当事人自愿原则,根据该原则,调解当事人有权自由决定开始或终止调解程序。

(3)赔偿责任

《调解法》明确规定,调解员违反诚信原则,故意或者过失造成当事人损失时,应承担民事责任。为确保调解员能够承担责任,《调解法》要求调解员须投保或提供足额担保。不过,对于强制投保的范围和比例,还有待进一步的立法规定。除此之外,在调解员对其过错承担首要责任的同时,调解机构也要承担相应的责任,调解机构可在承担责任之后向造成损失的调解员追偿。[①]

---

① Aura Esther Vilalta & Rosa Pkrez Martell, Overview of the New Normative on Mediation in Spain, *American Journal of Mediation*, 2012, Vol. 6.

3.调解员的资格

《调解法》对于调解员资格的规定比较笼统。最初的5/2012号皇家法令(只)仅仅规定了通过国家正式认可的机构开设的特定课程的人员可以获得调解员资格,但是不仅没有提及关于培养期限、费用及有培养资格的机构等重要信息,而且没有限定作为调解员所必需的基本学历背景。西班牙国会在审议修改该法的过程中显然发现了这些问题,并作了一些改进。新的规定要求调解员具有由国家正式认可的大学学历,或者具有卓越的专业背景。但是,国会的修改并没有完全弥补这一缺陷,关于调解员资格的规定过于笼统仍是《调解法》最薄弱的一环。在调解员资格的规定上,由于全国性立法的缺失且地方立法各异,各区之间无法互相认可调解员资格,本地区的调解员很难在其他地区执业。这就不可避免地影响到调解在跨地区纠纷中的适用,不利于调解制度在全国范围内发挥更大的作用。

除了符合基本的教育背景,调解员在调解工作中还须具备如下基本条件:具有完全民事行为能力;其从事的职业不能对调解产生法定限制等。但是,《调解法》没有规定确保调解员符合上述条件的实质性措施,例如违背基本条件时吊销调解员资格等处罚。

三、对调解立法与实践的评析

(一)《调解法》的立法评价

虽然在立法进度上较其他欧盟成员国迟缓,但是西班牙最终完成了根据《调解指令》在跨境民商事领域进行调解立法的任务,将调解制度纳入了全国性的法律体系。《调解法》对欧盟提出的如下基本要求都作了详尽规定:建立跨境自愿调解的程序;确保调解过程的保密性;不损害当事人在调解终结后重新选择诉讼或仲裁以解决争议的机会;有效解决纠纷以及提供使调解协议获得强制力的途径。《调解法》不仅完整地遵循《调解指令》的基本要求,而且将调解的适用范围扩展至国内的民商事纠纷,从而成为西班牙第一部全国性调解立法。研究者认为,《调解法》在以下几个方面的规定具有积极意义:关于调解的基本原则的明确规定;关于调解员须为调解提供担保的规定;对于调解过程的步骤不作固化的规定,从而赋予了当事人和调解员更多的自由;提供较为便捷、低廉的途径使调解协议获得强制力的规定;有关"在线调解"的创举性规定①等。

《调解法》实施以来,在总体上获得正面的评价的同时,其不足之处也受到了一些批评,首当其冲的就是有关调解员任职资格过于笼统模糊的规定。由于缺乏全国统一的调解员资格认证标准和调解员国家注册制度,一个地区的调解员很难在其他地区获得认可,由此阻碍了调解制度在跨地区纠纷解决中发挥更大的作用。尽管西班牙国会在修改、审议《调解法》时已经注意到这一问题并增补了规定,现有规定仍无法满足实践操作的要求,有待今后的立法对此作出更为细致的规定。

(二)调解制度的运行现状

调解制度虽然只是在近年才进入西班牙全国性的民商事立法规划,但是在实践中存在已久,而且在各类纠纷的解决中一直发挥着举足轻重的作用。由于缺乏全国性关于西班牙国内调解制度运行现状的官方数据,研究者只得从各地区研究机构的研究结论中寻找能体现这一命题的翔实数据。根据加泰罗尼亚地区发布的《2008年调解白皮书》的记载,研究者获得了包括家事法、刑法、消费者法、劳动法等多个部门法领域在内的调解实践数据。下文仅截取家事纠纷和消费纠纷两个领域的数据来说明调解制度在该地区的适用状况。在家事纠纷领域,2008年经由公共调解机构提供调解服务的案件达610件,其中60.8%的案件当事人达成了调解协议;经由民间调解机构提供服务的案件达568件,其中73%的案件当事人达成了调解协议。在消费纠纷领域,共有30755件进行调解的案件,其中半数纠纷以达成调解协议的方式予以解决。此外,马德里第73号初审法庭(the Court of First Instance No.73 of Madrid)于2010年实施的一个民事案件庭内调解试点项目(the Pilot Mediation Civil Intra-Court Project)结果也显示,在当事人双方均出席庭审的案件中,60%的案件当事人选择提交调解;进入调解程序的案件中有77%的案件以达成调解

---

① Carlos Esplugues & Louis Marquis, *New Developments in Civil and Commercial Mediation: Global Comparative Perspectives*, Springer, 2015, p.709.

协议的方式得到解决。①

(三)调解制度的社会接受度及原因

在众多的纠纷解决机制中,调解以效率高、周期短、费用低等优势,获得了西班牙社会的广泛接受。根据西班牙社会学研究中心 2011 年 2 月发布的数据显示,关于纠纷解决,57%的受访者宁愿承受一些损失也更倾向于自行达成协议;15%的受访者倾向于寻求第三方中立的仲裁方案;而只有 22%的人愿意诉诸法庭。② 这一数据与该机构随后发布的一项关于西班牙司法体制的调查结果互为映衬。在该调查中,调查者被问及如何看待西班牙现行司法体制的表现,37%的受访者认为西班牙的司法体制运行不良,29%的受访者认为表现一般,而仅有 18%的人认为表现良好。③ 这组数据从另一个角度说明了西班牙民众青睐诉讼外纠纷解决机制的原因。西班牙律师协会总理事会于 2011 年进行的一项关于西班牙社会法律职业现状的调查结果显示,关于一个律师最令人看重的品质,62%的受访者最看重律师与对方达成合理的协议解决纠纷的能力,而仅有 35%的受访者看重律师的庭审经验和在诉讼中争取利益最大化的能力。以上调查数据均显示,无论是基于对现行司法体制的不满,抑或是基于合理解决纠纷的需求,西班牙社会都已倾向于选择诉讼外纠纷解决机制,尤其是调解方式来解决纠纷。

为了探究西班牙社会在选择纠纷解决方式时更青睐调解而不是诉讼的原因,研究者基于欧洲 ADR 中心于 2010 年进行的一个研究项目的数据进行比较分析。④ 该项目以标的额合计达 20 万欧元的家庭纠纷案件为参数,将诉讼、调解和仲裁三种纠纷解决方式在费用、可靠性和耗时等方面进行对比。就诉讼和调解在耗时和费用两个方面而言,在平均耗时方面,经由诉讼方式解决

---

① 该项目旨在提高诉讼程序中的案件当事人选择调解的倾向。项目取得了良好的运行效果,在 2011 年获得了西班牙司法总理事会的奖励。

② Question 11 of Study No 2861, http://www.datos.cis.es,下载日期:2018 年 4 月 22 日。

③ Question 12 of Study No 2861, http://www.datos.cis.es,下载日期:2018 年 4 月 22 日。

④ 该研究项目由欧盟资助,涉及的地域范围囊括了西班牙在内的所有欧盟国家,其研究数据对于证明"西班牙社会更青睐调解的原因"的命题有较强的说服力。

纠纷平均耗时730日,而经由调解方式解决纠纷平均耗时74日;在平均费用方面,经由诉讼方式解决纠纷平均花费3万欧元,占案件标的额的15%;经由调解方式解决纠纷平均花费7667欧元,占争议标的额的3.8%。综合以上数据,在西班牙,调解程序在解决争议的速度上以10倍的比率快于诉讼程序,并且相比较于诉讼程序节约了75%的费用,已成为一种更具有效率且价格更为低廉的纠纷解决方式。

第八章

意大利调解制度

意大利共和国(Repubblica Italiana)位于欧洲南部,国土面积301333平方公里,人口6080万。议会是最高立法和监督机构,由参议院和众议院组成。全国划分为20个行政区、101个省、8001个市镇。最高司法委员会是最高司法权力机构,拥有独立司法体制以及任命、分配、调遣、晋升法官等权力。此外,还设有地方调解法官、初审法院、上诉法院、审计院(主管公共账目和养老金)等机构。[①]

调解作为民商事诉讼的替代性纠纷解决方式,于2010年被引入意大利的法律体系。[②] 缓解法院办案压力是以调解为基础的替代性纠纷解决机制的优势之一,也是意大利发展调解的主要目的。为此,意大利法律甚至曾将诉前调解作为诉讼程序启动的必要步骤。近年来,受欧洲议会及欧盟理事会《关于民商事调解若干问题的2008/52/EC指令》[③](以下简称《调解指令》)的推动,意大利进行了一系列调解立法,强制调解与调解保密是立法的重点。新的调解制度在实践中取得了一定的成效,但也一再遭遇质疑与挑战。

---

① 中华人民共和国外交部:《意大利国家概况》,http://www.fmprc.gov.cn,下载日期:2018年4月28日。

② D. lgs. No 28 of 2010 regulates mediation.

③ 关于该指令的全文,参见《欧洲议会及欧盟理事会关于民商事调解若干问题的2008/52/EC指令》,陈洪杰译,载张卫平、齐树洁主编:《司法改革论评》(第8辑),厦门大学出版社2008年版。

第八章 意大利调解制度

一、意大利调解制度的发展背景

(一)国内背景

意大利司法体系的弊端集中表现为民事案件平均审限长达 9 年。[①] 2013 年 5 月,意大利参议院发布了关于司法工作的报告。该报告指出:2011 年,全国未决民事案件超过 560 万件;2012 年,积案数量虽有所下降,但仍达 500 万件。过分冗长的诉讼期间造成了正义脱离,致使许多民事诉讼当事人以司法拒绝裁判为由向欧洲人权法院起诉意大利司法机关。[②] 更为严峻的是,诉讼迟延已成为其经济发展的阻碍。一份报告指出,民事审判的拖延导致意大利 GDP 下降一个百分点。[③] 虽然意大利议会已经颁布法律,以减轻起诉人的讼累,但是改革措施未能触及司法效率,实际效果并不理想。为了改变拥挤不堪的法院系统,缓解诉讼迟延和实现案件分流,意大利逐渐重视调解制度,不断扩大调解的适用范围。

早在 1865 年,意大利就存在调解的实践。20 世纪 30 年代,调解第一次出现在正式的法律文本中。随后,意大利于 1940 年将调解纳入《民事诉讼法》。至此,调解被视为一项由法官主持的法庭内设程序。在接下来的半个世纪中,调解在越来越多的纠纷领域中得到适用。意大利调解立法的努力是有目共睹的,但与其相悖的是民众使用调解的意愿并不强,申请调解的案件数量也没有达到预期的目标。因此,扩大调解势必成为其民事司法改革的重要任务之一。

[①] [意]Elena Consiglio:《意大利调解制度的新发展》,李叶丹译,载齐树洁主编:《东南司法评论》(2013 年卷),厦门大学出版社 2013 年版。

[②] [澳]娜嘉·亚历山大主编:《全球调解趋势》,王福华等译,中国法制出版社 2011 年版,第 241 页。

[③] 陈玉云:《意大利如何应对司法效率低下问题》,载《人民法院报》2015 年 8 月 14 日第 8 版。

意大利于2010年3月20日通过了第28号法令(No.28/2010),①将以调解为主的多元化纠纷解决机制引入本国法律体系。这一法令对意大利法律体系来说是一种全新的尝试,因为此前《民事诉讼法》规定:法官应在处理家事纠纷和劳动纠纷时先进行调解,由此强制调解成为诉讼程序的第一步,且调解过程在法官的现场指导下进行。但是,新法令规定的调解制度已不再是庭审程序的一部分,而是建立在当事人自愿解决纠纷的合意的基础上,以期用友好的方式解决纠纷以满足各方当事人的需求。双方当事人不应被强制达成调解协议。虽然调解协议不能违反法律,但是也不应被限制在法律框架内,而应根据当事人自治的原则,建立在自愿的基础上。

(二)国外背景

欧盟一向提倡成员国采取替代诉讼的、司法外的程序解决民商事纠纷,这有助于当事人有效地接近正义。在欧盟看来,"接近正义"的外延包括在个人、商业纠纷中获得多种纠纷解决途径救济的权利,诉讼外的纠纷解决机制应当与诉讼受到同样的重视。② 欧盟强调,调解制度的目的在于满足对公民自由和公正的保障。欧洲议会指出:"诉讼和替代性纠纷解决机制的目标是紧密相连的,它们均希望在纠纷中迅速恢复法律秩序,保障当事人的实体权利,解决当事人之间的纠纷。"③相较于诉讼,替代性纠纷解决机制性价比更高,并且能够帮助当事人避免传统的审判程序。在通常情况下,诉讼程序解决民商事纠纷更加复杂、昂贵,耗时也更长。欧盟很早就指出,包括调解在内的替代性纠纷解决机制对处理消费纠纷很有成效。

《调解指令》是欧盟目前关于调解的主要立法涉及民事和商事调解的诸多问题。这一立法的目的在于督促成员国能够强化替代性纠纷解决机制。在该指令中,调解被定义为双方当事人在中立的调解员的帮助下,努力达成友好协议的过程。这种方法可以被用于跨境纠纷的解决中,也可被用于其他民商事

---

① 法令(legislative decree)是指根据议会所制定的法律授权,行政机关作出的规定。由于该行为为授权立法,所以行政机关制定的规则效力等同于法律。
② 欧洲委员会于1999年10月16日在坦佩雷的会议上提出。
③ 欧洲议会2011年10月25日针对民事替代性纠纷解决机制决议,商事及家事纠纷[2011/2117(INI)],第C、D部分。

纠纷中，但是如果根据法律（比如婚姻家庭法和劳动法），若当事人不能完全自主地决定其法律关系中的权利义务，则不能使用调解。在欧盟法框架下，调解最主要的内容就是强调调解的自愿本质。当事人应当主导调解，并且有权决定调解的形式和时间。但是，法院应当对调解的时间设定限制。[①]调解程序应当更加灵活，让当事人享有自主权。调解员不是法官，并不具有司法裁判权，必须公正、有效地主持调解。《调解指令》并不禁止成员国制定涉及强制调解的国内法，只要相关法律未阻碍当事人及时获得司法救济。实际上，在某些纠纷中，强制调解的特性并不与调解的自愿性相违背，只要当事人可以随时诉诸诉讼。该指令还重视调解的程序质量，要求为调解员提供培训，建立调解员工作守则，并为提供调解机构设立国家标准。此外，调解程序的另一项重要特征是保密性。《调解指令》规定调解的内容必须对任何随后进行的民商事诉讼或者仲裁保密。各成员国必须在2011年5月21日前实施该指令（第10条除外，该条必须在2010年11月21日前实施）。在此背景下，意大利议会于2009年颁布了第69号法律，将调解作为纠纷解决的选择之一，同时授权政府制定相关法令（Legislative Decree），以完善调解制度。2010年，意大利正式实施第28号法令。该法令引入了强制调解的规定，试图进一步扩大调解的适用范围。同年10月，司法部颁布第180号命令（Ministry of Justice Decree），[②]对调解组织、调解员资格以及强制调解费用等规定进行补充规定。而后，上述规定在2011年8月生效的司法部第145号命令（Ministry of Justice Decree）中被进一步修改。

此外，为符合指令关于保障调解协议书强制执行力的规定，意大利法律规定，附协议书的调解报告只要得到调解机构主席的认可且该协议书可以被强制执行，那么其具有与判决相同的执行力。调解机构主席应当审查调解协议的内容是否与法律和公共利益相违背，且调解程序是否遵守调解机构规程，再作出该协议书是否可以获得强制执行力的决定。获得效力确认的调解协议书可以成为强制执行、要求义务方履行义务、设立法院判定的抵押的依据。[③] 为

[①] Whereas No 10 of the Directive.

[②] Ministry of Justice Decree 不同于 Legislative Decree，前者是司法部颁布的政府规章，而后者是根据法律的授权制定的，其效力等同于法律。

[③] Article 12 D. lgs. 28/2010.

与欧盟立法保持一致,意大利对调解程序的保密性作了严格的规范。保密的责任主体包括所有参与调解的当事人,所涉范围包括一切通过调解获得的信息及陈述。① 除非获得该方当事人的授权,调解员有责任对其与一方当事人单独谈话时所获得的信息②对另一方当事人保密。调解员在调解过程中所获信息和陈述当属"专业秘密",应受到保护。因此,该内容不能被用于此后的民商事诉讼及仲裁中,除非得到作出陈述的当事人,或者信息提供人的许可。法律不允许调解员在随后的纠纷解决程序中就其获得的信息作证。如果证人证言的内容与调解中获得的信息及陈述内容一致,该证人证言也不能被作为证据提交。为此,调解机构的规章必须恪守调解保密原则。为了促进调解制度的发展,意大利提供了财政资金保障。如果调解成功,当事人将会从支付调解员的费用中获得相应的税额减免。如调解失败,该税额减免金额减半。所有的调解协议和行为都免交印花税。

2009年,欧洲议会采纳了一项2010年至2014年的行动计划,称为"斯德哥尔摩计划"——一个关于公民权利、正义以及安全等问题的欧盟行动框架。③ 调解促进公民接近正义,保障公民权利实现的功能与斯德哥尔摩计划追求的目标不谋而合。除了关注调解的独特功能之外,欧盟还尝试将其运用到更多的领域。欧洲议会于2012年12月19日出具了一份报告,主要对欧洲议会和理事会就参与和宣传"Horizon 2020"计划④制定的规则提出部分建议。该报告提出如下要求:为"Horizon 2020"计划的实施提供专门的控告程序,只要涉及该计划,任何领域的控告都可以使用这一程序;当一个控告不能通过既定的控诉程序得到满意解决时,在符合《调解指令》的前提下,可以选择

---

① Article 9 (1) D. lgs. 28/2010.
② Article 9 (2) D. lgs. 28/2010.
③ The Stockholm Programme—An open and secure Europe serving and protecting the citizen, http://www.europarl.europa.eu,下载日期:2018年4月10日。
④ Horizon 2020是欧盟最大的研究和创新项目,旨在通过采取一系列措施确保并提升欧洲的全球竞争力,其实施时间为2014年至2020年。

调解程序解决纠纷。① 由此不难发现,欧盟十分重视调解程序的运用,即使在一个临时性的控告程序中,也不乏调解倾向。

二、意大利调解制度的主要内容

(一)调解的定义

国外有学者分别从理论和实践的角度界定调解的具体含义,前者侧重于调解方案的有效达成,而后者关注调解主体的交流和意见的协商。但无论基于何种角度,调解的含义均应界定为当事人在第三方的协助下,达成协议、解决争议。② 调解不同于仲裁。虽然它们都是诉讼外纠纷解决方式,利用率也最高,③但是两者存在诸多区别。长期以来,仲裁是意大利最重要的诉讼外纠纷解决方式之一,在商业和合同纠纷中得到广泛的应用。它要求当事人认可裁决的终局性,并遵守特殊的仲裁规则。在中立第三方的选任方面,仲裁也有着严格的标准,规定仲裁员必须掌握详尽的专业知识。相反,调解在规则和程序方面比较灵活。具体表现在调解活动中,证据材料的重要性下降,律师的参与也不是强制性要求。

在意大利,调解被定义为这样一项活动:中立的第三方帮助双方或者多方当事人就纠纷解决达成友好协议,或者帮助当事人形成调解方案。④ 意大利

---

① Report on the proposal for a regulation of the European Parliament and of the Council laying down the rules for the participation and dissemination in Horizon 2020—the Framework programme for Research and Innovation (2014—2020), http://www.Europarl.europa.eu,下载日期:2018年4月10日。

② 齐树洁主编:《纠纷解决与和谐社会》,厦门大学出版社2010年版,第21页。

③ 范愉主编:《多元化纠纷解决机制》,厦门大学出版社2005年第2版,第113页。

④ D. lgs. No 28 of 2010第1条第1款a项。该定义与Directive 2010/52/EC第1款a项不同,该条表明:"调解"是一项组织完善的程序,无论如何称呼或者如何被提及,指的是两方或者多方当事人尝试着通过自己的努力,以自愿为基础,在调解员的帮助下对其纠纷达成和解的程序。该程序可由当事人,根据法院建议或者要求,或者其他由成员国规定的方法启动。该方法包括了由不审理该案的法官进行的调解。但是,排除了审理该案的法官在诉讼过程中尝试使当事人和解的这一形式。

调解立法贯彻了《调解指令》的内容,并明确地表达了对涉及调解的欧盟法律及原则的尊重。不同于判决,调解的目的不是根据法律判断是非,而是促使双方当事人之间达成纠纷解决的协议。调解员不应当对结果提供任何法律或者其他的评价性意见。调解员没有被赋予任何对当事人作出具有强制力的决定的权力。[①] 此外,调解员没有任何权力收集、接受或者拒绝当事人为证明自己主张所提供的证据。因为调解的目的是达成双方满意的协议,而这项协议并非以法律为基础,应当鼓励调解员找出有创造性的解决办法,而这些解决办法无须建立在法律规则上,而是应当满足当事人的需求。

(二)调解的类型

在未经宪法法院审查前,意大利法律规定了3种形式的调解:民间调解;法院附设调解;强制调解。

1. 民间调解

民间调解通常由调解机构主持。意大利的调解机构大部分是私人实体,而非公共机构。私人实体,即民间调解机构,必须按照一定的规则向意大利政府申请登记。职业化和效率是调解组织获得登记的两个主要条件,政府在审查时一般通过以下几个方面进行判断:(1)调解员的职业资格;(2)调解活动的独立性、中立性以及秘密性;(3)调解程序规则;(4)调解服务费用;(5)调解机构的自治性与调解活动的目的相一致;(6)调解员职业保险的承担;(7)调解机构管理的透明度。[②] 一经登记,调解活动即可按照内部规则进行,但不能与法律规定相冲突。

2. 法院附设调解

允许律师参与ADR制度,重视律师在调解活动中发挥的作用,是意大利法院附设调解的独特之处。根据第28号法令的规定,法院附设调解主要是指律师协会在法院内部设立专门的调解室。早在2000年7月,意大利第7185号议案就曾建议在法院内部设立调解室,以进一步促进调解的适用。该议案的特点在于,调解室组织的调解活动由律师主持。第28号法令除赋予律师协

---

① D. lgs. No 28 of 2010 article [Article 1 (1) (b)].
② [澳]娜嘉·亚历山大主编:《全球调解趋势》,王福华等译,中国法制出版社2011年第2版,第246页。

会设立法院调解室的权利外,还允许调解室使用法院的资源和设备,以便它更好地发挥纠纷解决的作用。事实上,法律专业人才参与调解是必要的。律师具备的法律知识和实践经验,使其有足够的能力对纠纷进行判断和衡量,并对当事人的某种行为进行法律上的预测和评价,从而迎合当事人对法律权威信仰的需要。①

3. 强制调解

自愿性是调解制度的重要原则,是否选择调解应当建立在双方当事人意思自治的基础上。如果调解失败,当事人仍有权向法院提起诉讼。意大利坚持并遵循了调解自愿原则,但是在实施欧盟指令的过程中,意大利第28号法令逾越了该原则,引入了强制调解的规定,这使许多民商事纠纷调解逐渐形成了强制性特征。在被意大利宪法法院宣布违宪之前,强制调解具体体现在第28号法令的第5条。根据该条规定,以下纠纷必须进行调解:不动产物权纠纷、遗产继承纠纷、医疗事故纠纷、合同纠纷、保险纠纷以及银行金融合同纠纷等。另外,因车船事故引发的纠纷也需要进行诉前调解。如果当事人之间产生的纠纷属于其中一种,法官必须引导当事人进行调解。只有在调解失败时,当事人才可以提出诉讼。当事人若未进行调解,则不能启动诉讼。因此,法官若想继续进行诉讼程序,有义务查看调解报告并证实调解已经失败。如果调解程序没有进行或者没有终结,法官必须休庭,并要求当事人在15日内申请并参加调解程序。该调解的启动既可以根据当事人的申请,也可以依据法官的职权。但在特定民事纠纷中适用强制调解的规定却遭到意大利律师的强烈抵制,同时,强制调解还因违背自愿性原则而受到由律师提起的合宪性审查。② 2011年,意大利宪法法院作出的一项判决阐明,意大利2010年第28号法令第5条与宪法相违背,故应属无效。③ 由此,目前当事人在申请开始诉讼时,已经不再需要提交调解报告。

---

① 范愉主编:《多元化纠纷解决机制》,厦门大学出版社2005年第2版,第521页。

② Ashley Feasley, *Mediator Qualification Regulations and the 2008 EU Mediation Directive: A Necessity or An Impediment*, http://www.works.bepress.com,下载日期:2018年4月10日。

③ [意]Elena Consiglio:《意大利调解制度的新发展》,李叶丹译,载齐树洁主编:《东南司法评论》(2013年卷),厦门大学出版社2013年版。

(三)调解的特征

1. 强制性

(1)适用范围与具体规则

调解的强制性特征首先体现在律师的告知义务中。代理案件时,律师应当告知当事人可以选择调解解决纠纷。告知内容包括:调解程序的详细事项;调解解决纠纷的可能性;调解可以获得税收减免的优惠信息等。上述内容必须以书面方式告知当事人,并要求其签字,以此证明代理律师按照规定履行了告知义务,否则当事人有权拒绝该律师作为代理人。在履行告知义务时,律师应当注意对调解制度的描述,因为不同的理解会对当事人是否利用调解产生一定的影响。在意大利,法律还允许调解员对调解活动进行权威性评价,该评价往往不同于律师的描述,与完全建立自愿调解的国家相比,这种区别在规定了强制调解的意大利会更加明显。[①] 因此,在描述调解制度的同时,律师还必须关注调解员对调解活动的权威性评价。

强制性特征贯穿于调解活动的整个过程。在准备调解前,假如只有一方当事人有意调解,那么另一方当事人有权选择是否接受调解的邀请。但是,意大利不允许当事人无正当理由拒绝邀请。在此情形下,调解员需要登记当事人拒绝调解的事项,并提交至后续的司法程序。根据意大利调解法的规定,法官可以据此作出不利于拒绝调解的当事人的判断。如前所述,意大利已于2012年3月废除该条规定。在此背景下,当事人拒绝参加调解的行为将不再对随后的司法活动造成不利的影响。然而,这并不意味着意大利消除了调解活动对司法程序产生的全部影响。调解结束后,当事人或者调解成功,达成一致协议;或者失败,继而转向法院。如果失败,调解员还需要提供一份最终的调解方案,当事人可以选择接受或者拒绝,倘若被拒的调解方案与随后的法院判决内容相一致,拒绝方案的胜诉方将承担不利后果。

(2)合宪性审查

意大利宪法法院于2011年被要求判决第28号法令第5条第1款关于强

---

① Jacqueline M. Nolan-Haley, Is Europe Headed Down the Primrose Path with Mandatory Mediation? *N.C. J. INT'L L. & COM. REG*, 2012, Vol.37.

制调解的规定是否违反宪法。该条规定属于政府根据法律授权作出的立法,《意大利宪法》第 76 条和第 77 条规定了立法机关授权行政机关立法的权力。根据法律的规定,行政机关基于此授权制定的行政法规必须遵守授权该行为的立法机关制定的法律。摆在宪法法院面前的问题是,该法令将调解作为一部分案件诉讼前的强制程序,这一规定是否与授予该立法权的法律原则相左,或者该内容是否超出了授权的权限。

宪法法院检视了授予该立法权的法律原则。[①] 该原则表明,任何涉及调解的规范都不应在任何形式上阻碍当事人获得司法救济的权利,而且这些规范必须尊重欧盟的法律条文和法律原则。接着,宪法法院继续查明了欧盟法律关于调解的渊源。《调解指令》并没有阻止成员国规定强制调解,只要该规定并未妨害当事人接近正义的权利。《调解指令》第 5 条第 2 款允许成员国在诉讼程序开始前或者开始后,采取强制调解的方式,或者为此施以奖惩,只要当事人并未被剥夺向法院提起诉讼的权利。[②]

意大利宪法法院不仅认为授权委托立法的法律本身并没有表明对强制调解模式的偏向,且宪法法院大法官认为该法律偏向于自愿调解。事实上,该法律要求律师告知,当事人调解程序进行的"可能性"而非"必要性"。在宪法法院看来,该项立法对调解准备的解释表明,意大利立法者更倾向于将调解定位为自愿的而非强制的程序。法院认为调解的强制性并不存在于授权委托立法的法律中,而经委托制定的法令赋予调解的强制性超越了原法律的立法原意。由此,宪法法院宣告 2010 年第 28 号法令第 5 条因为违反宪法而无效。

2. 保密性

保密性是意大利调解制度的另一特征。意大利遵循欧盟关于保密制度的要求,制定了一套严格的保密规则。[③] 该规则要求产生于调解过程中的相关

[①] 授予该权力的相关法律规定为 2009 年第 69 号法律第 60 条。

[②] 欧洲议会 2011 年 9 月 13 日针对成员国对指令实施情况,对调解的影响,以及法院的接受情况的(2011/2026 INI)第 6 号决议。

[③] European Parliament resolution of 13 September 2011 on the implementation of the directive on mediation in the Member States, its impact on mediation and its take-up by the courts [2011/2026(INI)]. http://www.europarl.europa.eu,下载日期:2018 年 4 月 1 日。

信息对随后的司法程序予以保密。调解保密的本意在于避免当事人在调解中的行为对其后续诉讼活动产生不利的影响。

(1)保密的主体

承担保密义务的主体,既包括调解员,也包括当事人,还包括参与调解活动的其他主体,如律师和专家。意大利并不强迫当事人在律师的陪同下出席调解会议。但是,多数调解机构均鼓励律师的参与。早在《公司法》改革时期,意大利就非常重视律师的作用,规定在商业诉讼的引导阶段由律师进行排他性管理,排除法官的介入,从而消除审判管理引起的诉讼迟延,促使商业纠纷得到快速解决。① 由于某些纠纷的解决需要一定的专业知识,法律也鼓励专家参与调解活动。据此,调解保密规则不仅适用于当事人,也适用于与调解结果没有任何利害关系的主体。只要是参与调解并因此获得相关信息的主体,都要恪守保密义务。

(2)保密的范围

意大利对调解保密范围的规定比较概括和笼统,要求对调解程序产生的相关信息均予以保密。基于成员国国内情况不一,欧盟就调解保密的程序规则只提供了一项最低标准。② 根据意大利第28号法令的规定,需要保密的信息大致可以归纳为如下三个方面:当事人提供的书面证据;调解过程中的当事人陈述;其他主体获取的相关信息和资料。当然,调解完成后的信息交流不属于保密范围。意大利允许调解员为审查调解方案而重新召开调解会议,但是,由于该会议不属于法定范围内的会议,法律无须对此会议产生的信息进行保密。

(3)保密的方式

调解的保密方式在意大利比较单一。首先,在审判程序中,保密的方式主要是赋予参与调解的主体就其获悉的调解信息免于出庭作证的权利。意大利第28号法令将通过调解获得的陈述内容排除在证据之外,同时规定调解员不得为此出庭作证。其次,在调解程序中,保密的方式主要是要求调解员从一方当事人获取的信息在与另一方当事人交流时予以保密。这种保密方式通常发生在调解员与双方当事人分别进行的调解会议中。

---

① 王春丽:《意大利商业诉讼研究》,载《甘肃政法学院学报》2013年第2期。

② whereas No. 23 of the Directive 2008/52/EC, http://www.europarl.europa.eu,下载日期:2018年4月1日。

(4)保密的例外

调解保密原则也存在例外。欧洲调解员行为规范允许调解员在特定的情况下披露调解信息。大致包括以下几种情形:调解员按照法律规定,无须遵守保密规则;调解员有合理的理由认为,如果按照保密规则继续保密将会使个人生命受到损害或陷入真正的危险状态;调解员有理由相信,如果依照保密规则继续保密将会使个人面临刑事审判的危险。意大利第 28 号法令还规定,只要经过当事人的同意,调解员可以将其所知晓的信息透露给另一方当事人;或者经过当事人的认可,将其获取的信息用于随后的司法程序。

三、对调解立法的几点思考

显而易见,自意大利颁布第 69 号法律开始,适用替代性纠纷解决机制的可能性逐步提高。① 不过,近几年陆续颁布的修改法案却表明意大利调解立法尚处于一种"先制定,后完善"的状态。例如,第 28 号法令自颁布以来遭到意大利律师团体的激烈反对,他们认为强制调解妨碍了司法公正,并要求对其进行合宪性审查。对此,意大利司法部于 2011 年 7 月颁布了第 145 号命令,该命令自颁布一个月后生效。这部法令的主要内容是缓解强制调解制度的张力。立法者试图通过新规定的实施,不断完善调解制度,以期转变律师团体和法院对强制调解的消极态度。

(一)关于强制调解

1. 对于规则的思考

减少诉讼拖延是意大利司法改革的当务之急。自 1990 年以来,"缓解办案压力,提高诉讼效率"的民事诉讼改革理念一直未变。但收效甚差的改革,不断强化了立法者改变现状的急切心理,并在一定程度上导致了意大利调解强制性特征的产生。然而,对于强制调解,各国态度不一,并不是所有国家都抵制强制调解的引入。具体而言,强制调解在很多国家确立下来,并成为扩大

---

① 王春丽:《意大利民事诉讼改革之旅》,载《前沿》2012 年第 23 期。

调解适用的一种趋势。① 但是,由于法律文化的不同和司法体制的差异,强制调解的效果不尽相同。德国的实践表明强制调解确实起到了过滤案件的作用,澳大利亚和美国在强制调解中也取得了不少成效,而意大利由于缺乏配套措施,反将调解制度拖入困境。②

2.对于功能的思考

关于强制调解是否侵犯了宪法赋予的任何人都有权获得诉讼保障的基本权利,意大利宪法法院认为,只要具备如下条件,强制调解的尝试是有意义的:(1)需明确一个法律规定的最长期限,促使当事人进行和解所做的各种努力不超过这一期限;(2)一旦当事人提起诉讼,无论该程序处于何种阶段,都应该立即终结。③ 强制调解即便涉嫌违宪,也是为法治进程的推进付出的代价。④ 从此种意义上讲,强制调解的引入对意大利司法体制的改革还是具备某些积极意义的。

首先,强制调解有利于扩大调解的适用范围。根据意大利司法部公布的数据显示,调解案件的数量与强制规定实施之前相比,呈大幅增加的趋势。2011年3月21日至2011年4月30日,在一个多月的调解数量中,强制调解占77.2%,自愿调解则占19.7%。⑤ 其次,强制调解有助于转变意大利崇尚法律权威的传统观念,提升民众的调解意识。司法管辖权神圣且不可改变的观点,加之长期以来人们对非专业法官所持的怀疑态度,使意大利推动调解的努力并不理想。⑥ 通过该制度的引入,"强制"当事人认识并了解以调解的方式解决纠纷的可能性,并将调解所具备的比较优势"植入",不断影响并推动民

---

① 李德恩:《民事调解理论系统化研究——基于当事人自治原理》,中国法制出版社2012年版,第130页。

② 王福华:《现代调解制度若干问题研究》,载《当代法学》2009年第6期。

③ [意]罗伯特·隆波里、阿尔多·贝特鲁奇等:《意大利法概要》,薛军译,中国法制出版社2007年版,第262页。

④ [日]小岛武司:《司法制度的历史与未来》,汪祖兴译,法律出版社2000年版,第109页。

⑤ Klaus J. Hopt & Felix Steffek, *Mediation: Principles and Regulation in Comparative Perspective*, Oxford University Press, 2012, p.691.

⑥ [澳]娜嘉·亚历山大主编:《全球调解趋势》,王福华等译,中国法制出版社2011年版,第236页。

众传统纠纷解决观念的转变。

(二)对调解保密的质疑

1. 对规则的质疑

在《调解指令》的指引下,意大利建立了一套较为严格的保密性规则。调解保密原则旨在促进当事人之间信任关系的建立,确保冲突的有效解决。即使调解失败,当事人也无须担心其在调解中的表现会成为诉讼中于己不利的证据。禁止调解信息向后续司法程序披露,不仅能确保调解程序的安定性,还有助于维护诉讼判决的公正性。[①] 但是,意大利调解保密制度存在以下不足:

(1) 程序保密与惩罚措施的缺失。调解的保密性包含两个层面:一个是调解程序保密;一个是调解信息保密。[②] 前者要求调解过程不公开,不允许与调解无关的人员旁听。后者强调调解参与主体不得将调解信息向随后的审判活动披露。因此,调解保密是程序性保密和内容性保密的结合。然而,意大利只关注信息保密而缺乏程序保密。在当事人选定调解组织后,调解程序一般由该组织内部规则规制,无须受正式程序规则的约束。但是,多数调解规则均未明确调解程序是否公开,如果公开又是否因当事人申请而不公开?程序保密规则的缺失,将对调解信息的保密产生不利的影响。除此之外,意大利通常以法律义务的形式制定保密条款,即"调解主体应当恪守调解信息的保密义务",至于违反保密义务的具体惩罚措施,保密条款却没有任何规定。

(2) 保密内容既不包括调解方案,也不包括调解记录。在意大利,当事人拒绝调解员提供的调解方案将导致调解活动的终止。根据第28号法令的规定,调解员可以依据当事人的申请或者依职权提供一份最终调解方案。当事人须对该方案作出同意或者拒绝的意愿说明。如果当事人拒绝接受,那么调解员将拟成一份书面报告,主要记载拒绝方案的当事人以及被拒方案的内容。按照强制调解的要求,这份报告应当在随后的审判活动中公开。倘若法官发现法院作出的判决与被拒方案的内容相一致,那么拒绝调解方案的胜诉方将承担不利的后果。虽然调解方案和调解记录均产生于调解活动,本质上也属

[①] 周建华:《司法调解的保密原则》,载《时代法学》2008年第5期。
[②] 肖建华、唐玉富:《论法院调解保密原则》,载《法律科学》2011年第4期。

于调解信息的范畴,意大利却将它们排除在调解保密的范围之外。

与此同时,关于当事人拒绝参加调解会议的记录也不属于保密的内容。一般而言,当事人享有选择是否参加调解会议的权利。而调解记录却使参加调解会议成为当事人的一项法定义务。因为在随后的审判活动中,法官将以不出席调解会议的记录作为对抗当事人的考量因素。值得称道的是该做法已被废除。①

2. 对目的的质疑

调解保密最直接的目的,是避免调解信息的披露影响法官审判的公正性。而设立调解保密规则最根本的目的,是鼓励当事人积极地适用调解。因为调解信息的保密能够最大化消除当事人担忧调解行为造成不利影响的心理顾虑。然而,需要思考的是,调解信息的公开是否必然会给当事人带来严重的后果?

根据意大利第 28 号法令的规定,调解保密主体大致分为两类:一类是当事人;一类是当事人之外的其他主体,具体包括调解员、律师、专家和翻译人员等。首先,对于当事人而言,调解保密难以规制当事人的心理认知。虽然法律要求产生于调解过程的调解信息对审判活动保密,但是若当事人基于调解中的信息交流对案件事实形成了初步看法,这种看法很难不对后续的程序行为产生影响。② 其次,对当事人以外的其他主体而言,保密义务可以成为例外。在允许当事人提出异议的情况下,将部分调解信息披露给审判程序未尝不能作为发现真相,认定案件事实的有效手段。③ 进一步而言,对于某些内容,例如调解信息中先前存在的事实,无须进行保密。有些国家就对调解保密范围进行了创造性的划分,认为受保护的信息应当是产生于以调解为目的的交流,而非先前就存在的事实。④ 意大利对此不作任何区分,笼统地规定产生于调

---

① 如前所述,意大利于 2012 年 3 月废除了该条规定,法官将不再作出对拒绝参加调解会议的当事人不利的判决。

② 陆而启:《简论诉调对接程序的意见共通》,载《福建江夏学院学报》2013 年第 2 期。

③ 陆而启:《揭幕意见裁判主义——诉调对接的事实基础与事实认定》,载《证据科学》2013 年第 1 期。

④ 陶南颖:《诉讼调解保密制度的域外经验述评》,载齐树洁主编:《东南司法评论》(2013 年卷),厦门大学出版社 2013 年版。

解活动的与调解相关的信息都属于保密范围。欧洲调解员行为规范甚至还将是否已经调解或者准备调解的事实纳入保密范围。① 近年来,意大利调解制度取得了实质性进展。需要注意的是,调解并不是缓解法院办案压力,减少诉讼迟延的"救命稻草"。即使民事案件平均持续时间不再长达9年,调解制度也有其存在的价值。随着立法对替代性纠纷解决方式的不断重视,调解所具备的比较优势将日益凸显。虽然意大利强制调解制度被认定为违宪,但是部分强制性规定在扩大调解的适用范围、过滤案件数量方面仍然发挥着积极的作用。事实上,目前的强制调解规则应当从是否强制转向如何强制,如何在合意与强制之间寻求平衡,以此回应实践中面临的挑战。保密规则是意大利调解制度的另一重要内容,在强制调解的影响下,其呈现出与保密本质相冲突的特点。在坚持调解保密原则的同时,我们不得不思考一个问题,调解信息的公开是否真的会给当事人获得公正审判造成严重的影响?由此看来,调解制度在意大利的发展,注定要走一条十分曲折且充满挑战的道路。

---

① No. 4 of the European Code of Conduct for Mediators. http://www.europarl.europa.eu,下载日期:2018年4月1日。

第九章

希腊调解制度

希腊位于巴尔干半岛最南端,国土面积 131957 平方公里,人口 1079 万(2016 年 1 月)。① 希腊是西方文明的发祥地,民众自古推崇自由和民主,信仰法律。1995 年,希腊颁布了规范调解制度的法律,并于 2001 年制定了补充法令。然而,调解在其纠纷解决实践中的适用并不普遍。近年来,受"欧债"危机的影响,希腊社会经济矛盾加剧。民事诉讼受案量的不断增多,使得已不堪重负的司法体制"雪上加霜",并因此陷入案件积压、审理迟延的司法危机之中。有鉴于此,希腊于 2005 年成立了民事诉讼法改革委员会,由此揭开了民事司法改革的序幕。为将欧洲议会及欧盟理事会 2008 年 5 月颁布的《关于民商事调解若干问题的指令》②(以下简称《调解指令》)转化为本国法律,希腊议会于 2010 年 12 月颁布了《调解法》。该法作为立法部门和司法部门不懈努力的成果,承载着构建希腊多元化纠纷解决机制(Alternative Dispute Resolution)的历史使命应运而生。

自从 1967 年《民事诉讼法典》制定以来,希腊的民事司法制度呈现出一幅立法改革与实践惯性混杂的画面。③ 调解立法与实践亦不例外。为此,希腊政府于 2011 年制定《调解条例》(Ministerial Decision No 1908/12.12.2011)

---

① 中华人民共和国外交部:《希腊国家概况》,http://www.fmprc.gov.cn,下载日期:2018 年 3 月 26 日。

② 关于该指令的具体内容,参见《欧洲议会及欧盟理事会关于民商事调解若干问题的 2008/52/EC 指令》,陈洪杰译,载张卫平、齐树洁主编:《司法改革论评》(第 8 辑),厦门大学出版社 2008 年版。

③ [英]阿德里安·A.S.朱克曼主编:《危机中的民事司法:民事诉讼程序的比较视角》,傅郁林等译,中国政法大学出版社 2005 年版,第 366 页。

和相关的《政府公告》(Gazette No 255/9.12.2011),以配合《调解法》的施行。

一、希腊《调解法》的特征分析

相较于其他欧盟国家,希腊推行调解制度稍晚一些。近年来,德国和英国ADR机制[1]发展迅速,并日渐成熟,这就使希腊有条件去研究和借鉴这些较早推行调解制度国家的先进经验。通过对《调解法》的分析,可以发现希腊调解制度在借鉴外国经验的基础上,形成了自身的特色。

(一)绝对自主性

调解的主要目的在于促进并保障当事人的权利,以某种其可以接受和自治的方式解决纠纷。建设性纠纷解决方案为那些陷入纠纷泥淖的人提供了共赢发展的机会,并有利于社会和谐。调解的自愿性以及当事人对调解方案的接受,从根本上带来了对实质正义的期待,以及对当事人有利的结果。[2] 从这个层次上看,当事人必须对调解程序享有绝对的自主性。

1. 启动、终结调解程序的自主性

根据《调解法》的规定,调解程序必须由当事人自主决定启动或者由法院建议并经双方当事人同意后启动。在诉讼的任一阶段,当事人都可以申请调解。同样,调解程序的终止也由当事人自主决定。该规定不同于英国的法院建议调解制度。在英国,如果当事人拒绝法院提出的调解建议,其必须证明是出于正当理由。若当事人未能给出合理理由而拒绝使用ADR,法院最终还是会作出中止诉讼程序的指令。[3] 而在希腊,只要当事人拒绝调解,调解程序就无法启动。此外,为了鼓励当事人使用ADR解决纠纷,英国法院在决定诉讼费用时会对此加以考虑。胜诉当事人可能因为在ADR程序中不合作的态度,其所获得的诉讼费用补偿被相应的减少;拒绝使用ADR来解决纠纷且败

---

[1] 英国在20世纪90年代启动了大规模、有计划的司法改革。以沃尔夫勋爵为代表人物的司法改革者不畏艰难,通过坚持不懈的努力,促进了英国民事司法制度的发展。

[2] [德]Felix Steffek:《欧洲国家的调解概述》,吕芳译,载《法律适用》2011年第8期。

[3] 齐树洁主编:《英国民事司法改革》,北京大学出版社2004年版,第179页。

诉的被告所承担的诉讼费用或赔偿费用被适当提高。① 2002 年 2 月,英国法院在 Dunnett v. Railtrack 一案中首次适用了诉讼费罚则,即当事人若拒绝法院提出的以调解方式解决纠纷的建议,那么即使该方当事人在随后的诉讼中获胜,法院同样有权判决其承担案件的诉讼费用。②

2. 选任调解员的自主性

调解制度具有灵活和简便的特点,调解员的选任也理所当然地应是便利与灵活的。《调解法》规定当事人可以自由选任调解员,即双方共同选定调解员或者双方指定第三人选任调解员。可以说在调解员的选任方面,完全实现了当事人自主选择。

3. 调解手段的自主性

希腊调解制度以"转介调解"为主要模式。"转介调解"的构建基于以下两种基本理念:赋予当事人最大限度自主性的"授权"理念,以及一方当事人对另一方当事人的需求、利益、价值和观点加以承认的"认可"理念。该模式的最大特点就是认为双方是否达成和解应当由当事人来自行决定而不应由调解员来做主。③ 基于此种理念,当事人享有很大的自主权,不受程序和法律的过多羁绊。只要不违反法律的基本原则和公序良俗,任何方式都可以作为调解手段去平衡当事人之间的利益,以促成最终的和解。

(二)相对保密性

保密原则是指调解应当仅在当事人之间进行,与案件无关的公民不得旁听、新闻媒体不得采访、报道,当事人在调解过程中为达成调解协议或者和解而妥协所作的陈述、承认,不得在以后的诉讼程序中作为对其不利的证据而披露或者使用。④《调解法》规定调解必须在保密的状态下进行,当事人另有约定的除外。为了争取调解的成功,凡参与调解的人员都有权了解具体案情和法律争点,这无疑给调解保密带来了一定的隐患。为此,《调解法》第 10 条规

---

① 齐树洁主编:《英国民事司法制度》,厦门大学出版社 2011 年版,第 207~208 页。

② 郭晓珍:《英国调解程序中的诉讼费罚则》,载齐树洁主编:《东南司法评论》(2012 年卷),厦门大学出版社 2012 年版。

③ 蒋惠岭主编:《域外 ADR:制度·规则·技能》,中国法制出版社 2012 年版,第 13 页。

④ 邱星美:《调解的回顾与展望》,中国政法大学出版社 2013 年版,第 199 页。

定:"参与调解的人员,都必须签订遵守保密义务的书面协议。"该法同时规定,调解最终达成的协议也受到保密性原则的约束,除非当事人因申请强制执行而必须公布调解协议。

美国弗里德曼教授认为,调解保密性是指当事人保持调解内容免受用作后续法律程序证据的能力。[1] 获得"免受用作后续程序证据的能力"有利于解除当事人的思想包袱,以便敞开心扉地沟通、对话,有助于调解程序的开展和调解协议的达成。希腊调解保密原则的另一价值在于:参与调解的人员,在诉讼和仲裁程序中作为证人的资格缺失和义务豁免,即调解参与人没有义务作为证人参与后续纠纷解决程序,在调解中所作的陈述记录不具证据能力。《调解法》规定,未经双方当事人一致同意,调解员对所了解的情况以及当事人在调解程序中的主张均不得向法官披露,也不能在另一司法程序中透露;甚至在同一司法过程中,调解阶段的信息和内容不经双方当事人同意,也不能在此后的其他阶段被使用或披露。然而,调解保密亦有例外。《调解法》规定,当制定重要的公共政策而有必要披露调解信息时,调解信息可以公布。例如,为了保护儿童的特殊利益和人身权益,调解信息可以被披露。调解保密的意旨在于为当事人创造轻松、坦诚的对话氛围,不必担心调解中涉及的信息可能作为于己不利的证据。但当调解涉及社会公共利益或者第三人利益时,披露调解信息的行为具有正当依据。

(三)备案登记方有执行力

根据《调解法》第9条的规定,如果最终的调解协议包含了遵从和适用强制执行的条款,且调解协议在法院作了正式的备案登记,该调解协议即具有强制执行力。如果调解协议未经法院备案登记,则只具有合同效力。第9条的规定实际上扩大了《民事诉讼法》关于强制执行文书签发主体的规定,但这主要是为了贯彻《调解指令》的规定[2],而增加了《民事诉讼法》所规定的强制执

---

[1] Lawrence Freedman, Confidentiality: A Closer Look, in Confidentiality in Mediation: A Practitioner's Guide, *Journal on Dispute Resolution*, 1985, Vol.19.

[2] 《调解指令》第6条规定:"各成员应确保纠纷各方当事人,或者已取得其他当事人明确同意的一方当事人,得以请求赋予基于调解而形成的书面协议之内容以强制执行的效力。"

行效力文书的种类。虽然该规定受到了学者和议员的批评,但是该规定对调解制度迅速被人们接纳具有重要意义。事实上,赋予调解协议强制执行力已成为各国调解立法的惯例。

(四)调解的法律效力

1. 实体法的效力

长期以来,调解制度在希腊的使用率极低。为此,司法部希望借助《调解法》及一系列的激励措施,最大限度地激发希腊民众选择调解解决纠纷的积极性。司法部认为,调解对诉讼时效的中断或中止,可以消除原拟通过诉讼和仲裁来解决纠纷的当事人的后顾之忧,"好讼"的希腊人不用担心因选择调解而丧失胜诉权。

《调解法》第11条规定,只要调解程序存续,诉讼时效就一直处于中断或中止状态。首先,在调解程序的持续时间内,调解排除了司法管辖权,即已经审理的案件要中止审理。其次,调解可以中断或中止诉讼时效。确定调解程序开始的时间,无疑是确定诉讼时效中止或中断时间起点最为关键的一点。但法律并没有直接规定调解从何时开始,只规定了调解可能发生的情形:(1)双方当事人在案件未决前同意使用调解。(2)法庭在审理案件时建议当事人使用调解。(3)其他欧盟国家法庭希望当事人使用调解。(4)依法定义务须适用调解。以上4种情形只是使得调解可能发生,并不能决定该程序是否真正启动,因为程序的启动取决于当事人。《调解法》并没有明确调解开始的时间,导致诉讼时效中止或中断的时间不好准确界定。关于这个模糊点,与其说是立法者的疏忽,不如说是其高明之处,因为当事人完全可以利用这个模糊点来扩大时效利益,这也达到了希腊调解立法的本意,即尽可能地调动当事人选择适用调解的积极性。但该规定也带来了一系列法律体系间的矛盾,后文将对此予以分析。

2. 程序法的效力

调解程序的启动意味着排除或中止了司法管辖权,法律规定调解程序时限为3个月到6个月。如果在这段时间内,当事人未实施实质性调解行为,那么法院可以重新开庭审理。由此可见,程序法上的中断或者中止须以实质性调解程序的启动为前提,若当事人只是达成或签订了选择调解解决纠纷的意向协议,并不能排除司法管辖或者中止法院裁决,此时只是在实体法上产生了合同效力。因而,即使当事人已经一致同意选择调解手段,但如果没有采取实质性行动,当事人完全可以继续诉诸司法,并请求法庭裁判。《调解法》并没有具体规定哪些行为表明调解程序的正式启动,这需要《调解条例》或者《政府公告》予以明确。

二、调解员制度

功利主义理论认为调解员的最终目标是达到社会利益的最大化。调解员通过帮助当事人了解调解的成果、平衡他人利益等方式,促使当事人完成自身利益的取得过程。[①] 在实践中,调解员首先考虑的是怎样实现利益的最大化,尤其是当事人的利益,这要求其必须拥有洞察社会利益分配的能力和经验。调解能否获得成功,一定程度上取决于调解员以自身素质和技巧为内容的职业素养。[②] 调解的成功率和当事人的满意度往往取决于调解机构或调解员的权威、公信力和解决纠纷的能力。调解员在调解活动中扮演各种角色所承担的任务甚至多于法官在审判中所承担的职责。一国的调解制度是否先进,是否被本国民众所认可,关键是看此项制度能否获得人才资源支持。希腊司法部门也意识到调解员对调解活动的重大作用,故《调解法》和《政府公告》重点对调解员的资格和选任作了规定。

(一)调解员职业的规范模式

由于法系差异与社会文化的不同,欧洲各国在调解员职业规范方面的法律有着非常明显的差异。有学者指出,欧洲各国调解员职业的规范模式有3种:(1)许可模式。该模式指调解员须经过官方许可注册后才可从业。(2)激励模式。比较而言,该模式允许任何人充当调解员,无须经过许可。尽管如此,对当事人有利的一些规定,如保密性条款和保证调解质量等只有在调解是由注册调解员主持时才适用。(3)市场模式。该模式基本上会排斥公权力在调解员职业

[①] 蒋惠岭主编:《域外 ADR:制度·规则·技能》,中国法制出版社2012年版,第9页。

[②] 李德恩:《现代调解员的角色:转换与规制》,载《法学论坛》2010年第6期。

性要求法律上的干涉,而是相信理性和自治的市场参与主体行为,后者既可以提供也可以要求调解。① 希腊的情况属于许可模式。由于希腊调解制度尚处于发育阶段,亟须国家予以必要规制。因此,《调解法》对调解员职业化作了较大的限制。

(二)调解员资格的取得

《调解法》规定,只有律师才有资格申请成为调解员,涉及跨境纠纷的调解除外。在希腊,一般案件的调解员必须是律师,这有助于保证调解员的素质,尤其是专业素质。律师获得调解员资格须经历以下几个阶段:(1)参与一系列的培训,具体包括调解员的职业伦理、调解的一般原则、调解的程序和步骤、谈判和交流的技巧、冲突的分析、调解的相关法律、心理学的基础。(2)通过调解员资格委员会组织的专业考试。(3)通过认证委员会的认证。希腊调解立法对调解员资格的规定相对于其他欧盟国家而言更为严苛,由此保证调解员熟悉业务知识,并具有较高的素质,但也导致调解员资格门槛较高,间接引发调解员费用较高和调解能否较大范围适用的难题。

(三)调解员的费用

得到社会广泛认同的调解组织在影响力和控制力方面愈发强大,他们从法院手中接过的对纠纷的控制权愈多,②由此导致调解费用市场化。在希腊,调解费用以小时为单位计算,包括准备启动调解程序所花费的时间,但《调解法》规定计算费用的时间上限为 24 个小时。《调解法》草案曾规定调解员每小时收费标准为 200 欧元,但最终通过的法律并没有规定调解员的收费标准。在实践中,只能参照律师在诉讼和仲裁程序中的收费标准确定调解员的费用。但案件在不同的法院审理,律师费用不尽相同,按照法律的规定,每小时在 200～1300 欧元之间。目前,具体的收费标准主要通过当事人和调解员协商确定。一般而言,调解所需的费用由当事人平分,另有约定的除外。而同为欧盟成员国的保加利亚调解平均收费是每小时 25 欧元,即使是一个标的额为

---

① [德]Felix Steffek:《欧洲国家的调解概述》,吕芳译,载《法律适用》2011 年第 8 期。
② 王福华:《现代调解制度若干问题研究》,载《当代法学》2009 年第 9 期。

10万欧元的案件进行为期一天(按 8 小时计算)的调解,调解费也只有 320 欧元。① 希腊调解员费用相对较高,这可能不利于鼓励当事人选择调解的方式解决纠纷。

(四) 调解员的义务和责任

调解员必须是能够有效、公正、公平地主持调解的中立第三人,在调解的过程中和达成调解协议后须承担保密义务,不泄露各方的隐私。为了达到调解的目的,调解员应当乐于倾听当事人的陈述与诉说,并尽最大努力去化解当事人之间的冲突和矛盾,以尽可能地实现双赢。但遗憾的是,《调解法》没有规定调解员在违反哪些规定时会被处以惩罚性措施,只规定了调解员不遵守基本职业准则会被暂时或永久取消调解员资格。因此,对调解员违背职业准则的惩罚性措施亟须立法明确。

(五) 调解员的培训、认证和管理

在希腊,律师要成为调解员须经过培训、考试和认证,三者缺一不可。主持和管理这些程序的权力归属于不同的机构。

随着协商调解等非诉讼纠纷解决方式日益受到重视,相关教育培训逐步成为重点。② 调解员培训机构须由至少一个地方律师协会,或者已经被法律授予资格、拥有一定数量具有学术和专业水平的会员的机构申请成立。作为公益性培训机构,其不仅承担着调解员候选人的培训任务,同时也承担着调解员的后续培训、继续教育任务。根据欧盟网站公布的信息,希腊只有 2 所新近成立的调解员培训机构,分别位于塞萨洛尼基和比雷埃夫斯。因此,本国很多调解员由英国有效争议解决中心(CEDR)和特许仲裁学会(CIARB)组织培训。调解员考试委员会负责组织调解员资格考试。考试委员会由两名认证委员会委员和一名法官组成,主要考察候选人是否具有必要的知识、是否具有符合调解员资格的素质和能力,并由考试委员对每一个候选人出具一份详细的最终考察报告。作为最重要一环的组织者,调解员认证委员会拥有的权力也是最大的,其直接受司法部管辖和监督,由 5 名常任委员和 5 名轮换委员组

---

① 蒋丽萍:《保加利亚的调解制度》,载《人民法院报》2011 年 10 月 21 日第 6 版。
② 范愉、李浩:《纠纷解决:理论、制度与技能》,清华大学出版社 2010 年版,第 9 页。

成,委员会主席必须由拥有专业学识和富有经验的调解员担任。认证委员会不但具有认证调解员资格的权力,同时也拥有监督培训机构的权力。调解员候选人想要通过认证,须从参加培训时起即严格遵守调解员的职业道德规范,认证委员会对调解员候选人的考察是全方位和全过程的。

三、调解制度的未来改革

(一)现行调解制度的不足之处

希腊大力推行调解制度的根本目的在于减轻法院的案件压力(relieve the congestion experienced in the state courts),而英国等欧盟国家将司法改革的目标定位为"接近正义"(access to justice)。目标定位的不同自然导致其调解立法具有独特的价值判断标准,但也带来了一系列其他国家未曾遇到的问题和阻碍。

1. 法律的混乱和冲突

希腊急于通过《调解法》的目的在于减轻法院的案件压力,导致该法只涉及原则性事项。为了弥补法律的不足并且确保法律的顺利实施,希腊不得不制定具体实施细则。然而,这些以《调解条例》和《政府公告》为形式颁布的补充法令缺乏统一的逻辑体系,且由于制定主体的不同,导致某些规定带有明显的部门利益特征,诸多条款脱离了实际。

上文提到调解程序的启动会产生诉讼时效中断或中止的效力,二者有明显的区别,但《调解法》并没有规定调解程序的启动带来的是时效的中断还是中止。此外,希腊《民法典》规定诉讼时效的中断、中止必须是出现了法律明确规定的事由,诉讼时效从当事人或者法院完成最后一个程序内容时起重新计算。且如果一个中断或中止诉讼时效的行为需要相应的准备程序,该程序时限不超过3个月。超过3个月未实施中断或中止诉讼时效的行为,时效不发生中断或中止,准备程序的时间也被重新计算在时效内。然而,《调解法》并没有规定调解程序从什么时候开始,只要当事人同意和达成适用调解的,诉讼时效一律中断或中止,这无疑与《民法典》相矛盾。人为制造的诉讼时效适用难题给调解制度的普及带来了巨大的障碍。

法律要求调解员具有律师资格,但涉外或者跨国纠纷的调解却不要求调解员具备律师资格,这造成了国内调解与国际调解之间的差异。面对种种立法缺陷,立法者无法及时制定和颁布新规定以弥补立法漏洞,从而给希腊调解制度的发展前景蒙上了一层阴影。

2. 律师的消极阻碍

在希腊,纠纷发生后,民众首先选择咨询律师,律师也会给当事人提供一些法律建议。由此可见,律师是否支持调解是《调解法》能否获得成功的关键因素。事实上,希腊律师一般不会建议当事人选择调解。这是因为,目前只有少数律师获得了调解员资格,建议调解就意味律师失去了诉讼业务。①

《调解法》未能调动起律师的积极性。包括费用在内的激励机制,均不足以让律师界支持这项法律的施行。相反,早期颁布的《调解法》并没有要求律师成为调解员一定要经过培训、考试、认证,不少律师还会建议当事人选择调解。然而新法颁布后,部分已具备丰富经验的律师却面临着没有调解资格的尴尬境地。鉴于律师职业体对调解的重大影响,希腊司法部门认为有必要重新研究关于调解员资格的规定。

3. 民众的迷茫不适

《调解法》的目标是减少诉讼,即激励当事人选择调解化解纠纷,以减轻法院的受案压力。然而,希腊民众对此了解甚少,很多人甚至不知道《调解法》的颁布与修改。司法部门将律所和企业作为新法的重点宣传对象,而不是普通民众,这直接导致调解法施行缺乏群众基础。弗里德曼曾言:"法典背后有强大的思想运动。"②希腊学者对调解制度的研究也远不如英国和德国学者那么深刻和富有成果,最直接的表现即目前全国只有一种研究调解制度的学术期刊。

(二)调解制度的改革举措

由于《调解法》施行的时间较短,目前并没有研究新法实施效果的丰富数据。或许是管中窥豹,希腊调解制度运作不容乐观。新法开始施行至2012年

---

① Carlos Esplugues & Louis Marquis, *New Developments in Civil and Commercial Mediation: Global Comparative Perspectives*, Springer, 2015, p.337.

② [美]弗里德曼:《法律制度》,林欣、李琼英译,中国政法大学出版社1994年版,第241页。

3月,经公开报道,希腊只有一起案件是通过调解解决的。① 毋庸置疑,调解制度若要取得良好的实效,政府、律师和民众均需作出巨大的努力。

1. 提高诉讼费用

当事人把诉讼作为纠纷解决第一选择的原因复杂多样,但诉讼费用相对低廉是主要原因之一。诉讼费用在民事诉讼中具有如下重要作用:(1)影响民众诉讼观念的形成与转变。(2)直接制约当事人诉权的实现程度。(3)直接制约各类诉讼程序机制的功能发挥与协调运作。(4)直接影响司法的公正与廉洁。② 其中,诉讼费用的低廉在一定程度上会导致当事人滥用诉权。民事诉讼程序设置的目的在于保护当事人的私权,但维护法律秩序也是其重要的功能。对此,国家应承担主要责任,由当事人适当予以分担,使司法制度能够在合理平衡国家和个人利益的前提下得到良好的运作。③ 为了保持良好的司法秩序和较高的司法效率,司法机关可以考虑适当提高诉讼费用,并制定具有吸引力的调解费用制度。

2. 放宽调解员的资格要求

在调解制度相对较发达的国家,对调解员资格条件的要求一般十分宽泛。希腊则较为强调调解员的能力和素质。实践表明,调解员的品格和经验是调解能否获得成功的核心要件。希腊对调解员资格的过度限制不利于调解的大规模适用,不利于获得律师职业体的支持。司法部门今后可借鉴法国和英国的成功经验,适当放松调解员资格的规定,从强调调解员能力和素质向强调调解员品格和经验转变。

3. 转变司法改革观念

近年来希腊以调解制度为代表的一系列司法改革,重点是从体制改革入手,以提高司法效率为目标,直接目的在于缓解法院的审判压力,出发点和落脚点并没有放在保障民众的合法权益上。在德国民事司法改革的进程中,"接近正义"的司法理念始终贯穿其全过程。以此理念为指导,欧美国家制定的改

---

① Apostolos Anthimos, Greece: Lost in mediation, http://www.mediationblog.kluwerarbitration.com,下载日期:2018年5月6日。

② 廖永安:《诉讼费用研究——以当事人诉权保护为分析视角》,中国政法大学出版社2006年版,第57页。

③ 张榕:《民事诉讼收费制度改革的理念及路径》,载《法律科学》2006年第1期。

革措施均从保护民众司法权益的角度出发,改革易被接受与认可。希腊改革的侧重点则放在司法体制的运转上,制定了很多不符合当事人权益保护的法规,脱离了实际。《调解法》在制定和修改时,并没有成为司法改革的焦点而受到民众的关注,以至于希腊仍有一部分民众不知道该法的存在。

民事司法改革是一种对制度渐进性的内省,其自身重组和变革的助力不仅源自司法对于社会现实的深度关照和反思,更在于制度基底之下关联价值取向和司法理念的演进和变迁。① 转变司法改革的理念是解决希腊当前司法制度困境的前提要求,任何改革方案或者改革措施的制定与施行必然在本质上贯彻一种新的司法理念。② 司法改革应当以保障当事人"接近正义"的权利为目标,并由此实现司法便利化与价值均衡化。

目前《调解法》的实施面临重重困难和诸多阻碍,但面对极度拥堵和效率低下的司法现状,司法部门必须坚定不移地推动 ADR 相关制度的发展和实施。作为一个 ADR 制度起步较晚的国家,调解制度在希腊的发展具有天时、地利、人和的优势。今后的改革应尊重司法自身的规律,③在实践中顺应法治进程的发展规律,不断地完善司法制度。我们有理由相信在这个曾诞生无数美丽神话的国家,希腊立法者和实践者一定会找到一条符合本国国情的 ADR 发展道路。

---

① 齐树洁、周一颜:《香港民事诉讼制度改革之回顾与前瞻》,载《现代法学》2013年第3期。
② Carlos Esplugues & Louis Marquis, *New Developments in Civil and Commercial Mediation: Global Comparative Perspectives*, Springer, 2015, p.337.
③ 齐树洁:《论外国司法改革经验之借鉴》,载《江苏行政学院学报》2009年第1期。

外国调解制度

第十章

匈牙利调解制度

匈牙利位于欧洲中部,是一个内陆国家,其国土面积为 93 030 平方公里,人口 979.8 万(2017 年 1 月)。① 该国经济发达,人均 GDP 已经达到中等发达国家水平。罗马法、奥地利法律和德国法律对于早期匈牙利法制的发展产生了重要的影响。20 世纪中叶至 1990 年,作为社会主义阵营的一员,其法律制度深受苏联的影响。东欧剧变后,匈牙利的法制亟待重构。② 在这一大背景之下,匈牙利借鉴欧盟及其成员国的立法,制定了许多新法律。2004 年 5 月 1 日,匈牙利正式成为欧盟成员国之一。

匈牙利的法院体系分为 4 级,此外还设有宪法法院。③ 最底层的地方法院管辖第一审普通的民商事案件和简单的刑事案件。与劳动争议有关的劳动合同纠纷、社会保障纠纷和劳动行政诉讼由专门的劳动争议法院管辖。第二级法院包括郡法院和布达佩斯城市法院,管辖各郡和首都所在城市的部分一审案件,审查对地方法院和劳动争议法院的裁判不服提出的上诉。第三级法院是地区上诉法院,全国有 5 个。地区上诉法院的职权如下:审理对郡法院的裁判不服提出的上诉案件;在下级法院发生管辖权争议的时候,指定审理法院。最高法院作为匈牙利最高司法机关,受理对郡法院和地区上诉法院裁判

---

① 中华人民共和国外交部:《匈牙利国家概况》,http://www.fmprc.gov.cn,下载日期:2018 年 5 月 2 日。

② Pokecz Kovacs & Attila, Hungarian Law in the First Decade of the 21st Century (Hungarian Law-Comparative Law), *Studia Universitatis Babes-Bolyai Jurisprudentia*, 2011, Vol. 2011, Issue 4.

③ 匈牙利宪法法院由 14 人组成,专门对立法进行违宪审查,不审查具体行政行为。宪法法院是东欧剧变后匈牙利司法改革的重要成果。

不服提出的上诉案件,通过审查生效判决对申请者提供特别救济。最高法院作出的裁判对所有的下级法院都有约束力。[①] 单一的法院模式和有限的法院数量难以解决经济社会转型所产生的大量民商事纠纷。为了缓解诉讼迟延,节约司法资源,匈牙利于2002年制定了《调解法》(Act LV of 2002 on Mediation),由此确立了调解在匈牙利纠纷解决机制中的地位。立法者以实现正义作为纠纷解决的首要目的,设置了较高的调解员准入门槛和严格的调解程序,而这些规则却阻碍了调解制度的推广与普及。如何在正义与效率之间进行平衡与取舍,是今后匈牙利调解制度改革所面临的问题。

一、调解立法概况

(一)2002年《调解法》

21世纪初,为解决诉讼迟延、讼费高昂等问题,匈牙利开始推行司法改革。2002年《调解法》在此大背景下应运而生。该法共44条,自2003年3月27日起施行。新法制定之前,调解主要适用于家事纠纷、消费者纠纷、医疗纠纷等领域。新法颁行后,调解的适用范围不断扩大,其地位日渐提升。

为解决实践中出现的新问题,适应国际调解法发展的新趋势,匈牙利对2002年《调解法》进行过多次修订[②]。受2008年欧洲议会及欧盟理事会《关于民商事调解若干问题的2008/52/EC指令》[③](以下简称《调解指令》)的影响,2009年的修法幅度最大。

---

① 孙万胜等:《关于东欧四国司法制度变革情况的考察报告》,载《当代法学》2008年第1期。

② 2005年第83号法令(Act LXXXIII/2005)、2006年第4号和第109号法令(Act IV and CIX of 2006)、2007年第82号法(Act LXXXII/2007)、2008年第30号法令(Act XXX/2008)、2009年第29号、第47号、第50号和第149号法令(Act XXIX,XLVII,L and CXLIX of 2009),2010年第152号法令(Act CLII/2010)先后修改了调解法。

③ 关于该指令的全文,参见《欧洲议会及欧盟理事会关于民商事调解若干问题的2008/52/EC指令》,陈洪杰译,载张卫平、齐树洁主编:《司法改革论评》(第8辑),厦门大学出版社2008年版。

(二)其他法律法规中关于调解的规定

匈牙利先后于 2002 年和 2008 年修改了 1954 年《民法典》,两次修改增加了许多有关调解的规定。2012 年民法典草案也编入大量与调解有关的法条。1952 年《民事诉讼法》颁布后沿用至今,在近年的修改中,增加了许多有关调解的规定。关于调解费用的规定最早可以追溯到 1990 年的第 93 号法令(Act XCIII of 1990),该法于 2008 年被第 30 号法令(Act XXX of 2008)所替代。

此外,公共管理与司法部(原司法部)①先后颁布了多个行政命令,对调解员以及调解程序作了具体的规定。2003 年第 2 号行政命令(Order No. 2/2003 IM)规范了调解员从业资格的授予;2003 年第 3 号行政命令(Order No. 3/2003 IM)规定了调解员登记的具体规则;2006 年第 3 号命令(Order No. 3/2006 IM)对调解员登记费用作了明确的规定;2009 年第 63 号命令(Order No. 63/2009 IRM)对调解员职业教育及后续教育予以规范。

(三)专业领域的调解立法

长期以来,匈牙利存在诸多专业领域的调解制度,这些制度发展较早,自成体系,特色明显。1992 年第 22 号法令(Act XXII/1992)规定了劳动纠纷中的调解程序,强调在劳动纠纷调解中,调解员必须充分考虑道德因素及社会公共利益;1997 年第 149 号行政命令(Decree No. 149/1997)确立了与儿童权益保护相关的调解规则,这些规则在 2003 年被修改;2002 年,立法机关对医疗纠纷调解进行了相关的立法,发展出一套适用于医疗纠纷的调解模式;2004 年,立法机关对体育运动纠纷的调解进行了立法;2006 年修改《调解法》时增设了刑事调解的内容②。

---

① 在 2010 年的匈牙利大选中,首相奥班(Viktor Orbán)和他的同盟者在议会中获得 2/3 多数,在新组织的政府之中,部委数量减少至 8 个,司法部(Ministry of Justice)处于裁撤之列。因此,匈牙利不再有独立的司法部。原司法部的职权由新成立的公共管理与司法部(Ministry of Public Administration and Justice)行使。

② Roth Erika, New Tendencies in Hungarian Criminal Justice, Lex ET Scientia International Journal, 2012, Vol. 19, Issue 1.

二、调解制度的主要内容

(一)调解的内涵与特征

1. 调解的法定内涵

《调解法》第1条第1款规定:"调解的目的是为双方当事人提供一名调解员,处理他们之间发生的人身或者财产纠纷,纠纷的处理结果不受制定法的约束。"第2条规定:"调解是一种替代传统法庭审理的纠纷解决机制,在调解过程中,双方当事人为解决纠纷,自愿将案件提交给中立第三方,以求达成调解协议,并要求调解员以书面形式记录调解过程。"根据《调解法》的规定,调解须具备以下5个要素:(1)由中立第三方主持。(2)当事人自愿选择调解。(3)调解协议内容不受制定法的约束。(4)处理对象为人身关系和财产关系①。(5)全程书面记录。

2. 调解的特征

调解一般具备以下几个特征:(1)以双方当事人自愿为前提。(2)在中立第三方的协助下完成。(3)程序具有便捷性和灵活性。(4)协议具有契约性。②

除上述一般特征外,匈牙利调解制度还具备其独有的特征:首先,绝对保密性。《调解法》要求所有的调解参与人保密,不仅调解过程中应当保密,调解结束后也必须继续保密。其次,调解协议不具有强制执行力。调解协议能否履行取决于当事人的意愿,调解成功后,当事人依然可以不履行调解协议。最后,严格的程序性。如果一方当事人在第一次听审或者调解协议签署阶段未亲自出席,调解程序自动终止或调解协议无效。

---

① 匈牙利于2006年引进了刑事调解制度,刑事调解适用《调解法》的所有规定。因此,匈牙利调解制度的适用范围不再局限于民商事领域。

② 范愉主编:《多元化纠纷解决机制》,厦门大学出版社2005年版,第322~324页。

(二)调解的类型

1. 民间调解

民间调解是指在非司法性和非行政性的民间组织、团体或个人主持下进行的调解。[①] 其主要包括自然人以自己的名义主持的调解,以及自然人以法人的名义主持的调解。匈牙利民间调解与我国的民间调解有所不同,其差异性主要体现在以下三个方面:一是调解收取费用;二是调解员有严格的资格限制;三是调解员可以进行刑事调解。

民间调解协议不具有强制执行力,需要完善的司法确认机制来保障调解协议的执行。在调解失败的情况下,须由其他纠纷解决机制确保纠纷继续得到及时有效的解决。针对这些问题,修改后的2008年《民事诉讼法》规定:在诉讼过程中,如果双方当事人申请调解,法院应当审查调解的必要性、可能性和可行性。如果法院同意当事人调解,则诉讼程序中止,当事人须在法院作出诉讼中止裁定的6个月内达成调解协议。如果当事人在调解员的组织下达成调解协议且经过法院的司法确认,该协议即具有和法院判决同等的法律效力。如果案件在起诉前已经过调解,原告须在起诉状中写明。虽然《民事诉讼法》改进了诉调衔接机制,但是相较于欧盟其他成员国,该机制仍有很大的完善空间。

2. 在线调解

在线调解是在线纠纷解决机制(ODR)[②]的一种,指当事人在调解员的组织下通过电话会议、电视会议等远程方式进行的调解。在线调解依赖于以高度发达的信息技术为基础的远程交流,对硬件设施要求较高,具有快速便宜、高度机密、避免有争议双方当事人面对面语言交流等优势。[③] 必须明确的是,在线调解的组织者必须是专门的调解机构。在线调解是社会调解的一种具体的实现方式。

在调解立法的框架下,在线调解的正当性备受争议。根据《调解法》的规定,有两个场合双方当事人必须亲自到场:(1)调解第一阶段的第一次听审;

---

① 齐树洁主编:《纠纷解决与和谐社会》,厦门大学出版社2010年版,第98页。
② 范愉主编:《多元化纠纷解决机制》,厦门大学出版社2005年版,第559~562页。
③ 范筱静:《在线纠纷解决机制研究》,载《西部法学评论》2012年第4期。

(2)双方当事人调解成功后调解协议的签署。除此之外,其他程序都可以通过电子签名、网络会议、远程交流等方式进行。该规定限制了全程在线调解的适用。虽然全程在线调解与《调解法》的规定相违背,但是如果当事人通过全程在线调解达成调解协议,那么该协议具有合同效力。法官在重新审理案件时,虽然不会直接认可调解协议,却可能会将其作为合同予以审查,最终裁判结果也往往会采纳该调解协议的处理方案。这一司法实践对《调解法》的效力以及调解协议的公信力产生了不利的影响。因此,很多学者正在讨论修改《调解法》,以增强调解程序的灵活性。[①]

3. 刑事调解

2006年第123号法令首次将调解制度引入刑事司法领域。2001年3月15日施行的《欧洲议会关于受害人在刑事诉讼中的地位的决定》(以下简称《决定》)在匈牙利刑事调解制度的确立过程中扮演了重要的角色。该《决定》第10条要求各成员国鼓励刑事案件中受害人与被告人达成调解协议。对于成功达成调解协议的案件,法院在后续的裁判中必须参考调解协议的内容。

在侦查程序中,检察官如果发现案件可以调解[②],且被害人和犯罪嫌疑人同意调解,其应当宣告中止侦查程序6个月,将案件移交调解。调解员在被害人和犯罪嫌疑人之间斡旋协商,以求达成调解协议。一旦调解成功,犯罪嫌疑人同意赔偿或者保证以其他方式补偿受害人,检察官收到调解协议并确定犯罪嫌疑人履行完毕后,即作出不起诉决定。[③]

刑事调解程序只是一种救济被害人,缓和社会矛盾的特殊方式,并不能代替刑事司法程序,也并非刑事诉讼程序的前置程序或者必要组成部分。整个刑事调解过程中只有两个阶段与检察官或者法官有联系:一是调解开始阶段,检察官或法官认为案件可以调解,把案件提交给调解员;二是检察官作出起诉决定及法官审判时须考虑调解结果。其他阶段与民商事调解一样,刑事调解

---

① Szoke Gergely, Possibility of Online Mediation under the Hungarian Mediation Act, *Masaryk University Journal of Law and Technology*, 2007, Vol. 1, Issue 1.

② 对于可能判处3年以下有期徒刑的案件,检察官有权决定调解;对可能被判处3年以上5年以下有期徒刑的案件,检察官无权决定调解,必须由法官决定。

③ Roth Erika, Ensuring Uniform Administration of Law in Criminal Matters—The Hungarian Way, *Lex. ET Scientia International Journal*, 2010, Vol. 17, Issue 1.

适用《调解法》的规定,由具有执业资格的调解员主持进行,不允许国家机关介入。[1]

(三)调解的基本原则

1. 公正原则(Impartiality)

公正原则是指调解员在调解的过程中客观全面,不徇私情,平等对待双方当事人。《调解法》中的许多条款体现了公正原则。例如:调解员必须是没有利害关系的第三方;任何可能有或者事实上有利益冲突的调解员都必须回避;平等对待双方当事人,不偏袒任何一方当事人;调解员必须竭尽全力、公正尽责地主持调解。

2. 透明原则(Transparency)

透明原则是指调解员有义务向当事人提供与调解程序相关的全部信息。《调解法》规定,在调解的第一个阶段,调解员必须告知当事人重要的注意事项[2],告知一般以口头方式进行。透明原则保障了公众对调解程序的知情权,确保公众对调解的全程监督,增强了调解的公信力。在实践中,调解员必须恰当地处理好透明原则和保密原则的关系。

3. 保密原则(Confidentiality)

保密原则是调解最重要的原则之一,该原则包含三个方面的要求:(1)当事人可以以保密的方式向调解员提交信息、证据和意见;(2)调解员对在调解过程中知悉的各种信息负有严格的保密义务;(3)双方当事人在调解过程中使用的物证,证人证言以及书证只能在本案的本次调解中使用。

4. 保证调解质量原则(Quality of Mediation)

高效率与低成本是调解制度设立的初衷与正当性依据。保证调解质量原则即要求调解程序公正、高效便捷、成本低廉。为了保证调解质量,《调解法》不仅对调解员的任职资格以及后续监督有严格的规定,还要求调解程序必须全程书面记录,调解须在规定的时限内终结,法院在确认调解协议时必须严格把关。

---

[1] Roth Erika, New Tendencies in Hungarian Criminal Justice, *Lex. ET Scientia International Journal*, 2012, Vol. 19, Issue 1.

[2] 《调解法》第30条列举了须通知的信息:调解的原则和调解协商的主要阶段;快速高效地达成调解协议;调解程序的费用;调解员和专家的保密义务等内容。

三、调解员制度

(一)调解员资格申请制度

匈牙利调解员分为两类:自然人调解员和法人调解员。调解员资格的获得实行许可制,只有在公共管理与司法部登记注册过的自然人或者法人,才可以从事调解活动。自然人成为调解员前,须接受专门的职业教育①。只有获得公共管理与司法部颁发的证明其拥有必备的理论知识和实践经验的声明,自然人才可以申请调解员执业。符合调解员职业资格申请条件的自然人或者法人向公共管理与司法部提出申请,经审查,对于符合条件的自然人或者法人,予以登记注册,申请人即具有了调解员资格。自然人取得调解员资格之后必须继续接受后续的职业教育。公共管理与司法部定期对调解员进行监督考核,未通过考核的调解员将被撤销调解员资格。由于任职资格要求比较高,大部分调解员都是律师出身。

自然人申请登记成为调解员须符合以下条件:完成了公共管理与司法部要求的职业教育;没有刑事犯罪记录,没有被禁止调解员从业;没有被吊销过调解员从业资格;完全民事行为能力人;拥有高等教育学历且有5年以上的相关领域工作经历。法人申请登记成为调解员须符合以下条件:调解活动属于营业执照上登记的主营业务;雇员或者成员或者次承包人具有调解员职业资格且未被相关部门暂停执业。

匈牙利并没有限制调解员的国籍。在《调解指令》颁布之前,匈牙利就允许外国人申请调解执业。查询公共管理与司法部的相关法人调解员的登记信息,可以发现法人调解员偏爱于在其名称前加上"国际"一词。

---

① 《调解指令》发布之前,匈牙利没有法定的调解员职业教育,调解员教育课程主要由国家调解员委员会提供,也可由调解员自学。2009年公共管理与司法部发布行政命令,对调解员职业教育以及后续教育进行了全面的规范。职业教育的内容包括理论和实践两个部分,调解员必须定期参加。

(二)调解员资格撤销制度

自然人调解员或法人调解员可以自愿停止调解执业,停止后须到相关部门进行登记。调解员被终止调解执业更普遍的原因是被相关部门撤销执业资格。根据《调解法》的规定,公共管理与司法部可以如下事由撤销自然人的调解员资格:永久性身体残疾且无法再胜任调解工作;不再符合《调解法》第5条规定的调解员申请条件;申请调解员资格时不符合《调解法》第5条规定的申请条件;在公共管理与司法部的后续调查中,不符合要求;无法完成后续的职业教育;自然人死亡。公共管理与司法部可以如下事由撤销法人的调解员资格:管理部门的命令或法院的撤销判决;不再符合《调解法》第5条规定的法人调解员申请条件;从事调解活动的所有雇员或成员的调解员资格被撤销;在公共管理与司法部的后续调查中,不符合要求。公共管理和司法部将调解员从登记注册名单中删除后,该调解员即不再具有调解员资格,且在此后的5年内不得重新申请。

(三)调解员登记制度

自然人调解员须在公共管理与司法部登记如下信息:姓名;出生地、出生日期、母亲未出嫁前的姓氏;学历证书、其他资格证书、相关专业领域从业时间证明、调解员培训结业证明;注册时间、注册序号;开始或终止执业活动的时间证明;外语能力证明;擅长处理的纠纷种类;办公室地址;如果被法人雇佣,法人的地址;主持调解活动的地址与法人登记地址不一致时,主持调解活动的地址;办公室联系方式、住址、工作地址;是否为专业协会成员。法人调解员须登记的信息包括:法人的名称;法人的总部;法人的注册号、管理部门名称、注册地法院名称;具有调解员资格的雇员姓名;法人组织调解活动的地址与登记注册的地址不一致时,主持调解活动的场所;登记注册的时间、处理纠纷的数量。

调解员的登记信息,除了出生地、生日、母亲未出嫁前的姓氏、住址和工作地址外,都属于公共信息,公民可以通过公共管理与司法部的网站查询。公共管理与司法部须以公报形式及时公布这些信息。

(四)调解员的义务

调解员负有忠实、勤勉、保密、公正的义务。根据《调解法》的规定,从调解第一起案件开始,调解员就应当按照受理时间对案件进行编号归档,记录所有经手案件的调解过程。记录的具体内容包括:调解开始的时间;双方当事人的姓名和住所;调解结束的时间;如果有代理人,代理人的姓名和联系方式,及其是否积极参与调解;调解的费用。调解记录必须保存10年以上。保存的目的有两个:一是确定调解程序开始的时间;二是明确成功的调解中调解协议的具体内容或者失败的调解中调解终结声明的内容。[1] 调解员必须在每年的1月31日之前向公共管理与司法部汇报上一年度的如下信息:办理案件的数量、调解成功的案件的数量、调解失败的案件的数量和性质。

四、调解程序

(一)调解程序的启动

调解应以尊重当事人的意思自治为价值取向。因此,程序的启动应当基于当事人的调解合意。[2] 根据《调解法》的规定,在提交给调解员的案卷材料中,应有一份当事人表示愿意选择调解作为纠纷解决方式的声明。这份声明的签署与提交,标志着调解程序的正式启动。调解程序一开始即产生诉讼时效中断的效力。

调解员接受当事人的调解申请后,首先会正式通知当事人,并告知他们有权委托代理人参加调解,而后组织第一次调解听审。在调解的第一次听审中,调解员必须告知当事人如下信息:调解的原则、调解的阶段、调解的费用、调解员的保密义务、当事人对于保密事项的选择权、法律法规规定的其他应当告知当事人的信息。调解活动一般在调解员登记的场所进行,也可以在双方当事人同意的其他场所进行。

---

[1] Klaus J. Hopt & Felix Steffek, *Mediation: Principles and Regulation in Comparative Perspective*, Oxford University Press, 2012, pp. 617～619.

[2] 范愉主编:《多元化纠纷解决机制》,厦门大学出版社2005年版,第358页。

(二)调解员的选任和回避

根据自愿原则,当事人可以自由地选择一人或者多人担任案件的调解员,以及自由地更换调解员。根据《调解法》的规定,当事人可以书面、邮件或者其他方式选择调解员。如有必要,双方当事人可以同时选择两个或者两个以上的调解员。调解员应当在接到当事人的调解申请之日起8日内决定是否接受。无论最终接受与否,调解员都必须以书面形式作出答复。调解员确定之后,当事人与调解员须签订一份委托调解员的协议(Mediator Agreement)①,该协议须包含如下内容:当事人的姓名、工作单位、住址、工作单位地址;自然人调解员的姓名或法人调解员的名称;法定代表人的姓名、地址;纠纷的种类、性质;调解使用的语言。

如果调解员与案件存在利益冲突,必须回避。《调解法》规定的调解员回避事由包括:调解员是一方当事人的代理人;调解员是一方当事人的近亲属;作为调解员的法人被一方当事人控制;调解员因合同或成员关系被一方当事人控制;因其他原因与案件有利害关系。如果调解员在之前的5年内担任过一方当事人的代理人或被一方当事人雇佣过,则有义务向另一方当事人披露。对方当事人知情且同意该调解员继续主持调解,该调解员可以不回避。调解员、代理人、专家或者已回避的调解员,禁止在调解失败后的仲裁程序或者与此案相关的其他案件的仲裁程序中担任仲裁员,禁止在后续的诉讼程序或者与此案相关的其他案件的诉讼程序中作为专家证人或者一方当事人的诉讼代理人,除非对方当事人知情且同意。

(三)调解程序的开展

一般而言,调解程序由两个部分组成:准备程序和正式程序。

准备程序是调解正式开始前的准备阶段,主要活动包括:签订同意调解的协议;选择调解员;了解调解规则;调解员讲解调解原则和注意事项;当事人提供各种材料;签订委任调解员的协议等。

---

① 调解过程中可能出现三份协议:第一份协议是同意调解的协议;第二份协议是选择调解员的协议;第三份协议与程序终结有关,如果调解成功,签订调解协议,如果调解不成功,则可能会有一份终结调解程序的协议。

在正式程序中,调解员须听取双方当事人的意见,确保双方当事人得到平等的对待。调解员主持调解程序,可以同时听取双方当事人的陈述,也可以分别听取双方当事人的陈述。调解员在征得双方当事人的同意后,可以申请专家协助调解,也可以采访知晓案件情况的其他人。整个调解程序所使用的语言不受限制。①

在调解的过程中,当事人有权委托代理人。代理人可以是律师,也可以是其他具有完全民事行为能力的人。除非法律有特殊规定,在正式的调解程序中,当事人应当亲自到场。② 在调解的第一次听审中,如果一方当事人缺席,调解程序中止。一方当事人是法人的,其法定代表人也必须在第一次调解听审时和调解协议的签署阶段到场。

(四)调解的终结

调解有两种结果:调解成功,达成调解协议;调解失败,终结调解程序,转入其他纠纷解决程序。

如果调解成功,当事人应当签署调解协议。双方当事人和调解员都必须在调解协议上签名。调解协议一式三份,双方当事人和调解员各执一份。调解协议的履行可以是当事人的自愿履行,也可以是在协议获得强制执行力之后申请强制执行。调解协议经过法院的认可或者公正机构的认证之后才具有强制执行力。诉讼中当事人申请调解而且法院同意调解的,当事人在调解员帮助下达成的调解协议提交法院而且被法院认可之后,具有和法院判决一样的效力。

如果调解失败,当事人可以通过签订一份协议的方式终结调解程序,也可以通过以下方式来终结调解程序:一方当事人将其撤回调解的申请通知另一方当事人以及调解员;双方当事人同时向调解员申请终结调解程序;同意调解的声明签订4个月之后,双方当事人对案件争议尚未达成调解协议。

---

① Klaus J. Hopt & Felix Steffek, *Mediation: Principles and Regulation in Comparative Perspective*, Oxford University Press, 2012, pp. 610~619.

② 该规定在实践中有了新的发展,现在只要求当事人在调解第一次听审和调解协议的签署阶段必须亲自到场。

(五)调解的费用

当事人必须支付调解费,调解费包括调解过程中支付的相关费用和调解员的劳务费。调解员可以要求当事人提前支付调解费用。案件的费用由双方当事人和调解员协商决定。调解员劳务费因调解时间以及调解员经验的不同而有所区别。平均而言,调解员的调解服务费是5千~5万福林(匈牙利货币)/时。调解协议对调解费用的承担有约定的,按照协议履行。调解协议无约定的,调解成功,双方当事人平摊调解费用;调解失败,调解员的劳务费双方平等负担,当事人各自支付自己参加调解所支付的费用,听证费用、专家费用和证人出席的费用由主动提出申请的一方当事人承担。调解结束之后,调解员须制作一份对调解过程的各种费用进行了详细记录的账单,并且必须附上相关票据。

为推广调解制度,2008年《调解法》修改时引进了费用激励制度。当事人在调解过程中积极参与调解,费用可以减半收取。在第一次调解听审结束后,当事人积极参与调解,法院在后续的程序之中认可了当事人达成的调解协议,与法院相关的费用可以减半收取,但减免金额不超过5万福林。在费用减免的所有情形中,收取的费用不能低于无减免条件下的应收取费用的30%。此外,下列案件不允许减免费用:不符合调解程序适用条件的案件;当事人违背调解协议,因同一事实再次向法院提起诉讼。

五、调解制度的运作效果

作为一项新的纠纷解决机制,匈牙利调解制度从无到有,从不完善到相对完善,从部分领域到所有民商事领域,满足了纠纷解决多元化的需求。调解制度与诉讼制度功能互补,因此在一定程度上降低了纠纷解决的成本,提高了当事人解决纠纷的主动性,增强了纠纷处理的灵活性,缓解了当事人之间的对抗,由此减轻了法院的受案压力,节约了司法资源。

匈牙利调解制度确立之后,始终以一种温和的方式发展。尽管登记注册的调解员的数量比较多,事实上调解案件的数量并不多。根据相关数据显示,2003年调解案件数为395件,2007年增加到1729件,2008年则减少到1559

件。在上述案件中,2003年调解成功343件,成功率为87%;2007年调解成功1135件,成功率降低到76%;2008年调解成功1038件,成功率为77%。总的来说,调解制度在匈牙利的使用频率比较低。① 究其原因,研究者认为可能和立法者的认识以及调解制度的设计有关。

匈牙利立法者始终坚持实现正义是纠纷解决的首要目的,调解也不例外。为保证调解的公正性,必须制定严格的调解程序。调解员是调解的组织者,其个人的学识、品行和经验对调解公正性的实现至关重要,因而,必须对调解员的资格提出严格的要求。在这一理念的指导下,《调解法》设置了较高的调解员准入门槛和严格的调解程序。这些规则与调解所要求的灵活性和高效性相违背,严重阻碍了调解制度发挥其应有的作用。在实践中主要存在以下问题:

1. 调解模式单一。匈牙利只有民间调解,尚未构建法院调解、行政调解等其他调解模式。自然人或者法人具有调解资格并且在公共管理与司法部登记之后方可成为调解员。禁止没有调解资格的主体主持调解的做法虽然可以保证调解的质量,但是严重影响了纠纷的及时有效解决。

2. 调解与诉讼衔接机制不完善。在匈牙利,调解是调解,诉讼是诉讼,适用两套不同的程序,由两套完全不同的人员主持。《调解法》对于诉调衔接机制的程序规定较粗疏。如果调解失败,进入诉讼程序,与未经调解直接起诉程序一样。由于没有建立法院附设调解制度和诉讼中调解制度,诉讼中当事人申请调解,与纠纷发生之后直接调解的程序一样。因此,对于调解成功率比较低的纠纷,当事人往往更愿意直接诉诸诉讼。

3. 调解协议执行难。调解协议不具有强制执行力,能否实现取决于当事人的意愿。只有得到法院认可或者经过公证机构认证之后的调解协议才具有强制执行力。但法院认可或公证机构认证都须另行支付费用。

4. 调解程序僵硬单一。具体表现如下:调解过程必须全程书面记录;当事人必须亲自出席首次听审和调解协议签署两个阶段;限制全程在线调解的使用;包括刑事调解在内的所有调解适用完全一样的程序步骤。上述规定与调解的宗旨相悖,不利于纠纷的灵活解决和调解制度的推广。

---

① Klaus J. Hopt & Felix Steffek, *Mediation : Principles and Regulation in Comparative Perspective*, Oxford University Press, 2012, p. 619.

第十一章

奥地利调解制度

奥地利共和国位于中欧南部,国土面积 83878 平方公里,人口 881.75 万(2017 年 11 月)。议会由国民议会和联邦议会组成,国民议会负责制定法律,联邦议会则有权将国民议会通过的法律提案驳回。全国划为 9 个州,州下设市、区、镇(乡)。奥地利法院系统分为宪法法院、行政法院与普通法院三类。[①] 20 世纪 70 年代以来,替代性纠纷解决机制(ADR)在世界范围内迅速兴起,调解作为其中最重要的纠纷解决方式,在各国纠纷解决实践中发挥了重要的作用,形成了许多行之有效的做法。[②] 欧盟各成员国开始规范调解行为的时间相对较晚。其中,充满开拓精神的阿尔卑斯山脉国家——奥地利成为欧洲调解制度发展的先锋。受到美国调解制度蓬勃兴起的启发,奥地利较早实现了调解的制度化。随着《奥地利调解法》(Austrian Mediation Act)的颁布与司法改革的推进,奥地利俨然成为欧洲调解制度的一个代表性国家。

一、奥地利调解制度的发展背景

(一)立法层面

进入 21 世纪后,与调解有关的立法活动在欧盟各国呈现出生机勃勃的态

[①] 中华人民共和国外交部:《奥地利国家概况》,http://www.fmprc.gov.cn,下载日期:2018 年 5 月 20 日。

[②] 一般认为,ADR 的主要形式为调解、仲裁和协商。尽管随着规模的扩大,目前 ADR 名目繁多,但大多数仍是以上三种重要方式的派生形态。其中,调解是最常见和最重要的 ADR 方式,也是所有其他形态的基础。参见齐树洁主编:《纠纷解决与和谐社会》,厦门大学出版社 2010 年版,第 94 页。

势。在法国,民商事领域内的调解被纳入1996年《民事诉讼法》之中;英国于1998年首次在《民事诉讼规则》中规定了调解;德国《法庭外争议解决促进法》于1999年颁布;葡萄牙有关调解的法律于2001年通过;奥地利于2004年开始实施《奥地利调解法》;保加利亚2004年开始制定有关调解的法律;波兰2005年立法规定在民事案件中适用调解;2012年德国联邦议会通过了《促进调解及其他诉讼外冲突解决程序法》,以表征变迁中的德国冲突解决文化。

上述各种有关调解的规定皆始于对以下根本性问题的回答,即调解是否需要首先由立法进行规范。奥地利选择了相对密集的立法形式,以保护消费者、提高调解的适用、提升法律稳定性以及将调解与提供法律意见区分开来。《奥地利调解法》通过详细的条款规定了建议性调解委员会、调解员注册制度、注册调解员的权利和义务、诉讼时效与时效中断、培训机构以及对调解员的培训等重要内容。与奥地利相比,有些国家(例如英国和荷兰)则尽量限制对调解的立法,以避免因为制定了不成熟的法律而妨碍当事人的创造性,以及在非急需的情况下限制调解的灵活性。因此,英国《民事诉讼规则》只选择性地规定了一些事项,如费用问题,而将对调解程序的设计、调解员培训和规范留给了私人联合组织以及市场中的自治力量。采用不同于上述两类方法的国家,则试图通过立法活动来解决调解的自愿性与保护公民不受渎职侵犯的冲突。

(二)实践领域

当调解制度在澳大利亚和美国等国家充分建立并运作起来时,奥地利的调解制度和其他替代性纠纷解决机制仍处于萌芽期。时至今日,替代性纠纷解决机制已经成为奥地利纠纷解决研究领域学术讨论与政策制定的聚焦点。调解在家庭纠纷、校园纠纷、商事领域纠纷(民事法)、环境冲突(行政法)以及"受害人—加害人"调解(刑事法)制度中发挥着越来越显著的作用。[①] 在奥地利,有一系列职业和职业化的工作提供着传统意义上的类似于调解的服务。这些职业领域包括指导、顾问、精神心理治疗、心理咨询、团队动力学、组织机构发展、法律、仲裁和管理学。作为一项新兴发展的职业,奥地利的现代调解

---

① [澳]娜嘉·亚历山大主编:《全球调解趋势》,王福华等译,中国法制出版社2011年版,第62~63页。

制度不断发展与改革,并继续在基础性技巧、实用知识和科学理念方面影响着上述这些学科领域。因此,调解实践的先驱大多拥有心理学和治疗学背景,他们创造了大量富有改革性和推动性的调解范例,这些范例已成为调解文化主要追寻的对象。在非私下沟通的情况下实现调解的便捷与顺畅,成为调解员训练主流模式关注的焦点。换言之,双方当事人之间的合作会谈始终贯穿于整个调解过程。此外,对于当事人而言,相较于连续性的会谈,他们更普遍的是选择多方调解会谈模式。基于对这两个特点的考虑,奥地利调解训练模式与美国的模式存在很大的不同。

二、奥地利调解立法概况

(一)立法的背景

2003年,奥地利率先颁布了欧洲第一部调解法,该法被认为是欧洲首部法典化的调解规定。早在1999年,奥地利就已经确立了有关家事纠纷调解的法律规则。《奥地利调解法》的立法目的主要有以下两点:首先,以不涉及描述具体调解模式或者调解程序的方法,促进并实现调解实践标准的高质量;其次,通过立法增进公众对于调解这种新型纠纷解决方式的认知与信心。[1] 然而,与德国《促进调解及其他诉讼外争议解决程序法》(通常简称为《调解法》)的综合性不同,[2]《奥地利调解法》仅规范民事纠纷领域的调解活动。该法涵盖了诸如调解员的保密义务、诉讼期间迟延等与纠纷解决实践密切相关的核心因素。该法还规定,为使调解制度能够引起诉讼参与人的足够重视,法院应告知诉讼双方当事人采用调解的可能性。

---

[1] 有关介绍奥地利调解立法的数据和内容,除非另有注释,均参考 Klaus J. Hopt & Felix Steffek(eds), *Mediation: Principles and Regulation in Comparative Perspective*, Oxford University Press, 2012, pp.7~54.

[2] 为从根本上改善德国法律文化中悠久与浓厚的辩争色彩与对抗制因素,德国《调解法》具有综合性立法,全面规范所有类型的调解。参见张泽涛、肖振国:《德国〈调解法〉述评及其启示》,载《法学评论》2013年第1期。

根据欧洲议会及欧盟理事会《关于民商事调解若干问题的 2008/52/EC 指令》的要求,奥地利于 2011 年颁布实施了《奥地利欧盟调解法》(Austrian EU-Mediation-Act)。根据该法的规定,《奥地利调解法》除适用于本国民事案件的调解,还可适用于国际民商事案件以及由注册调解员主持的跨国调解案件,《奥地利调解法》的作用范围因此进一步扩大。但该法本身的适用范围却仅限于由未按《奥地利调解法》的规定进行注册的调解员所主持的跨国调解案件。①

(二)制定的过程

奥地利的调解立法可以追溯到附属于法院的"受害人—加害人"(Victim-offender)调解制度模式,这种模式从 1985 年开始适用于针对未成年加害人的庭外纠纷解决。② 调解作为一种纠纷解决机制,在"受害人—加害人"调解模式下经常被用于解决家庭纠纷、在学校里开展的同龄人调解项目(peer mediation)、商业以及劳动纠纷和逐渐增多的环境污染纠纷。20 世纪 80 年代末期,美国民事调解制度影响了奥地利调解立法的方向。许多奥地利人参加了在美国举办的有关民事调解制度的研讨班和培训班,与此同时也有许多美国的调解培训师来到奥地利,开展指导当地的调解员培训项目。在接受了美国调解职业的系统化训练之后,奥地利调解法的先驱在 1994 年创立了名为"适用于法庭调解的家庭顾问——为父母离异和分居的孩子提供帮助"的项目(Pilot Project on Co-Mediation),该项目成为奥地利调解立法向前迈出的又一重要步伐。

在 20 世纪 90 年代司法部与家事部联合开展的一项调查的基础上,调解首次被认为可用于化解 1999 年颁布的《婚姻法修正案》所调整的离婚或分居

---

① Roth Marianne & Stegner Marianne, Mediation in Austria, *Yearbook on International Arbitration*, 2013, p. 368.
② "受害人—加害人"调解模式是德国最先发展起来的调解形式,且在理论和实践中均获得了赞同。1985 年开始的第一个试行项目肇始于青少年领域。对于青少年犯罪,如果该青少年认真尝试"受害人—加害人"调解,那么检察官办公室可能会免于启动正式程序。对于成年人犯罪,如果该成年人采用了调解,那么允许检察官推迟或者免于正式指控行为不端的被告。而且,在这样的案件中,如果允许调解,那么检察官可以在宣判前降低指控,法官亦可对被告人减轻处罚或者免除一项最高刑为一年监禁的刑罚。

类纠纷。自此,调解开始主要适用于家事纠纷。2001年颁布的《未成年人监护法》也规定了未成年人监护权纠纷的调解。此外,《民事诉讼法》《刑事诉讼法》以及有关律师、公证员行为规范的专门规则中亦有调解制度的相关规定。《民事诉讼法》明确规定法院应积极组织当事人调解,以达成互利的纠纷解决方案。但直到用于规范固定类型的社区纠纷与劳工纠纷的调解活动的《奥地利调解法》颁布后,调解才被正式纳入纠纷解决机制。《未成年人监护法》表决通过期间,国民议会通过一项旨在促进司法部起草一部综合性调解法的决议。由于议会无法持续召开,《(部长级)调解法草案》(以下简称《草案》)在形成之初并未引起足够的重视。《奥地利调解法》在《草案》的基础上形成,并增添了一些新内容。该法废除了《民事诉讼法》针对离婚纠纷及未成年人监护权纠纷调解的部分不同规定,其大部分内容于2004年5月1日生效。

作为典范,《奥地利调解法》推动了欧洲各国的调解立法进程。2005年颁布的列支敦士登《民事案件调解法》、2008年颁布的斯洛文尼亚《民商事调解法》以及2012年颁布的德国《促进调解及其他诉讼外争议解决程序法》均以《奥地利调解法》为蓝本。自2003年颁布以来,除增补《调解员培训规则》[①]外,《奥地利调解法》从未被修改过。在《奥地利调解法》的起草过程中,司法部受权力配置所限,无法顺利开展起草工作,因此曾对联邦政府管理调解活动的权限与能力提出质疑。此外,大多数法律评论员都对《草案》提出批评。批评内容之一是将该法适用范围局限于民事调解活动的立法原意的做法会导致案件性质分析与纠纷解决的分离,有悖于调解的本质要求。另一个主要的批评在于《奥地利调解法》的制定可能会造成法律的不确定性,特别是《草案》中对调解员任职资格的限定,使得那些未经法定注册的调解员开展的调解活动成为刑事犯罪行为。该规定在表决通过前被废除,未注册的调解员也可以继续调解民事纠纷而不被认定为犯罪。现在,《奥地利调解法》的规定被公认为比较合理适度。

(三)《奥地利调解法》附注

依照奥地利的立法传统,法案的附注内容对法规解释至关重要。解释法

---

① 尽管《调解条例(草案)》规定调解员的培训标准实行自我调整的原则,《奥地利调解法》却赋予奥地利司法部发布调解员培训准则的权力。

律条文时参照附注的做法被称为"历史解释"方法,是法律解释工作中公认的准则。该准则不仅适用于法学研究领域,还常被用在法院司法解释的实践中。因此,《奥地利调解法》的附注内容在学术文献的写作及法律解释的过程中被频繁引用,其主要内容包括以下三个方面:(1)监管目标。附注中注明该法的监管目标在于通过确立调解的法律规定,保证调解的质量、扩大调解的适用并确立调解员的培训标准以及统一民众对调解服务的认识,使调解员的职业区别于其他类型的法律职业。《奥地利调解法》表决通过前,由于各调解机构提供的调解员培训在标准、持续时间和强度等方面差异较大,政府部门很难评定各类针对调解员专业技能的培训服务的质量高低。制定该法的另一个目的在于降低不规范的调解行为或不符合专业标准的调解行为给当事人带来的风险,尤其是在调解家事与商事等涉及实质性个人权益与商业利益的纠纷时。(2)监管内容。《奥地利调解法》开篇即对调解的定义作了法律说明,随后概述了有关调解的部分主要内容,包括建立调解咨询委员会,正式列入调解员名单的标准与手续,登记成立专门的民事调解培训机构或开展此类培训课程的要求与程序,登记名册的维护,注册调解员的法定权利与义务,调解时效与时效中止等。该法对那些所谓"自由从业"的调解员的权利义务以及新成立的公益调解机构的工作人员的法定义务不作规定。(3)适用范围。尽管一些学者主张《奥地利调解法》应全面调整所有类型案件的调解活动,事实上该法仅适用于规范民事纠纷的调解。在《奥地利调解法》中,"调解"特指民事案件的调解,正如该法第一章所述:"调解是指专门调处原由普通民事法庭司法管辖的民事纠纷的系列活动。"

三、奥地利调解制度的主要内容

(一)调解的定义

调解所具有的随意性以及部分的超越司法性,都可以用来解释为什么在适用于公众的法律、法规和适用于私人之间的诸如标准合同、行业自治章程、行为准则中,关于调解的概念和相关细则具有相当程度的多样性。在奥地利,对于调解制度及其深层次隐含的调解哲学在内涵上有着多样化的差异性界定。在实践中,关于调解的定义更多地参考了立法和调解行业的规定。因此,《奥地利调解法》中关于调解的定义往往会引起调解实践者的特别关注。根据该法的规定,调解被定义如下:(1)调解制度是由纠纷双方自愿进行的,由一个具备相应资格的中立谈判代表运用经调解双方认可的方法,通过有组织、系统化的促成纠纷双方交流的方法,协助他们达成合意解决彼此间纠纷的程序。(2)民事案件调解指的是适用于民事案件的调解,即指那些民事法庭具备管辖权的案件。该定义将当事人的利益基础作为调解程序的首要特点,以促成当事人通过谈判解决纠纷。这一定义被奥地利调解法的实践者和理论研究者广为接受。产生这种结果的原因也许是由于许多奥地利调解法的先驱们都是心理学家或者是精神治疗师出身,而且在调解训练和实践中采用的最普遍的是辅助型和转变型(facilitative and transformative)的调解模式。《奥地利调解法》将调解确定为一种对当代奥地利市民社会发展具有重大潜在推动作用的纠纷解决机制。同时,该法还提供了一个使民事调解程序得以开展所遵循的法律框架。《奥地利调解法》并未直接对调解程序本身作出规定,而是就调解制度与商业咨询、法律服务、顾问辅导以及心理治疗等领域作了划分。

通常认为,调解是指一种由作为中立第三方的调解员主持的,促使双方乃至多方当事人在意思自治的基础上,就纠纷解决达成一致协议的非正式程序。该定义遭到广泛批判。为此,立法者参照美国佛罗里达州法律,于2003年修改了"调解"的法定含义。在重新界定的调解程序中,调解员的主要工作被认为是协助纠纷当事人明确自身角色、明晰双方利益的共同点与冲突所在,在此基础上探求纠纷解决的最佳方案。此类协商模式可被认定为遵循了"对抗中寻求合作"的调解基本原则。调解被重构为一种基于当事人自愿参与的程序,在该程序中,没有司法裁判权的调解员系统化地辅助当事人进行交流,从而让当事人自行承担解决他们之间纠纷的责任。调解的自愿性以及当事人对调解方案的接受,从根本上带来了对实质正义的期待,以及对当事人有利的调解结果。从这个意义上看,调解是合同的程序性化身。

(二)调解的类型

调解是若干解决纠纷的程序中的一种。与法庭审理程序的权威性、依照法定程序进行以及以诉求为导向相比,它能够提供一种更灵活的、自我决定的方式。该方式可以将冲突的方方面面都考虑进来,却不涉及冲突的法律特质。

正是由于这些原因,与司法程序相对应的调解一般被定位为替代性纠纷解决机制的一种。考虑到调解与庭审程序的关系,可以将调解分为三类:(1)私人调解:与庭审程序完全无关。(2)法院转介调解:从制度上看与司法程序有关,程序上却作为独立的制度,与法院分离。(3)司法调解:在地点与人事上都与法院和法庭程序密切相关。①《奥地利调解法》对上述三种类型的调解均作了明确的规定。

1. 私人调解

奥地利法律不要求法院通过裁定启动调解程序。根据调解的法律定义,调解的特质在于对自愿原则的综合利用。在1997年进行的一项司法审查中,由于缺乏相应的法律规定,强制调解被最高法院宣布违法。奥地利法律也不会强制当事人参加调解的信息发布会。根据《奥地利调解法》的规定,双方同意调解并不意味着当事人不可以在调解前或调解中决议将纠纷重新提交普通法院审理。原则上,当事人就同意调解达成的契约不具有强制性,不能阻碍其回归司法程序。就具体的调解而言,问题在于在尚未启动调解程序的情况下,当事人的权利主张是否已经过充分考虑。一旦当事人决定在诉讼过程中调解,诉讼程序只有在调解失败的情况下才会继续进行。但如果当事人达成调解协议,诉讼自动终止,双方还会将终止诉讼的约定作为条款之一列入调解协议。

2. 法院转介调解

《奥地利调解法》将法院转介调解程序纳入调整范围并作了详细的规定,同时相应地修正了《民事诉讼法》的部分内容。根据该法的强制规定,法院应在合适的案件中,引导当事人选择其他的替代性纠纷解决机制,以更有效地协助冲突双方达成互利共赢的解决方案,其中就包括调解。

3. 司法调解

对于司法调解,《奥地利调解法》既没有明文规定,也没有将其明确排除在调整范围之外。根据该法的规定,法官在庭审中指挥当事人协商解决纠纷的尝试明显不属于调解。同样,在单独召开的强制性调解听证会中,法院促使当事人达成和解协议的尝试,亦不属于《奥地利调解法》定义的调解的范畴。上

---

① [德]Felix Steffek:《欧洲国家的调解概述》,吕芳译,载《法律适用》2011年第8期。

述做法之所以不被认可为法定的调解类型,一是自愿性的缺乏,没有尊重和体现当事人的意思自治;二是调解员不适当,《奥地利调解法》禁止决策机构充当调解者。

(三) 调解前置程序

通过调解,当事人可以期待获得比司法程序更快,也更低成本的纠纷解决方案。除此之外,调解通过将纠纷解决方式私人化,帮助减轻司法沉重的案件负担,降低司法成本。因此,另外两个阿尔卑斯山脉国家——瑞士和列支敦士登,均规定当事人在将纠纷诉至法院前必须先经过调解,此即强制性调解前置程序。在《奥地利调解法》颁布之前,调解并非民事诉讼的前置程序,其仅作为社区纠纷与劳工纠纷这两类固定类型案件的替代性纠纷解决机制之一。随着立法中部分新的权利的确立,《奥地利调解法》最终确定上述两类纠纷亦实行调解前置。该规定的目的之一在于借此程序控制因社区法律的修正引发的社区纠纷诉讼案件数量猛增的现状。由于业主纷纷起诉转基因生物给其财产带来了巨大损害,并相应地起诉索赔,《基因工程法》也规定此类纠纷适用调解前置规则,以缓解诉讼压力。

四、奥地利调解员制度

(一) 调解员队伍的建设

随着《奥地利调解法》的颁布,奥地利的调解员数量迅速增长。联邦调解员协会(Austrian Federal Association of Mediators)发布的报告显示,近10年来调解员的数量一直保持增长趋势:从2003年的500人到2004年中期的900人,再到2005年1月的2500人。2012年1月的数字为2400人,稍有下降。根据《奥地利调解法》附注的预测,2003年调解员的人数(即当年奥地利联邦调解员协会的会员数量)为500人;2004年至少达到993人;2005年累计新增1413名调解员;而到2007年,调解员总数将突破3600人。基于登记数据的有力支持,调解被断言为一项设置合理、运行良好的替代性纠纷解决机制。① 在此基础上,奥地利诞生了一批规模较大的专业调解组织,主要包括调解员协会(Austrian Association of Mediators)、网络调解组织(Network Mediation)、企业调解论坛(Forum Wirtschaftsmediation)、审计商会附属调解委员会(Mediation Committee of the Chamber of Commercial Trustees)、商业调解协会(Society for Business Mediation)。

奥地利对调解员职业的规范实行激励模式,该模式允许任何人充当调解员,无须经过许可。尽管如此,对当事人有利的一些规定,如保密性条款和保证调解质量等只有在调解是由注册的调解员主持时才适用。该做法引导当事人倾向于委托注册调解员,由此激励调解员努力争取满足注册所需的能力要求。根据《奥地利调解法》的规定,"调解员的中立性责任、保密规则以及诉讼时效和时效中断都只有在如下情形中适用,即选中的调解员是司法部注册的调解员"。此外,奥地利现行有效的调解规则包括《奥地利调解法》和《奥地利欧盟调解法》,区分二者适用范围的关键因素就在于主持调解活动的调解员是否经过注册。② 如前所述,根据两部规则的职能划分,未注册的调解员所主持的跨国调解案件只能适用《奥地利欧盟调解法》。从2010年中期开始,随着2419名调解员陆续完成登记注册,注册调解员的总数基本固定。共计2400名左右的注册调解员为约800万奥地利常住居民提供调解服务。据此,每100万居民拥有300名注册调解员(即每名注册调解员可为3300位居民提供调解服务)。立法者已经预见到注册调解员数量将会减少,并将该现象理解为调解服务市场宏观调控与后续整合的必然结果。由于对注册调解员数量的预测过于乐观,《奥地利调解法》为此规定首次登记在案的调解员须在5年后重新注册。重新注册应符合5年间累计参加至少50个小时的调解技能培训的条件,并交纳293欧元手续费及每年70欧元从业保险费,该保险一般由专业协会提供。

---

① 最新数据显示目前注册调解员的总数有所减少,与《奥地利调解法》附注中预测的人数差距明显。

② Roth Marianne & Stegner Marianne, Mediation in Austria, *Yearbook on International Arbitration*, 2013, p.368.

(二)调解技能的培训与认定

诚如有些学者所言:"当代世界纠纷解决的实践中发展出的评价性或指导性调解模式,正是利用了当事人对调解员专家身份和权威性的信赖,将调解与依据及结果评估、提案建议、裁决等结合起来,以节约纠纷解决成本和时间。"[1]为确保调解质量的提高、调解制度的成熟稳定,奥地利高度重视调解员的专业素质与业务技能。作为为数不多的几个针对调解制度施行改革性立法的欧洲国家之一,该国调解立法一直走在前列,其立法不仅将调解规定为一种职业规范,而且还为民事调解员的训练和职业资格获取制定了细致的标准和规范。2005年,奥地利在《欧洲调解员管理规范》的基础上,发布了规范调解员调解行为的《调解员管理规范》。该规范在前言中注明:如果纠纷当事人向那些遵守《调解员管理规范》的调解员寻求调解服务时,即可依法获得有关可获得的调解服务、调解质量与条件、调解员的任职资格与调解能力等最全面、准确的资讯。虽然该规范不是强制性规定,但是得到了调解员的普遍遵守。

奥地利也是第一个针对调解员职业资格制定成文立法的欧陆国家。对于依据《奥地利调解法》而获得联邦司法部授权的调解员,2004年5月1日生效的《民事案件调解员训练细则》详细规定了其训练的内容和知识储备的标准。该细则是在由27名专家组成的调解顾问委员会的建议下,由联邦司法部通过施行的。训练细则设置了对来自各不同学科背景的调解员申请人的课程要求,且参与者的职业背景不同,其训练要求也不尽相同。对满怀热情的调解员而言,他们要根据另一单行法的规定完成365个课时的调解训练。然而对于有法律、社会科学、会计、咨询以及工程学职业经历的申请人而言,如果他们在各自领域中具备3年实践经验,[2]只需完成220个课时的训练。调解训练可分为两个部分:第一部分集中在调解理论基础方面(136~165个课时),包括沟通理论、性格理论、团队心理学、冲突分析、法律经济学和调解伦理;第二部分包括实践技巧训练、监督和同行业内辅导(peer counselling,84~165个课时)。申请人在申请参加训练时必须年满28岁,且为其日后主持的调解活动

---

[1] 范愉:《诉讼调解:审判经验与法学原理》,载《中国法学》2009年第6期。
[2] 具有法律背景的申请人包括律师、公证人和法官;具有社会科学学科背景的申请人包括心理治疗师、心理学家和社会工作者。

一次性购买价值 4 万欧元的保险。为确保在司法部的委任调解员名单上保留资格,获得资质的调解员每 5 年还需要参加 50 个课时的阶段训练。调解员名单的保存和适用,主要由调解顾问委员会下的一个附属委员会负责。在早期的调解员委任制度中,顾问委员会的意见经常被作为重要的参考依据。

事实上,合作调解实验性项目标志着奥地利调解制度开始运转。自从该项目开展以来,调解员培训市场的发展已经超过了对调解本身的需求,多种多样的学术性与非学术性的组织都开展了调解员的培训工作。相较于大多数大陆法系国家的调解培训,奥地利在强调调解理论基础、各学科间知识交互运用、细节化以及复杂化程度上更胜一筹。调解培训提供针对不同实践领域的专门性课程,同时为来自特定专业领域的参与人提供研讨交流的机会。在一至两年的训练期间里,大多数训练课程结合了大量调解理论知识与具体的、经验性的实践方法。例如在家事调解领域中,现今大多数为期两年的训练课程已达到近 200 个课时。基于《奥地利调解法》的目标在于实现调解制度体系的高标准化,联邦司法部对调解培训机构的资质认定及调解员认证作了严格要求,制定了相应的详细规则,并规定了具备资质的调解员的权利与义务。此外,对与调解职业相关的委任、资格认定要求,《训练细则》中都有明确的规定。

在奥地利,事实上调解仍然不为人们所熟知,只有少数人士参与过或听说过调解。这种情况最近有所改善。目前奥地利调解制度已经明显呈现出向合作性调解模式发展的趋势,且其调解形式的发展更加着眼于改革性与便捷性。作为欧洲第一部在民事领域建立调解制度和调解员管理框架的立法,《奥地利调解法》严格规定了调解员的专业训练和知识储备标准。为成为一名有资格处理民事案件的调解员,申请人必须根据自身的职业背景需要完成 220～365 个课时的职业训练。该法实施至今,受过训练的专业调解员与调解服务的数量均已超过实践中对调解的需求量,出现了供过于求的情况。因而,对于奥地利调解的立法与实践,纠纷解决领域的评论家与实践者们都期待进一步的广泛改革,以期将调解实践向前推进一步。在中国,以被称为"东方之花"的调解制度为主体,具有中国特色的多元化纠纷解决机制正在逐步形成。奥地利在调解立法方面所作出的勇敢尝试与先导性示范,可为我国调解制度的进一步完善提供有益的借鉴和参考。

外国调解制度

第十二章

瑞士调解制度

瑞士联邦(Swiss Confederation)位于中欧的内陆,与奥地利、列支敦士登、意大利、法国和德国接壤,国土面积41284平方公里,人口830万(2016年1月),其中外籍人口超过24.6%。1815年维也纳会议确认瑞士为永久中立国。1848年瑞士制定宪法,设立联邦委员会,成为统一的联邦制国家,实行议会民主制。联邦最高法院是最高司法机构,内设民事、刑事、公法和社会法法庭。此外,瑞士还设有联邦行政法院和联邦刑事法院,负责审理行政申诉或上诉案件、渎职案件及恐怖袭击、泄密、叛国、洗钱等特殊刑事案件。[1]

瑞士民事调解制度发端于家事纠纷领域,其发展历程并不长,在很大程度上还是一个新兴事物。随着调解制度在诸多法律领域的蓬勃发展,调解制度的法律规制逐渐提上立法机关的议事日程。2011年1月1日生效的《联邦民事诉讼法》(Federal Code on Civil Procedure,以下简称《民诉法》)[2]对民事程序中的调解制度进行统一规范,并鼓励各州积极使用调解方式解决民事纠纷,由此揭开了该国调解制度发展的新篇章。

---

[1] 中华人民共和国外交部:《瑞士国家概况》,http://www.fmprc.gov.cn,下载日期:2018年5月20日。

[2] Federal Code on Civil Procedure,http://www.admin.ch,下载日期:2018年5月20日。

一、瑞士调解制度的发展背景

（一）法律文化传统的深刻影响

在瑞士，通过仲裁及其他类型的替代性纠纷解决方式解决民事纠纷的历史悠久。其民事诉讼程序的主要目标之一便是鼓励人们自愿达成争议解决方案，避免诉讼程序的启动，这一目标在民事诉讼程序的诸多方面得以体现。例如，在审判程序开始前，法院会强制当事人参加和解听审。在听审过程中，法院通常会促成当事人双方和解。此外，法律还规定了多种通过庭外程序解决纠纷的方式，如在法庭外设立巡察员①的制度。正是这种重和解、轻诉讼的法律传统，为调解制度的发展积淀了深厚的文化底蕴。与其他欧洲国家相似，瑞士的法律文化也趋向于更加重视"主体之间的交流和博弈"，而这种注重主体性的法律文化当然地容许更加关照双方需求的调解机制。

（二）ADR 全球化发展趋势的必然结果

自 20 世纪末以来，大多数国家都经历了民事"司法危机"。国家与民众在民事诉讼制度方面存在着供需矛盾，作为非营利性公众产品，民事诉讼制度的供给无法跟上民众的需求，从而在客观上导致或加剧了诉讼拖延和积压。②为缓解诉讼爆炸与有限司法资源之间的矛盾，ADR 获得了更多的制度支持和资源投入，在各国民事纠纷的解决中广为应用。③ ADR 全球化也标志着"司法竞争市场"的逐渐形成，人们对于公正、平等、效率等价值的衡量促使其选择最有利于己的纠纷解决方式。在瑞士，诉讼拖延并不是一个普遍的问题，只有

---

① ［英］阿德里安·A.S.朱克曼主编：《危机中的民事司法：民事诉讼程序的比较视角》，傅郁林等译，中国政法大学出版社 2005 年版，第 456～457 页。
② 齐树洁：《程序正义与司法改革》，厦门大学出版社 2010 年第 2 版，第 83 页。
③ ADR 概念起源于美国，最初是指 20 世纪逐步发展起来的各种诉讼外纠纷解决方式，现已引申为对世界各国普遍存在的、民事诉讼制度之外的非诉讼纠纷解决程序或机制的总称。

少数案件不能在合理的期间内解决,但高额的诉讼成本却阻碍了当事人获得公正的判决,精密完整的司法程序可能意味着更加公正的结果,但也伴随着高额的诉讼成本,这使得当事人精疲力竭,转而考虑更加妥适的纠纷处理方式。同时,ADR 的全球化发展呈现出一个重要征象,即 ADR 作为一种替代性纠纷解决机制,其与诉讼之间并不存在位阶上的差异,也就是不存在何者更为优先的问题,因而我们应当意识到在 ADR 成为国际趋势的背景之下,调解作为重要的纠纷解决途径,需要国家在宏观层面的制度构建和保障和微观上的精密化改革。

(三)《民诉法》的制度推动

作为瑞士第一部规范民事诉讼程序的联邦法律,《民诉法》开创性地规定了调解制度的基本框架,鼓励当事人使用调解方式解决民事纠纷。在 2007 年 7 月 14 日的第 8 次讨论会上,联邦委员会的大多数成员支持在草案中设专章对调解制度进行规定,负责起草的专家委员会在立法过程中承受了巨大的压力。① 最终的立法结果采取了一种相对谨慎的态度,仅在第 213 条～第 218 条中规定了调解的基本制度,虽然区区数条,但是内容丰富,具体包括了"调解的组织和运作"、"调解与司法程序的衔接"、"调解的司法确认"、"调解费用"等规定。通过上述正式规定,于 2011 年 1 月 1 日正式生效的《民诉法》中规定的调解制度被迅速推广至各州,使得法院适用调解机制以及当事人选择调解有了法律依据。

(四)移民数量的迅速膨胀

近年来,欧盟与瑞士一直就"欧盟人员自由流动协议"争论不休,瑞士联邦委员会出于对本国劳动力市场的考虑,打算在人员自由流动协议上打折扣,限制享有自由流动权的外来劳工数量。而欧盟外交与安全政策高级代表则认为这从根本上违反了人员自由流动协议。经过长期协商和相互让利,瑞士逐渐放松了严格的"反移民"方案,随之而来的便是大量外籍人口的涌入,仅 2013

---

① 在《民诉法》的起草过程中,学界对于是否应当对调解制度进行法律规制争议很大。

年就增加了 8 万新移民。① 由于宗教、生活习惯等差异,涉及外来人口和本国原住民的纠纷数量急剧增加,也将长期保持低位的犯罪率相应拉高。大量的纠纷案件,加上迅速解决纠纷的需求,成为促进瑞士采用包含调解在内的多元纠纷解决机制的重要因素。

二、瑞士调解制度的主要类型

(一)和解程序②

瑞士民事诉讼程序的一个主要特点是治安法官发挥着非常重要的作用。③ 几乎每个案件的当事人在向法院起诉前,都应当参加治安法官组织的强制性和解会议。这一法律传统以及它在促使当事人双方达成和解协议方面的成功,解释了瑞士调解制度起步较晚且发展缓慢的原因。《民诉法》遵循先例,要求民事纠纷当事人在诉前必须参加治安法官组织的和解会议。在和解过程中,双方当事人可尝试通过友好协商的方式解决纠纷,如协商不成,当事人可向法院起诉。

和解程序与调解程序均旨在鼓励当事人通过友好协商的方式解决纠纷,两者存在诸多共同点。例如,与调解相类似,和解程序不公开进行,且对当事人在和解过程中所作的陈述必须保密。和解程序中治安法官的角色类似于调解中的调解员,而不是诉讼中的法官。因此,许多学者把和解程序理解为瑞士的强制调解程序。④ 强制性和解实际上是入口的强制,而非结果的强制,即在是否可以选择参加和解程序的问题上,一般否认当事人的自主权利;而当达成

---

① 王莉兰:《欧盟召开会议称瑞士需遵守人员自由流动协议》,http://www.chinadaily.com.cnl,下载日期:2018 年 5 月 10 日。

② 瑞士传统的和解程序并不属于调解模式的范畴,但因其具有悠久传统且在司法实践中影响巨大,故加以介绍。

③ 在瑞士的程序法中,由治安法官在诉前组织和解会议是历史悠久的传统,但人们对该制度到底有无积极的意义,尚无统一的意见。

④ 大多数州的和解程序是强制性的,而在包括弗莱堡、日内瓦和汝拉州在内的其他地区,原告可以选择直接要求治安法官邀请各方当事人举行和解会议。

结果之后,则不强制当事人接受和解程序的结果。

但总体而言,和解程序与调解程序存在较大的差别。与调解不同,和解程序的参与者、时间以及程序规则都由法律明文规定。且各州享有通知治安法官组织当事人和解的权力,当事人不可自由选择是否参与和解。此外,组织和解的治安法官还被赋予有限的司法权力,如取证以及确定纠纷类型的权利。对于违反《瑞士平等地位法》(Swiss Equal Treatment Act)的纠纷以及标的额在5000瑞士法郎以下的租赁和财产纠纷,治安法官可向法院及当事人提供一份意见书。如果当事人无异议,这份意见书就等同于法院的生效判决,当事人可向法院申请执行。对于2000瑞士法郎以下的财产纠纷,治安法官可直接针对当事人的索赔申请作出决定。

(二)诉前调解

根据《民诉法》第213条的规定,如果双方当事人均同意适用调解程序,上述和解程序将会中止。治安法官并无程序选择的自由裁量权,只能遵循双方当事人的合意。当事人可自行组织并参加调解程序,但如果其在调解员的选择或者调解程序的进行等方面无法达成合意,和解程序将自行恢复。

调解程序是当事人自愿选择的结果,一方当事人可无条件终止调解,也可双方合意终止。如果当事人终止调解,视为调解失败,当事人应当通知治安法官,并获得采取其他法律行动的许可。由于治安法官无法决定调解何时发生,调解有可能在当事人参加和解程序前就已经失败。如果调解失败,当事人可不必再参加和解程序,因为调解程序与和解程序具有同等的法律地位。[①]

从中我们也可以发现,和解程序和诉前调解的重大区别之一在于对当事人自主权的尊重度上,在治安法官发挥重大职能的和解程序中,当事人的自主选择是否适用该程序的权利被严格限制;而调解程序则极大尊重了当事人的自由意志,这也是调解机制最重要的精神内核。当然,我们应该认识到,无论是从概念上的适用范围还是实务操作上来看,瑞士既存的和解程序和新设立的调解程序是各有优势且能够并行不悖的。

---

① 当事人需向治安法官提供证明调解失败的证据,如双方当事人的声明或者是调解员提供的证明材料。

该法第 198 条还规定,离婚纠纷或涉及儿童利益的纠纷不适用和解程序。在上述纠纷中,调解程序将会发挥更大的作用。

(三)诉中调解①

《民诉法》第 214 条规定,法官享有自由裁量权,可在诉讼过程中建议当事人进行调解,即便处于上诉程序中。根据调解自愿原则的规定,当事人在大多数情形下②不应当被强制调解。与治安法官相类似,法官原则上应当支持当事人的调解请求。唯一的例外是在适用司法调查原则的案件中,尤其是涉及第三方利益时,法官可驳回当事人的调解申请。在调解的过程中,诉讼程序中止,案件处于未决状态,诉讼时效中断,法院无权对调解中的案件采取任何实质性的行动。

在案件负荷较重的当代,"促进诉讼"的目标越来越被凸显,而我们认为与效率价值具有较高一致性的"促进诉讼"目标,其对象不仅仅包括了"诉讼+审判"的方式,还自然包括了以解决纠纷为目的的各种解纷方式的积极采用。诉中调解中法官的建议权,鼓励当事人选择调解程序,可以被理解为法官作为负有"案件管理"职能的核心,具有促进诉讼程序进行以及快速解决纠纷的任务。

而在法官处理涉及儿童利益的纠纷时,将会被授予更大的权利,可以要求双方当事人参加调解。

三、瑞士调解制度的具体内容

(一)调解程序

1.调解员的选择

在诉中调解中,调解员的选择、调解程序的设置以及调解协议的签署都是当事人的义务。根据立法机关所作的解释,任何具有民事行为能力的个人都

---

① 在本章中仅指法院附设调解。
② 例如,《民诉法》第 297 条规定,法院在审理涉及孩子抚养权的离婚案件时,应要求当事人先行调解。

可以被选为调解员。当事人可根据法院提供的经过认证的调解员名单选择调解员,[①]但原则上,当事人可以选择任何人担任其案件的调解员。联邦法院并未设立调解员认证登记处,也未设置针对调解员的考核制度。目前,只有少数州建立了调解员认证制度。由于各州保留了法院的组织权,其可以在法院内自设调解中心,以帮助当事人组织和实施调解。

调解程序的独立意味着当事人对调解程序的开始和进行,享有完全的自主权,且调解员独立于法院、治安法官以及任何国家机构。此外,不论是治安法官还是法院,都不可以在同一纠纷中既充当调解员组织调解程序,又参加随后的和解程序和诉讼程序,这是为了防止在和解和诉讼程序中的结果被调解员的"先见"影响,维护程序的公正性和中立性。

2. 调解员的角色和共同调解

关于调解员的角色和共同调解,并无具体的法律规定。大多数调解员都可以提供共同调解的服务,共同调解的调解员中,通常须有一名有法律背景或者是经过系统法律训练的调解员。学者提议在对分居、离婚纠纷以及家庭暴力纠纷进行调解时,成立性别比例合理的调解员团队,以尽量减小性别比例不合理造成调解不公正的可能性。共同调解的优势在于集体智慧的运用,通过不同背景、不同生活经历的调解员"共识"的达成,有利于保证调解结果的正当性和可接受性。

3. 调解协议的执行

当事人之间达成合意后,通常都会在调解员的指导下达成一份调解协议。如果当事人达成调解协议,可共同向有权机关请求对这份协议进行司法确认。对调解协议进行司法确认的具体机关,根据调解程序发生的阶段不同而有所差异:如果调解协议是在和解程序之前达成的,由治安法官进行司法确认;如果是在诉讼程序中达成的,由法院进行司法确认。进行司法确认时,有权机关将从以下几个方面审查调解协议的合法性:是否是在完全独立于诉讼程序的情形下作出的、是否与法律的强制性规定相冲突、纠纷是否得到解决。在法律强制要求有权机关调查的情形下,[②]有权机关应当对调解协议作进一步的评估,评估应将调解程序的目标考虑在内,尤其是在涉及第三方利益时,如在离

---

① 在诉中调解时,法院通常要求当事人从认证名单中选择调解员。
② 《民诉法》第55条规定的官方调查权。

婚诉讼中孩子的利益。

当有权机关发现调解协议与法律相关规定冲突时该如何处理,在这一点上存在争议。如果是形式上的错误,如缺少当事人的署名,有权机关一般会设置一个宽限期,便于当事人修改调解协议。但当调解协议存在实质性错误时,是否应当设立修改的宽限期,法院是否可以直接拒绝司法确认,①对这些问题存在争议。在理论上,有权机关在该情形中仍应设立调解协议修正程序,以实现程序的快捷、有效。但如果有权机关参与调解协议的修改,又会被认为是对调解程序的不当参与。为保证调解的独立性,应当竭力促成当事人重新回归调解,在相关法律准则的指引下,再次通过调解解决争议。

调解协议司法确认的范围涵盖整个协议,包含虽不属于调解程序,但被当事人引入调解协议的事项。如果司法确认未通过,有权机关将会授予当事人重新采取法律行动的权利,或者是在诉讼开始的情形下,继续案件的审理。调解协议一旦获得司法确认,将获得与生效判决相同的法律效力,当事人可以向法院申请强制执行,同样也可以上诉。一旦决定上诉,应当向法院提供证明该调解协议无效的证据,例如其违背当事人的合意或是违背公序良俗。

(二)调解保密制度

调解的过程应当保密,这是调解最重要的特征。成功的调解需要当事人开诚布公地讨论所有的问题。在大多数情形下,当事人更倾向于在私密、自由的环境下吐露内心的真正想法,坦诚的交流对调解协议的达成具有决定性的作用。② 同时,关于当事人在调解程序中所作的陈述不可作为诉讼过程中的证据使用的规定,既可避免调解员充当法官,也不会阻碍当事人引用先前已经存在的事实。但法律并未明文规定保密原则和调查原则的优先适用问题,法院在受理离婚纠纷这类需要行使法院调查权的案件时,不可避免地会引发矛盾。在这种情形下,法院通常会运用自由裁量权,决定是否可以将当事人的陈述作为证据使用。相应地,调解员也享有拒绝作证、拒绝提供任何与调解程序相关的资料的权利。但只要调解员足以证明其已经按照法律要求完成调解,

---

① 在此情形下,当事人没有机会更正调解协议。
② 陶南颖:《诉讼调解保密制度的域外经验述评》,载齐树洁主编:《东南司法评论》(2013年卷),厦门大学出版社2013年版。

不应过于严格地适用有关调解员拒绝作证的规定。经当事人合意,可解除对调解员作证的禁止。许多学者认为,调解员应当享有完全拒绝作证的权利,而不论当事人是否同意。在当事人同意的情形下,法律允许当事人信任的第三方向法院提供证据,除此之外的第三方的作证义务不予免除。

《民诉法》未明确表示上述相关规定是否适用于诉前调解或法官建议调解的情形,即其反对将调解保密规则适用到民间调解领域。但从立法原意及有关"促进诉前和解"的立法目标而言,将调解保密原则适用到所有类型的调解,具有相当程度的可行性。

(三)法律援助制度

1. 瑞士联邦的法律援助

当事人须负担调解程序产生的相关费用,这是《民诉法》关于调解费用负担的一般规定,但该法第218条规定的不涉及财产利益[①]的儿童纠纷,不适用前述规定。如果当事人不能负担调解费用,在法院的建议下,可以减免调解费用。

减免调解费用的申请应当在调解开始前提交。只有在双方当事人都不能负担调解费用的情形下,即其在申请调解之际,已无法负担个人基本生活费用时,才能免交调解费用。但根据《民诉法》第123条的补充规定,在当事人将来具备交纳调解费用的条件时,应当补交。

由于法院也可在诉讼过程中建议适用调解程序,在诉讼开始前,经济困难的当事人不可申请免费调解。法院只有在评估后,才可出具免除当事人调解费用的建议。但如果法院无法证明调解程序可比诉讼程序更适当且更有效地解决纠纷,就不能适用免费调解。调解程序的成功与否并不会影响调解费用的缴纳。如果法院驳回当事人免费调解的申请,承担不利后果的一方当事人享有上诉的权利。

2. 瑞士各州的法律援助

《民诉法》第218条明确规定,各州可向当事人提供进一步法律援助,且免

---

① 无财产利益纠纷是指当事人争议的标的不能用金钱来衡量,在纠纷同时包括财产因素和非财产因素的情形下,如果当事人争议的焦点是非财产因素,该纠纷即被视为非财产纠纷。

费调解的适用范围未受限制。截至目前,阿尔高(Aargau)、阿彭策尔外罗德(Appenzell-Outer Rhodes)、巴塞尔市(Basel-City)、弗莱堡(Fribourg)、格劳宾登(Grisons)、苏黎世(Zurich)等州的法律都规定,法院可自由裁量当事人是否可被减免调解费用,如当事人确无相应的经济能力,则可获得批准。同时,还有个别州设定了其他条件,如应当选择宣誓过的调解员(阿尔高州和格劳宾登州)、只有业务能力强的法官和治安法官才享有建议适用免费调解的权利(巴塞尔市和弗里堡州)等。

汝拉州(Jura)支持当事人适用调解程序解决纠纷的积极性最高。根据该州的法律规定,诉中调解原则上免费。只有在一方当事人无理由拖延调解程序或者阻碍调解的情形下,法院才会判令不合作的一方当事人缴纳部分或全部调解费用。

上述所有关于法律援助的规定,仅适用于诉讼程序中的调解,法律未对诉讼外申请免费调解的情形加以规定。

四、瑞士调解制度的发展趋势

《民诉法》实施以后,当事人是否会更多地选择调解,还有待进一步的观察。相较于调解制度,当事人更青睐于公众所知悉、更为健全的传统的和解程序。通过和解程序友好地解决纠纷,这一优良法律传统使得瑞士民众在接受调解制度时相对困难。虽然现在预言还为时尚早,但是基于学界的普遍重视,以及自身具备的作为一种潜在预审程序的属性,调解制度很有可能会成为一种普遍的纠纷解决方式。各州关于调解制度的立法倡议,将进一步推动调解制度的发展,并深化民众对该替代性纠纷解决方式的认识。有关调解制度的规定还比较简略,制度的建立不能一蹴而就,只有让调解接受实践的洗礼,逐渐贴切本国的司法文化,才能锤炼出真正完善的制度。①

---

① 蔡惠霞:《德国调解制度新发展评析》,载齐树洁主编:《东南司法评论》(2013年卷),厦门大学出版社2013年版。

(一)扩大调解的适用范围

到目前为止,瑞士的调解制度仅在家事纠纷领域普遍适用。① 早在起草《民诉法》时,立法者就已经意识到调解制度在涉及儿童权益的纠纷中,对儿童权益保护的优势。当事人与儿童福祉之间的紧密联系,使以达成合意为目标的调解制度颇具优势。该法第 297 条规定,允许法院在审理涉及抚养权的离婚案件时,要求当事人先行调解。这是自愿调解原则的例外情形。但是在下述三个法律领域,还需要扩大调解的适用范围。

1. 劳动法领域

调解在瑞士的劳动法领域仍是一种较新的纠纷解决方式。为解决劳动纠纷,瑞士设立了民间和州立的附设仲裁程序,前者的仲裁范围涵盖了整个劳动合同领域,后者仅包含法律规定的条款。对于劳动调解,并无特别规定,在纠纷双方合意选择调解的前提下,不论劳动纠纷是否已经起诉到法院,都应准许当事人的调解请求。

2. 行政法领域

2007 年通过的《联邦行政诉讼法》(*Federal Administrative Procedure Act*)规定了行政诉讼中的调解制度。在双方当事人同意的情形下,行政诉讼程序可暂时中止,由当事人自行协商达成调解协议,作为行政裁决的补充,但调解协议本身不具有法律效力。如果双方当事人成功达成调解协议,行政机关将会以调解协议为基础,作出相关行政裁决。但如果调解协议违反联邦法律,当事人滥用行政机关赋予的自由裁量权,或者据以达成协议的证据错误、不充分,调解协议将不被采用。为鼓励调解,行政机关不会对调解成功的当事人收取任何费用,在调解失败的情形下,也仅是象征性地收取少量费用。此外,在行政机关根据调解协议作出行政裁决后,当事人不再享有上诉权。

3. 刑法领域

将调解制度引入刑事诉讼法的建议,在该法的起草阶段即被否决。但是在《青少年刑事诉讼法》(*The Code of Juvenile Criminal Procedure*)中,却

---

① 2000 年《离婚法》明确支持和促进调解的使用,如果当事人能够进行谈判并能在所有法律问题上,包括财产分割、子女抚养和孩子的监护权方面达成协议,便可仅经历一个短暂的调解程序。

规定了刑事调解制度。根据该法第 17 条的规定,调解的开始并不限于当事人之间的合意,法官若认为案件适合调解,可以决定中止诉讼程序,授权有资格的个人或组织就刑事诉讼的相关问题开展调解。一旦调解成功,对犯罪嫌疑人的起诉将被撤销,刑事诉讼程序结束。

(二)提高调解员的素质

瑞士联邦并未对调解员的职业准则进行统一的规定,相关的规定散见于各州法律及调解组织和机构认可的相关准则中。在瑞士,主要是由大学、职业学校以及调解组织负责调解员的教育、培训以及授予相关证书。一项由联邦调解协会(The Swiss Federation of Mediation Associations)开展的调查显示,全国共有 23 家调解员培训机构。由于缺乏联邦的统一认证,大多数调解员依赖于民间调解组织的认证体系。这也在很大程度上解释了瑞士的大多数调解员将调解视为第二职业的原因。为促进调解制度的良性发展,瑞士应借鉴相关民间调解机构在认证调解员方面的经验,①建立对调解员以及调解过程的认证与监督体系。联邦授权的调解员培训组织,必须保证学员在不少于 18 个月的时间内接受至少 200 个小时的学习。培训的内容应包含对调解方式的监督、调解活动的开展以及调解员扮演的角色。培训须采用案例教学的方式开展。获得调解员资质须具备下列条件:(1)必须是年满 25 周岁的瑞士民众。(2)必须具有大学本科文凭。(3)必须具有两年的调解实务经验或者是已经完成至少 3 年的调解培训。调解员在取得资质后应当在接下来的 3 年时间内完成至少 60 个小时的调解工作,以保证"足够的继续深造"。实践表明,规定调解员的任职资格,尤其重视调解员的调解经验是非常必要的。一个有经验的调解员,在把握讼争详情、迅速归纳争议焦点以及分析双方心理预期方面都具有优势,有利于调解的达成,增强当事人对于调解的可接受度以及信赖感。

(三)完善对法院附设调解以及其他调解方式的法律规定

《民诉法》仅对法院附设调解加以规定,并明确了法院附设调解与普通法

---

① 此处指瑞士联邦调解协会的调解员认证规则(SDM-FSM Recognition Regulation)。

律程序之间的关系。根据该法第213条的规定,在当事人均同意的情形下,调解程序可以替代和解程序。这一规定与学界的要求相吻合,其呼吁平等对待调解程序和传统的诉前和解程序。在普通庭审程序中,法院可随时建议,当事人也可随时要求进行调解。上述法律规定一般适用于法院受理前的所有的民商事纠纷。由于瑞士法院组织体系的决定权掌握在各州手中,关于如何整合法院程序中的调解制度并无统一的规定,也未明确规定谁应当对调解的各项工作负责。这在调解制度的运行中难免会产生矛盾,因此应尽快完善对法院附设调解制度的相关规定。

由于《民诉法》未对民间调解加以规定,诸如民间调解程序中的诉讼时效中断等问题,在实践中可能面临与法院附设调解不同的处理方式。民间调解与诉讼程序之间的关系是学界讨论的重点,学界普遍认为,当事人同意调解的意思表示并不会限制当事人采取法律行动的权利。但在一定程度上,一旦决定调解,在调解结束之前,当事人享有请求中止诉讼程序的权利。

此外,当事人决定进行民间调解的合意,并不具有与启动法院附设调解的决定相同的法律效力。如果当事人意图达到诉讼时效中断的效果,在进行民间调解的同时,还须向法院起诉。法院在受理当事人起诉时,无须考虑当事人之间是否有调解条款。双方当事人在合同中约定仲裁条款的,法院无权管辖。如果当事人希望确保调解协议的顺利执行,理论上需要首先向法院起诉,而后选择法院附设调解。

瑞士调解制度的历史不长,但近年来的制度构建和司法实践所取得的成就却是非常显著的,其中和解程序和调解程序的协调,调解的执行以及法律援助的发展等都具有较强的借鉴价值,同时,在调解的适用范围、调解员的任职资格以及对于民间调解的司法确认方面也存在一些不尽完善之处。当今以调解为重心的 ADR 迅猛发展成为国际趋势,加之司法机关面临着日渐紧张的司法资源以及民众的多元化司法需求,如何妥善处理既有司法程序和新兴调解机制之间的关系,如何最大限度地发挥调解制度的价值,成为瑞士以及其他国家应当重视的问题。

第十三章

法国调解制度

法兰西共和国位于欧洲西部,国土面积55万平方公里,人口6719万(2018年1月)。议会实行国民议会和参议院两院制,享有制定法律、监督政府、通过预算、批准宣战等权力。法国有两套相对独立的司法管辖体系,即负责审理民事、刑事案件的普通法院与负责审理公民与政府机关之间争议案件的行政法院。普通法院系统分为四级:初审法院、高等法院、上诉法院和最高法院。最高法院为最高级别的司法机关,负责受理对35个上诉法院所作判决的上诉。行政法院是最高行政诉讼机关,下设行政法庭。行政法院对行政法令的合法性作最后裁决,并充当政府在制定法律草案方面的顾问。①

法国具有发展调解制度的文化土壤,调解的运用有着悠久的历史。19世纪中后期,随着工业革命的爆发和城市化进程的加快,以及社会结构从熟人社会到陌生人社会的转变,调解制度在法国日渐式微。20世纪70年代开始的诉讼爆炸引发法国的司法危机,民事司法制度被公众指责"太缓慢、太昂贵、太复杂、太遥远,且经常不确定"。1974年至1994年,大审法院受理的案件数量从203343件增至647492件,增长218%;上诉法院受理的案件数量从63257件增长至214555件,增长239%。② 为此,提高司法效率成为法国民事司法改革的关键。20世纪90年代以来,法国以多元化司法为改革纲领,立足于调解的本土资源,适当地吸收外来理念与制度并加以改造,积极推广调解的应用,发展新的调解类型,不断推动调解制度的现代化转型。

---

① 中华人民共和国外交部:《法国国家概况》,http://www.fmprc.gov.cn,下载日期:2018年6月16日。

② 周建华:《法国民事司法改革论纲》,载《北京理工大学学报(社会科学版)》2013年第6期。

一、法国调解制度的发展过程

在法语中,"Conciliation"是指法国大革命时期传承下来的调解,即由法官直接充当调解员,或由法官将案件委托给司法调解员进行调解,这种方式被视为"国家依附型调解"。"Médiation"则是指20世纪中后期,法国借鉴美国、加拿大等国的调解制度而建立的一种新型调解制度,即由独立的社会调解员主持调解,这种方式被视为"社会自治型调解"。[1] 在《法国民事诉讼法典》的修订过程中,较晚出现的"mediation"一词并未完全取代"conciliation",二者在现行法中均有所体现。这表明了法国的调解制度经过了从"国家依附型调解"单轨发展到"国家依附型调解"与"社会自治型调解"双轨发展的历程。

(一)国家依附型调解

随着中世纪王权的不断扩张,法国的司法制度变得日益黑暗、腐败,并最终引发了大革命时期的司法改革。由于民众对先前诸病缠身的司法制度和对法官的不信任,改革者在司法改革中既对法官权力进行限制,又积极开辟全新的纠纷解决路径,即建立仲裁和调解制度。

法国1790年8月的立法规定,调解是诉讼的前置程序,当事人不能拒绝参加调解程序。此外,该法还对调解的管辖、程序、调解协议等作了详细的规定。据此,1790年的法律为法国调解制度的建立奠定了立法基础。1806年拿破仑主持修订的《民事诉讼法典》保留了1790年法律中对调解的规定,但对调解适用的标的范围作了一定的变通。1806年的《民事诉讼法典》第48条规定:"当事人具备和解能力,且其起诉的标的适合调解时,申请人应当事先传唤被告参加治安法官[2]主持的调解或者当事人双方共同到场参加的调解;否则,第一审法院不予受理。"据此,调解适用的标的范围不再具有强制性,当事人有权自行处分。1958年,由于治安法官制度的消亡,部分治安法官转为小审法

---

[1] 周建华:《法国现代调解的发展:传承、借鉴与创新》,载《法学家》2015年第1期。
[2] 治安法官不是职业法官,而是从普通公民中选举出来的非职业法官,通常为当地有名望的人士。

官,调解也被并入诉讼程序中,成为法官的一项基本职能。

1976年《法国民事诉讼法典》(以下简称《新民诉法》)将调解作为一项原则性条文规定在"诉讼的指导原则"一章:调解解决当事人之间的纠纷是法官的一项基本职能。此外,该法典第131条对调解的具体适用作了规定。调解作为法官的一项职能正式载入法律,即当事人若选择通过调解解决纠纷,则应由法官担任调解员并主持调解程序。然而,法官在司法实践中对调解却表现出"强烈的保守态度",往往会以"没有时间、没有方法、没有能力"为由逃避履行调解职责。为此,法国1978年第381号法令规定以小区为单位设立调解员(在1996年改名为"司法调解员")负责民间纠纷的调解。司法调解员的选拔与治安法官相同,二者均从非职业法官中选拔。但前者属于"司法辅助人员",由小审法官在征询检察官意见后提名,最后由上诉法院院长任命。此外,司法调解员还须向上诉法院院长和总检察长提交年度报告。由此可见,司法调解员与法官一同参与司法管理,提供司法服务,并由国家向其支付补贴。

法国调解制度自18世纪出现以后,由绝对强制调解逐渐发展为相对强制调解,由非职业的治安法官居中调解发展为司法调解员居中调解。从18世纪至20世纪中前期,调解在很大程度上依附于国家的司法管理,司法工作人员在调解中发挥相当大的作用,当事人能自由处分的事项则受到很大的限制。

(二)社会自治型调解

1997年司法部发布的改革报告显示,1975年到1995年,法国法院受理的民商事案件数量增加了122%,悬而未决的积案增长了300%。[①] 与此同时,司法人员的数量在20年间的增长速度却仅为19%,远远无法满足社会对司法服务的需求。为解决"诉讼爆炸"的问题,法国开始关注在美国兴起的ADR理论,并吸收借鉴了美国与加拿大魁北克省ADR制度的实践经验,在"国家依附型调解"的基础上构建"社会自治型调解"。

"社会自治型调解"最大的特点是协商性和合意性,这与法国此前确立的调解制度大相径庭。于是,巴黎法院在1987年尝试引入"社会自治型调解",并对《新民诉法》第21条的内容加以解释:调解可以在保证法官的监督下以及

[①] 常怡主编:《外国民事诉讼法新发展》,中国政法大学出版社2009年版,第136页。

在法官信任的人在场时,争议双方当事人围绕各自的观点进行对抗,为达成一项议定书进行预备性谈判。因此,调解是适用第 21 条的一种方式。① 该解释将第三人调解视为传统调解的一种变形。随后,根据 1995 年第 125 号法律和 1996 年第 625 号法令,《新民诉法》增加了第 131 条,将调解制度正式纳入司法程序之中。第 131 条之一规定,法官在征得所有当事人同意后才可以交付第三人进行调解。与之前相比,当事人在调解的启动以及相关事项方面有了较大的自主权。此外,第 131 条之十三规定了调解员的报酬不再由国家财政负责,而是由当事人支付。这一规定使得调解员取得经济上的独立地位,所以他们"拥有一种相对于国家更为独立的关系"②。调解中的第三人也因此被称为"独立调解员"。2008 年第 561 号法律对司法外调解中断诉讼时效的效力作了规定,即诉讼时效从当事人约定共同求助于调解之日或第一次调解会谈和日期中断。这一规定从侧面表明法官逐渐从调解中退出,独立调解员的作用得以进一步发挥。

近年来,法国大力推动独立调解员制度的发展,但在《新民诉法》中,调解仍被作为法官的一项职权予以规定。近年来,法国民事诉讼改革在强化"社会自治型调解"、弱化"国家依附型调解"的同时,也试图将二者进行整合。2010 年第 1165 号法令将诉讼程序中的委托调解归为如下两类:一类是委托给司法调解员的调解;另一类是独立调解员承接的委托调解。2012 年第 66 号法令将"协商调解"加入《新民诉法》第五卷"纠纷的友好解决",对独立调解员和司法调解员在诉讼程序之外实施的调解作了统一规定。③ 这一系列改革措施构建了法国现代调解混合模式的基本框架。

二、调解制度的类型

根据所处阶段的不同,可将调解分为司法外调解和司法调解。司法外调解是司法调解员制度延续的体现,当事人通过调解而非诉讼的途径解决纠纷。

---

① 《法国新民事诉讼法典》,罗结珍译,法律出版社 2008 年版,第 62 页。
② 周建华:《法国的调解:比较与借鉴》,载《学习与探索》2012 年第 2 期。
③ 周建华:《法国现代调解的发展:传承、借鉴与创新》,载《法学家》2015 年第 1 期。

《新民诉法》中将调解作为诉讼的指导原则之一,即在诉讼过程中,法官仍可以积极促使双方进行调解。

(一) 司法外调解

所谓司法外调解是指在诉讼尚未开始时,双方当事人采用调解的方式解决纠纷。此时,居间进行调解的当事人必须是"非法官的第三人"[①],其职责为"在司法程序之外,促进利害关系人以友好的方式,解决涉及其自由处分权的权利的纠纷"。[②]由于司法调解员不是法官,也不具有司法权威,任何人都可以请求一个调解员的帮助,申请调解员调解没有特定的形式要求,因此,司法调解员的介入也不会带来特定的法律后果。[③] 调解员不会宣布任何决定,邀请双方当事人当面阐明自己的意见、指出双方的分歧、促请双方当事人以协商的方式解决纠纷,这些是司法调解员仅有的工作职责。如果纠纷在诉诸诉讼前达成了部分调解,则可以用调解协议的方式作出一个声明,该声明是纯粹的私人性质的文件。当然,司法外调解并未完全将法院排除在外。一方面,司法调解员属于司法辅助工作人员;另一方面,司法调解员可以将双方达成的调解协议的副本留存在小审法院,当事人也可以向小审法院申请赋予和解协议强制执行的效力。

法国立法者在 2012 年创设了一种新的调解类型,即"律师参与下的协商制度",又称律师调解。当事人在律师的帮助下就纠纷的协商解决共同达成一个参与程序协议,然后根据协议约定的内容交换材料和进行沟通,寻求纠纷的协商解决。如果协商成功,可就达成的协议向法院申请赋予该协议强制执行的效力;如果协商只是部分成功,当事人可向法院同时提出两项请求,即申请对已达成的协议赋予强制执行效力和对未解决的纠纷进行审判;如果协商彻

---

① 这里的"非法官第三人"是指 1978 年所设立的调解员(1996 年改名为"司法调解员")。

② [法]洛伊克·卡迪耶:《法国民事司法法》,杨艺宁译,中国政法大学出版社 2010 年版,第 143 页。

③ [英]阿德里安·A.S.朱克曼:《危机中的民事司法——民事诉讼程序的比较视角》,傅郁林等译,中国政法大学出版社 2005 年版,第 307 页。

底失败的,当事人可启动向法院起诉的简便快捷程序。①

(二)司法调解

司法调解是诉讼过程中进行的调解,在法国民事诉讼程序中,司法调解又可以分为调解员调解、小审法院的调解和强制调解。

1. 调解员调解

《新民诉法》第六编对调解员调解的程序作了详细的规定。当事人的同意是适用调解员调解的前提条件。法官作出司法调解的决定系司法行政行为,该行为旨在确保程序的良好进行,因此当事人对此不得提出上诉。② 司法调解决定应载明下列事项:(1)当事人对采用调解程序已达成合意;(2)指定调解员;(3)调解期限以及开庭调解的时间;(4)确定预缴的款项③及其缴交的期间限制。④ 调解员在收到决定时应及时表示其同意作为调解员,并在接到有关缴纳预付款项的通知后,及时召集案件的各方当事人。

在调解过程中,调解员应当听取各方当事人的意见并对此进行综合分析,以便找到解决他们之间冲突的方法。调解的对象既可以是纠纷的所有内容,也可以是纠纷的部分内容。调解员仅能够通过听取当事人的陈述、说明,促成调解协议的达成,而不能对案件的证据进行调查。在调解过程中,调解员如果需要听取第三人的说明,在第三人同意的前提下,可以听取其发言。此外,在同一诉讼中,调解员不得接受法院的委派,实施本案的证据调查措施。这也说明了调解员无权对本案作出任何有关事实的认定,其职责的重点在于促成当事人之间进行友好对话以协商解决纠纷,而不是通过认定事实对案件进行判决和裁定。正因为调解的目的在于友好协商以平定争议,而诉讼程序则需要通过对证据的调查和认定来发掘事实真相以止息纷争,所以当事人在调解程序中作出的任何让步,以及调解员所听取的任何与争议相关的说明,均不能在随后可能进行的诉讼程序及其他程序中,用作对当事人不利的证据。调解员

---

① 周建华:《法国民事司法改革论纲》,载《北京理工大学学报》(社会科学版)2013年第6期。

② 沈达明:《比较民事诉讼法初论》,对外经济贸易出版社2015年版,第123页。

③ 若有多个当事人,还须写明每一个当事人应缴款项的比例。

④ 《法国新民事诉讼法典》,罗结珍译,法律出版社2008年版,第214页。

在主持调解时若遇到任何异议,可以随时向案件的主审法官汇报。

由调解员主持的调解应在 3 个月内终结,否则调解员可向法官提出延期申请,最长不能超过 3 个月。若当事人仍未能在调解员的组织下达成纠纷解决方案,调解员应书面通知法官并将案件交由法官处理。除因期间的限制而使调解程序终止外,法官还可以在下列情形下随时终止调解程序:(1)一方当事人提出申请;(2)调解员提出申请;(3)调解程序已无法正常开展。法官终止调解的裁定须在法庭上作出,因此,书记员应先通过传票的方式通知各方当事人到庭。若在此次开庭时,法官决定终止调解程序,调解员的职责自动终止,诉讼程序可以当庭继续进行,书记员负责及时告知调解员。在上述情形中,法官作出的延长调解期限或终止调解的裁定均不得向上诉法院提出上诉。

当事人在调解期限内达成的有关调解协议,调解员应书面通知案件的主审法官。法官应审查调解协议是否保护了双方当事人的权利。在双方当事人共同提出申请的情况下,法官对该调解协议进行审查核准。根据《新民诉法》第 131 条之十二的规定,这一行为属于非讼事由。这也就意味着调解协议经法官的审查核准而具有了司法上的效力。

2.小审法院的调解

小审法院是以专区为基本单位而设立的基层法院,其受理的案件多为小额诉讼案件。《新民诉法》对小审法院的调解程序作了规定。小审法院调解程序的启动源自当事人的申请。当事人应向书记员表达调解意愿,并说明双方所当事人的姓名、职业和住所,明确自己的诉讼请求。这一申请行为并非诉讼行为,但具有中断诉讼时效的效力。调解可以由法官主持,也可以由法官委托的司法调解员主持。

调解由法官主持时,书记员通知原被告调解的时间和地点,各方当事人均应亲自出庭。若在庭上达成调解,调解协议为法官和当事人签字确认的庭审笔录。若未达成调解协议,且双方一致同意由法院作出判决,则法官可立即就本案作出判决。若有一方不同意,则立即由法院作出判决,诉讼程序则按照自愿到庭的模式[①]进行。

---

① 在自愿到庭的情况下,当事人就案件进行起诉的协议书由书记员起草,而不是由当事人本人。

调解若由司法调解员主持,法官应先征求各方当事人的意见。各方当事人应在15日内形成合意。若15日内未能形成合意,法官将主持调解。在双方当事人同意调解后,法官指定调解员,并将相关情况(调解的时间、地点等)通知司法调解员及各方当事人。司法调解员在组织调解工作方面的作用、职责以及在调解的终结等方面的规定等与调解员调解相类似,不同之处仅在于,司法调解员的调解期限为1个月。经司法调解员申请,该期限可由法官延长1个月,但仅能提出一次延期申请。

3.强制调解

与调解员调解中需事先征得各方当事人的同意不同,强制调解则是基于某些案件的特殊性,将调解程序强制性地前置于庭审程序。目前,法国的民事强制调解程序适用于劳资纠纷、离婚纠纷和农村租约纠纷的解决。

三、调解员制度

调解制度自1995年正式纳入司法程序后,在法国的纠纷解决机制中发挥着日益重要的作用。2011年11月16日颁布的法律规定:"调解是指一种结构化过程,双方或多方当事人在第三方的帮助下试图达成协议,以实现纠纷的友好解决。调解员由当事人选择或者经当事人同意,由审理此案的法官指定。"[①]

(一)调解员的资格

根据1995年2月8日法律的规定,为确保调解的公正性,法官不得作为仲裁员或者自我任命为调解员。《新民诉法》第131条之四对调解员的主体资格作了规定:调解可以交由自然人进行,或者交由某个协会进行。如果指定的调解员是某个协会,该协会的法定代表人可以在协会内部指定一名或数名自

[①] 在法国的语境下,"Médiation"有着比英语"mediation"更为宽泛的使用,任何从事政府或私人产业中介的专业人士均可自称调解员。本章中的调解员仅指通识意义上的调解员,即受过培训、独立的第三方中立者,其通过操作调解程序尽力促成当事人之间纠纷的解决,但无权对案件作出裁决。

然人,并将其指定的自然人的姓名报送法官认可,指定的自然人以法定代表人的名义承担调解工作。

《新民诉法》第131条之五对调解员的任职资格作了规定:(1)不能是曾经受过刑事司法处罚的人、被宣告为无行为能力的人,或者是法国司法档案第2号文书所列举的人;(2)不得因曾经侵犯他人名誉而受过纪律处分或行政处分,或被禁止从事调解活动,或因行政处分、行业纪律处分被除名、开除;(3)现在或过去从事某项活动的经历使其具备调解特定事项的相关技能;(4)能够证明自己拥有适合调解的教育背景或经历,并具有在特定事项中调解的资格;(5)须保证能独立行使调解职能,尊重当事人的自主选择权。其中,第(3)项、第(4)项规定应视具体纠纷的性质而定。换言之,调解员的资格应视调解事项而定。若涉及大众化的争议,则更强调调解员对民众普遍共识的熟知以及对事物的敏感度;若属于专门性领域,则侧重于调解员的教育背景、专业或经历。2001年6月29日的法律明确规定了担任被害人与加害人之间纠纷调解员的条件;调解员任职期间不得从事律师活动,未曾被判处有期徒刑,并确保其能独立、公正地胜任工作。此外,在涉及儿童的调解中,公诉调解员[①]必须关注儿童的利益。

(二)调解员的义务

调解员在调解过程中负有保密、披露与释明以及坚持公正、中立与独立等义务。

1. 保密义务

根据《新民诉法》的规定,调解员必须遵守保密义务。所有与调解有关的信息、调解员及当事人在调解过程中发表的意见和作出的陈述,未经当事人同意,既不能透露给第三方,也不能在诉讼及其他司法程序中披露或使用。在法院附设调解中,进入司法程序前已经存在的材料及信息不属于调解员的保密范畴。除非这些材料和信息可能会导致当事人无法行使其权利,并极有可能导致调解的失败。对当事人而言,保密义务并非强制性的,无论是在法院附设

---

① 2001年6月29日的法律规定,以"公诉调解员"取代"刑事调解员"的用语。为保证全文用语的统一,本章使用"公诉调解员"的概念。

调解还是合意调解中,当事人均可通过协议排除该原则的适用。

法国1995年2月8日的法律及欧盟《关于民商事调解若干问题的2008/52/EC指令》(以下简称《调解指令》)均规定了保密义务的两项例外情形:(1)确有必要维护公共利益及儿童最佳利益,或者出于保护个人身体或心理完整性的考虑;(2)为了实施或执行调解协议,确有必要披露调解协议的内容。

2. 披露与释明义务

调解员一旦介入当事人之间的纠纷,应及时向纠纷双方以及其他参与调解的人员释明保密义务,要求他们严格遵守并签订相应的承诺书。此外,调解员还应向当事人释明调解形式以及诚信、良好执行协议的原则,并确保他们正确理解。调解员有义务告知当事人,他们有权在调解的任何阶段咨询顾问(通常是律师)。在不违反现行调解规则的前提下,如果获得调解员及当事人的同意,咨询顾问可进入调解程序。

3. 坚持公正、中立及独立

根据《新民诉法》第131条之五的规定,调解员行使调解权利的基本前提之一就是"其独立地位得到充分的保障"。此外,根据1995年2月8日的法律及《调解指令》的规定,调解员应当公正、勤勉,并且具备相应的资历。许多调解中心(如巴黎仲裁与调解中心,以下简称CMAP①)都明确要求调解员应保持公正、中立及独立。对此,调解员应签署相关声明。调解员无论在主观上还是客观上均应保持公正性,合理控制程序平衡,不得因当事人的职业而有所偏好。中立性与独立性要求调解员不得对案件进行价值判断:不得依赖于某方当事人、不得为己谋利;不得与调解结果具有直接或间接的财产上或其他方面的利害关系;不得与当事人存在或建立私人关系。因此,在劳动争议中,通常不能由雇员和雇主作为共同调解员进行联合调解。② 无论调解进行与否,只要调解员无法达到上述要求,就有责任告知当事人,并向法官或公诉人披露相关情况。在此情况下,调解员应当退出调解。即使调解程序已经开始,也应当中断或终止。如果调解员已向当事人告知存在上述情形,当事人仍同意适用调解程序,则该程序继续进行。

---

① 巴黎仲裁与调解中心的英文全称为 Arbitration and Mediation Centre of Paris,简称CMAP。

② 对于当事人众多且存在不同利益的情况,可作为联合调解的特别考虑因素。

(三)调解员的报酬给付

根据《新民诉法》的规定,法官负责预先确定调解员的报酬。在现实中,影响调解费用的因素无法完全量化,但仍应尽可能地准确预测调解员的费用。法官在决定中会明确当事人之间的分担比例,并要求他们在规定的时间内预存确定的数额作为支付报酬的担保,否则调解将被搁置,诉讼程序继续进行。如果当事人对费用的分担存在分歧,则由各方均等承担,除非法官认为从一方当事人的经济实力考量是不公正的。此外,法官仅在当事人未约定时才介入其中。一般而言,双方当事人在首次调解会议上认同调解员的报酬。[1] 调解完成时,法官会确定调解员的最终报酬以及费用分担比例。这基于调解员的最终报告中所列明的确切费用,且以双方无异议为前提。

四、强制调解制度

1790 年法国法律规定调解是当事人将纠纷诉诸普通民事法庭前必经的先行程序。随着现代 ADR 制度引入法国,法国调解制度的自主性特征越来越明显。目前关于强制调解的规定主要体现在《新民诉法》《法国民法典》《法国劳动法典》等法律中,适用于劳资纠纷、离婚纠纷和农村租约纠纷。[2]

(一)劳资纠纷

为解决与劳动合同有关的、雇主与雇员之间的矛盾或雇员与雇员之间的矛盾,法国设有专门的劳资调解法庭(以下简称调解庭)。这一法庭的法官由选举产生,其中一半是资方代表,一半是劳方代表,由他们轮流主持调解。[3] 调解庭根据不同的职业设置了五个常设性法庭,每个法庭都有权对案件作出

---

[1] 在实践中,该报酬通常与调解前当事人预存的费用相对应。
[2] 王阁:《民事强制调解研究——基于特定类型纠纷的考量》,西南政法大学 2013 年博士学位论文,第 33 页。
[3] [英]阿德里安·A.S.朱克曼:《危机中的民事司法——民事诉讼程序的比较视角》,傅郁林等译,中国政法大学出版社 2005 年版,第 284 页。

裁决,但未经调解而直接作出的判决会因为违反公共秩序而无效。

调解庭通过公开听证的方式对纠纷进行调解,双方当事人应亲自到庭。若原告未能到庭,须在规定的时间内提交合法的缺席理由,且仅有一次提出缺席请求的机会;未能在规定时间内提交理由的,其提出的诉讼请求因逾期而无效。若提出缺席请求后因不可抗力仍未能到庭,则不受前述规则的限制。若被告未能到庭,该案件将被提交给审判庭进行处理,但被告非因自己的原因而未能收到传唤,或因合法理由(在规定时间内已提交给调解庭)未能到庭除外。在被告因上述原因未能到庭时,调解庭可再次传唤被告。

《法国劳动法典》第516条之十八规定,调解庭可以采取某些预先性措施对某些与诉讼程序有关的事务立即处理,这意味着调解庭享有一定程度的准司法权。调解庭可以命令雇主提交工作证、工资支付单以及其他一切应当依法提交的文件;在对债务没有严重争议的情况下,对工资及其附加部分以及劳务费,应预先支付相应的款项。① 调解庭对上述事项所作的裁定,表明其拥有预先清算的权力。

通过听证进行调解的过程应记入笔录。若双方当事人就全部诉讼请求或部分诉讼请求达成一致并记入笔录,该笔录即可视为调解协议,具有强制执行的效力。若双方未能达成调解协议,则应记录各方当事人的争议事项以及所作陈述,并移交审判庭处理。

(二)离婚纠纷

根据《法国民法典》第251条的规定,因夫妻共同生活破裂或因过错而向法院请求离婚时,必须经过强制性试行调解的步骤。②

离婚调解发生在诉讼开始前,由大审法院③家事法官主持。在此过程中双方未能达成协议而进入诉讼阶段,但在随后的诉讼阶段,双方达成合意请求进行调解,则此时的调解适用调解员调解的相关规定。调解开始时,法官应先

---

① [法]洛伊克·卡迪耶:《法国民事司法法》,杨艺宁译,中国政法大学出版社2010年版,第639页。

② 《法国民法典》,罗结珍译,北京大学出版社2010年版,第233页。

③ 大审法院是法国民事案件的一审法院,凡是法律未规定由其他法院管辖的所有民事案件都可以由大审法院管辖。

分别与双方当事人谈话,然后再将他们一同传唤至法庭。在第一次调解会议时,双方代理律师不允许出席。若在后续的调解过程中,双方当事人仍坚持申请代理律师出席,法官可以同意其请求。在调解过程中,为给双方当事人一定的考虑时间,法官可随时中断调解,但时限不得超过 8 日。如果需要延长考虑时间,法官可决定中止调解程序,6 个月后再次调解。倘若双方达成一致的调解协议,则经双方当事人签字确认,调解笔录可视为调解协议。若双方未能达成一致意见,则进入诉讼程序。

(三)农村租约纠纷

根据法国 1988 年第 1202 号法律的规定,农村租约纠纷是指与土地所有人和承租人之间有关取回权、先取权、改行协定、确定价格等方面的纠纷。[①]《新民诉法》第 887 条规定,在原告提起诉讼后,由法官确定庭审日期,书记员以附回执挂号信的方式传唤各方当事人。书记员在传唤通知中应写明在庭审时对当事人之间的纠纷进行调解。这意味着调解是一种前置程序,带有一定的义务性。

当事人应亲自出席调解。若一方当事人缺席调解,书记员应在笔录中注明。此时,案件将推迟审理,法官告知出席的当事人下次开庭的时间;书记员通知未出席的当事人下次开庭的时间,并应告知其若仍不出庭,法官将作出缺席判决。若双方当事人未能达成一致的调解意见,书记员应在笔录中写明经多数票提出的争议解决方式。[②]

五、结　语

最初,法国设立调解制度是出于对法官的不信任,其目的是限制法官的权力。因此,当事人将纠纷诉至区法院之前,必须参加由治安法官主持的调解程

---

① [法]让·文森、塞尔日·金沙尔:《法国民事诉讼法要义》(上),罗结珍译,中国法制出版社 2005 年版,第 380 页。
② [法]洛伊克·卡迪耶:《法国民事司法法》,杨艺宁译,中国政法大学出版社 2010 年版,第 645 页。

序。然而,20世纪中后期以来,随着纠纷数量的爆炸式增长,有限的国家财政、缓慢增长的司法人员数量与巨大的司法服务需求之间的矛盾越来越尖锐,原有的调解制度已无法适应时代的发展。在学习研究美国、加拿大魁北克省的 ADR 制度实践经验的基础上,法国建立了全新的调解制度:设立调解员调解制度,将此前由国家提供补贴的司法调解员转变为独立收费的调解员,调解程序的适用范围有所扩大,调解员的自主性得到了提升;对于一些特殊类型的案件,如劳资纠纷、离婚纠纷和农村租约纠纷等,调解程序的适用仍具有强制性。近年来,法国逐步扩大调解的适用范围,为调解的适用提供便利的条件,以求在最大范围内发挥调解的作用,"国家依附性调解"的作用被逐渐弱化。与此同时,劳资纠纷调解和家事调解在法国的蓬勃发展意味着"国家依附型调解"不会迅速退出历史舞台。"国家依附型调解"与"社会自治型调解"将在很长一段时间内相辅相成,共同促进法国 ADR 制度的发展与完善。

2018年3月,法国公布了司法改革方案,其核心议题之一是鼓励民事调解。具体改革思路如下:(1)在诉讼的任何阶段中,法官都鼓励调解结案。法官可以暂停审判,要求当事人在调解员的帮助下协商解决纠纷。(2)在争议标的金额低于 5000 欧元的案件中,实行强制调解前置程序。

第十四章

英国调解制度

英国位于欧洲西部,由英伦三岛(英格兰、苏格兰、威尔士)、北爱尔兰和一些小岛组成,国土面积24.41万平方公里,人口6605万(2017年)。① 调解制度在英伦大地很早就落地生根。英国英格拉姆教授在研究了17世纪早期威尔特郡的情形之后,认为调解是当地"减少社会冲突的一个有效而且现实的制度之一"。② 英国的现代调解制度诞生于20世纪80年代,经过数十年的发展,已发展成为程序规范、适用广泛、广受好评的纠纷解决机制。作为调解制度发达的国度,英国不仅拥有众多享誉世界的国际性调解机构,而且还拥有一支高素质、高水平的调解员队伍。英国调解制度不断锐意进取,积极创新,始终走在世界调解制度发展的前列,不断输出和传播调解制度的新经验,为全球调解制度的进步与成长贡献英国智慧。

一、司法改革与调解制度

肇始于20世纪90年代的英国民事司法改革可以称得上包括调解制度在内的ADR制度发展的分水岭。在此之前,ADR无论从官方到民间都未能获得充分的支持。众所周知,英国社会有着很强的法治思维,因而诉讼方式长期以来成为解决纠纷的主要的甚至是唯一的选择。正因为如此,在司法改革前,

---

① 中华人民共和国外交部:《英国国家概况》,http://www.fmprc.gov.cn,下载日期:2018年5月3日。

② 杨松涛:《试析近代早期英格兰乡村纠纷解决》,载《经济社会史评论》2015年第1期。

多数民众对ADR持怀疑甚至排斥的态度。律师界同样对ADR不屑一顾,认为ADR是美国所特有的现象。议会和法院似乎也不赞成ADR。这一系列原因导致ADR在20世纪90年代前发展缓慢。经济全球化和世界一体化为英国经济的发展注入了强劲的动力。伴随着英国经济的快速发展,民事纠纷的数量呈现出爆炸性增长的趋势。英国面临着诉讼迟延、诉讼成本增加的严峻问题。人们不得不再一次把希望寄托在ADR上,试图通过ADR分流案件,分担法院的审判压力。1994年3月,英国司法大臣任命沃尔夫勋爵对英格兰和威尔士地区的民事诉讼程序和民事司法系统进行全面调研,并着手开始进行司法改革。英国民事司法改革的主要目标之一在于鼓励当事人使用ADR来实现正义。

值得称赞的是,英国商事法院在推动ADR的发展过程中始终发挥着表率作用。1993年,商事法院的法官在一些适合采用调解的案件中,建议当事人采用调解或直接发出指令要求当事人尝试通过调解解决纠纷。1995年,商事法院发布的《诉讼实务告示》规定了劝导性命令。虽然该命令不具有强制性,但是如果当事人拒绝使用调解或在调解中有不当行为的,法官可以在决定诉讼费用分担时考虑这些因素。此项规定事实上给当事人造成了实质性的压力。

1999年4月26日,英国《民事诉讼规则》正式施行。这标志着英国调解制度进入了新纪元。《民事诉讼规则》虽未包含有关ADR的具体内容,但它确立了ADR的法律地位。《民事诉讼规则》第1.1条第2款规定,法院应当根据案件金额、案件重要性、系争事项的复杂程度以及各方当事人的经济状况,采取相应的审理方式;第1.3条要求当事人协助法院推进解决纠纷目标的实现,并规定当事人参与ADR相关的义务;第1.4条规定,法院在认为合适时可以鼓励当事人使用ADR,辅助当事人就纠纷的全部或部分达成解决方案。目前,随着调解程序的广泛宣传以及调解程序自身的便利、快捷、低成本、弱对抗优势,调解制度在英国已深入人心,深受广大民众的欢迎。许多当事人将调解视为纠纷解决的首选。在英国,调解在家事纠纷、商事纠纷、社区纠纷、环境纠纷等四个领域效果显著。① 统计显示,2017 年,英格兰和威尔士地区年受理民事调解案件约 10000 件,标的总额为 105 亿英镑。有资料表明,在 1996—2017 年短短的 10 年间,仅英格兰和威尔士地区通过调解程序所节省的诉讼成本就高达 226 亿英镑,足见调解对纠纷解决的贡献之大。

在网络技术与 ADR 结合的改革潮流的影响下,2014 年 4 月,英国民事司法委员会成立了在线纠纷解决机制咨询小组,其主要目标是研究 ODR 在英国的发展状况,以及在英格兰和威尔士以 ODR 方式解决 25000 英镑以下案值的民事纠纷的可行性问题。2015 年 2 月,该咨询小组发布了《低案值民事纠纷在线纠纷解决报告》,对 ODR 在英国法院系统的应用提出了初步的设想。该报告建议,在现有法院系统的基础上,成立一个新的、以互联网为基础的"在线法院",提供在线评估、在线简易程序、在线法官三个层面的法院服务。在线评估是帮助使用者对其案件进行分类和分级,帮助其了解双方权利义务和相应的救济措施,相当于一个免费的信息和分析服务,可以协助当事人更好地了解问题、解决问题并有效避免法律程序升级。在线简易程序是由简易程序人员通过审核文件及诉求,召开电话、视频会议等,以调解、建议或谈判的方式,在线沟通解决纠纷,而无须法官的介入。在线评估和在线简易程序均导入了调解制度。

二、调解的类型化

除了一般的民商事调解外,一些纠纷因其自身的特殊性,如家事纠纷和金融纠纷,使得其调解程序也呈现出鲜明的英伦特色。例如,离婚诉讼采用调解前置原则,家事调解贯穿于家事诉讼的全过程,金融申诉专员的决定对于金融机构具有强制拘束力。

(一)家事调解

调解在解决家事纠纷方面具有独特的优势。一方面,家事调解的非对抗

---

① 蒋丽萍:《英国有效争议解决中心的调解机制及借鉴》,载《人民法院报》2017 年 9 月 22 日第 8 版。

性有利于当事人双方冷静、平和地解决争议,避免双方间的紧张关系升级。由于调解具有面向未来的特性,因而更适合于解决家事纠纷这类当事人之间难以中断相互关系的争议;另一方面,相对于诉讼的形式性、法定性、程序性而言,调解具有较大的灵活性。它往往针对不同的案件采用不同的策略,以促使家事纠纷的圆满解决。①

英国虽然属于判例法国家,但是有很多婚姻家庭方面的法律法规。这些法律法规主要包括1971年的《实践注意(离婚:调解)》、1973年的《离婚诉讼法》、1983年的《操作指南(家事法庭:调解程序)》、1984年的《婚姻和家庭诉讼法》、1989年的《儿童法》、1996年的《家庭法》、1997年的《法律援助(家事调解)规则》、2010年的《家事诉讼规则》。

《实践注意(离婚:调解)》首次将调解制度引入离婚诉讼案件。它规定,如果法院认为当事人之间有和好可能或者附带问题更适合调解时,法院可以将案件全部或部分交给法院福利官,由其协助当事人进行调解。为防止当事人草率离婚,《离婚诉讼法》明确将调解作为诉讼的前置程序,要求法院在准许当事人离婚前必须经过调解。调解程序不仅鼓励当事人之间坦诚交流,互相谅解让步,也鼓励当事人就子女抚养问题友好协商。由此,家事纠纷解决才能达致案结、事了、人和的综合效果。②《操作指南(家庭法庭:调解程序)》规定高等法院家庭身份登记处为有争议的监护权、接近权及其变更问题提供调解指导。在法院书记官的主持下,当事人、当事人的代理人、福利官以及与任何一方共同生活的年满10周岁的子女共同就监护权问题进行调解。一旦调解成功,书记官当即依当事人达成的协议制定判决,几乎不进行任何审查。如果调解失败,为防止书记官和福利官因先入为主导致案件处理不公,案件应由未参与调解程序的书记官和福利官审理。为保障当事人权益,调解程序中的陈述与自认不得作为其后法院判决的依据。英国政府也竭力支持离婚案件通过调解解决。《家事诉讼规则》将考虑选择调解作为法官的一项重要职责。该规则第3.2条规定,在诉讼程序进行的任何阶段,法官都必须考虑适用调解等ADR方式。第3.3条规定,在审理过程中,一旦法官认为案件具有适用调解

---

① 黄丹翔:《英国家事诉讼程序简介》,载《人民法院报》2013年9月13日第8版。
② 刘士新:《英国的离婚调解制度》,http://bjgy.chinacourt.org,下载日期:2018年5月3日。

的合理性和可能性,或当事人双方同意适用调解,则法官可以中止案件的审理,为当事人双方提供关于家事调解的咨询意见,力促当事人达成调解方案。

(二)金融调解

金融消费者的权利保护直接关系到整个金融行业的健康发展,为了快速解决数量逐年递增的金融纠纷,英国构建了发达的金融申诉专员制度。[①] 金融申诉专员独立行使职权,不受法院和政府的干预,且其可以灵活处理纠纷,不必拘泥于严格的法律程式,以追求实质公正。金融申诉专员受理的争议几乎涵盖所有的金融消费争议,包括银行、保险、信托证券等行业。金融申诉专员服务不向当事人收取费用,其资金主要来源于金融机构。[②]

金融申诉专员处理争议的流程如下:(1)申请人申请金融申诉专员处理纠纷前,应当先行向金融机构投诉。否则,纠纷将不予受理。(2)纠纷受理后,裁决员有权根据案件情况协助当事人调解并提出建议性的纠纷解决方案。(3)如果当事人之间无法就纠纷的解决达成调解协议,裁决员将就案件作出初步处理决定。(4)如果任何一方当事人对裁决不满意,可向申诉专员申请复核。申诉专员作出的裁定为最终裁定,其仅对金融机构具有强制拘束力。2014—2015年,金融申诉专员共接到1786973件咨询,其中448387件进入调查程序。在进入调查程序的案件中,逾九成的案件都能通过调解成功解决。

三、调解的职业化

(一)调解员

英国优质的调解服务是以大批实务经验丰富、专业基础扎实的调解员作

[①] 廖向阳、王琪:《论金融消费者的界定及司法救济的功能定位》,载《人民司法》2014年第3期。

[②] 蒋惠岭主编:《域外 ADR:制度·规则·技能》,中国法制出版社 2012 年版,第654页。

为支撑的。根据资历的不同,调解员的级别可分为初级、中级和高级三类。初级调解员是指那些刚获得认证,尚不具备首席调解员经验的调解员;中级调解员是指具有有限的调解经验的调解员;高级调解员是指具有丰富的调解经验的调解员。在薪酬方面,初级和中级调解员2016年度的日薪为1545英镑,高级调解员的日薪高达4500英镑。可见,调解员的薪酬在英国属于较高水平。为此,越来越多的专业领域人士加入调解员队伍。

不容否认,调解作为一门技艺,调解员的技巧与经验直接影响调解成功率的高低。经过系统培训的专业调解员具备沟通交流技巧,懂得分析各方当事人的心理活动,善于总结争议焦点,知道如何帮助当事人消除分歧、达成合意,进而促成纠纷的解决。英、美、法等国都已将调解作为一项社会化职业进行谋划,规定调解员必须经过专门的职业培训才能获得资质认证,并且对培训的课时量和培训内容都做了精细的要求。[①] 以CEDR的调解员培训为例,其调解员培训课程主要分为两大类:(1)初级调解员的入门技能培训;(2)为已获得认证的调解员提供后续的专业性技能提升培训。英国注重加强调解员人力资源建设,制定了一套严格的调解员职业资格制度(Mediation National Vocational Qualification,简称NVQ)。该资格可由当地的NVQ中心颁发。任何想从事调解的人员都必须通过必要的学习和培训,以获得NVQ中心的实践经验证明。如果律师计划从事家事调解工作,其一般应当拥有至少5年的社会相关工作经验或者是家事领域的专业律师,且应当拥有本科以上学历。若符合上述条件,经当地调解委员会推荐报国家家事调解委员会决定。在正式执业前,家事调解员还需接受其他经验丰富调解员的考察。

(二)调解机构

英国调解制度的快速发展离不开发达的调解业。迄今为止,英国共有民间调解机构200多家,其中160多家为商业性调解机构,其余40多家为非营利性调解机构。商业性调解机构具有法人资格,负有依法纳税的义务。在英

---

① 龙飞:《深化多元化纠纷解决机制改革的几个问题》,载《法制日报》2018年2月28日第11版。

国的调解体系中,有三个比较重要的调解组织,即家庭纠纷调解组织(Mediation Organization of Family Dispute)、英国调解中心(National Mediation Center)和有效争议解决中心(Centre for Effective Dispute Resolution,以下简称 CEDR)。据民事调解委员会(Civil Mediation Council,以下简称 CMC)的调查结果显示,英国调解机构受理的案件数量表现出明显的聚集化趋势,超过 86% 的调解案件由七大调解机构处理。

1. CEDR。CEDR 创建于 1990 年,以英国工业联合会为基础,并在初期得到了诸多机构如英国顶级律师事务所、行业协会和政府部门的鼎力支持。经过近 30 年的发展,CEDR 已从初创时仅由 35 人组成、年营业额 400 万英镑的小型调解机构发展成为世界规模上最大的调解机构。[①] 它不仅在国内,而且在世界调解业内也享有盛誉。目前,CEDR 共有调解员约 200 人,主要从事金融、保险、建筑工程、交通运输、能源、房地产等领域的纠纷解决。除了提供调解服务外,CEDR 还为政府部门、大型企业、社会组织设计纠纷管理机制,提供专业化的调解员培训服务。例如,由于希腊国内尚未建立专门的调解员培训机构,因而希腊的调解员都由 CEDR 代为培训。

2. 全国律师 ADR 网络。全国律师 ADR 网络创建于 1989 年,是英国最早处理商事纠纷的机构,主要受理保险公司、会计师以及产业界委托处理的纠纷。其所采用的替代性纠纷解决方式包括调解、微型审理等。调解坚持当事人自愿的原则,充分尊重当事人意思自治。通过调解达成的调解协议对当事人双方不具有拘束力,当事人不得申请法院强制执行。不过,未通过调解达成合意的当事人并不因此丧失诉权。当事人可就同一纠纷再次向法院起诉。据统计,该机构调解单个纠纷的平均时间为 5 小时。除调解外,当事人还可以利用微型审理,由双方的负责人构成合议庭进行审理。此外,全国律师 ADR 网络还与国际性的 ADR 组织保持密切的合作关系,在海事、破产、消费者保护等方面起到了不可替代的积极作用。

[①] 张海燕:《英国〈民事诉讼规则〉中的调解制度研究》,载《环球法律评论》2009 年第 2 期。

四、调解程序的规范化

(一)调解引导

英国通过鼓励当事人双方订立调解条款以及支持法院将调解导语引入诉讼信息表等方式,促进纠纷的解决。调解条款是指当事人订立合同时在合同中约定"若今后发生纠纷,则通过调解程序解决"的条款。早在 2002 年的 Cable & Wireless Plc v. IBM 一案中,英国商业法庭注意到当事人双方在合同中约定的调解条款:"如果双方不能通过协商了结纠纷,将善意地努力通过 CEDR 推荐的 ADR 程序解决",对该条款表示出尊重的态度,最终裁定中止诉讼程序以便当事人进行调解。法院与法庭服务机构在民事诉讼的所有环节中,通过将印有调解导语、调解指南的诉讼信息表送交双方当事人,促使当事人尽可能地选择调解方式。

(二)调审分离

英国严格恪守调审分离的原则,即参与案件调解的法官或法院工作人员,不得参与其后的诉讼程序,调解程序与诉讼程序完全分离。该制度主要基于以下理由:调解员、法官合一容易造成法官的判决受到在先进行的调解的影响。因为法官难免在调解过程中形成前见,从而使得判决结果趋近于调解结果。这也导致当事人在调解中需要承受来自法官的无形压力,最终达成的调解协议可能并不能完全反映当事人的真实意愿。调审分离原则贯彻了英国的程序正义理念,通过正当程序对当事人权益进行充分保障,同时也消除了当事人对调解程序的顾虑,确保了司法结果的客观公正。

(三)调解保密

调解保密原则是调解制度取得当事人信赖与支持的基础与前提。因调解程序多涉及当事人的个人隐私或商业秘密,当事人更希望在私密的环境中敞开心扉,交换彼此的观点和立场。作为注重程序正义的国家,英国更加强调调解的保密性。当事人、调解员以及调解机构应当对调解过程、调解中获知的案件信息和调解协议内容保密。但是,为保护更高位阶的利益,调解保密原则也存在例外。根据英国法律的规定,如果出现下列情况,调解信息应当予以披露:(1)法律明确规定的;(2)保密内容可能危及他人生命或人身安全的;(3)保密内容可能涉及刑事犯罪的。

(四)调解协议的申请执行

当事人之间就纠纷达成的调解协议具有合同效力,但这并不意味着当事人不能要求法院强制执行调解协议。当事人可以通过法定程序到法院申请换取法庭命令。只有经审查后认为符合要求的,法院才会将调解协议的内容记载于法庭命令中。通过这种文书转换的方式,使得调解协议获得强制执行力。此种制度与我国当事人申请法院确认调解协议相类似。只不过,两者的强制执行依据不同,前者的执行依据为法庭命令,而后者则为调解协议。

五、调解制度的激励措施

英国从世界调解制度的学习者到领导者,政府、司法机关的支持功不可没。具体而言,英国主要从制度层面以及实践层面给予调解以资源支持。

(一)制度层面

1. 诉前议定书制度

诉前议定书是《民事诉讼规则》的一项重大发明。在此之前,虽然原告会在起诉之前向被告发函说明请求的具体内容,但是这种信函(以律师函为典型)只是一种习惯做法,具有警告的性质而并无法律意义。

在诉讼程序启动前,当事人双方通常会进行接触,沃尔夫勋爵将诉前议定书制度正式化并使之更加富有成效。诉前议定书目前适用于医疗纠纷、人身伤害、建筑及工程纠纷、诽谤纠纷、专家责任、司法审查、疾病纠纷、房屋失修、拖欠租金等9种类型的案件,其功能被概括为三点:首先,鼓励双方当事人尽早、全面地交换有关可能到来的起诉的信息;其次,促成双方当事人之间的和解,避免诉讼;最后,在诉讼不可避免时,有助于法院更有效地控制诉讼程序。

诉前议定书制度实施以来已经取得了很好的效果,仅仅沃尔夫勋爵改革后的18个月中,民事案件就已经从22万件下降到了17.5万件。[①] 数据表明,诉前议定书对于推动纠纷解决意义重大,48%的受访律师表示诉前议定书能够实现纠纷的早期解决目的,33%的受访律师表示诉前议定书能够避免案件进入诉讼程序。

诉前议定书制度要求原告在起诉之前必须向被告发出一个书面通知,原告只有在该通知送达被告3个月后才能提起诉讼。通知必须包括以下内容:充分而简练的案情;主要书证的复印件;要求对方在合理期限内书面作出回复的通知;如果未收到回复是否会提起诉讼的意思;通过诉讼外途径解决纠纷的意思表示;被告不遵从诉讼指引的法律后果。被告则应当在通知书送达后的21日内书面告知原告,表明已收到通知书并给出书面回复的期限。在回复中,被告可以承认原告的全部或部分诉讼请求并提出和解协议;也可以否认对方的诉讼请求。对于否认的部分,应当给出理由并提供所依赖的主要书证复印件。被告还应在回复中表示是否愿意通过和解的方式解决纠纷。如果当事人不遵守诉前议定书,导致不应有的诉讼或原本可以避免的费用,法院可以要求有过错的一方当事人补偿相关费用或者剥夺相应的利息。

2. 案件管理制度

鼓励当事人使用调解是法院积极管理案件的任务之一,法院通过案件管理制度促进当事人采用调解的重要手段是案件分配调查表。《民事诉讼规则》第26.4条第1款规定,当事人在完成案件分配调查表并提交法院时,可以通过书面形式请求法院中止案件审理,由当事人尝试通过调解或其他ADR方式解决纠纷。如果当事人双方共同请求中止案件审理或者法院认为中止案件审理是必要的,那么法院可以决定中止案件的审理,中止期限为一个月。如果调解程序未能在中止期限内结束,法院有权延长诉讼中止的期限至法院认为适当的日期。案件分配调查表应当询问当事人是否接受中止案件审理一个月并愿意采用ADR方式解决纷争。如果只有一方当事人请求中止诉讼程序,法院可能会调查了解另一方当事人拒绝使用ADR的原因。若另一方未给出合理理由而拒绝参与调解,法院最终依然会作出中止诉讼程序的命令。

---

① 齐树洁主编:《英国民事司法改革》,北京大学出版社2004年版,第22～23页。

3. 诉讼费罚则

《民事诉讼规则》利用诉讼费的杠杆效应促使当事人考虑并选择 ADR。该规则第 44.3 条和第 44.5 条规定，在裁定诉讼费用的承担时，法院可以考虑当事人的所有行为。对当事人行为的评价包括以下几点：(1)当事人在诉讼前和诉讼中的行为，尤其是在签订了诉前议定书之后的行为；(2)当事人提出特定诉讼请求的合理性；(3)当事人在案件中的申诉或抗辩行为；(4)胜诉方当事人是否整体或部分地夸大了其诉讼请求。① 2002 年 2 月，法院在 Dunnett v. Railtrack 一案中首次适用了诉讼费罚则，即当事人若拒绝法院提出的以调解方式解决纠纷的建议，则即使该方当事人在随后的诉讼中胜诉，法院同样有权判决其承担案件的诉讼费用。在该案中，3 位上诉法院法官均认为：被告拒绝调解的行为违反了《民事诉讼规则》第 1.3 条、第 1.4 条的规定。在上述判决中所确立的诉讼费罚则，虽然有利于扩展 ADR 的适用，但是在实践中该制度也存在被恶意滥用的风险，即一方当事人借诉讼费罚则迫使对方当事人接受调解，从而损害他人的合法权益。为此，法院在其后不断对诉讼费罚则进行了调整与完善。2002 年 5 月，法院在 Hurts v. Leeming 一案中，确立了"有充分理由拒绝调解不适用'诉讼费罚则'"的规则。2004 年 5 月，法院在 Halsey v. Milton Keynes General NHS Trust 一案中调整了诉讼费罚则的有关规定，并确立了两个重要原则：(1)强制当事人适用调解等 ADR，侵害了当事人的诉权，同时也违反了《欧洲人权公约》第 6 条的规定，即"在决定某人的民事权利义务或确定某人的任何刑事罪名时，任何人有权在合理的时间内受到依法设立的独立与公正的法庭公平与公开的审讯"(In the determination of his civil rights and obligations or of any criminal charge against him, everyone is entitled to a fair and public hearing within a reasonable time by an independent and impartial tribunal established by law)。(2)诉讼费罚则适用于当事人无正当理由而拒绝调解的情形。如果败诉方要求法院对胜诉方适用诉讼费罚则，其应当承担举证责任，证明胜诉方存在不合理地拒绝调解的情

---

① John O'Hare & Kevin Browne (eds.), *Civil Litigation*, Sweet & Maxwell Press, 2011, pp. 614～615.

形。① 关于如何认定无正当理由拒绝调解,英国上诉法院曾广泛征询调解机构的意见,最终,上诉法院认为是否无理由拒绝调解受制于多种因素,法院应当在个案中结合案情进行综合判断。②

4. 法律援助资金支持

1998 年 10 月,英国法律援助委员会下属诉讼费用与上诉委员会作出 Wilkinson 决定,确认在计算法律援助律师报酬时应当将律师为参与调解活动付出的时间成本和经济成本纳入其中。《民事诉讼规则》实施后,Wilkinson 决定的适用范围得到进一步扩大。目前,律师参与调解、仲裁、早期中立评估等 ADR 活动的,同样可以得到法律援助报酬。这无疑激发了律师建议当事人采用 ADR 解决纠纷的热情。除此之外,英国法律对申请法律援助的当事人提出了选择 ADR 的要求,即如果当事人未首先选择调解或其他 ADR 方式尝试解决争议,而直接向法院起诉,政府有权拒绝为申请人提供法律援助基金。从而倒逼当事人在诉讼前通过 ADR 解决纠纷,节约宝贵的诉讼资源。

(二)实践层面

1. 政府购买调解服务

英国司法部采用公共服务购买的方式,采购商业调解机构的调解服务,并对非营利性调解机构提供财政补贴。政府采购及政府补贴均纳入财政部的年度预算,由司法部下属的法律顾问委员会在进行成本核算后提交预算报告。为了监督调解机构的活动,对于与政府有合作关系的商业调解机构或公益性调解机构,由独立的第三方机构进行绩效审计。③ 如果审计结果符合要求,政府将会继续同调解机构展开合作;反之,政府将会终止与相关调解机构的合作关系。

2. 国家调解热线服务计划

国家调解热线服务计划始于 2004 年 11 月,并从 2005 年 3 月 1 日起正式

---

① 沈芹宇:《英国调解中的诉讼费用罚则》,载《人民法院报》2010 年 3 月 26 日第 8 版。
② 张永红:《英国判例法对调解的规范和引导》,载《法律适用》2010 年第 2~3 期。
③ 蒋惠岭主编:《域外 ADR:制度·规则·技能》,中国法制出版社 2012 年版,第 656 页。

启动。此项计划由专门机构负责实施,作为电话热线服务协会的非正式成员,该机构与CMC合作开通了一条热线服务电话(0845-6030809),专门为英格兰和威尔士的当事人提供调解知识与调解咨询。调解热线的服务时间为周一至周五的上午8点至下午6点半,除了热线电话外,当事人还可以登录相关的网站寻求帮助。这些网站列出了主要的法院附设项目、当事人的常见问题以及与诉讼费用相关的信息。这种借助于现代通信技术和网络信息技术的调解实践,无疑扩大了当事人获取调解信息的渠道,增加了当事人实现正义的可能性。

六、简要的评价

有着悠久法治传统的英国,长期以来不仅对其法律制度引以为荣,而且曾经将其诉讼文化作为一种先进的现代文明向全球推广,司法和审判自然而然地成为其极力推崇的纠纷解决方式。[①] 但是,当面临日益严峻的司法危机时,英国决策者并未固守传统,而是顺势而为,积极变通。从固守司法权的"不容剥夺原则"到支持引导调解等ADR的发展,英国推动ADR的决心和力度令人敬佩。

英国的民事司法改革被证明是成功且成效显著的,不仅提高了诉讼效率、降低了纠纷解决成本、拓宽了调解的适用范围,还为民众接近正义(Access to justice)提供了更多的选择。有学者将英国的ADR发展模式称为"大力支持,审慎介入"[②]。一方面,英国通过诉讼费罚则、法律援助基金支持等费用杠杆将纠纷引入调解解决。另外,英国法院建议当事人通过诉前议定书选择调解,并通过案件管理制度提醒当事人选用调解。不仅如此,英国政府还通过购买调解服务、创设调解热线的方式便利当事人了解调解、接近调解。但另一方面,英国政府却较少对调解进行干预,给予调解充分的自由发展空间。他们坚信,市场的优胜劣汰机制而非政府管制更有利于调解市场的繁荣与发展。例如,英国的调解市场体现出完全的市场化模式,调解收费标准市场化,政府并

[①] 齐树洁主编:《英国民事司法制度》,厦门大学出版社2011年版,第213页。
[②] 齐树洁主编:《英国民事司法改革》,北京大学出版社2004年版,第186页。

未设定相关的指导价。

英国法院努力维持自己作为居中裁断者的角色,不愿意过多地介入调解等 ADR 机制,而是选择将调解交由调解机构处理。英国法院仅为小额民事纠纷提供调解服务。由于多数小额民事纠纷争议金额不大,案情简单,采用调解不失为解决纠纷的最佳方案。据估算,64%的小额民事纠纷最终通过小额案件调解程序成功解决,年平均节约法庭听证时间超过 9400 小时。根据调查,在接受小额调解程序的当事人中,95%的当事人都表示会再次考虑选择调解作为解决争议的方式。① 英国的不同纠纷解决机制间联系密切。英国法院的判例会定期出版发行,而调解员在调解过程中也会参照借鉴法院的判例。大多数经验丰富的调解员认为,英国专门法院和上诉法院的判例对其开展调解工作非常重要。高水准的调解员群体以及一系列调解激励与保障措施使得英国的调解成功率处在较高的水平,CEDR 发布的 2016 年度《民商事调解市场及调解员现状调查报告》指出,英国民事纠纷的调解成功率约为 86%。

英国调解制度在总结实践经验的基础上不断革故鼎新,以诉讼费罚则为例,英国在创造这一规则后,通过反思其实际应用中存在的问题并在此基础上加以修正改良,才形成今天相对完善的诉讼费罚则制度。互联网的发展同样深刻地影响着纠纷解决方式的转变,英国提出了在线纠纷解决方式这一契合时代发展需要的新型纠纷解决方式。其中,英国将传统的调解移至线上,探索在线调解这种更加便捷、高效的解决纠纷的方式。不断学习、不断创新正是英国调解制度永葆生机的根源。英国已成为调解制度改革的领跑者,许多国家以英国调解制度为蓝本对本国的调解制度进行补充与完善。譬如,爱尔兰 2017 年制定《调解法》时,吸收了英国诉讼费罚则的有关内容。爱尔兰《调解法》第 21 条规定:如果一方当事人不合理地拒绝或不考虑使用调解,法院可以判决该方当事人承担相应的诉讼费用。

调解机构的社会化以及调解员的职业化也是英国调解制度的亮点之一。调解的市场化运作模式使得各调解机构为争夺市场份额而不断投入更多的资源,以提升其调解服务的质量,从而使英国调解业走上了"市场竞争—资源投

---

① [英]福尔克斯:《调解与政府》,柴靖静译,载《人民法院报》2015 年 5 月 29 日第 6 版。

入—质量提升"的良性循环道路。英国拥有完备的调解员培训机制,调解员在参与调解活动前都需要接受专业化的培训。因而,作为当事人代理人的律师群体对于调解员的工作满意度甚高。统计数据显示,81%的律师认为调解员表现良好,14%的律师认为调解员表现合格,仅有5%的律师认为调解员表现不合格。然而,应当看到,目前英国的调解领域还有相当大一部分的兼职调解员。有律师曾表示:"那些有正经职业,只把调解当成兴趣来做的人,将对调解职业的信誉构成巨大威胁。"[1]今后,英国政府将鼓励更多具有调解经验的人士,以全职调解员的身份从事调解活动。

---

[1] [英]格拉汉姆·梅西:《英国民商事调解市场及调解员现状调查报告》,蒋丽萍译,http://news.sina.com.cn/sf,下载日期:2018年5月3日。

第十五章

爱尔兰调解制度

爱尔兰(Ireland)位于欧洲西部,国土面积约7万平方公里,人口479万人(截至2017年4月)。① 就人口数量和经济规模总量来说,爱尔兰是个不折不扣的小国,然而它却是一个颇具特色和影响、引起世人广泛兴趣的国度。② 2017年10月,爱尔兰结束了没有调解立法的历史。《调解法》的颁行标志着爱尔兰调解制度进入了一个崭新的发展阶段。

一、调解制度的发展历史

(一)立法进程

调解既是法制社会中出现的一种新型纠纷解决方式,也是自古流传至今的一种传统的纠纷解决方式,③但爱尔兰民事调解制度的历史并不长。1946年,《劳资关系法》首次规定在处理劳资纠纷时,当事人可以选择调解。1986年爱尔兰家事法改革后,政府设立了试验性的家事调解委员会,旨在妥善、友好地解决离婚诉讼中涉及的诸多争议。但直到1996年,爱尔兰法律才承认调解是一种可替代民事诉讼,解决民事纷争的纠纷解决方式。

---

① 中华人民共和国外交部:《爱尔兰国家概况》,http://www.fmprc.gov.cn,下载日期:2018年4月18日。
② 王振华等主编:《爱尔兰》,社会科学文献出版社2007年版,第1~2页。
③ [澳]娜嘉·亚历山大主编:《全球调解趋势》,王福华等译,中国法制出版社2011年第2版,第1页。

21世纪以来,伴随着社会经济的快速发展,欧盟各国民事纠纷的数量大幅增加。为应对纠纷数量的爆炸式增长,欧盟掀起了以"接近正义"(Access to justice)为目标的第三次司法改革浪潮,替代性纠纷解决机制(Alternative Dispute Resolution,简称ADR)在各成员国得到推广。2004年,爱尔兰颁布《诉讼程序规则》,鼓励当事人通过调解解决商事贸易纠纷。2008年5月21日,欧洲议会及欧盟理事会发布了《关于民商事调解若干问题的2008/52/EC号指令》。[①] 为了符合该指令的要求,欧盟各成员国纷纷制定或修订本国的调解立法,作为欧盟成员国的爱尔兰也不例外。2010年,爱尔兰司法改革委员会[②]深入细致地调查了调解制度在司法体系中发挥的作用,并提出应通过立法,全面规范法庭程序内和法庭程序外的调解制度。作为司法改革的智囊团,司法改革委员会发布了《关于ADR的报告》。该报告不仅讨论了ADR机制的基本原则,如自愿参与、保密性、调解员的中立与公正等,还详尽描述了ADR机制在民商事等诸多领域所发挥的作用。该报告公布后,爱尔兰法学界对于ADR机制,尤其是调解制度的研究热情高涨。同年,司法改革委员会公布了《调解法草案》(the Draft Mediation and Conciliation Bill)。

2012年,在广泛征询社会各界意见的基础上,爱尔兰司法与平等部对外发布了《调解法总体规划草案》(Draft General Scheme of Mediation Bill 2012)。此后,爱尔兰参议院与众议院就草案的内容进行数次讨论。经过调解团体的反复游说,《调解法》最终获得议会的正式通过。2017年10月2日,爱尔兰总统迈克尔·希金斯(Michael D. Higgins)正式签署《调解法》(Mediation Act 2017)。《调解法》已于2018年1月1日起生效实施。在《调解法》颁布前,爱尔兰有关调解的规定不仅受到法律专家的质疑,同样也受到地方司法机关的批评。在2015年Ryan v. Walls Constructions Ltd.一案中,爱尔兰上诉法院指责此前的民事司法改革未将ADR引入爱尔兰司法系统,

---

① 该指令全文参见《欧洲议会及欧盟理事会关于民商事调解若干问题的2008/52/EC指令》,陈洪杰译,载张卫平、齐树洁主编:《司法改革评论》(第8辑),厦门大学出版社2008年版。

② 爱尔兰司法改革委员会是依据1975年颁布的《司法改革委员会法》(Law Reform Commission Act)成立的,其目标在于为司法改革提供建议,推广法律的适用以及保证司法独立与公正。

导致调解使用率低下。

爱尔兰《调解法》汲取了域外各国的调解经验并结合爱尔兰本国的实际情况,体现了国际调解的最新发展趋势。该法共分六章23条,涉及调解的一般原则、调解员、律师义务、调解委员会、调解协议执行等事项。

(二)主要调解机构

1. 爱尔兰调解员协会[①]

1992年成立的爱尔兰调解员协会(Mediators' Institute of Ireland,以下简称MII)是爱尔兰成立最早的非营利性专业调解机构之一,其调解员来自爱尔兰各郡。MII在其官网上公布了调解员名册,名册中详细载明调解员的姓名、联系方式、教育经历、调解经验、擅长的业务范围等信息,从而便于当事人选择合适的调解员。为规范调解员行为,MII制定了《调解员道德和实践守则》。随着新型纠纷的不断涌现,调解员必须及时更新知识,提升业务水平,以便为当事人提供更加优质的调解服务。为提高其成员的专业素养和调解技能,协会要求每位成员都必须接受培训,以满足《调解员道德和实践守则》对于调解员的要求。

2. 爱尔兰商业调解协会[②]

爱尔兰商业调解协会(Irish Commercial Mediation Association,以下简称ICMA)成立于2003年,主要负责商事领域的纠纷调解。ICMA提倡调解,致力于为对调解感兴趣的当事人提供调解员名单。当事人签署调解同意书后,ICMA通常在4至6周内为当事人双方安排调解。如果情况紧急,这一期限还可缩短。相比之下,商事法院的审前准备时间通常在3至6个月,高等法院的审前准备时间甚至长达18至24个月。此外,通过调解解决纠纷的成本远远低于诉讼。据ICMA估计,调解成本仅为诉讼成本的20%。值得注意的是,2013年,国际冲突与防范委员会与ICMA签订双边协议,共同支持与促进爱尔兰ADR的发展。

[①] 有关爱尔兰调解员协会的具体介绍,参见 http://www.themii.ie,下载日期:2018年4月18日。

[②] 有关爱尔兰商业调解协会的具体内容,参见 http://www.icma.ie,下载日期:2018年4月18日。

二、调解员与调解委员会

(一)调解员制度

1. 调解员的培训与任命

爱尔兰尚未制定统一的调解员培训与任命的法律规范。长期以来,由于缺乏培训调解员的相关机构,爱尔兰的调解员大多是由英国的调解员培训机构代为培训的。关于调解员的教育,可参考 MII 推荐的调解员培训与认证体系。

MII 将调解员分为一般调解员(General Members)、准调解员(Associate Member)、认证调解员(Certified Members)和执业调解员(Practitioner Members)。一般调解员仅指对调解感兴趣的调解员;准调解员是指接受了不少于 60 小时专业调解课程培训的调解员;认证调解员是在符合准调解员要求的基础上,通过 MII 专业考核的调解员;执业调解员是调解员中级别最高的一种,他不仅需要通过考核,还需要具备多年丰富的调解经验。根据 MII 的相关规则,只有认证调解员和执业调解员才能独立进行调解。据统计,爱尔兰全国约有 2000 名训练有素的调解员。

2. 调解员回避

调解员的中立与公正是当事人选择并信任调解的基础与前提。因而,如果存在可能影响调解结果公正的情形时,调解员应当自行回避。《调解法》第 8 条规定,调解员应当向当事人主动披露其与案件是否存在直接或潜在的利害关系。若有,除非当事人同意其继续作为纠纷的调解员,否则,该调解员应当退出调解。

3. 调解员报告义务

在诉讼程序中,若当事人双方接受了法院的调解邀请,案件将移送调解员调解。但倘若其后当事人向法院申请重新进入诉讼程序,负责纠纷调解的调解员应当向法院提交书面报告。报告应当详细说明下述事项:(1)如未进行调解,说明未进行调解的原因;(2)调解地点;(3)当事人之间是否达成调解协议,若达成调解协议,调解协议的具体内容;(4)如果当事人仅就纠纷的部分事项达成调解协议,说明调解协议的内容以及未解决的纠纷内容;(5)如果未达成调解协议,调解员认为当事人是否充分参与调解。除当事人之间另有约定或法院要求,报告副本应在提交法院的7日前送达当事人。

4. 调解员行为守则

目前,爱尔兰尚未建立全国统一的调解员行为规范,但各大调解机构都制定了自己的调解员行为规范。《调解法》未规定调解员行为守则的具体内容,而只是规定了调解员行为守则应当包含的事项以及该守则公布批准和撤销修改的程序。具体而言,调解员行为守则需包括以下事项:调解员专业发展培训要求;调解员在调解时应遵循的程序性规范;调解员在调解过程中应遵循的道德标准;调解保密性;若对调解员的调解行为不满,当事人的救济程序;调解费用的确定原则。在公布或批准行为守则前,司法与平等部部长应在司法与平等部官方网站或至少一种全国性报纸上发布公告,民众可在公告指定的期限内通过该网站查询行为守则草案的详细内容。这一期限自公告发布之日起不少于30日。如果司法与平等部部长拟撤销或修改行为守则,仍应以同样的方式发布公告。对于行为守则内容的修改,公告还需另外附加修订详情。

(二)调解理事会

爱尔兰调解理事会(Mediation Council of Ireland,以下简称 MCI)是依照《调解法》要求设立的新机构,主要负责监督爱尔兰调解制度的发展情况。《调解法》在附则中规定了 MCI 的成员组成、工作职责以及工作报告等内容。

1. MCI 的成员构成

按照附则的要求,在人数上,MCI 应当由不少于 11 名成员组成。为了体现理事会成员的代表性,MCI 应当由不同利益群体的代表组成。因此,在MCI 的 11 名成员中,5 名成员来自能够代表促进调解服务的机构或调解员利益的人士;其余 6 名成员来自能够代表公共利益的人士。调解理事会主席由代表公共利益的成员担任。所谓代表公共利益的人,是指独立于调解员利益之外的其他人。为方便公众的监督,理事会应当公布遴选公共利益成员代表的标准以及选举程序。

2. MCI 的工作职能

作为爱尔兰唯一的法定调解活动管理机关,MCI 应当独立履行职责,根据《调解法》的规定,其主要工作包括:(1)在全国范围内,增强调解的可接近性,使公众尽可能方便地使用调解,提高公众对调解程序的理解和认识,并向公众提供调解方面的知识与信息;(2)制定爱尔兰调解发展总体规划,例如建立调解员专业发展培训体系;(3)编写调解员行为守则,监督行为守则在实践中的执行情况;(4)对于已签订行为守则的调解员,建立登记名册;(5)在家事案件中举行调解信息会议。此外,理事会可以通过发布命令或其他方式重新任命理事会成员,决定成员任期以及理事会会议程序。为保障理事会正常运转,爱尔兰政府应当给予同实现其职责相匹配的财政资助。

3. 理事会工作报告

理事会应当在每年的6月30日前,向司法与平等部部长作履行《调解法》职责和理事会上一年度活动开展情况的工作报告。司法与平等部部长收到报告后,应将报告副本送交参众两院。报告的主要内容包括理事会认为需要披露的事项以及司法与平等部部长可能要求披露的信息,譬如理事会政策与活动事项,理事会文件和财务账目。当然,如果确有必要,理事会亦可随时向司法与平等部部长报告其职责履行情况。

三、调解的类型

(一)民间调解

民间调解是指在非司法性和非行政性的民间组织、团体或个人的主持下进行的调解。① 在爱尔兰,当事人可以在订立合同时约定调解条款,以便友好地解决今后可能出现的纠纷。当事人也可以在纠纷发生后共同请求民间调解机构解决纠纷。

(二)法院附设调解

法院附设调解,即由法院附设或委托独立的调解机构进行调解。② 法院

---

① 齐树洁主编:《纠纷解决与和谐社会》,厦门大学出版社2010年版,第98页。
② 范愉主编:《非诉讼程序(ADR)教程》,中国人民大学出版社2016年第3版,第111页。

附设调解始于案件尚未由法院作出裁决之时,目的在于促使当事人通过调解化解纠纷,节约稀缺的司法资源。如果当事人决定进行调解,法官将会中止法庭程序,直至调解结束。例如,1996 年生效的《家事(离婚)法》[the Family Law (Divorce) Act 1996]规定,在离婚或者合法分居纠纷中,当事人的法定代理人应当如实告知本方和对方当事人是否选择调解程序以及进行调解程序的可行性。

法院附设调解一般因当事人的申请而启动,并且与诉讼程序相分离,仅在调解失败时才由当事人决定是否转入诉讼程序,而达成的调解协议在获得法院的确认后通常具有强制执行力。① 与法庭调解不同,在法院附设调解中,法官或书记员不能担任调解员,争议的双方当事人应从独立于诉讼程序之外的人员中选任调解员。例如,离婚纠纷的当事人双方在起诉到家事法庭后,可选择由政府资助的家事调解服务中心进行调解。

(三)自愿调解与强制调解

无论是民间调解抑或是法院附设调解,都须以当事人自愿为前提。这也是调解的本质属性。2004 年《民事责任和法院行为法》(the Civil Liability and Courts Art 2004)规定的调解会议制度是调解自愿的唯一例外。该法规定,一方当事人可申请举行调解会议,法院经合意认为该会议有助于纠纷解决的,可强制另一方当事人参与调解会议。另一方当事人同意与否,都不影响调解会议的进行。但上述法律并未规定任何确保另一方当事人参加会议的强制措施。但是,法院可命令拒绝参加调解会议的一方当事人承担该案的诉讼费用。② 虽然当事人并无参加调解会议的法定义务,但是为避免承担诉讼费用,通常会参加调解会议。

---

① 汤维建主编:《外国民事诉讼法学研究》,中国人民大学出版社 2007 年版,第 498 页。

② Katie Bradford, *Commercial Mediation: a Competitive Review* 2013, http://www.linklaters.com,下载日期:2018 年 4 月 18 日。

四、《调解法》的主要内容

(一)适用范围

《调解法》第3条第1款规定调解可以适用于任何民事诉讼程序。然而,任何纠纷解决方式都有其适用的合理边界,一旦超出这一边界,纠纷解决机制便难以或不能有效发挥解决纠纷的作用。为此,《调解法》第3条第2款通过反向列举的方式规定了若干不得通过调解解决的纠纷类型,归纳起来主要有以下几种:(1)税收纠纷;(2)属于既有纠纷解决机制主管的纠纷,如2010年《仲裁法》项下的仲裁事项;(3)属于劳资关系委员会职权处理范围内的纠纷或劳资关系委员会正在调查的纠纷,这些纠纷主要是指2015年《劳资关系法》第4章规定的纠纷;(4)针对涉嫌侵犯公民基本权利和自由的行为而对国家提起的诉讼;(5)高等法院司法审查的纠纷。

(二)调解同意书

调解程序的启动须获得当事人双方的合意,以体现对当事人处分权的尊重。与仲裁协议类似,调解同意书是指,当事人之间达成协议,同意通过调解方式解决已经发生或者将来可能发生的争议。《调解法》第7条要求在调解程序进行前,当事人各方和调解员应当共同签署调解同意书并任命调解员。调解协议书应载明调解程序、调解费用及支付方式、调解以保密方式进行、当事人各方拥有寻求法律建议的权利、调解终止的情形。

(三)调解的基本原则

《调解法》将调解视为一种主流的纠纷解决方式,并使调解自愿、保密等原则法律化,从而使其脱离旧有的"替代"角色。可以说,调解为当事人提供了多元化的纠纷解决路径,有助于当事人迅捷、低廉地解决纠纷。

1. 保密原则

调解保密性具有吸引当事人参与调解的制度魅力,也是成功调解的核心要素。① 美国学者 Krik W. Schuler 说:"保密性是有效调解的核心要素。"②调解员以及争议各方当事人对调解过程中获取的信息保密,对于调解的成功至关重要。如果当事人不能确信其在调解程序中提供的信息不被披露,或是当事人担心上述信息被用于随后可能进行的诉讼程序,那么毫无疑问当事人不会以一种坦诚开放的姿态参与调解程序。这样势必会增加调解的难度,阻碍调解程序的进行和纠纷的顺利解决。

《调解法》确立了调解保密原则,该法第10条第1款规定,调解员与当事人之间的所有通信以及与调解相关的所有记录、陈述应当予以保密,不得在法庭或其他程序中披露。不过,调解保密性原则也存在例外。《调解法》第10条第2款规定了5种例外情形,包括:(1)出于实施或执行调解协议的需要;(2)为避免当事人遭受身体或心理的伤害;(3)根据法律的要求;(4)为防止犯罪行为或揭露犯罪行为;(5)为证明或反驳有关调解期间调解员存在过失或不当行为或为向专业机构就此种过失或不当行为提出申诉。此外,调解程序中所使用的证据材料,在此后进行的民事诉讼程序中不得直接作为认定案件事实的依据。

2.自愿原则

调解自愿性原则主要体现在程序自愿和实体自愿两个方面。《调解法》充分贯彻调解自愿原则,对当事人的程序自愿和实体自愿予以充分保障。调解作为诉讼外纠纷解决机制,具有非强制适用性。因而,调解程序的适用与否应当充分尊重当事人的意愿。《调解法》第6条特别强调,在任何时候,当事人参与调解都必须自愿。当事人可以在调解期间随时退出调解。在实体方面,《调解法》要求调解协议的达成必须出于各方当事人的自愿,不得违背当事人的意愿。调解协议的内容和约束力均取决于各方当事人。

(四)律师的职责义务

律师就调解提供信息告知的职责是爱尔兰长期以来的通行政策。《调解法》将律师的上述职责上升为法定义务,而不再仅仅将其视为《调解员行为守则》所规定的道德义务。《调解法》专设一章规定了事务律师和出庭律师与调

---

① 肖建华、唐玉富:《论法院调解保密原则》,载《法律科学》2011年第4期。

② [澳]娜嘉·亚历山大主编:《全球调解趋势》,王福华等译,中国法制出版社2011年第2版,第114页。

解相关的义务,足见爱尔兰法律界对于调解的重视程度,也表明《调解法》寄希望通过律师群体推动调解制度在爱尔兰的广泛适用。纵观域外各国调解立法,有关律师在调解中的义务可以说是爱尔兰《调解法》的一大创新和亮点。律师在代表当事人向法院起诉前负有建议当事人选择调解并向当事人提供诸如调解员姓名及地址等调解信息的义务。此外,律师应当向当事人释明调解较之诉讼的优势。如果当事人未选择调解,而是选择向法院提起诉讼,当事人的律师应当在起诉状中附具法定声明,证明其已充分履行《调解法》规定的信息告知义务。一旦起诉状未附有法定声明,法院将在其认为合理的期限内中止诉讼程序,从而促使律师向当事人履行其应负的义务,并向法院提交法定声明。德国和意大利也有类似的规定。德国《民事诉讼法》第253条第3款要求律师必须告知法院当事人各方在起诉前为通过调解解决纠纷所作的努力以及是否存在任何排除调解的事由。意大利2010年第28号法令甚至规定如果律师不履行信息告知义务,当事人有权解除与律师的委托代理关系。当事人作为调解程序的主导者同样负有考虑选择调解的义务,当事人如未经审慎考虑而拒绝适用调解,则其可能面临诉讼费用方面的惩罚。

(五)法院在调解中的作用

调解作为纠纷的输出通道,能够实现分流案件的效果,从而缓解案件积压,提高诉讼效率。法院在诉讼过程中应一方当事人申请适用调解或在诉讼程序的适当阶段,建议各方当事人考虑通过调解解决争议。若当事人接受调解邀请,决定通过调解方式处理纷争,法院可以中止诉讼程序,延长一方当事人履行法定义务或法院命令的期限,或者法院可以实施其认为有助于调解程序进行的措施。诉讼程序的中止期限视情况不同而不同:(1)若当事人各方达成调解协议,中止期限截至当事人双方签署调解协议之日;(2)若调解不成,中止期限截至调解程序终止之日。但是,中止期限最长不得超过30日。调解员应当将调解程序的结束日期书面告知当事人各方。当事人申请调解的,应当在首次开庭前14日向法院提出己方当事人或代理人签署的宣誓书。

(六)调解费用与诉讼费罚则

1.调解费用的收取

爱尔兰将调解视为市场行为,准予调解机构或调解员根据纠纷情况决定调解费数额,因而《调解法》未规定调解费用的具体收费标准,但第20条依然规定了调解费用负担的一般原则以及调解费用的收费原则。调解程序结束后,当事人应当依照调解同意书的约定向调解员支付调解费用。考虑到调解的当事人合意属性,调解费用通常按照当事人各方平均负担的原则收取。为了体现调解低成本的优势,调解费用的设定应当合理。简而言之,调解费用应当与纠纷的重要性和复杂性、调解员的工作量成正比。调解员应当尽最大努力,以便迅速地解决纠纷,从而将调解费用降至最低。在实践中,不同调解员的收费标准各不相同。例如,有的调解员按小时收费,有的调解员按半天收费,有的调解员按天收费,甚至有的调解员不收取任何费用。但不管怎样,爱尔兰不允许调解员以调解结果作为确定调解费用的标准。出于竞争需要和行业惯例,一些调解机构禁止披露调解员收费的细节,如 MII。

2. 诉讼费罚则

诉讼费罚则最早源于英国20世纪90年代末期的民事司法改革。2002年,英国法院在 Dunnett v. Railtrack Plc. 一案中,首次确立了诉讼费罚则,即如果当事人不合理地拒绝调解,导致诉讼成本增加,那么法院在裁判时有权要求该方当事人支付因其行为增加的诉讼成本。爱尔兰《调解法》移植了英国判例法的经验做法,对不合理拒绝或不考虑参与调解的当事人规定了费用制裁。法院利用诉讼费的调节作用促使当事人采用诉讼外纠纷解决机制。[①] 根据《调解法》第16条的规定,法院在判定诉讼费用承担时,应当考虑当事人的行为。在法院发出调解邀请后,如果一方当事人拒绝或不考虑适用调解,或者一方当事人无理由拒绝或不参与调解,即便该方当事人在随后的诉讼中胜诉,法院同样有权判决其承担案件的部分诉讼费用。法院对当事人的诉讼费制裁数额应当与当事人通过调解程序节约的纠纷解决成本相符。

(七)调解协议的执行

《调解法》第10条要求调解协议应当明确调解协议的达成时间以及调解协议能否在当事人之间强制执行。一般而言,调解协议仅具有合同效力。如

---

① 郭晓珍:《英国调解程序中的诉讼费罚则》,载齐树洁主编:《东南司法评论》(2012年卷),厦门大学出版社2012年版。

果一方当事人不履行调解协议,对方当事人可向法院起诉,请求其继续履行合同或者要求损害赔偿。不过,在某些情况下,调解协议被赋予强制执行效力。若当事人不履行调解协议,他方当事人可以要求法院或其他有权机构强制执行调解协议。在《调解法》颁行前,2004 年《住房租赁法》规定,私人住宅租赁委员会作为本法案规定的调解协议执行机构,享有执行当事人之间达成的调解协议的权利。《调解法》同样赋予家事纠纷调解协议以强制执行力。《调解法》规定,在不违反 1976 年《家事法》第 8 条和第 8A 条规定的前提下,对于一方或多方当事人申请的调解协议,法院可以强制执行调解协议条款,除非调解协议没有充分保护当事人及其家属的权利,或当事人在调解程序中未能相互全面地进行资产披露,或调解协议一方当事人在调解程序中受到另一方当事人的压制或不适当影响。此外,《调解法》还对儿童利益进行特别保护。如果调解协议涉及儿童利益,法院在决定任何与调解协议有关的申请时,应受 1964 年《婴儿监护法》(*the Guardianship of Infants Act*)第 3 条的约束。

五、简要的评析

《调解法》的颁布填补了爱尔兰调解立法的空白。今后,爱尔兰调解制度将在更加规范的轨道上运行。爱尔兰《调解法》博采众长,既充分吸收国外先进的调解经验,如参考借鉴英国的诉讼费罚则、德意等国的律师告知义务,也充分考虑爱尔兰的自身情况,规定了一些符合本国特点的规定,如规定禁止调解的纠纷类型,特定调解协议的强制执行等内容。应当说,爱尔兰《调解法》既走在世界前列,又极富爱尔兰风格。《调解法》自草案公布至法案签署前后历经 7 年,立法之路曲折坎坷。经过社会各界的不懈努力,该法最终得以通过并施行。近年来,爱尔兰政府通过多种方式引导和支持调解制度的推广和适用,在国家层面,设立爱尔兰调解理事会,负责指导监督全国调解工作;在司法机关层面,规定法院邀请调解、中止诉讼审理等制度;在法律职业共同体层面,规定律师的告知义务、调解员报告义务;在当事人层面,通过诉讼费罚则要求当事人充分考虑调解。《调解法》颁布后,社会各界对新法赞誉有加,认为该法对于推动爱尔兰诉讼外解决机制的发展意义重大。调解在爱尔兰将会越来越普及,选择使用调解程序的当事人将会以更低的成本达成纠纷解决方案。至于

《调解法》实施后的实际效果究竟如何,还有待时间的检验。

虽然《调解法》开创了爱尔兰调解立法的先河,但是因《调解法》实施不久,许多配套性制度措施未能及时跟进,亟待后续的补充与完善。例如,令人遗憾的是,到目前为止,爱尔兰统一的调解员行为守则仍未对外公布。

调解能否取得成功,在很大程度上取决于调解员以自身素质和技巧为内容的职业素养。[①] 调解员职业素养的提高一方面需要调解员在不断的调解实践中积累经验,另一方面则依赖于统一的调解员培训与认证机制。在爱尔兰,政府迄今为止尚未建立统一的调解员培训与认证制度,调解员培训与认证都由各调解机构独立进行,由此造成调解员的水平良莠不齐。为确保调解员具备引导当事人达成调解协议的技能,中立公允地对待各方当事人,维护当事人的合法权利,建立统一的爱尔兰调解员培训与认证机制势在必行。在这一方面,民间调解机构的经验值得学习。首先,可以将调解员进行分类,设置不同的准入要求与权限;其次,规定不同调解员所需接受的调解培训时间,以及要求调解员定期参与培训,以便不断提升调解技能;再次,应当对调解员进行考核,只有通过考核的调解员才能获得认证;最后,还应加强对认证调解员的监督,对违反行为守则的调解员予以惩戒,如禁止其在一定期限内执业,情形严重的甚至可以吊销执业证书。

总之,《调解法》是爱尔兰法制不断进步的缩影。虽然现行调解制度尚存些许不足,但是不可否认,爱尔兰始终在努力探索与完善调解制度。无论从立层面法还是司法层面都能深切感受到爱尔兰调解制度正向规范化、专业化、现代化迈进。

---

① 李德恩:《现代调解员的角色:转换与规制》,载《法学论坛》2010 年第 6 期。

第十六章

比利时调解制度

比利时王国(The Kingdom of Belgium)位于西欧,北连荷兰,东邻德国,东南与卢森堡接壤,南和西南与法国交界,西北隔多佛尔海峡与英国相望。国土面积30528平方公里,人口1132万(2018年2月)。1831年比利时制定首部宪法,1994年2月颁布新宪法。新宪法保留了原宪法有关基本自由、权力分享和国家民主等条款,并规定:实行世袭君主立宪的联邦制。议会实行两院制,主要由众议院行使立法权,参议院只在修宪、外交事务、国家体制改革等方面与众议院享受同等权力,在其他方面仅有立法建议和咨询权。2014年1月,《宪法(修正案)》将议会任期从4年延长至5年,改参议院为非常设机构,推动联邦政府进一步向地方政府下放权力。全国分为10个省和589个市镇,设225个治安法院、27个初审法院、5个上诉法院和1个最高法院。每个省和布鲁塞尔首都大区各设1个重罪法庭。三级法院均有相应的检察机构。[1]

一、比利时调解立法概况

相对于其他大陆法系国家而言,比利时较早接受多元化纠纷解决机制(ADR)的理念,在调解立法与调解实践上迈出了坚实的步伐。2005年之前,调解尚属新生事物,在纠纷解决实践中适用并不普遍。2005年,众议院修订《司法法》时增设"调解"专章,[2]从而为调解制度的蓬勃发展提供了立法支持,

---

[1] 中华人民共和国外交部:《比利时国家概况》,http://www.fmprc.gov.cn,下载日期:2018年4月28日。

[2] Belgian Judicial Code art,http://www.cepani.be,下载日期:2014年2月20日。

该法因而被认为具有里程碑的意义。为优化调解制度,仲裁调解中心(CEPANI)于2007年颁布了《调解规范》(2013年作了修订)。① 该规范进一步推动了调解的制度化与职业化。2013年,Belmed门户网站(平台)的构建与运作开启了比利时调解电子化(E-Mediation)的时代。从近年的发展来看,比利时调解制度呈现制度化、职业化、电子化的趋势。2015年,比利时有5037宗案件通过调解予以解决,其中家事纠纷3210件。

20世纪60年代以来,在许多国家,民事司法制度不能满足社会的需求已成为一个普遍现象。② 比利时民事司法制度亦存在同样的危机。1999年议会大选后,联邦政府启动了以"满足民众需求"为目标的公共机构改革③。此项改革旨在重塑民众对国家制度的信任。司法制度是国家制度正当性的基石,如果司法程序不能吸收不满,就会危及统治秩序的正当性。为挽救处于危机中的民事司法,比利时推行了司法改革。立法者将目光投向了调解制度,以保障民众"接近正义"(Access to Justice)的权利。在这一背景下,调解立法是大势所趋。2005年,《司法法》修正案将调解制度法律化。

《司法法》第7章第1724条至第1737条对调解作了详细的规定,包括调解的一般规定、自愿调解、法院建议调解等。《司法法》"调解专章"于2005年9月30日生效施行。比利时以立法的方式建构调解的制度框架,确立了一种全新的、法定的纠纷解决机制。值得一提的是,2008年5月,欧盟议会及理事会颁布了《关于民商事调解若干问题的2008/52/EC指令》④(以下简称《调解指令》),要求各成员国必须在2011年5月21日之前遵照指令施行必要的法律、规章和行政规定,以使调解在本国范围内高效运作。比利时早在2005年修订《司法法》时便将调解作为独立章节予以规定,且在内容上基本体现了《调

---

① CEPANI建立于1969年9月25日,它是比利时最大的仲裁和调解中心,也是该国唯一的解决具有国际因素争议的机构。其主要职责包括研究和促进仲裁和调解制度,管理仲裁和调解程序。

② [英]阿德里安·A. S.朱克曼主编:《危机中的民事司法:民事诉讼程序的比较视角》,傅郁林等译,中国政法大学出版社2005年版,序言。

③ 比利时的公共机构的现代化改革因改革影响重大、深远而被称为"哥白尼改革"。

④ 关于该指令的具体条文,参见《欧洲议会及欧盟理事会关于民商事调解若干问题的2008/52/EC指令》,陈洪杰译,载张卫平、齐树洁主编:《司法改革论评》(第8辑),厦门大学出版社2008年版。

解指令》的要求,这足以表明该国纠纷解决机制发生了重大的变革。①

二、调解的制度化

调解的制度化是现代调解②的主要特征之一。因为其在较大程度上可以规范与保障调解的程序质量。为更好地满足调解实践的需求,《司法法》建构了调解的制度框架。

(一)调解的定义

作为现代纠纷解决的重要形式,调解的定义及其隐含的深层次哲学是制度框架建构的逻辑起点,深刻影响着调解实践。调解的概念化与纠纷解决的立法及实践密不可分,往往会引起调解实践者、研究者与立法者的特别关注。

为厘清调解与司法程序及其他替代性纠纷解决方式之间的界限,调解实践者与研究者倡导调解定义的法定化,但《司法法》并未界定调解的内涵。调解研究者认为,将《调解指令》第3条(a)关于调解定义的条款转化为国内法是大有裨益的,既可实现调解法的与时俱进,又可避免调解与其他纠纷解决方式的混淆。

现代调解运动的基本立场如下:"一般而言,替代性的方法可被看作通过第三方的介入提供了一个恢复当事人自治的机会,因此,它有助于发展这样一种思想,即一个人必须尽力依靠自己而非国家权力解决问题。"③上述定义将"当事人自治"作为调解哲学。现代法律文化的核心概念就是选择、同意、自由

---

① Carlos Esplugues & Louis Marquis, *New Developments in Civil and Commercial Mediation: Global Comparative Perspectives*, Springer, 2015, p.95.
② 现代调解是指20世纪70年代发端于美国,80年代出现于澳大利亚和英国,90年代拓展至欧洲大部分大陆法系国家和南非的一场运动。参见[澳]娜嘉·亚历山大主编:《全球调解趋势》,王福华等译,中国法制出版社2011年版,第2页。
③ [日]小岛武司:《诉讼制度改革的法理与实证》,陈刚等译,法律出版社2001年版,第178页。

和个人权利。① 调解实践者、研究者与立法者都积极地将这些价值理念深深植根于调解制度。调解立法对当事人自治的制度设计,必然会塑造调解不同于其他纠纷解决机制尤其是诉讼的独特个性。② 比利时调解制度的逻辑架构正是立基于"当事人自治"的调解哲学。

(二)调解的类型

1. 法定调解

《司法法》规定了自愿调解与法院建议调解两种法定调解模式。自愿调解是根据当事人共同的调解意愿,由专职调解员进行的调解。当事人在诉前、诉中及诉后自由地选择与适用该调解模式,无须法院的激励与参与。法院建议调解是法官在诉讼阶段认为存在调解的必要性与可能性,在征得当事人的同意后,指定专职调解员进行的调解。在法院建议调解中,法官职权介入的目的是规范调解进程与确保调解质量,如法官较全面地掌握专职调解员的经验与特长,可以依据纠纷类型指定最适宜的调解员,为调解成功奠定专业基础。自愿调解与法院建议调解具有如下共同特点:(1)必须选任专职调解员;(2)可以申请司法确认;(3)产生诉讼时效中断之效力。

需要说明的是,法院建议调解不同于司法调解,两者在内涵与运作等方面存在诸多差异。比利时之所以未规定司法调解是出于诉讼伦理与调解质量的顾虑,因为即使接受系统的调解培训与监督,法官依然难以克服职业化的定向思维,从而倾向于决定型调解,而非协商型调解。此外,同一法官在同一案件中既担任调解员又担任审判人员即属于利益冲突的情形,调解员与审判法官在身份上相分离才与正当程序原则相符合。③ 因此,其调解立法直接排除司法调解的存在。

2. 民间调解

《司法法》并不否定民间调解的存在必要,因为现代调解要求发展多元化的调解样式,唯此才能充分满足当事人不同的调解需求。在实践中,当事人可

---

① [美]弗里德曼:《选择的共和国:法律、权威与文化》,高鸿钧等译,清华大学出版社 2005 年版,第 42 页。
② 史长青:《通过当事人自治发展调解优势》,载《法学评论》2011 年第 3 期。
③ 王福华:《现代调解制度若干问题研究》,载《当代法学》2009 年第 9 期。

在法定调解之外选择更为自治的民间调解。根据《民法》第1134条的立法精神,民间调解可视为一种民事合同关系。[1] 民间调解与法定调解的区别如下:(1)民间调解员的选任比较随意,只需当事人认为适宜即可,而不要求是专职调解员;(2)民间调解达成的协议不能进行司法确认,其效力仅为民事合同;(3)调解的启动无须调解意向书。

3. 强制调解

基于案件特殊性及处理结果的考量,《司法法》规定对劳动争议、房屋租金纠纷、某些环境纠纷等案件适用强制调解。[2] 但强制调解既不意味着结果强制,也不代表着全部调解过程的强制,仅是调解程序启动环节的强制而已。[3]

(三)调解的适用范围

2005年之前,能够调解的仅是家事纠纷和商事纠纷,前者于2001年才建立起立法框架,允许法官在审理家事案件中指定调解员进行调解,其前提是征得双方当事人的同意;后者则源于1999年布鲁塞尔工商联合会与布鲁塞尔律师协会共同创办的布鲁塞尔商事调解中心,该中心自行制定了调解规则与职业纪律。[4] 2005年之后,《司法法》将调解的适用范围扩展到绝大多数的民事、商事、家事等案件,从而回应了纠纷解决的客观需求。

(四)诉调对接

激励当事人使用调解并确保调解与诉讼之间的有效衔接,可形成系统、动态的纠纷解决框架,进而促成纠纷的妥善解决。诉调对接是《司法法》的立法意旨,具体体现如下:(1)当事人的调解权利应当受到法院的充分尊重。只要不存在法定事由,如禁止调解的事项(涉及社会公共利益或第三人利益)、禁止调解的阶段(最高法院只审理法律适用问题,不得建议当事人调解),法院都应

---

[1] Demeyere. Luc, The Belgian Law On Mediation: An Early Overview, *Dispute Resolution Journal*, 2006, Vol. 61, No. 4.

[2] Katie Bradford, *Commercial Mediation: A Comparative Review* 2013, http://www.linklaters.com,下载日期:2014年2月20日。

[3] 王福华:《现代调解制度若干问题研究》,载《当代法学》2009年第9期。

[4] 范明志:《比利时调解立法》,载《人民法院报》2011年7月22日第6版。

当准许当事人适用调解并且给予调解期限、调解员选任等法定便利,如调解的时限为3个月,如果在该时限内不能达成协议,当事人可以共同申请法院延长调解时限;当事人既可就案件的整体亦可就案件的一部分达成调解协议,即全部调解或部分调解。(2)当事人的诉权应当受到法院的必要保障。调解不能阻隔当事人的裁判请求权,如实行调判分离,不介入本案纠纷诉讼程序的法官方可主持调解;调解可以产生诉讼时效中断之效力以保障时效利益;法官不得因为调解而缩减案件的审理期限。概言之,一方面,只要当事人请求调解,法官就必须中止对案件的审理并由指定的专职调解员对案件展开独立的调解程序;另一方面,只要当事人向法院表明调解不可能或者拒绝继续接受调解,案件就应在15日内回到审理程序并由法官作出及时裁判,以免造成"迟来的正义"。

(五)调解保密原则

调解制度之所以能够妥善解决纠纷,就是建立在调解员与当事人以及当事人彼此之间相互信任的基础上,如果这种信任不复存在,也就动摇了程序运作的基础。① 该信任关系有赖于保密制度予以维系。基于调解的实践理性,《司法法》与《调解规范》对调解保密原则作了细致的规定。

首先,保密义务主体。根据《司法法》第1728条的规定,调解员、当事人及其授权代表和顾问以及参与调解的专家或第三人,应承担调解保密义务,须依法拒绝披露信息资料。该条款设定的保密义务主体涵盖所有调解参与人。

其次,保密范围及其例外。在调解程序中,当事人之间及其与调解员的沟通信息、当事人提交的书面文书等证据材料属于机密。现代社会极度重视某些关系,为捍卫保守秘密的本性,甚至不惜失去与案件结局关系重大的信息。② 为维护以互信为基础的信息交换关系,前述信息资料不得在其他纠纷解决程序中被披露与使用。布鲁塞尔上诉法院曾对调解信息在诉讼程序被作为证据使用予以否定。然而,不是一切调解信息都应当或有必要受到保密保

---

① 李德恩:《民事调解理论系统化研究——基于当事人自治原理》,中国法制出版社2012年版,第101页。

② [美]乔恩·R.华尔兹:《刑事证据大全》,何家弘等译,中国人民公安大学出版社2004年第2版,第356页。

护。《司法法》《调解规范》明确了调解保密原则的例外情形:(1)征得当事人明确同意的。(2)保密信息被用于策划、实施刑事犯罪等法定不当行为的。

最后,对违反保密义务的制裁。法律制裁是调解保密原则的最后防线:(1)程序制裁。在仲裁程序、行政裁决程序及诉讼程序中,违规披露的调解信息、资料视为非法证据予以排除。(2)实体制裁。调解参与人在未征得当事人明确同意的情况下披露保密信息将承担侵权责任;调解员违反保密义务不仅要受到纪律处分(严重的可能会被撤销执业资质),还要受到刑事处罚。

(六)调解费用

随着受到社会广泛认同的调解组织在纠纷解决中的影响力和控制力上日渐增强,调解费用必然转向市场化,即由当事人与调解组织按照市场机制协商决定调解费用。调解成本主要是调解员费用,该费用由调委会秘书处依据争议金额与调解所需时间来确定(详见表16-1)。《司法法》第1731条规定,调解员费用及负担方式应在调解意向书中载明。为区别于"胜诉者全得"的诉讼哲学,《司法法》确定了"费用均担"原则(调解产生的费用与成本由当事人平均承担,当事人另有约定的除外),以促使纠纷的友好解决。

调解市场化虽然在整体上分担了国家的司法责任,但是也因此增加了当事人的经济负担。因而,由国家购买调解服务具有相当的合理性。为此,应当将法律援助制度拓展到调解制度,以帮助社会弱者使用调解制度克服接近正义之障碍。[①] 为减轻调解费用市场化带给弱势群体的压力,调解制度被纳入司法援助体系,提供法律援助等司法服务。《司法法》第665条规定,在自愿调解与法院建议调解的程序中,经济困难的当事人可以申请法律援助。

表 16-1

争议金额(欧元)	一小时的费用	半天的费用	全天的费用
0—25.000	180	600	1200
25.001—50.000	200	675	1350
50.001—100.000	250	850	1700

---

① 王福华:《现代调解制度若干问题研究》,载《当代法学》2009年第9期。

续表

争议金额（欧元）	一小时的费用	半天的费用	全天的费用
100.001—200.000	275	900	1800
200.001—500.000	300	1000	2000
500.001—1.000.000	350	1175	2350
1.000.001—2.000.000	400	1300	2600
>2.000.000	450	1400	2800

注：半天指三个半小时，全天指 4 个小时。

(七)调解的法律效力

ADR 的效力涉及三个方面，即 ADR 启动协议或法律规定的法律效力、ADR 程序的法律效力、ADR 解决结果的法律效力。[①] 调解的法律效力亦可依据以上三个方面展开论述。

首先，关于调解启动协议或法律规定的法律效力。在比利时，当订立调解启动协议或在合同中包含调解条款的情形下，当事人在依约进行调解之前不能提起诉讼或仲裁，以便经济地解决纠纷。倘若一方当事人未遵守调解启动协议或条款，法庭或仲裁庭须在任何一方的要求下，暂停审理程序直到调解程序依约启动并终止，[②] 即妨诉抗辩效力。根据《司法法》第 1725 条的规定，这一要求应当在其他纠纷解决程序启动之前及时向法院提出。

其次，关于调解程序的法律效力。其一，调解程序启动的法律效力。根据《司法法》第 1730 条的规定，在当事人就调解程序启动达成协议之时，诉讼时效自动中断，直至调解程序终结。其二，调解程序过程的法律效力。学界普遍认为，为了鼓励当事人通过 ADR 解决争议，当事人在 ADR 程序中提出的主张或承认的事实在后续诉讼程序中不得作为对其不利的证据。[③]《司法法》通过完备的调解保密制度规范调解程序所涉信息、资料的使用。

---

① 齐树洁主编：《民事司法改革研究》，厦门大学出版社 2006 年第 3 版，第 614 页。
② Katie Bradford, *Commercial Mediation: A Comparative Review* 2013, http://www.linklaters.com, 下载日期：2014 年 2 月 20 日。
③ 齐树洁主编：《民事司法改革研究》，厦门大学出版社 2006 年第 3 版，第 615 页。

最后,关于调解协议的法律效力。调解协议是在具有一定权威性的调解组织主持下达成的,必然耗费、使用了纠纷解决的社会公共资源,故有必要通过司法确认制度来强化调解协议的执行力。《司法法》明确规定由专职调解员主持达成的调解协议可以申请司法确认,经确认后具有与判决同等的法律效力。司法确认后,一方不履行协议的,另一方可以直接申请强制执行。当然,经审查后,法院对违反公共政策、损害未成年子女利益的调解协议不予确认。为规避当事人通过司法确认途径侵害社会公共利益或第三人利益的风险,《司法法》规定,凡是申请司法确认的调解协议都须在专职调解员的主持下达成。这是因为专职调解员的专业素养与职业纪律在很大程度上能够保证调解协议不危及社会公共利益或第三人利益。倘若当事人的调解及其达成的协议可能损害社会公共利益或者第三人利益,调解员应当及时终止调解并通知法官恢复审理。

三、调解的职业化

在调解现代化的进程中,调解逐渐成为一个专门的职业。调解的职业化能够让社会产生对调解员的信任,进而促使调解获得成功。在实践中,比利时调解的职业化程度较高。

(一)职业概况

各类调解组织的纷纷涌现、调解员质量的提高与数量的增多,是调解职业化的外在表征。在国家鼓励与市场调节的双重因素作用下,解纷资源向调解制度的配置份额明显增多,例如国家以及社会资金的汇集、优秀人力资源的聚合等。在比利时,综合性的调解组织有 CEPANI、布鲁塞尔商事调解中心、安特卫普调解仲裁所、网络消费争议解决中心、Kamer van Arbitrage en Bemiddeling、Arbitrage-en Bemiddelingsinstelling 等;专业性的调解组织有 Verzoeningscommissie Bouw、二手汽车交易争端解决委员会、Centrum Advocaat-Bemiddelaars in Familiezaken、家事调解协会、银行业监察署、保险业监察署、公共服务监察署、劳动监察署。① 至 2008 年，全国有调解员 1082 人，每一万人就有一个调解员。② 这为该国调解制度的可持续发展及向民众提供优质的纠纷解决服务奠定了坚实的基础。

(二)职业规范

调解的职业规范重点在于，在尽可能不损害调解优势的前提下如何提高调解员素质和掌控调解程序的能力，协助当事人自主地解决纠纷，为民众提供优质的纠纷解决服务。③《司法法》及《调解规范》勾勒了一个明晰的调解员职业描述。

1. 调解员的管理机构

"当一个有组织的行业获得了决定由谁从事一系列明确的工作、防止其他人从事此类的工作、并且控制评价工作的标准的权力"的时候，职业主义就得以存在和维系。④ 调解"职业主义"的维系机构是联邦调解委员会（以下简称调委会）。调委会由总委员会和专业委员会组成。总委员会负责指导、协调各领域的调解活动，对调解活动具有决策权；专业委员会有 3 个，分别负责家事、民商事和劳动纠纷的调解活动，对调解活动享有建议权。调委会的主要任务是监督调解程序开展与确保调解质量、认证与管理调解员。它具有如下法定职责：评审调解员培训机构的资质与指导培训工作的开展；制定调解员的认证标准；认证调解员；暂时或永久撤销调解员执业资质；建构撤销调解员执业资质的程序；建立专职调解员的名册，并分发至各级法院；起草调解员行为准则与制裁措施等。调委会还建立了以不同标准（如地区、职业、学科和语言）在线搜索专职调解员的网络平台。⑤

---

① *Alternative dispute resolution-Belgium*，http：//www．．europa．eu，下载日期：2018 年 5 月 20 日。

② 范明志：《比利时调解立法》，载《人民法院报》2011 年 7 月 22 日第 6 版。

③ 李德恩：《民事调解理论系统化研究——基于当事人自治原理》，中国法制出版社 2012 年版，第 167～168 页。

④ Eliot Freidson，*Professionalism：The Third Logic* ，University of Chicago Press，2001，p.12. 转引自刘思达：《失落的城邦——当代中国法律职业变迁》，北京大学出版社 2008 年版，第 147 页。

⑤ 调解员检索平台网站，http：//www.request.just.fgov.be。

2. 调解员的培训

系统的学习与培训对调解员的执业至关重要。在比利时,调解员的培训多由各调解组织自行开展。为保证调解员培训的高质量,调委会负责监管调解员的培训工作。核心的培训项目时长为 60 个小时,分为至少 25 个小时的理论学习和至少 25 个小时的实践训练。在理论学习中,受训者要掌握调解的伦理、哲学及一般规则,熟悉各种替代性纠纷解决方法、可适用于调解的法律法规、关于交涉过程的社会学与心理学知识。理论学习之后,受训者在实践训练中要通过角色扮演和沟通技巧等方式进行逼真的模拟调解。在核心培训项目之外,调解员还应参加家事调解、民商事调解和社区调解的专业培训项目。这些项目总时长至少为 30 小时,也分为理论学习和实践训练。此外,专职调解员继续培训深造是一项法定义务。调解员进修培训计划由调委会确定。

3. 调解员的职业资格

调解是一种与调解者个人经验、能力、知识(包括法律知识及其他必要的专门知识),乃至人格魅力密切相关的实践活动。[①] 因此,职业资格的规范化是调解员高素质的基本保障。但鉴于单纯的职业资格条件并不总能保证调解员的高素质,《司法法》仅对调解员的职业资格设定了最低标准:具有必要的专业知识和积累足够的调解实践经验;依据不同的案件情况,获得相关类型纠纷的调解员资格;基于调解程序的要求,调解员应当独立、中立与公正;无刑事犯罪记录;未曾因违反调解员职业道德受到过行政或者纪律处罚。此外,调解员执业还需满足《调解规范》的要求。该规范确立的执业资质要求是适度的,因为它在结合调解实践的基础上细化了现行法律规定。

4. 调解员的选任

调解员的选任是影响调解程序有效性的重要因素。《调解规范》规定,调委会调解员选任机构或者调委会主席应在收到调解申请后两周内任命调解员。在选任时,调解员的可用性、资历和经验等值得谨慎考虑。毋庸置疑,调委会应当尊重当事人的调解员选任权。如果合意确定调解员的,当事人应当及时告知调委会调解员选任委员会或者调委会主席。

---

① Nadja Alexander (ed.), *Mediation in Germany:The Long and Winding Road*. *Global Trends in Mediation*,Second Edition,Kluwer Law Press,2006,p.256.

5. 调解员的职责

《调解规范》规定调解员在调解活动中承担下述职责:创造有利的环境确保调解程序正常进行,以找到一个解决争端的方案;对双方当事人不偏不倚;无权对当事人施加解决方案;灵活地决定调解进行的场所;获取必要的证据资料;在当事人的同意情形下,通知第三方专业领域的专家对调解专门问题进行释疑;在调解不可能或当事人明确拒绝继续调解时,及时终结调解程序,以尽可能地减少由于调解不成功产生的额外费用和正义延迟。

四、调解的电子化[①]

在电子化时代(E-age),网络技术在纠纷解决上发挥着日益重要的作用。纠纷解决服务的提供者也开始寻求利用互联网技术革新纠纷解决方式。[②] 在线调解[③](Online-Mediation)是调解移至网络空间的电子化产物,并成为在线纠纷解决机制(ODR,online dispute resolution)的重要形式。它是指在第三人的协助下,当事人之间、当事人与第三人之间利用网络技术所打造的网络纠纷解决环境,在没有会面的情形下,利用网络技术进行的解决纠纷的信息传输、交流、沟通,最后达成纠纷解决的协议并最终解决纠纷。[④] 在比利时,在线调解日渐兴起并发展迅速。

2011年,Federal Public Service(FPSE)、Small and Medium Enterprises(SME)、Self-Employed and Energy(SEE)联合构建了Belmed(Belgian Mediation的缩写)门户网站(平台)。该网站创设的目的是让民众接近ADR。Belmed平台由两个部分组成:一是推广、普及ADR,二是为消费者与企业、商

[①] 有关比利时调解的电子化的资料除特别注明外,均参见Stefaan Voet,*Belmed*, *The Belgian Digital Portal for Consumer A(O)DR*,http://www.ssrn.com,下载日期:2018年4月20日。

[②] 李德恩:《民事调解理论系统化研究——基于当事人自治原理》,中国法制出版社2012年版,第57页。

[③] 在本章中,电子调解与在线调解属于同义,不作区别。

[④] 郑世保:《在线解决纠纷机制(ODR)研究》,法律出版社2012年版,第43页。

家提供 ODR 服务，主要形式是在线调解。

(一) Belmed 平台的构建与发展

Belmed 平台的构建大致经历了以下阶段：(1) 论证阶段。在线调解平台构建之可行性的论证研究由那慕尔大学与布鲁塞尔管理学院联合成立"信息化与法律"的研究中心负责实施。该论证研究需要讨论在线调解平台构建所涉及的法学、经济学、信息技术学的可操作性。论证研究的主要结论之一是公私合作构建 ODR 平台。(2) 磋商阶段。在前期论证研究的基础上，利益相关者的咨询讨论会议顺利召开，会议广泛讨论了 ODR 平台构建的诸多事宜。商业协会、消费者协会、监察署等组织与会讨论。与会代表对构建 ODR 平台的热情非常高。然而，几乎所有的利益相关者都不愿承担该项目的资金。(3) 竞标阶段。在 2009 年年底，为研发 ODR 平台的软件，欧盟组织了一场竞标活动。包括 IBM 在内的 8 家电子公司对研发项目饶有兴趣。2010 年 1 月，经过激烈的竞争，来自比利时新鲁汶的一家 IT 公司以"IRIS"技术方案竞标成功。(4) 落实阶段。在解决资金与技术的难题后，Belmed 平台的构建工作顺利展开。2011 年 4 月，Belmed 平台正式运行。[①]

事实上，Belmed 平台的运作与服务取决于 ADR 机构的数量及质量。因此，在平台构建完成之后，FPSE、SME 与 SEE 大力地动员 ADR 机构参与平台的运行。截至 2014 年底，已有 26 家 ADR 机构与 Belmed 平台签订合作协议。[②] FPS 期望在不远的未来能够与更多的 ADR 机构建立合作关系。Belmed 平台要求与之合作的 ADR 机构必须充分遵守欧盟《关于消费纠纷的庭外解决责任机构的 1998/257/EC 建议》《关于非司法机构涉及消费者纠纷处理的原则的 2001/310/EC 建议》的最低保证，即庭外消费纠纷解决程序必须遵守下列原则：独立、有效、法定、抗辩、代理、公平和透明度等。[③]

---

① Belmed 平台的网址为 http://www.belmed.fgov.be.
② Carlos Esplugues & Louis Marquis, *New Developments in Civil and Commercial Mediation：Global Comparative Perspectives*, Springer, 2015, p.105.
③ 刘益灯：《欧盟消费者保护法的最新发展及其启示》，载《政治与法律》2009 年第 5 期。

(二)在线调解的运作[①]

在线调解与线下调解在具体运作上并无本质差异。比利时在线调解的运作具有如下特点:(1)实体限定。只有欧盟地区的消费者与比利时注册的企业、商家之间的消费纠纷能够适用在线调解,反之亦然,而非消费纠纷与单纯的消费者之间及企业、商家之间的纠纷则被排除在在线调解之外。(2)程序限制。在前述纠纷中,只有在当事人达成调解合意与法院未涉入的情形才能够申请在线调解。(3)注册方式。在符合申请在线调解的实体与程序要求后,当事人还须在 Belmed 平台进行用户注册。

有关的注册途径如下:(1)比利时民众可以通过联邦身份系统验证的电子身份证进行注册;(2)欧盟地区的消费者、企业及商家可建立一个 Belmed 账号进行注册;(3)调解申请。消费者、企业或商家完成注册便可按照 Belmed 平台提示申请在线调解服务。

在线调解申请分为如下三类:(1)消费者自我申请;(2)限制民事行为能力消费者的代理申请;(3)企业或商家的代理申请。这一类型划分是基于《关于分类与汇总消费者投诉及咨询适用统一准则的 2010/304/EC 建议》的要求。当申请提交后,Belmed 平台会自动将纠纷转交至有执业资质的调解组织。因此,当事人不必再费力寻求适宜的调解组织。

在"接近正义"的运动中,各国都拓展了有关正义、司法与纠纷解决的视野,构建了纠纷解决的新范式——ADR 机制。从世界各国的法律实践和立法层面来看,调解是发展最为迅速的一种 ADR 形式,[②]由此掀起了全球调解浪潮。比利时则顺应并引导这一趋势,于 2005 年确立了调解的法律框架。在《司法法》与《调解规范》的支持下,调解在比利时蓬勃发展,在纠纷解决实践中日益发挥着重要的作用。

从阐释人类学的角度来看,法律及司法都是一种与地方性知识相关联的

[①] 在线调解的运作详情参见 http://www.belmed.economie.fgov.be,下载日期:2014 年 2 月 20 日。

[②] [澳]娜嘉·亚历山大主编:《全球调解趋势》,王福华等译,中国法制出版社 2011 年版,第 5 页。

制度存在。① 如果将调解置于宏大的文化背景与地域范畴下理解,我们就会发现调解与所有法律制度一样,应当被理解为一种地方性知识与地方性的实践。各国的调解在制度设计与具体实践上虽存在独具特色之处,但亦存在可资借鉴的资源。对比利时调解图景的描述,在比较法的层面上为调解现代化的研究提供了新素材。迈向现代化的比利时调解制度正以独特的立法与实践,生动地揭示了现代调解制度化、职业化、电子化的发展趋势。

---

① [美]克利福德·吉尔兹:《地方性知识——阐释人类学论文集》,王海龙等译,中央编译出版社2000年版,第222页。

外国调解制度

第十七章

德国调解制度

德意志联邦共和国位于欧洲中部,东邻波兰、捷克,南毗奥地利、瑞士,西界荷兰、比利时、卢森堡、法国,北接丹麦,濒临北海和波罗的海,国土面积357376平方公里,人口8229.3万(2018年5月)。① 相较于其他大陆法系国家,德国民众在遇到纠纷时倾向于通过司法途径寻求救济,这与其司法系统赋予民众的信任感密不可分。在德国传统的司法体系中,诉讼作为主流的司法救济方式运作良好,在实践中发挥着无可替代的重要作用。相比之下,调解及其他诉讼外纠纷解决机制在很长时期内未能引起德国立法者的足够重视,在纠纷解决中发挥的作用非常有限。

近年来,伴随着欧洲一体化和经济全球化的浪潮,德国也开始尝试推动调解等诉讼外纠纷解决方式在司法实践中的运用。为了最大限度地发挥调解在纠纷解决中的积极作用,深化民事诉讼程序改革,德国于2012年7月颁布了《促进调解及其他诉讼外冲突解决程序法》(以下简称《德国调解法》)。② 该法律的颁行有效地推动了德国多元化纠纷解决机制的发展进程,并为规范调解行为、完善调解制度提供了法律依据。

---

① 统计数据参见:http://www.worldometers.info/world-population/germany-population/,下载日期:2018年5月2日。

② 该法律的中文译本可参见《德国民事诉讼法》,丁启明译,厦门大学出版社2016年版,附录一"调解法"。

一、《德国调解法》的立法背景

（一）德国调解制度的历史沿革

西方各国自20世纪70年代起开始提倡并发展多元化纠纷解决机制，但这一制度在同时期的德国并未取得明显的进展。直至20世纪90年代，英美法系国家推进ADR改革的浪潮逐渐蔓延至德国。为有效减轻民事司法的负担，德国开始重新审视传统的纠纷解决机制，引入一系列新的诉讼外纠纷解决方式，力图通过和解、调停和调解程序的运用达到缓解冲突的目的。例如，1994年颁布的《费用修正法》通过设置"和解费"鼓励律师尽力促成当事人优先使用诉讼外纠纷解决方式；2000年颁布的《法庭外争议解决促进法》引入了强制诉前法院外调停制度；2000年颁布的《民事诉讼法施行法》增设了审前调解程序，在一定程度上修正了《德国民事诉讼法》的规定；2001年颁布的《民事诉讼改革法》在民事诉讼中导入了强制审前和解辩论，促使双方当事人达成和解。随着法律法规的不断拓展和完善，德国一些州针对调解制度展开了因地制宜的试点试验，其中以哥廷根州的"调解法官模式"[1]以及柏林地区和巴伐利亚州的"和解法官模式"[2]影响最大。各州法院对调解制度的积极探索和创新性实践对德国多元化纠纷解决制度的发展具有重要的意义，但与此同时，不同调解规则之间的差异性也引发了司法实践中的混乱。因此，在全国范围内统一调解规则成为德国立法者迫在眉睫的任务。

（二）《调解指令》的转化

2008年5月21日，欧洲议会及欧盟理事会颁布了《关于民商事调解若干

---

[1] 周翠：《调解在德国的兴起与发展》，载《北大法律评论》（第13卷第1辑），北京大学出版社2012年版。

[2] 江伟、谢俊：《德国巴伐利亚州强制诉前调解法及其对我国的启示》，载《公民与法》2009年第3期；李叶丹：《德国法官是如何调解的：对柏林地区中级法院的走访》，载《人民法院报》2017年12月22日第8版。

问题的 2008/52/EC 指令》(以下简称《调解指令》)①。该指令旨在保障成员国之间的跨境民商事纠纷得以快速、有效的解决，并通过各成员国之间的司法合作促进调解机制在欧盟区间内的自由和灵活使用，以便更好地实现欧洲一体化。《调解指令》第1条第1款指出："本指令的目的在于便利当事人利用替代性纠纷解决机制，特别是调解制度的使用，促使纠纷得到妥善解决。"该指令明确要求各成员国在2011年5月21日之前将指令内容转化为本国法律、规章或行政规定加以施行，并应当着力宣传调解方式，遵守调解的基本原则，确保调解程序的保密性、调解协议的可执行性以及调解的质量。

《调解指令》的发布为改善德国法律文化中悠久与浓厚的争辩色彩提供了契机，并最终促成《德国调解法》的正式颁布。为了贯彻《调解指令》的法律精神，德国司法部于2010年8月公布了一份促进调解和其他诉讼外纠纷解决方式的法律草案，提交国会审议；2011年1月，联邦政府公布了《德国调解法（政府草案）》；同年12月，德国法律委员会在多次立法探讨后公布了《德国调解法（法律委员会建议稿）》，增加了调解员培训与进修的内容。随后，正式颁布的《德国调解法》成为各州调解活动的主要法律依据，并与先前用以规范法院调解及法院附设调解的《德国民事诉讼法》《劳动法院法》《家事事件及非诉讼事件程序法》《社会法院法》《行政法院法》等相关法律法规相衔接，最终形成了德国统一、完善的调解法律保障体系。

（三）多元化纠纷解决的现实需求

《德国调解法》的颁布是德国纠纷解决机制建设上的重大突破，也是德国民事程序法改革中具有里程碑意义的创新之举。随着权利意识的增强，民众对权利救济的渠道和方式也有了新的期待和要求。德国立法者及时意识到了法律多元化发展的重要性和必要性，并通过制定《德国调解法》来强调纠纷解决的自主性、灵活性和高效性，发挥调解对解决冲突的积极作用，从而更好地

---

① 该指令的全称为 Directive 2008/52/EC of the European Parliament and of the Council of 21 May 2008 on certain aspects of mediation in civil and commercial matters, http://eur-lex.europa.eu，下载日期：2018年5月3日。该指令的中文译本可参见陈洪杰译：《欧洲议会及欧盟理事会关于民商事调解若干问题的2008/52/EC指令》，载张卫平、齐树洁主编：《司法改革论评》（第8辑），厦门大学出版社2008年版。

实现保障纠纷中双方当事人权利的目的。

德国立法者对调解的强调不仅仅作为纠纷解决的一种替代性方式,也是出于诉讼经济和诉讼效率等政策性考量而作出的宏观决策。一方面,多元化纠纷解决机制的运用可以有效缓解迅速增加的民事案件量对法院系统的压力;另一方面,通过多元化纠纷解决机制的分流,法院可以在保证有效司法的前提下提高诉讼效率,并达到减少法院预算、节省国家开支的经济目标。[1]

二、德国调解制度的主要内容

(一)调解的界定与法院的司法角色

根据《德国调解法》第1条第1款的定义,调解是一种保密性的框架化程序,当事人可以借助于一个或多个调解员的协助,在自愿的基础上力求对纠纷达成合意解决。其中,保密性指调解程序通常仅限定于当事人与调解员之间的交流,调解程序中所涉及的信息不得对外公开;框架化则强调参与调解程序的所有人员应当遵守特定的流程和规则。前者如须由当事人选定调解员方能展开调解程序,后者如调解员必须遵循中立性和独立性规则。[2] 此外,为了达到定分止争的目的,《德国调解法》第2条第4款规定,在不减损调解程序保密性的前提下,第三方可以在获得全体当事人同意后参与调解程序。

可以看到,法院在纠纷解决中的传统功能和角色定位正随着多元化纠纷解决机制的引入不断地发生变化。在现代司法背景下,法院的司法角色从传统的受理、裁决案件向综合性司法管理职能发生转变,法院开始在越来越多的案件纠纷中扮演"引导者"而非"裁判者"的角色,并为当事人提供交涉的场所和规范。《德国民事诉讼法》第278条明确要求法官"应当在诉讼的各阶段努力在当事人之间进行调解"。由此可见,将调解理念贯穿于审判程序已经成为德国民事诉讼制度的一项基本原则,法院鼓励当事人在提起诉讼前尽可能地

---

[1] 刘彦辛、许英杰:《德国民事诉讼制度改革十年综述》,载齐树洁主编:《东南司法评论》(2011年卷),厦门大学出版社2011年版。

[2] 张泽涛、肖振国:《德国〈调解法〉述评及其启示》,载《法学评论》2013年第1期。

采取其他方式解决纷争;在案件进入诉讼程序后,法院也有义务为当事人运用诉讼外纠纷解决方式创造条件。有学者指出,在诉诸法院前的任何时候,当事人针对他们之间的纠纷实行和解都是合理的;如果存在着与法院程序相比更为经济、更为有效的、适当的解决纠纷的替代性纠纷解决机制,法院不应鼓励当事人启动法院程序,除非当事人已经使用该机制;在启动法院程序之前以及法院程序进行中,当事人应当了解并且应被充分告知可能的诉讼成本和诉讼结果,以及所有的诉讼外纠纷解决方式。[①]

具体而言,德国法院通过调解的司法管理主要体现为下几个方面:(1)法院应对当事人所交诉状进行审核,确认其在起诉前是否进行过试行调解或者其他法院外争议解决程序;(2)法院可以向当事人建议调解或者其他法院外争议解决程序;(3)如果当事人决定采用调解或者其他法院外争议解决程序,法院命令诉讼程序中止;(4)法院可以将案件移交给和解法官[②],由其作为受命或受托法官实施和解辩论和其他和解尝试;(5)一旦调解失败,当事人申请重启诉讼程序,法院应在确认调解无效的基础上,将案件重新纳入诉讼程序;(6)如果当事人因其个人财务状况不佳无法支付调解费用,或者只能部分支付、分期支付的,且此人采取的法律行动或法律抗辩不属于无理缠诉而申请法律援助的,有管辖权的法院应对该申请作出不可声明不服的裁决。

(二)调解员

1. 调解员的选任

在德国,调解员是引导双方当事人参与调解程序,独立、中立且不具有裁判权限的人员。调解员由当事人选任,既可以由法官、检察官、律师或其他司法人员担任,也可以由注册会计师、社会心理学家等其他专业领域人士担任。调解员对所有当事人负有同等的责任,应当遵循调解程序的基本原则,保障各方当事人的利益不受损害。是否可以由案件主审法官担任同一案件的调解员在德国尚存争议。有学者提出,案件主审法官可以利用自身优势参与庭外纠

---

① Karl Mackieand, *The ADR Practice Guide: Commercial Dispute Resolution*, 2nd edition, Butterworths, 2000, p.67.

② 关于和解法官模式构建的具体介绍,参见龙柯宇:《祛魅与赋值:德国调解制度的路径选择与反思》,载《法治研究》2013年第4期。

纷解决程序,分析案情并劝说当事人和平地解决纠纷,只要他们不基于和解协商的内容作出最后的裁决。[①] 但主流观点认为,案件主审法官不应当作为同一案件的调解员,因为即便法官受过严格的调解培训,仍然难以在调解程序中克服其固有的诉讼思维,进而倾向于判决型调解。[②] 有鉴于此,《德国调解法》排除了由案件主审法官主持调解的做法,明确指出调解员应当是对纠纷不具有决定权的人士,从而避免主审法官陷入伦理困境,引发角色冲突。

2. 调解员的主要责任与义务

与仲裁员、法官不同的是,调解员对纠纷并不具有决定权。案件当事人选定的调解员只能从协调者的角度与各方当事人共同推进调解程序,分析各方观点并缩小当事人之间的分歧。[③] 根据《德国调解法》的规定,调解员的主要责任在于公平审慎地引导调解程序,灵活、有效地协助各方当事人推进调解进程,促使案件当事人达成符合意愿的调解协议。

与此同时,《德国调解法》也对调解员的主要义务进行了规定,其中包括:

(1) 披露义务。《德国调解法》第3条规定,调解员有义务向当事人披露所有可能影响调解独立性或公正性的相关事项,并在当事人提出要求的情形下,将其专业背景、培训情况及其调解领域的经验告知当事人。此外,由于调解员的调解权源自当事人的合意授权,因此调解员应当在调解开始前向当事人核实并确保当事人能够理解调解程序的基本原则和进程,并自愿参加调解。

(2) 平等对待义务。作为当事人共同选任的纠纷解决者,调解员有义务平等地对待所有的当事人,并确保当事各方在调解程序中受到公平和公正的对待。为了缓解各方当事人之间的冲突,使调解获得实质性的进展,调解员可以在所有当事人都同意的基础上单独与一方当事人进行交流。

(3) 告知义务。如果案件当事人已经就案件纠纷达成和解,调解员应当尽力确保各方当事人在充分理解合同内容的情形下缔结调解协议。此外,调解

[①] Cristina Lenz, Mediation Law in Germany, Austria and Switzerland, *Arbitration*, 2009, Vol. 75, No. 4.

[②] [澳] 娜嘉·亚历山大主编:《全球调解趋势》,王福华等译,中国法制出版社2011年版,第236页。

[③] [德] Dr. Sebastian Jungemeyer:《德国新颁布的调解法及其欧盟立法背景》,载《商事调解与ADR》2012年第4期。

员有义务告知那些在调解时未能充分参考专家意见的当事人,并可以建议他们在必要时将达成的调解协议交由外部专家审阅。为了使调解协议能积极发挥法律效力,调解员也应致力于提供相应的法律判断与评价供当事人参考。①经全体当事人一致同意,调解员可以以最终协议的形式记录各方当事人达成一致的调解内容。

(4)保密义务。《德国调解法》第 4 条规定,调解员以及在调解过程中的相关人员都负有保密义务。该项义务涵盖了调解员在调解过程中所获悉的一切信息。然而,调解员的保密义务不适用于以下情形:(i)公开调解协议的内容对于履行或执行该调解协议实属必要;(ii)基于对公共政策的考量,有进行披露的必要性,特别是为了防止危及子女福祉或者防止对某人的身体或精神健康造成损害的情形;(iii)公开案情是获得案件真相所必需的。调解员的保密义务同时也可以作为调解员拒绝作证权的主要依据。

根据《德国民事诉讼法》第 383 条第 1 款的规定,因职务、身份或职业而知悉一定事实的人员享有拒绝作证权。如果有关人士要求调解员公开调解活动中的保密事项,调解员可以援引《德国调解法》以及《德国民事诉讼法》的相关规定拒绝公开信息。

3.调解员的工作限制

为了最大限度地保证调解员的独立性与中立性,《德国调解法》对调解员从事调解作了必要的限制。其中第 3 条明确指出,在调解前曾因同一事项为一方当事人从事过活动的人,不得担任调解员。调解员也不得在同一案件的调解中和调解后为一方当事人工作。与此同时,如果某人所属的同一职业团体或者事务团体的同事曾经在调解进行前在同一争议中为一方当事人工作,则此人不得担任调解员。此人也不得在该事项调解程序或者随后程序中为一方当事人工作。但如果相关当事人在获得详尽信息披露的情况下仍然表示同意,并且不违背司法利益,则不受此限。

4.调解员的培训与进修

德国高度重视调解员的专业素质与业务技能培养。无论是在评价性或指

---

① 龙柯宇:《祛魅与赋值:德国调解制度的路径选择与反思》,载《法治研究》2013 年第 4 期。

导性调解模式中,都要求调解员能把握对法律标准的适用,并熟练运用谈判技巧和相关实务经验进行案件评估、沟通协商、提案建议,积极推进和引导调解进程。只有通过系统的理论知识学习和定期实务培训,调解员方能胜任调解工作。根据《德国调解法》的规定,调解员只有在完成联邦司法部所规定的调解员培训后才能作为认证调解员参与调解工作。调解员的培训与进修的具体规定及其机构设置应当符合联邦司法部的以下标准:(1)关于培训内容的详细规定,并要求包含必要的实践经验;(2)关于进修内容的详细规定;(3)培训与进修的最低学时数;(4)进修的时间间隔;(5)对培训与进修机构聘用的师资力量作出要求;(6)对培训与进修机构向参加培训与进修课程发放认证以及以何种方式发放认证作出规定;(7)关于培训结业的规定;(8)对本法生效前就已作为调解员从事活动的人作出过渡性规定。

调解员在获得认证资格后,仍应当以定期进修的方式来巩固和完善调解员自身的理论知识和实践经验储备,确保调解员能够用最恰当的方式引导当事人进行调解。调解员进修课程的内容主要包括:(1)调解的基础知识,调解进程和框架条件方面的知识;(2)谈判与沟通技巧;(3)冲突解决与管理能力;(4)调解适用的法律规范以及法律在调解中扮演的角色;(5)实践训练、角色模拟和监督管理。不难看出,德国的调解员培训强调理论性与实务性兼顾,对调解员的专业素质和业务技能都提出了较高的要求,并通过调解制度运行的评估与反馈机制对调解员培训内容进行必要的调整。

(三)调解程序终结及其相应后果

《德国调解法》第2条第5款、第6款明确规定了调解程序终结的不同方式,其中包括:(1)由当事人一方或多方主动提出终结调解程序;(2)由调解员主动提出终结调解程序;(3)各方当事人达成调解协议,调解程序终结。

1. 调解失败及其相应后果

在前两种情况下,因当事人或调解员主动提出而导致调解程序终结,应视为调解失败。这与调解应当遵循的自愿原则相符合。虽然案件纠纷未能得到有效解决,但是各方当事人仍然需要按照《德国民法典》第628条第1款第1项的规定按比例向调解员支付相应的服务报酬。如果当事人之间存在事先拟定的多层次冲突条款,并将仲裁作为纠纷解决的下一步及最后一步,各方当事人均可在调解程序终结后启动仲裁程序。此外,仲裁程序的启动也可以基于全体当事人都同意提起临时仲裁的情形。否则,每一方当事人均可单独启动诉讼程序而不再受到州法院的临时禁止。如果与本案有关的诉讼程序已经在调解程序之前启动,并根据《德国民事诉讼法》第251条由法院作出中止诉讼程序的裁定,则每一方当事人均可书面通知法院恢复先前的诉讼程序。如果调解程序是根据《德国民事诉讼法》第278条的规定,由和解法官主导进行的,那么则其有义务将程序性文件发还给案件的主审法官,仅告知调解失败的结果而无须说明任何理由。

2.调解成功及其相应后果

在第三种情况下,因达成了调解协议而导致调解程序终结,应视为调解成功。对于大多数案件而言,调解协议必须具有《德国民法典》第779条第1款所要求的协议特征,即双方当事人能够达成最低限度的互相让步。除此之外,《德国民法典》并没有对调解协议的形式或实质性内容提出具体的要求,除非各方当事人曾以书面形式对协议的形式或内容作出要求,或调解协议中涉及的法律行为需要以特定的形式达成。显而易见,调解协议对各方当事人之间的法律关系作出实质性的调整,而调解协议的主要内容直接决定了纠纷解决的最终结果和程度。

(四)调解协议的效力与执行

《德国调解法》的立法草案曾将具有可执行力的调解协议纳入《德国民事诉讼法》第796条的调整范围,规定调解协议应当经过公证机构和地方法院的宣告而具备可执行性。遗憾的是,这一规定未能被纳入正式颁布的《德国调解法》。尽管如此,《德国民事诉讼法》第794条仍然为转化调解协议并赋予其可执行性提供了几种可行性:(1)调解协议可以经公证机构注册或认可后获得执行力。在公证机构参与到调解程序的情形下,可以直接发表声明认定调解协议的可执行性。(2)对于通过代理律师达成调解协议,地方民事法院或公证机构可根据《德国民事诉讼法》第796条认定该调解协议的执行力。(3)通过法院调解达成或经由国家认证的调解机构达成的调解协议自动具备执行力。(4)通过法院附设调解达成的调解协议,其执行力应参照普通调解协议的执行力,但此类调解协议可以通过恢复诉讼程序的决定以达成具有强制执行力的法院判决。

三、德国调解制度的新发展

可以说,《调解指令》为调解制度在德国的确立扫清了障碍,而《德国调解法》的颁行为调解制度的长足发展提供了统一和切实可行的法律保障。但在司法体系高度完善但却较为保守的德国,调解制度作为一项新兴制度在德国各州的发展轨迹和实施效果却不尽相同,[①]可谓机遇与挑战并存。回顾近年来德国调解制度的发展之路,可以看出,诉前强制调解在审判程序中的广泛运用与衔接,以及跨境调解和在线调解在欧盟区域间的便利运用是其中最引人注目的制度成就。

(一)诉前强制调解

为了提高纠纷处理的效率和社会效果,各国越来越多地在特定类型的纠纷处理中设立了诉前强制调解制度。近年来,德国在《雇员发明法》《著作权和发现法》《支付不能法》和《劳动法院法》等部门法都针对诉前强制调解程序作了专门的规定,但作为民事诉讼基本法的《德国民事诉讼法》却始终未予正面回应。[②] 2000年《民事诉讼法施行法》对《德国民事诉讼法》进行修改,首次增设了诉前强制调解的案件类型和特别规定。根据《民事诉讼法施行法》第15a条的规定,针对特定的案件类型必须进行诉前强制调解,各州可以规定,下述争议所提起大的诉讼只有在州司法管理机构设置或认可的调解机构对争议调解之后才能被受理:(1)地方法院受理的财产争议数额低于750欧元;(2)邻地争议,即《德国民法典》第906条、第910条、第911条、第923条,《德国民法施行法》第124条规定的争议,涉及经营活动的除外;(3)没有经过媒体、广播报道的个人名誉损害。此举在德国引起了巨大的反响,突破了以往民事诉讼改革的模式,让民事调解在传统诉讼程序中的衔接与运用首次获得了理论依据,这也是德国第一次在司法程序之外赋予民事调解较为广泛的约束力。

[①] 李叶丹:《德国法官是如何调解的——对柏林地区中级法院的走访》,载《人民法院报》2017年12月22日第8版。

[②] 章武生、张大海:《论德国的起诉前强制调解制度》,载《法商研究》2004年第6期。

《民事诉讼法施行法》颁布后,诉前强制调解取得了较好的实践成效,经诉前调解结案的案件在一定程度上缓解了法院的诉讼压力,也使当事人免遭案件久拖不决的困扰。这项改革措施符合德国立法者对法制改革"更有效率、更接近民众、更透明"的指导思想,同时也标志着诉前强制调解作为德国多元化纠纷解决制度中的一种重要形式,逐步被公众接受并得到更广泛的运用。

(二)跨境调解

随着欧洲一体化的发展和深化,跨境调解在欧盟成员国之间的运用日益普遍。《德国调解法》的规定对于德国国内调解和欧盟区间内的跨境调解同样适用。虽然《德国调解法》并没有针对跨境调解作出特别的规定,但是在跨境调解中所达成的调解协议应当同时满足《罗马条例Ⅰ》中确立的基本合同义务。跨境调解协议在德国的承认与执行在当事人未对此事项达成一致时取决于当事人之间所订立的原始合同所适用的法律。对于经法院调解达成的调解协议,如果该协议已经由非欧盟国家的法院承认其可执行性,可以被德国法院视为具有合同效力的协议但并不能自动获得可执行性;如果该协议是满足《布鲁塞尔条例Ⅰ》第58条规定的法院调解协议并经过其他欧盟国家的法院承认其可执行性,则可以在德国获得同等可执行性。

(三)在线调解

在电子化时代,网络技术在纠纷解决中发挥着日益重要的作用。在此背景之下,在线纠纷解决机制(Online Dispute Resolution,简称 ODR)可视为 ADR 移至网络空间的电子化产物,主要形式包括在线协商、在线调解和在线仲裁。[①] 基于调解的独特优势,在线调解近年来在德国得到了迅猛发展,各种借助于电子邮件、聊天软件、视频会议等电子媒介的在线调解方式层出不穷。虽然《德国调解法》中并没有对如何运用电子司法设备的专门规定,但是它也没有就调解是否必须在实体场所进行或调解协议的特殊格式作出要求。基于此,以电子邮件方式达成的调解协议可以被视为《德国调解法》所认可的调解

[①] 齐树洁、许林波:《域外调解制度发展趋势述评》,载《人民司法·应用》2018 年第 1 期。

形式。

在德国的司法实践中,消费纠纷在线解决机制已经得到了广泛的应用。例如,2009年6月设立的"在线调解员平台"就是一家依托于欧洲消费者保护协会中心,专门处理互联网消费者和企业家之间合同纠纷的在线调解机构。[①] 该平台提供的服务包括:(1)自纠纷开始协助分析案情;(2)为各方当事人提供法律建议;(3)评估当事人的法律立场;(4)纠正当事人对其权利的不切实际的期待等。[②] 在线调解中的所有程序都通过互联网完成,充分利用现代技术提出调解申请、提交证据并寻求可能的纠纷解决方案,对于想要快速、高效和低廉地解决小额纠纷的互联网消费者的吸引力显著增加。

再如,德国 Online Schlichter 为 B2C 线上交易和直接买卖提供在线调解服务。自2009年开始,由位于德国凯尔和法国斯特拉斯堡的德—法欧洲消费者中心运营,由德国司法部和德国6个地区的消费者保护中心提供资金支持。Online Schlichter 以"接近正义"和减少法院的案件量为目标,为各方当事人提供免费服务。其调解员和顾问人员都是来自德—法欧洲消费者中心的中立律师。Online Schlichter 提供的服务包括:自纠纷开始协助分析案情,为各方当事人提供法律建议,评估当事人的法律立场,纠正当事人对其权利的不切实际的期待。在线建议使用了建筑模块和决策树的理论,实现部分自主。前期建议和评估一般可以帮助当事人达成早期协议。调解员对纠纷提供无约束力的建议。在三分之二的案件中,当事人接受了调解员的建议而达成和解。据统计,Online Schlichter 受理的纠纷逐年增多,2012年为859件纠纷;2013年为1142件;2014年约1500件。每件纠纷从提交到解决的平均用时为60日。大约28%的纠纷是关于商品没有送达,21%的纠纷是关于商品存在缺陷,17%的纠纷是关于消费者撤销交易。

[①] 关于该机构的英文介绍,参见 https://www.online-schlichter.de,下载日期:2018年5月14日。

[②] 江和平、蒋丽萍译:《域外在线纠纷解决系统简介》,载《人民法院报》2015年12月18日第8版。

四、德国调解制度的效果评析

总结德国调解制度的立法与实践经验,可以看到《德国调解法》的颁布作为该国调解制度发展进程中一个重要的里程碑,已经产生了深远的影响。这部法律对调解活动进行了框架性的理论规定,同时为当事人和调解员在实践中的具体操作预留了灵活的空间。但也应当看到,德国调解制度的建构在进行之中,《德国调解法》中的一些法律规定较为抽象和原则化,仍需要在司法实践中不断调整和完善。具体而言,德国调解制度的优势和缺陷主要体现在以下几个方面:

(一)制度优势

1.强化当事人的自主性

调解与其他纠纷解决方式最大的不同之处,在于调解将当事人的意愿作为核心并贯穿于调解程序的始终。调解员的活动必须以当事人为中心。《德国调解法》规定,不论是调解的开始、进行、结束,还是调解协议的达成都应当以双方当事人的自愿为基础,充分实现当事人意思自治,让当事人最大限度地表达利益需求并维护自身的利益。

2.减轻法院的压力

《德国调解法》针对调解制度的特性制定了统一标准并提出了最低限度的规范和要求,但这并不当然地限制调解的灵活性。在司法实践中,调解作为一种灵活和广泛应用的诉讼外纠纷解决机制,有效地减轻了法院的受案压力,缓解了法院因案件积压、诉讼拖延和司法资源不足造成的紧张状况,为案件当事人提供了简便快捷、低价优质的替代性方式来解决争议。

3.提高当事人的满意度

德国司法改革的目标之一是提高民众对民事司法的信心和满意度,[①]而

---

① Peter L. Murray & Rolf Stürner, German Civil Justice, *Civil Justice Quarterly*, 2006, Vol.25, No.4.

调解这种灵活的纠纷解决方式是一种面向未来的解决方式，旨在减少当事人之间的对抗，使当事人得以继续合作。面向未来的角度不仅能够取得解决纠纷与维持双方友好关系的双赢成果，还可提升双方当事人的满意度。对那些因长期性、综合性社会关系发生的纠纷（如家事纠纷），以及有保守个人隐私和商业秘密需要的案件而言，由于调解具有面向未来的特性，因而更适合于调整当事人不愿和不能中断相互关系的争议。[①]

4. 强调调解员的专业性和职业培训

调解是一种与调解员经验、能力、知识（包括法律知识及其他必要的专门知识）乃至人格魅力密切相关的实践活动，因此，调解员的培训是影响调解职业化的重要因素。[②] 德国高度重视调解员的专业素质与业务技能培养，《德国调解法》对于胜任调解员职业所需要的资质要求、专业理论水平和实务技能培训都做了详细的规定，确保调解员能在调解程序中以最恰当的方式引导当事人寻求争议的解决办法，并最终促成调解协议的达成。

5. 促进欧盟各成员国的交流与发展

为了灵活、高效地解决成员国之间的跨境民商事纠纷，欧盟进行了不懈的努力。《调解指令》的颁布不仅鼓励各成员国改革和发展本国现有的调解制度，也在很大程度上推动了多元化纠纷解决机制在各成员国之间的融合和运用。从实践效果来看，《德国调解法》的颁布不仅促进了调解机制在德国的实质性发展，也为跨境调解的广泛运用以及跨境调解协议的承认和执行扫清了法律障碍。其中，德国的消费者在线纠纷解决机制和"在线调解员平台"的创制和推广，丰富和发展了欧盟区域内的多元化纠纷解决机制。

（二）制度缺陷

1. 存在诉讼拖延的风险

一般而言，在阶梯式纠纷解决格局中双方当事人会在合同中设置额外的纠纷解决条款，当双方谈判失败或对调解结果不满意时，启用额外条款中的纠

[①] 王福华：《现代调解制度若干问题研究》，载《当代法学》2009年第6期。

[②] 齐树洁、许林波：《域外调解制度发展趋势述评》，载《人民司法（应用）》2018年第1期。

纷解决机制。① 必须承认,调解的自愿性和灵活性在便利案件当事人寻求纠纷解决的同时,也会在当事人调解失败后延长纠纷解决的时间,增加纠纷解决的复杂性。即使是在调解成功的情况下,所达成的复杂调解协议也可能引发新的法律争端,导致原始纠纷的再次重演。

2. 增加司法救济所需成本

德国具有高度完善的诉讼费用保险制度和法律援助制度,使得当事人能够以低廉的诉讼成本寻求司法救济。相较之下,案件当事人在调解成功的情况下所需负担的调解费和律师代理费相加后极有可能高于直接提起诉讼所需要的费用,这无疑会对社会弱势群体选择运用诉讼外纠纷解决机制造成一定的经济负担。一旦调解失败,纠纷升级为诉讼案件时,先前因调解活动产生的费用将一并计入当事人的诉讼成本,这将直接增加当事人的司法救济成本。② 由此可见,调解的广泛运用虽然可以节约一定的司法资源,并从实质上为法院减轻审判压力,但是不可避免地增加当事人的经济负担,从而在当事人对纠纷解决方式的选择中失去制度优势。

3. 在保证调解员的质量方面存在困难

调解员的职业模式和薪酬,对调解程序的有效开展及调解机制的发展成熟具有重要的意义。《德国调解法》对调解员缺乏一个明确的职业描述,在实践中许多调解员并非专职的调解员,而是在从事律师、注册会计师、心理咨询师等基本职业之余,参与调解工作。从事调解工作人员的职业背景如此复杂,加之调解工作本身的精细化要求,对"认证调解员"培训、进修标准的设定必将是一个难题。若无法保证调解员的素质,调解的质量也无从保障。目前的调解主要运用于法庭或小额纠纷,很少适用于比较复杂的纠纷领域,如在建筑领域,有些公司仍然不愿以调解的方式解决纠纷。③ 调解工作的薪酬直接影响调解员从事调解、提高调解质量的参与度与热情度,《德国调解法》没有涉及调

---

① Annemarie Grosshans, An Introduction to German Construction Law, *Construction Law Journal*, 2007, Vol. 23, No. 8.

② Pablo Cortés1, A Comparative Review of Offers to Settle-Would an Emerging Settlement Culture Pave the Way for Their Adoption in Continental Europe? *Civil Justice Quarterly*, 2013, Vol. 32, No. 1.

③ Susanne Kratsch, Arbitration and ADR in the German Construction Industry, *Construction Law Journal*, 2008, Vol. 24, No. 5.

解报酬问题,只能留待此后的联邦与各州立法予以明确规定。

4.调解协议的效力与执行有待进一步明确

《调解指令》中要求各成员国应确保纠纷各方当事人有权请求赋予基于调解而形成的书面协议内容以强制执行力。《德国调解法》并没有对《调解指令》中的这一要求进行法律转化,而是直接援引《德国民事诉讼法》第794条为转化调解协议并赋予其可执行性提供几种可能的途径,并且没有对跨境调解协议的承认与执行进行特别的规定。在欧洲一体化进程中,调解协议,特别是跨境调解协议的承认与执行问题应当作为欧盟各成员国需要正视和重点规范的法律问题在相关立法中得到进一步的明确。

五、结　语

德国始终保持着对司法制度改革与创新的理念与积极性,在实践中不断反思,在此基础上寻求新的发展。为了响应全球ADR改革的浪潮,与欧洲各国接近正义运动(Access to Justice)的主旨相契合,《德国调解法》将调解制度纳入德国的司法改革的整体构架中,鼓励并保障公民以最适合的方式寻求司法救济。

时代的背景、现实的挑战呼吁我们对正义进行全面的理解与认识,"使纠纷解决的功能从法院向社会化的ADR转移,通过ADR强化社会解决纠纷的能力,使更多的社会主体和当事人能够及时、便捷、经济、平和地解决纠纷"。[①]这也是接近正义运动"第三次浪潮"的主旨所在。多元化纠纷解决机制的建立与发展更加有利于权衡公共资源的配置与公民接近、利用司法之间的关系,这是现代法治理念的应有之义。

调解是这个正义综合体系中不可或缺、日益重要的一部分。相对于精致化的庭审而言,它更具有灵活性,能够在过程中深挖纠纷背后的社会背景与人际关系等深层次原因,从而更好地修复复杂而具有关联性的关系。但人们不

[①] 陈洪杰、齐树洁:《欧盟关于民商事调解的2008/52/EC指令述评》,载《法学评论》2009年第2期。

应通过引入广泛蔓延而且归根到底毫无秩序的"原则性谈判"程序,将现代德国对话民事诉讼的成果破坏殆尽。① 毕竟,在严谨的德国法律制度中,对话诉讼是自由和高效诉讼文化的产物。德国民事司法能够高负荷、高效率地运转,不仅归功于法律的齐备完善、诉讼制度设计的良好衔接与配套,还仰赖于合理的司法管理体制。② 目前在德国,诉讼制度仍然是解决纠纷的最主要方式,调解方式只是一种辅助手段。如何使调解制度的运作更加适应社会发展的需要,是立法者必须重视的问题。

可以预见,随着德国调解制度的正当性和法律地位的不断提高,多元化纠纷解决机制的改革必将得到进一步加强和深化,这不仅有助于减轻法院的案件压力、优化司法资源配置,而且对转变传统诉讼文化、确立新的司法理念也具有重要的意义。德国调解制度法制化、专业化和电子化的制度创新,以及在激励和保障调解制度方面的实践经验,都为我国多元化纠纷解决机制的未来发展提供了有益的参考和借鉴。

---

① [德]罗尔夫·施蒂尔纳:《当事人主导与法官权限——辩论主义与效率冲突中的诉讼指标与实质阐明》,周翠译,载《清华法学》2011年第2期。

② 周翠:《中国与德国民事司法的比较分析》,载《法律科学》2008年第5期。

第十八章

波兰调解制度

波兰的调解立法经历了一条独特的发展道路。2015年之前,立法者并未采用统一立法的模式,而是在各单行法中分别规定调解程序。2005年《民事诉讼法修正案》首次将调解程序引入民事诉讼程序中。2011年7月,欧盟委员会确认波兰属于已经执行《关于民商事调解若干问题的2008/52/EC指令》[①](以下简称《调解指令》)的17个成员国之一。为进一步推进调解制度的发展,波兰司法部、商务部共同推动调解制度的统一立法。2015年9月10日,波兰议会通过《促进友好型纠纷解决法》(*The Act on Promoting Amicable Dispute Resolution Methods*,以下简称2015年新法)。该法已于2016年1月1日起施行。

一、波兰调解制度的发展背景

(一)诉讼延迟与解纷文化的转变

东欧剧变之后,波兰在政治、经济、文化乃至社会的方方面面都发生了巨大的变化。随着私人商业活动的日益活跃,民商事案件开始出现激增的趋势。但是,转型后的司法体系并未能为民众提供有效的司法救济途径。由于程序

---

① 2008年5月21日,欧盟颁布《关于民商事调解若干问题的指令》。该指令督促各成员国在2011年5月21日前遵照指令施行必要的法律、规章和行政规定,欧盟委员会将于2016年5月21日前发布关于指令实施情况及各国调解制度发展情况的报告。关于该指令的具体内容,参见《欧洲议会及欧盟理事会关于民商事调解若干问题的2008/52/EC指令》,陈洪杰译,载张卫平、齐树洁主编:《司法改革论评》(第8辑),厦门大学出版社2008年版。

烦琐,通过诉讼强制履行合同的时间相当长,诉讼迟延现象十分严重,对法院的公信力产生了较大的负面影响。据调查,波兰仅有1.8%的公众认为法院诉讼快速高效,仅有5%的公众认为法院有能力执行相关判决。[①]

与此同时,政府也在积极进行司法改革,努力应对诉讼延迟等"司法危机"。随着ADR运动的兴起,欧盟已经意识到调解在处理各类纠纷中的优势。早在2002年,欧盟一份关于ADR的绿皮书就已经开始倡议欧盟各国实践ADR。2004年,欧盟委员会就此还发布了一份民商事调解若干问题的倡议性指示,建议在2007年之前各成员国(丹麦除外)付诸实施。波兰调解立法充分考虑了该份调解指示。ADR尤其是调解制度在部分欧洲国家已成为一种有效的纠纷解决机制的趋势,亦引起该国司法改革者的高度重视。

(二)调解立法的迂回与出路

1991年《劳动法》在解决集体劳动争议纠纷中首次引入调解程序。1997年,刑事程序法中开始引入调解程序。波兰先在成人刑事司法程序中引入调解程序,而后在未成年人刑事司法中引入调解程序。2004年,调解程序开始成为行政诉讼程序中的一部分。调解程序先后在劳动法、刑事诉讼法、行政法、家事法等法律中得到确认后,民事诉讼法才引入一般民商事调解程序。

早在2002年,司法部民事法律修改委员会便会同民商事法律专家(包括法学学者、大法官、高级检察官)着手起草调解法。经过两年的起草和征求意见,《调解法》于2004年8月提交议会审议,并最终于2005年6月28日审议通过。至此,新的调解程序被正式引入民事诉讼程序中。波兰《民事诉讼法》(以下简称民诉法)还通过修订诉讼费用规则,鼓励当事人使用调解程序,并对调解员收费问题作出明确规定,鼓励更多的专业人士参与调解服务。2005年修订的民诉法首次明确的规定,一般民商事案件都可以适用调解程序。调解程序不再仅限于某几种特定的纠纷类型,除特别程序之外所有民商事案件都可以适用调解程序。该法主要从基本原则、程序、费用、效力与执行等方面对调解程序进行规范,并明确调解的形式主要为法院外调解与法院附设调解。

---

① Joanna Wasik, Court Delays in Poland: Mediation as a Way forward in Commercial Disputes, *Georgetown Journal of International Law*, 2012, Vol. 43, No. 3.

2015年新法旨在提升通过调解程序解决商事纠纷的数量,强化商事企业及其他从业人员对调解、仲裁等友好型纠纷解决方式的认识,并试图改善调解等非诉讼解决方式的质量,使它们在处理纠纷的过程中更加经济、高效和非正式化。该法主要从加强程序规范、组织规范以及财政刺激三个方面提升当事人使用友好型纠纷解决方式化解纠纷的意愿,首次规定了常设调解员的任职资格。为了吸引企业采用调解程序解决纠纷,新法甚至引入税收优惠政策,提出调解费用可以抵减税费,规定法院及法官可以将调解费用在诉讼费用中一并考虑。新法还在民事诉讼程序中引入了大量细化调解程序的内容。

二、调解制度的主要内容

2005年修订的民诉法首次明确规定,一般民商事案件都可以适用调解程序。调解程序不再仅限于某几种特定的纠纷类型,除特别程序之外的所有民商事案件都可以适用调解程序。民诉法从基本原则、程序、费用、效力与执行等方面对调解程序予以规范。

(一)调解的基本原则

民诉法明确规定当事人自愿参加调解。就法院外调解而言,调解开始之前当事人应当达成启动调解程序的协议。调解启动协议可以由当事人在纠纷发生之前签订,也可以在纠纷发生之后达成。就附设调解而言,调解程序启动之前当事人双方也必须同意接受法院的调解提议。一方当事人在收到调解提议之后的7日内可以通过拒绝参加调解停止调解程序。波兰采用辅助型调解模式,①即一名中立调解员协助各方进行协商,通过谈判解决纠纷。立法者认为,目前囿于波兰社会缺乏相应的调解实践经验,民诉法采用辅助型调解模式是合理的。

保密性也是其调解制度的一项突出原则。调解员不得披露调解过程中所

---

① [美]齐娜·祖米塔:《调解的模式:辅助型·评估型·转化型》,赵昕译,载《人民法院报》2010年8月6日第6版。

知悉的有关案件的所有事实,除非各方当事人同意。当事人在调解程序中提到的调解方案、妥协陈述等声明都不能在后续的诉讼程序中使用。另外,民诉法还明确规定调解员享有就相关事实出庭作证的豁免权。虽然该法并没有对当事人的保密义务作出规定,但是当事人仍须遵守相应的保密义务,任何有违保密义务的行为都可能承担民事责任。2015年新法则将保密义务的范围扩张到参与调解的其他人员以及当事人。换言之,参与调解程序的各方当事人、调解员及其他人员都须对其在调解过程中了解到的事项履行相应的保密义务。

民诉法同样注重调解程序的中立性。该法明确规定调解员在调解过程中必须保持中立。但该法并未指出如何确保调解员在调解过程中保持中立性。由于信息的不对称性,这种结果监管或事后追责的立法模式可能并不利于保障当事人的程序利益。因此,2015年的新法明确规定,调解员在调解过程中有义务告知当事人任何可能影响其中立性的因素。

(二)调解的类型

民诉法规定了两种调解类型:法院外调解与法院附设调解。早在民诉法新增法院外调解程序之前,民法就从合同法的角度对和解作出规范。法院外调解是指当事人基于调解启动协议,自主聘请调解员组织当事人就争讼案件进行协商解决纠纷。法院外调解程序的启动基于当事人之间的协议。当事人可以自主决定是否参加,决定调解员人选,协商有关调解的形式和内容。

法院附设调解是一种新增的调解类型,与法院外调解适用大致相同的程序规范,仅有若干例外情形。在法院附设调解程序中,法院须承担部分职责。法院不直接委托调解员主持调解,而仅仅提供调解员名册让当事人选择。法院不对附设调解进行任何形式的资助,仅负责提议转介调解及审核调解协议。法院指示转介调解时应确定一个最多不超过1个月的调解期限,双方当事人可以共同要求调解期限超过1个月。为促进当事人有效地进行调解,2015年新法将法院指示转介调解的期限延长到3个月。在调解的过程中,双方当事人也可以共同要求延长调解期限。任何一方当事人在调解期限内不同意继续调解,法院应当及时排期审理案件。

2005年民诉法修改之前,法官可以主持和解程序,也有学者将其视为司法调解。① 案件正式审理前,一方当事人申请法官主持和解程序解决纠纷,另一方可自愿选择参与。如果当事人达成和解协议,其效力等同于法院的判决效力。如果未能达成和解协议,法律并未限制主持该程序的法官继续审理争诉案件。无论案件标的额多大,法院主持该和解程序只收取50兹罗提(1兹罗提大致相当于2元人民币)。根据最高法院的判例,启动该和解程序将中断争诉案件的诉讼时效。民诉法并未就该和解程序的保密性作出明确的规定。在实践中,法官很少使用该程序促成当事人达成和解。一方面法官缺少相关的职业训练,另一方面法官对该程序的功能仍有顾虑。② 这一程序的效果并不十分理想。为此,2015年新法授权法官在这种情况下可以优先促使当事人进行调解。

(三)调解的程序

民诉法并没明确规定调解程序如何进行,仅对调解的启动、调解员的选任、调解会议、调解报告等问题作出较为粗略的规定。

1. 程序的启动

启动调解源于当事人之间的协议或法院的转介调解指示。调解启动协议的签订时间没有严格的限制,调解启动协议可以由当事人在纠纷发生之前签订也可以在纠纷发生之后达成。民诉法并没有规定任何强制启动调解的情形。

一方当事人向另一方提出调解请求时调解程序正式启动,相关证据也须一并提交。如果存在以下几种情形,调解程序则不会启动:(1)专任(permanent)及非专任调解员在收到调解请求之日起7天内拒绝调解;(2)新任调解员人选收到调解请求之后1周内决定调解或当事人1周内未同意调解

---

① Klaus J. Hopt & Felix Teffek, *Mediation: Principles and Regulation in Comparative Perspective*, Oxford University Press, 2012, p.781.

② 具体内容参见2012年2月3日Tadeusz Ereciński大法官在意大利"审判与调解之间的适当平衡:欧盟调解指令实施前后(The Right Balance Between Trial and Mediation: Before and After the European Directive)"会议上的发言,http://www.adrcenter.com,下载日期:2018年5月12日。

员人选;(3)未达成调解启动协议或拒绝调解请求。调解请求应包括当事人的详细情况、具体争议事项及有关材料。

在附设调解程序中,法院可根据一方当事人申请或自主决定发布指令将案件转介调解。提起诉讼之前当事人已签订调解启动协议,法院受理案件之后则应当根据被告的答辩内容指示双方进行调解。[1] 法院仅提议当事人参加调解,不强制要求当事人参加调解。一般而言,法院在首次听审结束之前作出调解指示。首次听审结束之后,法院可在双方当事人共同要求下作出调解指示。但是,家事调解中法院可在诉讼程序的任何阶段提议当事人调解。法院可在闭门会议期间向当事人发出调解指示。法院也可在未通知当事人的前提下作出调解指示。最终是否接受法院调解指示由双方当事人自主决定。

2. 调解会议及调解报告

调解员应确定适当的调解会议的时间和地点。双方当事人一致认为无须专门召开调解会议进行调解,调解员则不必安排调解会议可直接调解。为控制调解会议费用减轻当事人的负担,法律还明确规定调解会议的开销不得超过50兹罗提。民诉法规定,调解员应就相关调解事项向争讼案件的管辖法院提交调解报告并署名。该报告应当载明调解的具体时间和地点及当事人的姓名、地址、调解员等相关信息。当事人最终达成调解协议,调解员则须将调解协议内容一并附上,并且当事人也须署名。若未能就争讼案件达成调解协议,调解员应在调解报告中记录当事人拒绝达成调解协议的原因。在法院附设调解程序中,调解员应将相应的调解报告提交给转介调解的法院。为促使当事人认识调解程序解决纠纷的可能性,2015年新法要求当事人提交诉状时,须告知其是否考虑过通过调解等其他友好型纠纷解决方式解决纠纷;如果没有,应说明理由。

3. 调解咨询会议与法院协助义务

2015年新法增设调解咨询会议制度,以增进当事人对调解程序的认识,进而促使当事人通过调解程序解决纠纷。审判长可以邀请当事人参加一个友

---

[1] W. Dajczak & A. J. Szwarc (eds.), *Handbook of Polish Law*, Park Prawo, 2011, p.658.

好型纠纷解决方式咨询会议,以解答有关调解程序的问题。该会议邀请双方当事人的律师代表、专家、司法机构人员等参加。如果当事人没有正当理由未参加上述调解咨询会议,法院可能会要求未参与该会议的一方当事人负担参与该会议一方所产生的相关费用。由于新制度实施的时间不长,其效果还有待进一步观察。

为促进调解程序的顺利进行,2015年新法规定,调解员为了解案情,有权查阅相关卷宗,法院应当提供便利。法院在确定向当事人发出调解指示令后,应当及时将双方当事人的相关信息告知指定的调解员。此外,该法还规定法官须根据具体案情告知当事人进行调解的可能性。

(四)调解的费用

调解费用问题是影响当事人调解积极性的一个重要素因。调解也因费用低廉甚至免费具有优势。波兰调解制度并没有采用免费调解形式。民诉法规定调解员获得调解服务报酬的权利,除非调解员同意免费调解。当事人应当承担调解的相关费用。即使已获得法院诉费豁免权或相关机构的法律援助,当事人也应承担相应的费用。法院外调解费用由当事人与调解员之间协商决定。

2005年11月30日,司法部颁布新的诉讼费用条例,明确规定附设调解程序的费用。争议案件标的额确定的案件,调解费为争议案件标的额的1%。但是,调解费总额最低不低于30兹罗提,最高不高于1000兹罗提。若标的额难以确定,调解费则根据实际调解会议次数计算。首次调解会议调解员可以收取60兹罗提,此后每次可收取25兹罗提。法律规定的调解员的薪酬较低,这一点常受到业界的批评。为此,2015年的新法授权司法部根据案件的标的额及程序效率确定合适的调解费用。

调解费用问题不仅涉及调解员费用的分担,而且涉及诉讼费用的承担。当事人之间最终达成调解协议,法院则向当事人退还3/4的诉讼费用。如果未能达成调解协议,法院在后续的诉讼程序中则需考虑调解程序的相关费用。① 当事人存在不当行为,则可能需要在最终诉讼费用中承担部分额外调解费用。2015年新法明确指出,如果因不合理地拒绝调解而导致诉讼费用增加,该部分诉讼费用由拒绝参加调解的一方当事人承担。

(五)诉讼时效

波兰民法对当事人参加调解之后纠纷的诉讼时效作出明确的规定:"当事人启动调解程序将中断争诉案件的诉讼时效。"在附设调解程序中,争诉案件的诉讼时效在法院转介调解的同时就已经重新计算了。

民诉法并未对调解有关的诉讼时效作出具体的规定。但是,法院外调解及附设调解程序中调解员都有义务向当事人提交参加调解程序的相关报告,其必须载明调解的具体起止时间。调解程序启动会中断争议案件的诉讼时效,所以启动调解程序的时间必须明确。为保障当事人的诉权,波兰民法还明确规定,调解启动协议中排除当事人诉讼权利的条款无效。调解启动协议并不能成为当事人提起诉讼的障碍。

(六)调解协议的确认与效力

当事人可要求法院对其达成的调解协议进行确认。根据审查结果,法院可以对调解协议的部分乃至全部内容予以确认。法院审查的重点在于调解协议是否存在违背法律强制规定、公序良俗以及内容前后冲突的情况。

民诉法规定,当事人在调解程序中达成的调解协议与在诉讼程序中达成的和解协议具有同等的效力。也就是说,调解协议不仅具有实体法意义上的合同效力,还具有程序法意义上的执行效力。调解协议在程序上最重要的效力就是强制执行效力。② 一旦当事人之间达成的调解协议得到法院的确认,该调解协议将获得与法院执行令同等的效力。根据相关实体法的要求,部分案件的调解协议还须符合一定的形式要求,比如附有公证书。这

---

① Pablo Cortésl, A Comparative Review of Offers to Settle—Would an Emerging Settlement Culture Pave the Way for their Adoption in Continental Europe? *Civil Justice Quarterly*, 2012, Vol.32, No.1.

② Giuseppe De Palo & Mary B. Trevor(eds.), *EU Mediation Law and Practice*, Oxford University Press, 2012, pp. 272~280.

样严格的形式要求可能会增加当事人的调解成本,最终可能影响当事人参加调解的积极性。

三、调解员制度

(一)调解员的职责

对一般民商案件调解员的基本职责及职业规范,民诉法未作出具体的规定。波兰司法部为推动调解制度的发展,设立了一个委员会专门负责推广替代性纠纷解决机制。该委员会还负责制定相关的调解行为规范与标准,起草有关法律条文。

司法部ADR民事委员会(The Civic Council for Alternative Methods of Conflict and Dispute Resolution)通过发布调解员行为标准(Standards for Conducting Mediation)及道德守则(Code of Ethics of Polish Mediators)对调解员的职责作出较为具体的指示,这些规范在很大程度上弥补了民事诉讼立法在调解立法方面的局限。

2006年6月26日,ADR民事委员会发布调解员行为规范。该行为规范要求:调解员应当确保当事人能够自主地参加调解及达成调解协议;必须保持中立与公正;应当确保调解的保密性;准确告知当事人调解的性质及进程;恰当辅助当事人、合理晓谕当事人自己的调解服务等。与此同时,该委员会还向司法部提交了一份修改调解立法的提议,其中就包括调解员的资格、选任与认证。[①]

2008年5月19日,ADR民事委员会发布了调解员道德守则。该守则的主要内容为:(1)主持调解程序时,调解员必须遵守独立、自主的基本原则。(2)调解员应就各方当事人的利益进行调解。(3)调解员应当保证当事人自由参与调解。(4)在调解的过程中,调解员应当确保当事人了解调解程序的基本

---

① Sylwester Pieckowski, How the New Polish Civil Mediation Law Compares with the Proposed EU Directive, *Dispute Resolution Journal*, 2006, Vol. 61, No. 3.

步骤、最终目标、调解员角色及调解协议的性质。(5)调解员应当仅在一定的业务能力范围内提供适当的调解服务,避免提供超出自己能力范围的调解服务。(6)在无法确认自身是否能够在某一具体案件的调解过程中保持中立时,调解员应当提出回避。(7)调解员应当保证调解程序的绝对保密性。(8)调解员应当确保自身与涉案当事人不存在任何利益冲突。(9)调解员不得收受除调解费之外当事人给予的任何直接或间接利益。(10)调解员应当合理宣传自己的调解服务,避免误导当事人对其资历、调解能力、实践经验、服务范围及服务费用作出错误的评估。(11)调解员应当就调解程序设计的服务费用及其他相关费用问题向当事人作出明确的说明。(12)为更好地提供调解服务,调解员应当提高、扩展自己的调解专业技能。

从 ADR 公民委员会发布的调解员行为规范及道德守则的内容来看,调解员主要应承担注意义务、保密义务、忠实义务、告知义务等。调解员的保密义务主要是指禁止调解员未经允许向他人披露调解的相关信息。忠实义务主要是指调解员应当基于当事人的利益履行职责,不偏不倚地提供公正的调解服务。告知义务主要是指调解员应当向当事人披露自身调解服务的相关信息以及调解程序的相关信息。

(二)调解员的教育与培训

调解程序能否高效、顺利地进行,与调解员的专业水平密切相关。波兰调解制度的发展起步较晚,调解员的职业培训并没有统一的准则与规范。各类调解培训机构都可以根据内部规范对调解员进行培训认证,对此也没有相关的监管体系来确保其培训质量。为此,司法部 ADR 民事委员会于 2007 年 10 月 29 日发布了调解员职业培训标准(Standards for Mediators' Training),以保证调解员具有一定的专业水准。该标准设定了调解员从业的基本职业技能与学识的要求,对调解员培训机构与内容作出详细的规定。因此,这一培训标准不仅可以帮助调解组织及机构合理培训调解员,而且可以帮助调解员选择恰当的调解技能培训。此外,其也可以通过确保调解制度的专业化提高公众对调解程序化解纠纷的信心。一般而言,一名合格的调解员应当接受不少于 40 个课时的调解理论与实践的培训,并且应获得相应的培训认证。

1.培训的内容

ADR 民事委员会发布的调解员培训标准主要从调解基础理论知识及调

解实际技能两个方面规定了调解员培训的内容。其中,调解基础理论知识包括调解的基本原则及形式,纠纷形成的过程及解决方式,相关的心理学知识以及调解的程序。就基础理论知识而言,调解员应当熟悉调解的原则及程序,包括:调解的基本原则(自愿、公正、中立、保密),调解员的角色、权利及义务;调解的优势与局限;调解员的职业道德;调解员的行为规范。调解员还必须掌握纠纷的形成过程及化解纠纷的方法;调解程序与谈判、仲裁、判决之间的异同;谈判理论知识等等。此外,调解员还应当具备一定的法律知识,包括调解程序的法律依据,与调解程序相关的实践知识,与司法行政部门合作的原则,信息记录,各类纠纷的调解实践情况等。

就实践技能知识而言,调解员必须掌握以下几个方面的技能:(1)主持前期会议引导当事人达成调解启动协议。(2)遵守规则的同时能够采用恰当的调解技巧驾驭调解会议。(3)善于运用良好的沟通技巧(尤其是倾听与提问的技巧)的同时能注意保持自身的言辞中立。(4)善于分析判断,能够正确评估调解程序的价值。(5)辅助当事人提出化解纠纷的方案。(6)协助起草调解协议的能力。(7)同其他专业人事协作。

2.培训机构及人员的要求

该调解员培训标准还对从事调解培训的机构及人员作了规定。首先,培训人员应当具有高等教育的学历或同等学力文凭;不少于2年的调解服务经验;具备与调解相关的培训或教学经验;具备从事调解服务的专业知识、调解相关法律知识、调解员行为规范知识。其次,培训机构设置的培训计划必须符合一定的标准:合理设置相关的培训方案(不少于40个课时);规范培训费用;严格考核调解员培训成绩;以培训的内容、时间、机构及人员为标准严控培训认证。最后,对培训形式的要求:相关的知识与技能主要通过互动式教学模式传授,比如模拟调解、案例分析、调解演示、角色扮演等等。

(三)调解员的任命

民诉法并未规定调解员任命的程序,仅对调解员资格作出规定。具有完全民事行为能力的自然人可成为调解员人选。但是,现任法官不能作为调解员人选,退休法官则不在此限。接到调解请求之后,一般专任调解员不能拒绝当事人的调解请求,仅在利益冲突等特殊情况下才能拒绝。为提高调解程序的质量,提升当事人对调解程序的信心,2015年的新法则对调解员的任职条件进行了细化。具体而言,专任调解员须符合下列要求:(1)具有调解的相关知识和技能;(2)26周岁及以上;(3)掌握波兰语;(4)未受过任何刑事处罚。

无论法院外调解还是附设调解程序,当事人都有权决定调解员人选。这充分体现对当事人自主权的尊重。然而,为保障附设调解程序的效率,在闭门会议期间作出转介调解指示或调解员人选协商未果的情况下,法院可提出调解员人选。2015年的新法规定法院须根据案情指定具有相关专业知识的调解员。一般而言,法院会优先考虑专任调解员。当然,当事人可根据法院提供的调解员名册选择调解员人选,人选范围不受法院的限制。若不满意法院提出的调解员人选,当事人可共同再选择其他调解员人选。为提高调解员遴选的效率,任命调解员之前法院都会询问当事人的意见。如果调解启动协议特别规定了调解员人选,法院应当尊重当事人的意见。

为方便当事人通过调解解决纠纷,民诉法没有对调解员的教育程度作出明确的规定。立法者认为,调解员的业务能力取决于良好的品行而不是专业知识。[①] 民诉法仅对家事纠纷调解员的任职资格作出规定,要求调解员一般应具有教育学、心理学、社会学或法学方面的教育背景。刑事案件或未成年人案件调解员的任命也有类似的教育背景要求,但调解员并不要求必须获得相应的学位。社会组织或专业机构可以设立调解员名册,该名册应提交给地区法院院长备案。一般而言,上述组织或机构与政府机构存在一定的联系。2015年的新法将设立调解员名册或调解中心的机构扩展到非政府组织或机构。

四、简要的评析

各国和各地区在发展调解制度时都面临着一个同样的问题,即必须在调解制度化和非制度化,调解职业化和非职业化,调解的程序化和非程序化之间

[①] Sylwester Pieckowski, Using Mediation in Poland to Resolve Civil Disputes: A Short Assessment of Mediation Usage From 2005—2008, *Disputes Resolution Journal*, 2009, Vol. 61, No. 4.

作出价值上的取舍。① 波兰调解制度的发展也不例外。截至 2011 年,其民事调解立法通过几次微调之后已经符合《调解指令》的基本目标。该法在形式和内容上与《调解指令》的具体措施略有不同,但是调解的自主性、保密性与中立性等基本原则在民诉法中都得到了具体的保障。新引入的调解程序首次从调解的基本原则、程序、费用、效力等方面对调解进行较为全面的规制,当事人在调解程序中的自主权逐渐得到保障。从调解程序的启动、调解员的选任、调解会议的召开、调解费用的确定、调解协议的确认等方面,民诉法都给予当事人充分的选择权。

自从民诉法引入调解程序以来,越来越多的纠纷通过调解程序得以解决。法院外调解已得到一定程度的发展,例如波兰商业检验机构(Trade Inspection)平均每年大概为 9000 至 1 万件消费者纠纷案件提供调解服务,其中 60% 的案件能够最终达成调解协议。② 2006 至 2016 年,波兰基层法院(district courts)与地区法院(regional courts)转介调解的案件数量逐年增多,从 2006 年的 1737 件增至 2016 年的 14312 件,共计 58403 件(包括民事、商事和劳动案件)。其中,双方当事人接受调解的案件从 2006 年的 910 件增至 2016 年的 7764 件,共计 33024 件。另外,当事人向法院申请确认调解协议的案件从 2006 年的 149 件增至 2016 年的 1543 件,共计 24372 件。③ 两级法院转介调解的数量有逐年上升的趋势,可见法院转介调解逐渐得到各方的认同。从上述数据来看,2015 年《促进友好型纠纷解决法》的施行对波兰法院转介调解具有较好的促进作用,它主要是通过调解费用激励等方式促使当事人选择调解程序处理相关争议。相较于法院和解程序而言,法院转介调解得到越来越多的关注与支持,这也是法院调解的发展趋势。法院在审前程序中鼓励当

---

① [澳]娜嘉·亚历山大主编:《全球调解趋势》,王福华等译,中国法制出版社 2011 年版,译者序,第 4 页。
② Anna Krajewsja, *Mediation in Poland: The Prospects*, http://www.ceeol.com,下载日期:2018 年 5 月 12 日。
③ 相关数据参见波兰司法部官方网站,http://ms.gov.pl,下载日期:2018 年 5 月 12 日。

事人尝试选择调解程序处理相关争议,①,法官在法院附设调解程序中扮演较为积极的角色。

值得注意的是,民诉法并未对调解员专业资格标准予以规范,仅规定具有完全民事行为能力的自然人就可被选任为调解员。波兰调解制度由于缺乏调解质量监管体系而受到各方的批评。为此,ADR 民事委员会通过发布调解员行为标准、道德守则及职业培训标准来指导调解制度的良性发展。这对民诉法中的调解立法是一个有力的补充,对推动调解的专业化与职业化的发展具有重要的意义。改革并不仅仅是规则的变化,也是法律理念和社会文化的演进。由于法律传统的差异,波兰调解制度的发展更注重调解文化的培育与塑造。波兰主要通过调解制度的专业化与职业化②来重塑民众对调解程序的认识与信任。这有利于促进调解程序快速得到法官、律师以及当事人的认同与支持。

---

① Anna Piszcz, Polish Preparatory Proceedings in Civil Cases: Written or Oral? Lessons to Be Learned from some Other Jurisdictions, *Studies Logic*, *Grammar and Rhetoric*, 2016, Vol. 45, No. 1.

② 欧丹:《香港调解制度的路径选择与启示》,载《法令月刊》2014 年第 7 期。

第十九章

挪威调解制度

挪威是欧洲最北部的国家,国土面积为38.5万平方公里(包括斯瓦尔巴群岛、扬马延岛等属地),人口521万(2015年10月)。[①] 作为一个君主立宪制国家,挪威实行立法、行政、司法三权分立的政治制度,强调司法独立。与欧洲各国一样,随着经济的稳步发展和人口的不断增加,挪威的民事纠纷数量也在持续增多。20世纪70年代后期以来,以调解为核心的诉讼外纠纷解决机制(Alternative Dispute Resolution)在世界范围内受到普遍关注。在此背景下,为有效缓解法院的诉讼压力,解决社会纠纷,挪威政府加大了对调解机制发展的投入。2008年1月施行的《纠纷解决法》不仅为庭外调解初建了一个标准协议,而且为法定调解的自主性提供了法律依据。该法对调解员的选任、培训以及轻微刑事案件调解、家事调解等都做了详细的规定。考察挪威调解立法与实践,可为我国调解机制的发展提供有价值的参考素材。

一、挪威调解制度的发展背景

挪威的法院体系由90个初级法院、6个中级法院和1个最高法院组成,实行三审终审制。挪威还设有独立的行政法院,最重要的特殊法院为土地联合法院和劳动法法院。[②]

ADR在挪威的发展历史悠久。早在中世纪,纠纷首先交付由执政党任命

[①] 中华人民共和国外交部:《挪威国家概况》,http://www.fmprc.gov.cn,下载日期:2018年3月24日。

[②] 周琰:《挪威民事诉讼程序改革》,载《中国司法》2009年第6期。

外国调解制度

的地方仲裁委员会解决。如果地方仲裁委员会未能达成一个双方都能接受的解决方案,案件将被移交给当地的一般人民议会解决。挪威是最早建立非诉讼调解制度的国家,1715年即已初步建立调解制度。到1797年,调解组织已经普遍设立,调解成了民事诉讼前的必经程序。调解委员会(Conciliation Boards)建立后,诉讼前由本地非专业法官调解的传统正式形成。在案件正式进入法院系统(最高法院、上诉法院和地区法院)前,调解委员会主要负责纠纷的初步解决。随着调解制度的不断发展,调解委员会的权力也不断扩大,渐渐被授予了有限的裁定权。如今,除租赁合同纠纷、监护权纠纷、劳资纠纷、公共事务纠纷等适用特有纠纷解决程序的案件外,调解已成为挪威绝大部分地区案件的诉前强制性程序。目前,全国设有435个调解委员会,首都奥斯陆设有3个调解委员会。每一个调解委员会由3名调解委员组成,并聘请若干工作人员。此外,各方当事人也可以选择庭外调解。20世纪80年代,民间调解兴起,双方当事人在自愿的前提下可寻求民间调解机构的协助,达成的调解协议同样具有法律效力,当事人可申请强制执行。进入21世纪,该国还发展出了一项由律师主持的调解制度。①

随着调解机构的不断发展,调解制度也在不断完善。1988年,挪威总检察长向司法部提议,认为调解委员会应该受到法律的规制。1991年全国调解委员会颁布了《关于调解与和解的法令》。1993年生效的新《婚姻法》和2003年修改的《儿童法》对家事调解制度予以规范。1998年《刑事诉讼法》第67条、第71条(A)第1款赋予警察将案件移送调解的权力,即双方当事人经调解达成协议的,警方可不予起诉。2002年,新《刑法典》第53条明确规定将调解视为缓刑的特殊条件。2008年1月生效的新《民事诉讼法》为庭外调解初步建立了标准协议,且进一步为法定调解的自主性提供了依据。近年来,在《关于民商事调解若干问题的指令》(以下简称《调解指令》)和《联合国儿童权利公约》(UNCRC)的推动下,其调解制度得到进一步的发展和完善。

1996年,司法调解程序示范项目开始试点。随着试点项目的不断延伸和扩展,到2006年,所有的法院均能独立提供调解服务。立法部门于2005年6

---

① 司法部研究室:《关于挪威、瑞典诉讼外调解制度的考察报告》,http://www.legalinfo.gov.cn,下载日期:2018年3月21日。

月1日颁布了一项新的民事程序法——《纠纷解决法》(Dispute Act),该法于2008年1月1日生效。基于均衡性原则,该法增加了独立的小额诉讼程序、集体诉讼程序等内容,旨在建构成本低、效率高的纠纷解决系统。2008年5月21日,欧盟颁布了《调解指令》,该指令的目的在于便利当事人利用诉讼外纠纷解决机制,并通过鼓励使用调解以及确保与司法程序之间的平衡关系,促成纠纷的妥善解决。此外,该指令还督促各成员国在2011年5月21日之前遵照指令施行必要的法律、规章和行政规定,欧盟委员会将在2016年5月21日前发布指令实施情况及欧盟范围内调解的发展情况报告。目前,挪威虽未加入欧盟,但与欧盟达成了《欧洲经济区(EEA)协定》。根据该协定,挪威必须执行欧盟的指令。①

二、挪威调解制度的主要内容

调解是指在第三方协助下进行的,当事人自主协商性的纠纷解决活动。作为西方最早建立调解制度的国家之一,挪威将调解作为绝大部分诉讼案件的前置程序,同时强化调解结果的执行效力,以缓解诉讼爆炸和有限司法资源之间的矛盾。

(一)调解的类型

由于历史传统以及调解实践的差异,世界各国的调解形式多样,并且仍在不断创新。② 在挪威,调解的类型主要包括法定调解和庭外调解。

1. 法定调解

挪威的法定调解是某些类型的案件进入诉讼的必经程序。根据《纠纷解决法》的规定,除婚姻家庭、监护及公民起诉政府外的所有民事纠纷在向法院起诉之前,都必须经过调解委员会的调解。缺席调解是其中的一大亮点,一方当事人若未能出席调解会议的,调解委员会可以径行作出调解决定,并书面通

---

① 中华人民共和国驻挪威王国大使馆经济商务参赞处:《对挪威投资合作指南》(2013年版),http://no.mofcom.gov.cn,下载日期:2018年3月18日。
② 齐树洁主编:《纠纷解决与和谐社会》,厦门大学出版社2010年版,第97页。

知缺席的一方,以防止当事人不配合调解或者以调解为借口拖延审判。调解所作出的决定或达成的协议和法院判决具有同等的效力。特定类型的案件由特设的机构处理,如劳动法院和社会保险调解委员会等。

通过调解解决的纠纷数量年均多达 17 万件,调解协议的履行率为 90% 左右。大量的民事案件、债务案件和其他私人争议经由调解委员会处理。调解委员会的调解工作遵循双方自愿、平等、协商的基本原则,在 3 名调解员的主持下开展,调解员不能将自己的意志强加于任何一方或双方。在全国范围内设立的专门的强制执行机构,主要负责对不履行调解协议的当事人启动强制执行程序。调解协议生效后,若一方当事人拒不履行,另一方当事人可以向法院申请强制执行。如调解不成,或一方当事人对调解协议不服,各方当事人均有权向一审法院起诉,正式启动诉讼程序。

进入诉讼程序后,为确保程序快速、经济和有效地展开,法院有责任评估争议是否可以通过调解解决。这意味着,当事人在诉讼的各个阶段仍然可以选择调解。法院应在被告提出供述后,与各方当事人讨论如何最好地安排诉讼程序。这包括设定适当的期限和确定是否应当进行常规的诉讼和解或诉讼调解。诉讼中的和解是由诉讼当事人自行进行的,是当事人行使处分权自己协商解决纠纷的一种私法行为。[①] 法院安排一场正式的听证会即可以启动诉讼和解。诉讼调解则是在法院主持下进行的,是一种"程序导向"型纠纷解决制度,[②]是法院行使审判权的方式之一。诉讼调解启动前需要有一个正式的决定。法院不仅要考虑双方当事人的陈述和意愿,同时要考虑双方当事人权利的平衡。当双方当事人权利不平衡时,如只有一方当事人委托代理人,法院有权终止调解,以防止因双方当事人因是否聘请律师产生的差异而导致调解协议的不公平。若在权利不平衡的条件下双方当事人坚持调解,则在调解过程中,调解员有责任去保护弱势的当事人。

2.庭外调解

法庭外调解主要包括民间调解和律师调解。民间调解主要指在非司法性和非行政性的民间组织、团体或个人的主持下进行的调解。[③] 挪威现有 20 多

[①] 邵俊武:《纠纷解决的法律机制研究》,光明日报出版社 2011 年版,第 147 页。
[②] 王福华:《现代调解制度若干问题研究》,载《当代法学》2009 年第 6 期。
[③] 齐树洁主编:《纠纷解决与和谐社会》,厦门大学出版社 2010 年版,第 97 页。

个民间调解组织,这些组织主要根据双方合意,调解民事纠纷和轻微刑事纠纷,如邻里纠纷、小额经济纠纷赔偿、轻微盗窃行为、未成年人犯罪、校园骚扰事件等。《纠纷解决法》第7章对庭外调解作了详细的规定,包括调解员的选择、调解程序、调解协议的效力等。庭外调解员的选任比较随意,只要经当事人认可即可。调解程序随时可以暂停或终止。需要注意的是,经庭外调解达成的调解协议同样具有法律效力,可以强制执行。律师调解是近年来兴起的一种新的调解方式。对于一些涉及复杂的法律问题的案件,双方当事人既不愿上法庭,又认为调解委员会调解员的法律知识不够,就可以请律师协会指定律师调解。律师调解时,允许双方当事人在自己的法定代表和法律顾问的陪同下,在平等自愿的情况下达成调解协议。

议会大力支持庭外调解,并将其纳入《纠纷解决法》的立法动议。这既加强了庭外调解的合法性,也提高了庭外调解的质量。具体来说,议会制定了关于调解协议签订和内容的法规,进一步完善了调解员制度以及庭外调解所应遵循的程序。

(二)调解的程序

1. 程序的启动

法定调解由法院启动,在法院召开听证会之前,调解委员会须有一个强制调解程序。庭外调解则是根据双方先前的协议,且在一方当事人认为有必要时启动。在庭外调解过程中,违反调解协议和《纠纷解决法》规定的义务,试图阻止庭外调解进程的当事人,将被处以一定金额的罚款。

2. 程序的开展

法定调解通常由调解员在法院调解室进行。与传统的法院和解不同,法定调解员可与当事人单独见面,并要求各方当事人亲自参与调解,以尽可能地避免潜在的冲突发生。当事人如不参加预定的调解会议,将承担较重的违约成本。在庭外调解的过程中,当事人的代理人只要持有授权委托书即可参加调解会议,当事人无须亲自参加。

保密性是法定调解的重要属性之一。调解的保密性消除了当事人有关其陈述和披露的信息可能在后续诉讼中对其产生损害的顾虑,使当事人可以在自由、轻松和坦诚的氛围里探求双方的利益共同点。① 根据《纠纷解决法》第 8 章第 6 条的规定,调解笔录由调解员记录,主要包括法院名称、调解会议的时间和地点、各方当事人的身份信息、案卷号以及达成的纠纷解决方案。调解笔录和调解协议等信息作为案件资料的一部分,具有保密性。及时性是法定调解的另一个重要属性。调解程序启动后,根据案件的复杂程度设定不同的时限。一般纠纷的调解时间为几个小时,复杂的纠纷往往需要几天时间。调解不成功即进入审判程序。

3. 调解的结果

成功的司法调解是指通过当事人达成的调解协议,部分或完全地解决了纠纷。庭外调解和法定调解达成的调解协议的效力存在差异,前者具有等同于合同协议的一般效力,后者则具有强制执行效力。基于此原因,大多数当事人倾向于选择法定调解。

若法定调解不成功,案件将立即移交立案庭,进入诉讼程序。同时,在调解中担任过调解员的法官不能参与后续的诉讼程序。若庭外调解不成功,当事人可以将纠纷转至相关的调解委员会或立即移交法庭。

(三)调解的费用

在法定调解中,调解员(法官除外)及其助理均有权要求当事人支付调解费用。在按法庭确定的酬金率计算调解费用的情况下,法院将承担调解费之外的额外费用。如果法庭、当事人和调解员同意按其他酬金率计算,当事人有责任承担额外费用。

当事人必须交纳案件受理费、代理人费用以及证人、专家证人的费用。《纠纷解决法》第 19 条第 11 款第 4 项规定,法定调解成功后,双方当事人需要确定调解费用的分配并写入调解协议。如果当事人不能达成协议,又未向法院申请自行决定,他们必须各自承担自己的费用。对于庭外调解,各方当事人必须共同承担调解员的报酬及助理的费用,当事人另有约定的除外。如果各方当事人同意从司法调解员的列表中指定一名调解员,当事人和调解员可要求法院确定具体的调解费用。

---

① 肖建华、唐玉富:《论法院调解保密原则》,载《法律科学》2011 年第 4 期。

三、挪威调解员制度

挪威的调解员分为国家调解员、地方调解员、特别调解员三个不同的级别。目前,全国约有 5000 名具备资格的调解员,男女比例均衡,约有 1300 人在调解委员会正式任职。

(一)调解员的职能和责任

有关调解员的职能和责任,主要规定在《纠纷解决法》中。该法规定调解员应当具有相应的专家资格和个人证书才能从事诉讼调解。调解员应当遵循独立、中立和保密的原则,并且有义务向当事人阐明所有潜在的可能影响中立性、公正性的问题,并解释调解过程中的法律适用。法院认定的调解员可以因为缺乏中立性而被申请回避。

国家调解员的职能是负责处理全国性重大劳动纠纷和指导、监督地区调解员、特别调解员的工作;地方调解员主要负责地区性调解事务;[1]特别调解员由法官兼任,主要负责协助国家调解员开展工作。[2]

(二)调解员名单

除最高法院外,法律规定所有法院都应当公布调解员的名单。法院院长选择合适的调解员列入名单,并且可根据调解员个人原因或者技术原因将不合适的调解员从名单中移除。两个以上的法院可以共享一份调解员名单,根据这份名单指派调解员。该名单包含多元化的调解员以满足不同类型的调解需求。调解员无须拥有法律职业资格证或者律师执照,但应当了解如何进行司法调解,并具备法律以及其他相关的知识和技巧,包括特殊的调解以及协商技巧。

---

[1] 李明祥:《从挪威调解官制度看我国劳动争议解决机制的改革》,载《法商研究》2002 年第 1 期。

[2] 刘诚:《国外劳动争议调解制度及其启示》,载《中国劳动关系学院学报》2006 年第 6 期。

在实践中,调解员的数量受到限制。目前只有 15 个法院(全国共有 66 个地区法院、6 个上诉法院)拥有足够的调解员,且其调解员名单不公开。这一现象引起了最高法院的注意,然而相关问题并未得到彻底的解决。

(三)调解员的职业资格

调解员由政府有关部门公开登报招聘,政府根据需要发布公告,招录有正义感和责任心的人士担任调解员。调解员由市政委员会和警察部门代表以及调解委员会协调人联合任命,任期 4 年,可以连任,报酬按小时计算。由于调解员并不要求必须是全职的,因此任何职业的人只要符合政府公告的条件,都可以在不影响其本职工作的情况下担任调解员,兼职调解员调解案件也可以按小时获得报酬。调解员录取的主要条件是具有社会责任感、处事公正且有诚信,对调解工作感兴趣,并有一定的工作经历。在学历方面,并不要求调解员必须受过高等教育或是具有法学背景。法学界认为调解更注重纠纷的解决而不是法律援助,有工作经验、有阅历的调解员更能令人亲近从而有利于调解工作的开展。但若是在应聘前 5 年内有过犯罪经历则不予录取。事实上,绝大部分调解员是受过良好教育的人士,如律师、社会科学家、商界人士、退职警官或法官、教师等。

关于调解员的培训也有相应的法律规定。普通民众要想成为调解员必须提出申请,申请通过后须进行课程培训。培训为期 4 天,共 30 个小时,由当地协调人以及专门受过培训的协调人组织进行。培训内容包括实践技能的培养,主要通过角色扮演和练习,以此提高调解员对调解过程中常见情况的敏感性。调解员受协调人的监督,每年必须参加几次会议和研讨班,就调解过程中出现的实际问题展开探讨,并相互交换经验和心得。①

与丹麦、芬兰等其他北欧国家相比,挪威针对法官的调解培训是最简单的,其在入职前只需要接受一个为期 2 天的法定课程培训。对于年轻的律师而言,实习结束时,可以选择一个为期 1 天的法定课程。这些法定课程包括调解理论的基本教育,学员们主要通过讨论和角色扮演的方式完成这些课程。

---

① [意]安娜·迈什蒂茨、西蒙娜·盖蒂主编:《欧洲青少年犯罪被害人—加害人调解——15 国概览及比较》,林乐鸣等译,中国人民公安大学出版社 2012 年版,第 140~143 页。

在理论学习结束后,学员们可通过协助参与调解以取得进一步的实践学习。挪威能否在未来为调解员提供更优质的培训课程,仍然有待观察。

(四)调解员的任命

《纠纷解决法》第 7 章第 4 条规定,法定调解的调解员一般从法院调解小组中选择。然而在征得当事人许可的情况下,法院也可委任法院调解小组以外的人员担任调解员或助理。在发生利益冲突时,被提议的调解员和助理可以拒绝接受任命。庭外调解中的调解员通常由双方当事人协商选定,主要以律师为主。当事人也可以要求法院从法庭调解员名单中以书面形式任命调解员。法定调解员和庭外调解员必须遵守公正性原则,在调解过程中澄清事实以避免出现潜在的利益冲突。

调解机构的负责人和行政管理人员均由国家调解官担任,承担一些最重要的调解工作。各区设有 8 名地区调解官,负责地区性调解事务。另有 10 名左右的特别调解官协助国家调解员的工作,其主要承担每年 3 月、4 月、5 月等调解工作集中时期的调解辅助工作。因为每年的 4 月 1 日和 5 月 1 日,几乎所有的工资协议都会到期,需要调解的劳资争议大量出现。国家调解官由政府任命,任期 3 年,可以连任。[①]

四、挪威调解制度的类型化

(一)刑事调解

刑事调解是指在刑事诉讼过程中,被害人与犯罪嫌疑人(包括双方的利害关系人和代理人)在中立第三方的主持、协调下,经平等、自愿地对话与协商,共同就被害方的具体损害的确定与赔偿问题达成协议后,由司法机关对该案件作出非罪化或刑罚轻缓化处理的一项制度。[②] 被害人与犯罪嫌疑人调解模

[①] 刘诚:《国外劳动争议调解制度及其启示》,载《中国劳动关系学院学报》2006 年第 6 期。

[②] 蔡国芹:《刑事调解制度研究》,中国人民公安大学出版社 2010 年版,第 9 页。

式(Victim-Offender Mediation)通过强调恢复情感和赔偿物质损失的重要性,促进纠纷的解决。① 挪威的刑事调解最早可追溯到20世纪80年代针对青少年犯罪嫌疑人的试验项目,并在后期得到了进一步的发展。通过调解达成刑事和解协议的做法取得了积极的效果,由此,刑事调解的范围扩及成年人和累犯,但不包括应当立即拘禁的案件。

刑事调解委员会作为专门的刑事调解机构,设立于一个或几个社区中,其成立的目的在于从受害者的角度创建一种纠纷解决机制。通过一个成功的调解,当事人有可能达成一份特别形式的赔偿协议以改变其处境。《刑事诉讼法》第71条第A款规定,如果公诉人认为刑事案件适于调解,可以将案件转交调解委员会处理。即在一般情况下,刑事调解的案件是在警察侦查结束后,检察官确认案件适合调解的情况下才转交给刑事调解委员会处理的。在调解中,自愿性原则作为基础性原则规范着调解委员会的工作。即使国家检察官建议进行调解,也需要当事人明确表达其同意调解的意愿,且被害人必须作出书面的同意意见。调解程序要求当事人必须亲自参与,面对面地进行调解。调解协议经双方签字后生效,诉讼程序即告终止。若调解失败,司法机关继续刑事诉讼程序。② 目前,刑事调解程序作为轻微刑事案件(主要是轻伤害案件、扒窃、盗窃案件以及邻里、家事纠纷案件)诉讼机制的补充被大量使用,已成为可以代替审判的刑事案件处理机制。

(二)家事调解

在挪威,家事纠纷主要由家庭咨询办公室(Family Counselling Offices)负责调解。2013年,家庭咨询办公室处理了32175件纠纷,③比2001年增长了近30%。夫妻纠纷占家事纠纷总数的一半以上。2013年,超过19600件夫

---

① 胡铭:《刑事司法引入ADR机制:理念、困境与模式》,载《政法论坛》2013年第3期。
② 吕清:《刑事调解在欧洲的复兴与发展》,载《中国人民公安大学学报》2006年第5期。
③ Statistics Norway: *Family Counselling Service*, http://www.ssb.no,下载日期:2018年5月18日。

妻纠纷经过调解达成协议。①

为缓解法院的诉讼压力,新《婚姻法》和《儿童法》专门规定了家事调解制度,对涉及监护、探视纠纷以及涉及未满 16 周岁婚生子女的离婚案件等调解作出强制性规定。《婚姻法》第 26 条规定,涉及 16 周岁以下婚生子女的离婚案件在诉讼前必须进行强制性调解。《儿童法》第 51 条规定,凡涉及监护、探视等纠纷的案件必须经过 1 个小时的法定强制调解,②在调解有希望达成时可以延长至 3 个小时。这些规定不仅有利于保障儿童的权益,也满足了当事人希望通过调解解决纠纷的需求。该形式的调解通过家庭咨询办公室,或者通过其他有特定资质的调解员(包括神职人员、公共健康事务的专家、私人执业律师、精神病医师、心理学家)进行。当诉前调解协议未达成时,案件立即进入诉讼程序。在诉讼中,法庭依然有义务在每一个诉讼阶段评估达成调解的可能性,并可采取必要的手段促进调解。法庭拥有相当广泛的自由裁量权,可以决定在诉讼中增加一个新的调解程序。在新的调解程序中,法庭有义务指派专家顾问与当事人、儿童进行分组讨论,调查实际情况并拟定调解协议。调解之后,法庭可以给予当事人一定期间选择对拟定的调解协议是否接受。当事人若不同意,可在任何时候要求终止调解继续诉讼。

近年来,挪威对监护权等纠纷的调解制度进行了更加全面的法律评估。评估报告认为家事调解制度的最大价值在于可以验证初步调解协议的效果且能够更多地关注儿童的利益和需求。

(三)行政调解

在挪威,行政调解主要集中在劳动争议领域,其行政调解机构是 1916 年 1 月 1 日依据《劳动争议法》建立的。在集体谈判时,如果劳资双方意见不一致,谈判不成功,一方会发出冲突通知,一般是劳工发出停工或罢工通知。在进入冲突之前,冲突通知必须送达对方和调解机构。国家调解官首先要分析将要发生的冲突是否会对社会产生危害。如果他认为会有这样的后果,必须

---

① Statistics Norway: *Mediation for Parents*,http://www.ssb.no,下载日期:2018 年 5 月 18 日。

② Rebecca Marples (eds.), *The Voice of the Child in Family Mediation Norway and England*, Martinus Nijhoff Publishers,2010, pp.323~325.

在2日内下达临时停工禁令。禁令一旦下达,调解官就承担了调解的责任,劳资双方均须承担参加调解的义务。停工禁令是启动行政调解的法律基础,其下达是整个调解程序中各种时限的起算点。在整个调解过程中,调解官致力于使双方当事人在调解过程中逐步达成一致的意见,以便提出一个调解结果建议。调解结果建议提出后,劳资双方须当场作出决定,不论双方是否接受这个建议,调解都宣告结束。[1]

放眼未来,调解仍将是一种实现社会良性发展的纠纷解决方式,其范围的扩大化、程序的规范化、结构的科学化以及方法的多元化已逐渐成为未来持续发展的趋势。[2] 挪威法律界认为,调解是诉讼外纠纷解决机制(ADR)中最为成功的一种。该国司法调解模范项目的综合评价报告指出:(1)至少25%的民事纠纷中采用了司法调解,案件涉及范围宽泛,涵盖了不动产纠纷、劳动纠纷以及合同纠纷等。(2)在所有的调解案例中,达成调解协议的案例占70%~80%,从而减少了执行法律程序所需的时间以及费用。(3)其余20%~30%未达成调解协议的调解案例中,40%参与调解的调解员和法律顾问认为尝试进行调解并不会延长案件的总体审理时间。(4)大多数参与者认为调解比诉讼的压力更小。非正式的环境给对话提供了良好的基础,同时也提供了充足的机会来讨论和研究不同的和解方案。(5)在调解协议的质量方面,有一个广泛的共识,即达成的调解协议至少应当是平衡和公平的。[3] 该评估报告的结果为《纠纷解决法》的修订提供了依据。

挪威法律具有很大的灵活性,《纠纷解决法》赋予了调解员较大的自由裁量权。调解员可根据案件的具体情况来确定其职责和调解流程,这对调解员的能力提出了较高的要求,对调解员队伍的质量保证机制的建设显得尤为重要。

---

[1] 李明祥:《从挪威调解官看我国劳动争议解决机制的改革》,载《法商研究》2002年第1期。

[2] 沈志先主编:《诉讼调解》,法律出版社2014年第2版,第54页。

[3] The Model Project on Judicial Mediation Procedures in Norway, http://www.rhknoff.no,下载日期:2018年5月4日。

第二十章

俄罗斯调解制度

自从调解在西方各国复兴后,无论在普通法国家还是大陆法国家,它都走过了一条曲折且充满挑战的发展之路。① 俄罗斯调解制度的流变历程亦不例外。长期以来,囿于立法支持的缺失,该国调解制度发展缓慢。近年来,在"接近正义"理念的推动下,其司法改革日益重视调解制度的改革与完善。在ADR的建构中,大陆法系各国习惯于采用立法模式,从而体现出重视顶层设计的理性特征。② 2011年,承袭大陆法系传统的俄罗斯制定了《俄罗斯联邦调解法》(以下简称《调解法》)。该法共20条,对适用范围、调解术语、调解原则、诉(裁)调衔接、调解员制度等作了基础性规定。③ 该法的实施极大地促进了俄罗斯调解制度的发展。

一、俄罗斯调解制度的发展背景

(一)社会背景

苏联解体后,俄罗斯推行了一系列经济自由化与政治民主化的改革,并由此对法律发展的理念产生了深刻的影响,国家对社会生活和私人事务的干预

---

① [澳]娜嘉·亚历山大主编:《全球调解趋势》,王福华等译,中国法制出版社2011年版,第2页。
② 范愉:《当代世界多元化纠纷解决机制的发展与启示》,载《中国应用法学》2017年第3期。
③ 方俊:《俄罗斯调解法之评析》,载《人民法院报》2013年10月23日第8版。

程度不断降低。反映到民事司法领域,即诉讼不再是单一的纠纷解决机制,这是因为诉讼在较大程度上限制了当事人的自治性,并不符合冲突解决理想状态的要求。冲突解决的自治性是实现公正与效率的重要前提,它要求当事人可以自主地选择冲突解决方式。诉讼外纠纷解决机制可以被看作通过第三方的介入提供了一个恢复当事人自治的机会。恢复当事人自治有助于发展这样一种司法理念,即一个人应当全力依靠自己来解决冲突,而非仅依靠国家权力。《调解法》的制定正好契合了这一司法理念,而调解制度的发展又强化了民事司法自治的理念。

(二)经济背景

苏联解体初期,俄罗斯经济大幅度衰退。在经过艰辛的改革后,其经济发展终于走上正轨。1999 至 2008 年,俄罗斯经济总量年均增长率达 7.3%,并在 2017 年位居世界第 13 位。其中需要指出的是,受 2008 年金融危机、2014 年乌克兰危机的影响,俄罗斯经济发展遭遇较大困难,社会经济矛盾显著增多。[1] 经济高速发展与双重危机严重挫折的背后是社会经济关系的复杂化与民众价值追求的多元化,并由此产生了"诉讼爆炸"(Litigation Explosion)现象。俄罗斯现已称为世界上诉讼最多的国家之一,2015 年有超过 2000 万件诉讼案件(包括大约 150 万的商事案件)。[2] 减负与分流已成为俄罗斯法院系统的强烈要求。因此,发展诉讼外纠纷解决机制是俄罗斯民事司法应对"诉讼爆炸"的必然选择。

(三)法律背景

社会经济制度的剧变使得新法律环境的营造与新法律规范体系的构建迫在眉睫。为此,作为国家机器重要组成部分的司法体制改革成为当务之急。改革者以立法的方式重构了实行 70 余年的司法制度。1991 年《俄罗斯联邦司法改革构想》、《2002 至 2006 年俄罗斯联邦司法体系发展总体规划》都将改

---

[1] 徐坡岭:《俄罗斯 2017 年经济走势、新政策空间与长期增长》,载《欧亚经济》2017 年第 1 期。

[2] Tsisana Shamlikashvili, *State of the Art: Mediation in Russia*, Alternatives to the High Cost of Litigation, Vol. 33, No. 9, October, 2015.

革重心放在以法院为代表的司法系统上。在民事司法领域,俄罗斯议会相继制定了《法官地位法》《仲裁法院法》《执行程序法》《民事诉讼法》等一系列法律,构建起以法院为中心的民事司法制度。司法改革极大地塑造了法院的独立性与权威性,诉讼被民众认为是纠纷解决的优先甚至唯一选择。

然而,当诉讼被过度使用于纠纷解决,法院将不堪重负,从而导致诉讼延迟、诉讼成本过高以及投入司法的资源无法与诉讼量增长的速度相适应等问题的产生。① 改革者充分认识到诉讼裁判的弊端,并清醒地意识到,"愈来愈多地运用调解和仲裁裁决方式,会减少因法律僵化而导致的一些弊端,如典型对抗制诉讼的'要么全胜,要么全败'以及'胜诉方全得'的哲学"②。在深刻反思近20年来司法改革理念与路径选择后,改革者不约而同地转向发展多元化纠纷解决机制的改革路径。《2007—2012年"俄罗斯司法系统发展"联邦规划》要求"建立非诉讼的纠纷解决机制,以减轻法院工作量和提高法院判决质量"③。调解制度自此开始获得俄罗斯立法者和司法者的青睐。

(四)域外背景

ADR概念起源于美国,原指20世纪逐步发展起来的各种诉讼外纠纷解决方式,现在已引申为对世界各国普遍存在着的非诉讼纠纷解决程序或机制的总称。④ 为解救处于危机中的民事司法,绝大多数西方国家纷纷开启了本国的民事司法改革,ADR制度得到了普遍关注并成为全球司法改革的浪潮。从世界各国的法律实践和立法层面来看,调解是发展最为迅速的一种ADR形式。⑤

处于转型中的俄罗斯注重向西方国家学习与借鉴法治经验。俄罗斯过去

---

① 齐树洁、王建源:《民事司法改革:一个比较法的考察》,载《中外法学》2000年第6期。
② [美]E.博登海默:《法理学——法哲学及其方法》,邓正来、姬敬武译,华夏出版社1987年版,第392页。
③ 《2007—2012年"俄罗斯司法系统发展"联邦规划》,於海梅译,载《金陵法律评论》(2013年秋季卷),法律出版社2013年版,第226页。
④ 范愉:《非诉讼程序(ADR)教程》,中国人民大学出版社2012年第2版,第15页。
⑤ [澳]娜嘉·亚历山大主编:《全球调解趋势》,王福华等译,中国法制出版社2011年版,第5页。

并没有专门的调解立法,但受 2008 年欧盟《关于民商事调解若干问题的 2008/52/EC 指令》的启示,俄罗斯在 2010 年也制定了《调解法》,并借鉴了不少调解指令的立法内容。① 此外,受 ADR 思潮的影响,包括总统、总理、参议员和大法官在内的高级行政、立法、司法官员都已明确表示支持调解等诉讼外纠纷解决机制的发展。近年来,圣彼得堡、莫斯科、乌拉尔、罗斯托夫和西伯利亚等地区都大力推行调解制度。如中央办公区设在喀山的"伏尔加调解员联合会"、西伯利亚联邦区的"职业调解员联合会"等。

二、俄罗斯调解制度的主要内容

(一)调解的类型

《调解法》规定,调解是建立在当事人合意的基础上,在调解员的协助下,由当事人达成双方能接受的协议的一种纠纷解决程序。现代调解要求发展多元化的调解类型,唯此才能充分满足当事人不同的调解需求。在俄罗斯,调解制度包括民间调解、法院附设调解、法院调解、仲裁调解等多种类型。

1. 民间调解

民间调解,主要指在非司法性、非行政性的社会化组织、团体或个人主持下开展的调解。② 法律明确允许民间调解的存在。《调解法》规定,调解应当在当事人有书面协议的基础上进行。在通常情况下,民间调解的开展是没有公权力介入的。此外,即使成功调解的信息见诸媒体,调解员亦不会被提及。该调解模式最具保密性,公众难以获取与此相关的信息,因而能够最大限度地满足当事人的隐秘需求。

2. 法院附设调解

法院附设调解是指调解组织设立在法院的一种调解制度。它不同于法院调解,其本质上仍是一种替代性纠纷解决方式,与诉讼程序严格区别开来,并

---

① N. V. Fedorenko, Comparative Legal Analysis of Mediation in Russia and the EU, *European Research Studies*, Volume XX, Issue 1, 2017.

② 齐树洁主编:《纠纷解决与和谐社会》,厦门大学出版社 2010 年版,第 98 页。

按自身的运作规律和特有的方式进行。法院附设调解尚属调解的新类型,仅在法院和调解中心合作水准较高的地区存在,例如圣彼得堡、叶卡捷琳堡等地区。在司法实践中,仲裁法院和普通法院不仅会告知当事人可以选择调解,也会提供给当事人有关调解中心选择的建议。

根据当事人的调解意愿,法官一般会指引当事人选择法院所认可的调解员以便利调解的进行。法院认可的调解员名单通常会公布在法院网站上,当事人可浏览查阅。例如,罗斯托夫地区的仲裁法院在其官网上列出经联邦工商调解小组认证的专业调解员。[①]

3. 法院调解

法院调解,是指在法官调解下,双方当事人自愿达成调解协议,终结诉讼程序的活动。目前,法院调解的发展非常有限,且只有少数法官会为促成诉讼中的调解作出真诚的努力。此外,该调解类型的启动在很大程度上取决于法院院长对调解的态度。

法官在调解过程中的任何不谨慎行为都可能会招致当事人极大的质疑与不满。除了询问当事人是否愿意友好解决争议外,绝大多数法官并不采取其他实质性措施促成调解。针对法院调解的现状,俄罗斯推行了一些改革试点工作。其中,最高仲裁法院和最高联邦法院在乌拉尔地区进行了一项有关法院调解的试点改革,改革的主要内容是对调解法官的培训。这一试点工作取到了较好的效果,调解结案量在稳步增加。司法当局正在讨论将该试点改革延伸到其他区域的可能性。另外,最高仲裁法院还计划发起一项"法官助理调解当事人纠纷"的试点改革。但这一改革还在积极讨论中,尚未付诸实施。

4. 仲裁调解

仲裁调解,主要是指仲裁机构在仲裁中所进行的调解。在仲裁实践中,可能产生这样一种矛盾:如果当事人在其协议中不仅约定仲裁还约定调解,仲裁庭该如何处理?根据判例法的立场:出现上述情形时,仲裁庭有权决定或仲裁或调解。而《调解法》规定,如果当事人为了避免在特定期间内把争议提交于仲裁庭或法庭以便调解解决纠纷而达成一项协议,法庭和仲裁庭应当充分尊

[①] 罗斯托夫仲裁法院列出了专业调解员的详细名单,http://www.rostov.arbitr.ru,下载日期:2018年5月1日。

重这一协议直至调解条款被付诸实践。实务中的做法是仲裁员充当双重角色,先行促成调解,若调解失败即转入仲裁程序,以便高效地解决纠纷。

(二)调解促进机制

虽然调解具有及时解决纠纷、降低解纷成本、缓和社会矛盾、高履行率等诉讼所不具备的制度优势,但是并不意味着民众会自动地选择调解。理论上,民众的调解积极性直接影响着调解的边际效益。因此,如何调动调解参与主体的积极性来促进调解,是调解制度深入发展需解决的问题。[①]

1. 费用制裁与激励

《调解法》并未直接规定费用制裁与激励条款,但可援引《仲裁程序法》的相关规定。费用制裁指的是诉讼费罚则,即当事人一方违背协商或调解的义务将承担后续的诉讼费用。《仲裁程序法》规定,当诉讼一方未遵守联邦法律规定或者协议约定进行诉前纠纷解决程序,尤其是另一方发出诉前程序要约而没有回应的,法庭应当强制该当事方承担诉讼的一切费用,不论案件处理结果如何。上述费用包括国家司法费用和当事人诉讼成本。这种费用制裁措施是对"胜诉方全得"传统规则的必要调整,将有助于引导当事人回归调解。费用激励则是诉讼费的减免。《仲裁程序法》规定,如果当事各方能够在判决宣告前达成调解协议,诉讼费的一半可从联邦预算中返还。然而,费用激励对当事人程序选择有时并不产生决定性的影响,因为诉讼费可能仅是诉讼成本的一小部分。

2. 强制调解

基于调解自愿的特性,强制调解只能适用于某些类型的纠纷,并只表现为对调解程序启动的强制,不能涉及调解程序的进行和调解协议的达成。强制调解主要适用于集体劳资、离婚等法定纠纷。此外,只要当事人签订了调解条款,有关各方必须依约进行诉前调解,以便在尽可能早的阶段解决纠纷。因此,在某种程度上,诉前调解的适用范围取决于当事人间是否存在调解条款。

[①] 卢正敏、李雪松:《论我国法治进程中的法院调解》,载齐树洁主编:《东南司法评论》(2013年卷),厦门大学出版社2013年版。

3. 法院辅助义务

法官在一般情况下无权强制当事人进行调解，但可充分建议当事人选择调解。《民事诉讼法》规定，法院应当采取必要措施促成当事人达致和解，尤其是以调解的方式。此条款可解读为调解辅助义务，即法院应为当事人适用调解程序创造必要条件。《仲裁程序法》亦有类似的规定。一些法官支持调解的地区，已经开始尝试建立调解司法指导制度。罗斯托夫地区的工商会制定了一份关于调解司法指导的备忘录，并被该区法院所采纳。该备忘录的主要内容是仲裁法院在处理案件时调解程序适用规则。当事人在第一次庭前会议时会收到此备忘录。

4. 法律援助

出于对国家司法成本的考量，《调解法》并未规定调解的国家法律援助制度，但积极鼓励与支持社会法律援助的发展。因此，众多志愿者组织活跃于调解一线，积极开展法律援助工作。例如，莫斯科大学、莫斯科法律学院与莫斯科调解中心合作设立了调解培训班。受调解中心良好培训的法科学生与当事人商议有关调解的事宜，并为当事人提供法律援助。[1]

(三) 调解保密制度

调解保密不仅满足了当事人的隐秘需求，又保护了当事人的隐私信息，这既是当事人选择调解的初因，又是调解成功的前提之一。鉴于保密制度在调解中的重要作用，俄罗斯以立法的方式建立了完善、科学的调解保密制度。

1. 保密义务的主体

《调解法》规定，在调解不成功的纠纷诉诸诉讼或仲裁时，除当事人同意外，当事人、调解员和其他调解参与人不得披露任何有关调解程序的信息。该条款设定了全面的保密义务主体，所有的调解参与人都负担保密义务，须依法拒绝披露信息资料。

2. 保密信息的范围及例外

《调解法》规定，所有涉及调解程序的信息均被视为机密，除非联邦法律或

---

[1] Klaus J. Hopt & Felix Steffek, *Mediation: Principles and Regulation in Comparative Perspective*, Oxford University Press, 2012, p.1176.

调解协议另有规定。但任何保密都是有边界范围的。该法明确规定了调解保密的例外情形:(1)当事人明确同意披露信息;(2)根据联邦法律的规定,在保密信息被用于策划、实施刑事犯罪等特别情形下,调解信息应当披露。

3.保密的方式

《调解法》规定了"庭内保密",即调解参与人在后续纠纷解决程序中不得披露信息资料。若调解参与人在庭内违背保密义务披露信息,法庭与仲裁庭会将该信息认定为非法证据。基于调解员的特殊身份,《民事诉讼法》规定其享有免证特权。此外,《调解法》规定,调解涉及的信息不仅应在庭内保密还要在庭外保密。调解参与人在未征得当事人明确同意的情况下不得将保密信息公之于众,否则将承担侵权责任。

(四)调解员制度

1.调解员的选任

调解具有高灵活性和简捷性的特点,而作为其中重要一环的调解员选任也理应是便利与灵活的。《调解法》规定,调解员是在当事人合意的基础上,指导其进行调解的独立、中立、无强制权限的人员。调解员的选任是当事人的程序性权利。调解员人选一般由当事人与调解组织进行协商确定,既可以自主选任亦可授权由调解组织指定。当事人还可在调解过程中基于特定事由拒绝某人担任调解员。

2.调解员的责任与义务

调解强调当事人的合作与调解员的协助,诉讼则强调当事人的对抗和法官的裁判。因此,不同于法官,调解员不是纠纷的裁判者,没有强制决定权,其主要功能是协助当事人理解各自的诉求,指导他们进行妥协与合作,促使双方达成自愿、合法的协议。

(1)谨慎义务。未经双方当事人同意,调解员不得披露关于调解的一般信息以及可能使当事人暴露于社会的隐私信息。对于接触一方当事人时所获得的相关信息,调解员同样不得未经该当事人同意而向对方当事人披露。

(2)忠诚义务。调解立基于调解员的中立与独立。因此,调解员应当主动向当事人和调解组织披露任何影响调解中立性与独立性的事宜。《调解法》规定,调解员不能是一方当事人的代表;不能为一方当事人提供法律服务、咨询或其他援助;不能与调解结果有直接或间接的利害关系;不能擅自公开论及有关调解的事项。此外,应当事人的要求,调解员有必要将专业素养、培训情况及业务经验告知当事人。

(3)调解权限。当事人合意授权是调解员权限的来源。若未预先授权,各方当事人都可对调解员权限提出异议,但是必须以正式的方式及时提出。如果异议未能及时提出,可视为默示合意授权,异议当事人应禁止反言。

(4)调解程序终结义务。当事人在调解任意阶段都享有绝对的决定权,可自由终结调解。但为保障当事人利益,调解员在必要时应履行调解程序终结义务。在调解时限结束或当事人达成一致无望等特定情形下,调解员应及时终结调解程序,以尽可能地减少由调解不成功产生的额外费用和延迟。

3. 调解员的素养与培训

调解员在调解中既要像法官那样对事实和法律问题加以分析,又要有效地促成沟通与合作,因此,调解员需要具备法律以外的技巧与经验。鉴于调解员的作用至关重要,调解员的任职和素质一般由法律加以规定。系统的学习与培训是调解员的法定职责。

《调解法》规定:职业调解员需要年满25岁以上并具有大学学历,且应受过与调解制度相关的高等教育或补充职业教育。俄罗斯教育与科学部于2011年2月公布了关于调解员示范性培训管理办法,组织设立了不少调解培训中心。例如,莫斯科"调解与法治科学与方法研究中心",罗斯托夫地区"调解员协会"等。[①] 调解员培训由基础培训、特殊培训与培训师培训三个层级组成。每一个层级的培训都须考核,完成规定的培训内容并考核通过的,方可获得调解员认证证书。完成基础培训的人员只能调解简易纠纷。完成特殊培训的人员则可调解民事、商事、家事、劳动、涉及多方当事人等复杂纠纷。完成培训师培训的人员除能调解复杂纠纷外,还可从事调解员基础培训。此外,上述培训组织必须获得教育部门的许可证,并每3年复审一次,以保证调解员培训的高质量。

---

① Tatiana Viktorovna Hudoykina, Current Status and the Development Prospects of Mediation in Russia as an Alternative Means for the Settlement of Economic Disputes, International Journal of Economics and Financial Issues, 2015, No. 5(Special Issue), 226.

(五)调解的法律效力

首先,调解对诉讼时效的中断效力。《民法典》规定,若当事人依据调解法达致调解意愿时,诉讼时效中断。诉讼时效的中断从当事人达成调解意向时开始,直至调解程序终结。虽然《调解法》并未明文规定调解对诉讼时效的影响,但是实务中可直接援引上述规定。

其次,调解对诉讼与仲裁的影响。《民事诉讼法》规定,在当事人请求对案件进行调解时,法院应当中止对案件的审理,但中止期限不得超过60日。《仲裁程序法》亦阐明类似的规定,但其未规定中止期限。《仲裁法院法》规定,当一方或双方向仲裁庭提交调解请求,仲裁法院应当暂缓案件审理。

最后,调解最终达成协议的效力。调解最终达成的协议区别于由法官在审判中所作出的有拘束力的判决,但调解协议也具有严肃的法律效力。① 调解达成的协议(除经法院调解达成的调解协议外)属于民事契约,具有间接强制执行效力,当事人应当受其约束。若调解协议经由法院裁定确认就具有直接强制执行力,等同于法院判决的效力。另外,调解协议也可由仲裁法庭以裁决的形式予以确认,由此调解协议等同于仲裁裁决的效力。调解协议还可由公证处加以确认,但根据《执行程序法》的规定,这一公证确认不会使得协议具有直接强制执行力。

三、俄罗斯调解制度的实践运作

近年来,在《调解法》的立法支持下,调解制度已渗透到俄罗斯纠纷解决实践中,成为一股不可忽视的纠纷解决力量。目前,俄罗斯各部门法或多或少的都涉及调解制度。

(一)消费调解

为调解解决银行与顾客间的争议,俄罗斯特别创设了"监察专员"制度。

---

① 蔡惠霞:《德国调解制度新发展评析》,载齐树洁主编:《东南司法评论》(2013年卷),厦门大学出版社2013年版。

监察专员由银行联合会设立,通常担任调解员的角色。当与银行产生纠纷时,顾客既可选择由监察员调解,亦可向法院提起诉讼。因有关消费者保护的法律大多由强制性规则组成,消费调解通常是评估性的而不是辅助性的。

(二)家事调解

对于家事纠纷,引入中立、专业的第三方对纠纷进行调解早已有先例,例如苏联时期就设立了家庭咨询机构。《调解法》扩展适用于家事纠纷,从而形成家事调解机制。家事调解是基于家事纠纷的身份伦理、血缘亲情、公益社会性等特殊因素的考量,在中立的第三方参与下,通过说服、斡旋等方式使当事人达成合意,以自主、妥当地解决家事纠纷为目标的纠纷解决机制。然而,家事调解缺乏具体规则加以规范。涉及离婚纠纷的调解,仅有《家事法》的规定,一方配偶不同意离婚的,审理该离婚纠纷的法官有权采取措施来调解夫妻关系,并决定延期开庭和暂缓案件审查。离婚调解的期限不得超过 3 个月。倘若期满后,夫妻一方仍坚持离婚,法庭应及时恢复庭审。但是,法律并没有明确规定法院如何进行离婚纠纷的调解。

(三)劳动调解

在俄罗斯,涉及个体的劳动纠纷调解由《调解法》调整,而集体的劳动纠纷调解则由《劳动法》调整。[①] 劳动调解委员会调解、劳动仲裁调解和常规调解构成集体性劳动纠纷的三大调解形式,并要在特定期限内进行。当事人不得逃避参与调解以便高效、友好地解决劳动争议。当劳动调解委员会调解不成功时,当事人应在 3 个工作日内签订争议解决备忘录,转入常规调解或劳动仲裁调解。当事人及其代表和调解员必须用尽一切法律允许的措施促成调解协议的达成。此类调解应当在 7 个工作日内启动。为使调解更有成效,调解员有权要求当事人提供有关纠纷的必要文书和信息。

(四)知识产权调解

《民法典》规定,包括专利权在内的知识产权纠纷应当诉诸法院解决,且知

[①] 关于俄罗斯联邦劳动法的具体条文,参见蒋璐宇译:《俄罗斯联邦劳动法典》,北京大学出版社 2009 年版。

识产权调解也缺乏具体的法律规定。然而,这并不意味着当事人不能调解解决这类纠纷。事实上,这类纠纷在实践中有时会以调解的方式达成协议。例如,当事方可通过调解达成联合使用和商标推广的协议加以妥善解决商标使用权争议。这一结果充分显现了调解的制度优势,从整体上解决纠纷。

(五)公法调解

《仲裁程序法》规定,当事人可以调解的方式解决由行政法及其他公法引起的经济纠纷,联邦法律另有规定的除外。这隐含着公法上的经济纠纷可在特定条件下协商解决。由于《民事诉讼法》没有关于以调解方式解决上述纠纷的条款,这就造成调解此类纠纷在法律适用上的冲突。仅就调解法的具体规定而言,行政、税务或其他公法纠纷不属于调解的适用范围。然而,在司法实践中,政府部门常常运用调解的方式解决纠纷。

(六)公司调解

属于民事法律领域的公司纠纷,当然可适用调解这一纠纷解决方式。在实务中,有如下的公司纠纷经由调解得到了成功解决:(1)董事会决策程序争议;(2)公司股东间的争议;(3)股东进入或退出公司争议;(4)股东对公司决议的异议;(5)股东对公司管理权的异议。① 然而,在 2012 年的一个司法案件中,法官扩张解释《仲裁程序法》的规定,认为公司纠纷属于仲裁法院的专属领域,并已排除了此类纠纷的可仲裁性。② 如果前述判决成为判例法,这必将影响到调解制度能否适用于公司纠纷解决的问题。

四、俄罗斯调解制度存在的问题

伴随着《调解法》的生效施行,各大调解中心如雨后春笋般建立起来。例如,2015 年在莫斯科州已建立了 45 个调解委员会,直至 2017 年俄各大城市

---

① 数据来源:圣彼得堡调解中心负责人于 2011 年 6 月作的报告,http://www.tpprf-med.ru,下载日期:2018 年 5 月 1 日。

② 俄罗斯联邦最高仲裁法院[2012]case No.BAC-15384/11 裁决。

均已建立起调解中心。① 由此可见,调解制度在俄罗斯纠纷解决中扮演着越来越重要的角色。但该法规定较为粗线条,原则性规定居多,制度构建尚处于初始阶段。只有全面、客观、理性地分析调解制度的实践问题,才能对制度构建提出建设性意见。

(一)调解法与其他法律的衔接有待加强

在实践中,《调解法》与《民法典》《民事诉讼法》《仲裁程序法》等部门法存在如何有效衔接的问题。例如,根据《执行程序法》的规定,调解协议经由公证处确认却不能具有直接强制执行力,这明显不利于保障调解协议的严肃性。作为特别法与新法的《调解法》,与其他部门法存在立法冲突是在所难免的。为了促进调解制度的发展,俄罗斯议会应当及时修订其他部门法的相关规定,加强与《调解法》的有效衔接。

(二)调解率低

由于民众对调解制度及其优势不甚了解,导致调解率较低,具体表现为:(1)适用范围较窄,多适用于家庭事务,劳资纠纷或涉及中小型企业间的争议;(2)调解组织的稀缺,全国性或区域性的调解组织比较少,并多集中于莫斯科、圣彼得堡等大城市;(3)调解受理案件量非常少。从两组数据可见俄罗斯调解率的真实情况:圣彼得堡调解中心1996年至2010年的案件受理量仅为1000多件;乌拉尔调解中心2009年至2011年的案件受理量只有77件。②

(三)调解延迟与费用较高

在俄罗斯,调解花费的时间比较长,一般要历经几周到数月不等的时间。一次调解会议通常要花费几个小时,而成功的调解一般需要两到三次的调解会议。圣彼得堡调解中心的负责人指出,商事调解往往要花费十多天到一个月不等的时间。此外,调解费用由案件争议金额决定。有些调解组织建立按

---

① 张振利:《俄罗斯调解制度简介》,http://new.dhl.com.cn,下载日期:2018年4月13日。
② Klaus J. Hopt & Felix Steffek, *Mediation: Principles and Regulation in Comparative Perspective*, Oxford University Press, 2012, p.1189.

小时收费的制度,另一些组织则设置固定的收费标准。调解每小时的收费最高可达几百欧元,而俄罗斯的诉讼费仅有调解费的70%。调解延迟与费用较高与调解的制度优势是背道而驰的,不利于调解制度的良性发展。

(四)调解激励不足

《调解法》关于调解激励的规定比较少。上文论述的关于促进调解的部分措施并非该法的直接规定,而是援引的其他法律规定。尽管如此,这些措施对于促进调解亦是远远不够的。这需要通过立法完善来确定更多的激励措施,引导民众逐渐回归协商与调解,以形成"先行调解、调诉结合"的纠纷解决模式。

"社会在不断地变动和发展,反映并用以调整社会关系的法制也必然要相应地改变自身,从实用主义的视角来看,旧的法律手段如果已不能够解决当前的社会课题,就应当摸索新的方法。"[1]发展多元化纠纷解决机制是应对民事司法危机的有效方法,调解则是ADR制度中不可或缺、最为重要的部分。在处于大转型中的俄罗斯,《调解法》正式确立了调解制度的法律架构,为制度实践提供了坚实、统一的法律基础。虽然调解制度目前的运作效果不尽如人意,在实践中显现出较多的不足之处,但是在立法支持与司法危机的双重作用下,这一制度必将逐渐成长为俄罗斯纠纷解决的重要力量。

---

[1] [美]诺内特·塞尔兹尼克:《转变中的法律与社会:迈向回应型的法》,张志铭译,中国政法大学出版社2004年版,第1页。

第二十一章

荷兰调解制度

荷兰位于欧洲西部,濒临北海,国土面积41528平方公里,人口1720万人(截至2018年2月)。① 从历史上看,由于长期受西班牙国王的统治,荷兰被动地移植了罗马法。19世纪初,随着法兰西帝国的入侵,以中央集权和法典化为特征的法国法开始影响荷兰的法律制度。从整体上看,几个世纪以来,荷兰的法律制度都在罗马法、法国法和荷兰法自身的传统之间寻求平衡。这种多元化的特征决定了荷兰司法制度始终处于不断调整的状态。进入21世纪以来,和许多欧洲国家一样,荷兰司法制度也遇到了诸多新的困难与挑战,善于求新求变的荷兰人采取了一系列改革措施。从1990年开始,荷兰法律界的精英人士发起了全方位的改革。立法者和司法者在致力于完善诉讼制度的同时,注重发展以调解制度为核心的诉讼外纠纷解决机制。由于大量的现有制度用于法庭外的纠纷解决,调解制度的蓬勃兴起给人以深刻印象,以至于一些评论者将荷兰的法律文化描述为是实用主义的。②

一、荷兰调解制度的发展背景

(一)原因分析

"司法危机"的刺激与民众需求的回应共同构成了荷兰调解制度发展的主

---

① 中华人民共和国外交部:《荷兰国家概况》,http://www.fmprc.gov.cn,下载日期:2018年6月22日。
② [澳]娜嘉·亚历山大主编:《全球调解趋势》,王福华等译,中国法制出版社2011年版,第258页。

要原因。一方面,数十年前的荷兰与中国一样都被认为是"厌讼"文化主导的国家。[①] 然而,从1985年至今,荷兰法院受理案件的数量不断增长。"司法危机"的出现刺激了当事人对诉讼外纠纷解决途径的需求。同时,法院也常被诉病不能准确把握纠纷解决的关键所在,无法提出使当事人双方满意的解决方案。为回应现实问题,荷兰的司法制度以及司法权力与社会之间的边界一直处于不断变化之中,其重要体现即调解制度的迅猛发展。另一方面,并非所有的案件都是复杂案件,也并非所有当事人都期待通过诉讼途径解决纠纷。当事人清楚地知道,诉讼本身并不能创造新的、更大的价值。况且大部分案件的事实问题和法律问题都比较清晰,即使以判决结案,结果也是可以预料的。出于诉讼效益的考量,当事人在将争议提交法院之前,往往会衡量诉讼费用与争议标的额之间的价值比例。在荷兰,律师代理费按小时计算,虽然总体上费用适中,但是仍然是一笔不小的开支。对于大多数小额诉讼来说,诉讼成本极易超出争议标的额。因此大多数案件的当事人开始寻求诉讼之外的途径解决纠纷,调解方式正好适应了这一社会需求。

(二)社会条件

当20世纪80年代和90年代制度化的英美调解运动与荷兰数百年来为人所熟知的调解法律文化相结合时,调解便在荷兰应运而生了。可见,深厚的传统文化为荷兰调解制度的生根发芽、茁壮成长提供了肥沃的土壤。历史上荷兰人民的命运曾与大海紧密地联系在一起,长期与大海搏斗的历史,铸造了荷兰人民容纳百川的胸怀和坚韧不拔的性格,使他们在这样一个幅员较小的国家,创造出令世人惊叹的业绩。荷兰是农业强国、发达的工业国家和世界第七大贸易国,荷兰人民也创造了享誉世界的文化和颇具特色的司法制度。此外,作为航海大国,荷兰人在长久的对外交流中以开放的性格闻名世界。这种善于创造和开放包容的性格影响了荷兰的法律文化,使得荷兰人创建与引入了多种多样的纠纷解决方式,并习惯和倾向于在将纠纷诉至法院之前,向社会各类纠纷解决机构求助。此外,在荷兰法律文化

---

① Erhard Blankenburg, The Infrastructure for Avoiding Civil Litigation: Comparing Cultures of Legal Behavior in the Netherlands and West Germany, *Law & Society Review*, 1994, Vol. 28, No. 4.

中,诉讼程序被认为是为那些十分重要或不易解决的争议而设置的。在日常生活中,大多数争议并非动辄牵连甚广、利益攸关,而只是一些在民事交往中较常发生、较易解决的小型纠纷,此类纠纷通过更加高效、灵活的调解制度就可以得到更好的解决。

除了具备得天独厚的运行基础外,调解制度在荷兰得以健康发展还离不开良好的社会环境的保障。在荷兰,政府的支持和民间的推动,合力促成了各类 ADR 配套制度的建立与完善,使得调解制度在荷兰拥有一个良好的运作环境。具体而言,首先,荷兰发达的诉讼费用保险业务在促使当事人选择调解等诉讼外纠纷解决途径方面,一直发挥着重要的作用。作为营利性机构,荷兰的法律保险公司尽可能地"阻止"当事人启动诉讼程序,以避免承担不可预知的诉讼费用。当投保人产生纠纷时,他们首先会联系保险公司而不是律师。法律保险公司可以对投保人的纠纷解决提供各种建议,投保人所涉争议大多数都会在保险公司的促成下达成和解。只有在这一手段用尽或失效后,当事人才会考虑咨询律师,向法院提起诉讼。[①] 其次,在荷兰现有的多种纠纷解决途径中,调解相对简便且对抗性不强,便于当事人获得援助。荷兰的律师业并没有垄断法律服务行业,在律师业之外,尚存在大量协会、工会以及法律保险公司协助当事人解决纠纷。最后,一些荷兰政治家曾一度将该国近年来出现的"诉讼爆炸"现象归咎于以高赔偿额为特征的美国司法文化的入侵,并称其为"美国疾病"。为阻止当事人滥用诉权,法院与司法和国家安全部(即原司法部)采取了一系列举措,并产生了广泛的影响。法院开始有意识地降低判决中的赔偿金额,司法和国家安全部也颁布命令,对医疗纠纷案件中的赔偿金额进行标准化调整。部分当事人循着利益导向,选择通过调解等诉讼外纠纷解决方式化解纠纷。

---

① 齐树洁主编:《民事司法改革研究》,厦门大学出版社 2006 年第 3 版,第 27 页。

二、荷兰调解制度的发展概况[①]

在纠纷解决的意义上,调解是指在中立第三方的介入下,纠纷当事人就争议解决达成协议的一种形式。[②] 由于调解协议建立在当事人合意的基础上,因而更易为当事人接受和主动履行。[③] 作为英美法系术语的"调解"一词于19世纪90年代首次传入荷兰,很快成为荷兰的法律语言之一,但这并不意味着调解在荷兰的发展历史如此短暂。作为一个具有商人传统的国家,调解在荷兰的发展可追溯至400多年前。1597年,莱顿就发起了莱顿调解合议庭组织(Leyden Peacemakers' Collegial Body)。法院受理案件后,通常会组织调解,并要求诉讼参与人首先将争议提交调解。但是自20世纪50年代起,由法院主导的调解方式逐渐被摒弃。[④] 荷兰的法律文化一向秉承实用主义理念。[⑤] 方便、快捷、非正式的解决纠纷机制已经在荷兰的法律体制中存在多年。众多解纷机制运行良好,如纠纷解决委员会、顾问委员会等,大量法律纠纷得以远离法院。调解的传统也正因此孕育而来。2008年5月21日,欧洲议会及欧盟理事会在荷兰的斯特拉斯堡作出一项指令,旨在推动调解机制在欧盟范围

[①] 有关介绍荷兰调解制度发展的数据和内容,除非另有注释,均参考 Sanne Taekema (ed.), *Understanding Dutch Law*, 2nd edition, Eleven International Publishing, 2011, pp. 75~94.

[②] Karl Mackie, et al., *The ADR Practice Guide Commercial Dispute Resolution*, Butterworths, 2000, p. 48.

[③] Michael Palmer, Simon Roberts, *Dispute Process: ADR and the Primary Forms of Decision Making*, Butterworths, 2008, p. 144.

[④] Annie de Roo, Rob Jagtenberg, *Mediation In The Netherlands: Past-Present-Future*, http://www.ejcl.org,下载日期:2018年6月29日。

[⑤] Erhard Blankenburg, Freek Bruinsma, *Dutch legal culture*, Kluwer Law and Taxation Publishers, 1994, pp. 3~9.

内的建立。① 该指令第 1 条第 1 款开明宗义地指出："本指令之目的在于便利当事人利用替代性纠纷解决机制,并通过鼓励适用调解以及确保调解与司法程序之间的平衡关系促进纠纷的妥善解决。"荷兰作为欧盟成员国之一,正致力于将该指令的精神转化为本国司法实践,并使之贯穿于该国纠纷解决体系之中。

在荷兰,现代调解制度随着专门的调解机构的出现而逐渐普及,与法院的联系也越来越密切。在调解制度引进之初,通常是由法官在法庭上充当调解员的角色。庭内调解主要集中在家事纠纷领域,为挽救婚姻,该制度在离婚诉讼中尤为适用。专攻离婚案件并热衷于调解的律师于 1989 年成立了第一个推广调解制度的专业团队——家事法律师和离婚调解员协会。该协会致力于普及现代调解制度的运用,并不断提高调解质量。有关调解制度的下一个倡议同样出现在荷兰的法律职业共同体中,但其产生的影响远远超出了该群体本身。1995 年,部分商事律师和法学教师成立了荷兰调解协会(Netherlands Mediation Institute,以下简称 NMI),该协会成立的主要目的同样在于使民众更加了解调解制度,并不断激励调解的适用,提高调解质量。NMI 的成立以及《荷兰调解协会调解规则》的发布引起了政府部门尤其是司法和国家安全部对调解制度的关注,调解制度的倡导者由此开始尝试联络政府部门,争取政府的参与和资金支持。司法和国家安全部的第一项举措是于 1996 年 8 月颁布了一份多元化纠纷解决机制纲领。1998 年,司法和国家安全部又发表了一份有关多元化纠纷解决机制的政策公开函。随后,在该机构的推动下,两项调解制度实验性工程在全国范围内展开:法院支持下的调解与法律援助计划内的调解。

总体而言,横向的调查研究显示,当事人对调解制度的运行比较满意:如果按照 1 到 5 的等级对调解制度进行评价,那么,当事人对调解员的评价是 4.1 级;对调解过程持续时间的评价是 3.4 级;而对调解结果的评价则为 2.8 级。更重要的是,包括纠纷没有解决的当事人在内,超过 80% 的当事人表示

---

① 指令全文参见《欧洲议会及欧盟理事会关于民商事调解若干问题的 2008/52/EC 指令》(Directive 2008/52/EC of the European Paliament and of the Council of 21 May 2008 on Certain Aspects of Mediation in Civil and Commercial Matters),陈洪杰译,载张卫平、齐树洁主编:《司法改革论评》(第 8 辑),厦门大学出版社 2008 年版。

将来如果面临纠纷,依然会选择调解。纵向的调查研究显示,超过75%的解纷协议在作出后的一年内得到了遵守。此外,纠纷当事人还会被问及选择调解的理由,在给出的9个选择调解的动机中,当事人需阐明每一个动机对其选择的影响程度。该做法有利于深入观察究竟是什么因素促使当事人选择调解。调查结果显示,法官的建议(占71%)或者法律咨询结果(占52%)对当事人选择调解影响很大。这意味着作为外部因素,外界提供的参考信息扮演着重要的角色。选择调解的其他动机还包括方便日后交往(占68%)、希望获得比法院判决更好的处理结果(占67%)等。相对来说,经济方面的考虑反而不是最主要的,只有35%至40%的当事人将该因素作为其选择调解的动机。在离婚和家事案件的调解中,当事人对双方关系的考虑远甚于行政案件的调解,该类案件的当事人常将维持双方关系作为选择调解的首要动机。在行政案件的调解中,44%的当事人认为"方便日后来往"这一动机很重要;而在民事案件的调解中,该比例为69%。此外,对于行政案件的调解,61%的当事人将"希望获得比法院判决更好的处理结果"作为其选择调解的动机。

三、荷兰法院转介调解制度

法院转介调解制度以法院附设ADR制度的蓬勃兴起为背景,并构成了后者的重要组成部分。20世纪70年代在美国兴起了现代ADR运动,其最主要的特点就是"法院主导"。自1978年美国部分联邦地区法院(宾夕法尼亚州东部地区法院、加利福尼亚州北部地区法院和康涅狄格州地区法院)建立法院附设强制仲裁程序时起,美国法院逐步把ADR直接引入传统诉讼机制,由此产生了法院附设ADR制度。① 此后,法院附设ADR制度在欧洲许多国家和地区展开。实践表明,法院附设ADR既可以作为独立的纠纷解决程序,也可以作为诉讼程序的组成部分。它表明了传统诉讼机制具有很强的自我改造能力,揭示了法院与其他纠纷解决主体在纠纷解决市场上的竞争关系。且法院

---

① 刘君博:《美国法院附设ADR制度发展述评》,载张卫平、齐树洁主编:《司法改革论评》(第14辑),厦门大学出版社2012年版。

附设 ADR 客观上有助于克服 ADR 在法律效力缺乏等方面的先天不足,增强其活力。[①] 与欧洲其他国家相比,荷兰法院在借助法院附设 ADR 制度来实现减负目标的能力方面处于领先地位,它们善于运用法院转介调解制度来实现"法院减负"与"当事人满意"的双赢目标。

(一)法院转介调解的背景

现代法院调解运动的发展,一般认为始于 1976 年在美国明尼斯达州的圣保罗召开的庞德会议。[②] 与美国相比,荷兰的法院调解发展应属后起之秀,但是其司法理念的转变却孕育于 20 世纪 70 年代。该时期法院与公民间的距离感加剧,待审案件堆积如山,庭审程序愈发烦琐刻板,案件迟延及费用增加等等问题,让荷兰民众对法律的运行状况愈加不满。此时,正是荷兰法律界行动主义运动风起云涌之时,荷兰的"接近正义之路"运动正在如火如荼地展开。这项运动的一个重要目标便是在法院系统之内设计更多便捷简单的程序,并在法院系统之外将纠纷分流。降低费用、改变法律本身以及如何让法院外程序更具可行性成为该运动的三项重要奋斗宗旨。进入 20 世纪 80 年代后,"接近正义之路"运动转向了法律服务市场的开放问题以及政府规制之外的自我规制问题,但第三项目标,即替代诉讼的纠纷解决机制仍然受到重视。

从 20 世纪 90 年代开始,荷兰引入了英语中的"调解"(mediation)一词,在司法系统开始进行法院转介调解的实验。1993 年,受英国有效争议解决中心(The Centre for Effective Dispute Resolution,以下简称 CEDR)及美国国际争议预防与解决协会(International Institute for Conflict Prevention and Resolution,以下简称 CPR)的影响,一部分荷兰律师(大部分来自建筑业)与

---

① 齐树洁主编:《民事司法改革研究》,厦门大学出版社 2006 年第 3 版,第 613 页。
② 齐树洁主编:《美国民事司法制度》,厦门大学出版社 2011 年版,第 146 页。

部分学者联合起来,试图建立一个更广泛的类似组织。1995年,NMI 组建成功。① 与英国 CEDR 和美国 CPR 受案范围为商事纠纷不同,NMI 更希望让社会上的所有组织和个人都享受到调解的益处,因此其并未将工作范围限制于商事纠纷领域。调解的进一步发展亦需要政策和政府的支持。在 1993 年的荷兰律师协会年会上,司法和国家安全部部长呼吁建立更高效的民事纠纷解决程序。1995 年几乎所有的专业期刊——特别是与司法及律师相关的期刊——都将注意力集中在了调解上。1996 年,司法和国家安全部实施了"ADR 平台计划",在该计划的委员会中,司法和国家安全部、实务界和学术界都派出了代表。该计划旨在促进调解和法院程序的衔接。从当时仅限于两家法院的小规模试点看,法院仍然不熟悉调解的概念,也不清楚法院在转介调解中应当起到的作用。

与此同时,为了探索法院附设调解的可行性,荷兰法院附设调解服务机构(the Netherlands Court-connected Mediation Agency,以下简称 LBM)设立在了阿纳姆地区法院的大楼中。② 在法院附设调解的诞生中,LBM 功不可没,其对转介服务的制度化起到了至关重要的作用。LBM 负责在众多法院之间协调项目,推广调解制度。除了 ADR 以外,"订制的纠纷解决机制"(customized conflict resolution)的概念被引入,以暗示判决和调解、仲裁、协商以及专家意见一样都是广义的纠纷解决方法。在这种哲学的指导下,法院的目的是让当事人选择更适合自己的纠纷解决方法。③ LBM 在 2000 至 2003 年进行了两项试验性计划:法院促进调解计划、调解和司法援助计划。根据第

---

① NMI 是荷兰推动调解运动发展的重要机构,其性质属全国性搭建调解平台的私人组织,其基金会成立于 1993 年,机构于 1995 年开始运行。在调解发展中,NMI 严格恪守中立的立场,其中立性在全欧洲都可谓独树一帜。NMI 的组织发展目标包括:促进调解发展,保证调解及调解员的质量和制度透明;组织并促进利用调解解决纠纷;搭设多方磋商的体系;为调解公开量化、研究及联系,提供独立的信息来源。但是应当注意的是,NMI 并非只接受法院转介的调解案件。参见 NMI: *About NMI*, http://www.nmi-mediation.nl,下载日期:2018 年 6 月 29 日。

② 2009 年 10 月,LBM 在阿纳姆地区法院的办公楼被关闭,它的历史任务已经完成。该机构的顾问团队被改制为"订制的纠纷解决机制专家团"(the Expert group Customized Conflict Resolution),LBM 的雇员被司法和国家安全部所接受。

③ Rob Jagtenberg & Annie de Roo, Frame for A Dutch Portrait of Mediation, *Judiciary Quarterly*, 2011, Vol. 1.

一项计划,在庭审中,法官可以将当事人的纠纷介绍至调解员处。如果调解不成功,法院程序仍将继续。此时,法官不会得到任何关于当事人在调解中透露的信息。通过事后对当事人的访谈,该研究对法院附设调解成功的每一步都进行了详细的描述。在本次调研的基础上,各方达成了共识,即法院附设调解计划应当分阶段实施。2004年4月,司法和国家安全部长正式宣布全国法院转介调解的服务开始实施。2005年,荷兰议会决定建立长期的法院附设调解服务。

(二)法院转介调解的运作[①]

1. 转介方式

荷兰法院的转介调解的类型主要有三类:书面转介(written referral),法院通过书面形式建议当事人调解;口头转介(oral referral),法官在庭审中提出转介;当事人自主转介(self referral),当事人可自主选择。在书面转介中,当事人在庭审前会收到法院鼓励他们参加调解的信件。信中附带介绍调解的手册以及一封"自我测试"[②]。其中,这份自我测试帮助当事人决定争议是否适合提交调解。如果当事人对信中的问题有一项作出肯定回答,就被建议考虑将调解作为纠纷解决方式。一旦案件通过转介进入调解程序,法院可将该案的法律程序中止3个月。如果需要,该期间可以延长。

2. 调解官员的作用

法官和法院行政人员应当清楚地知道转介程序的进行。其中,调解官员(属于行政人员,并非调解员)在整个转介程序中起到重要的作用。调解官员负责法院"调解管理中心"的运转,是当事人涉及调解问题的联系人,并负责建立调解员的联络网。在口头转介中,法官得知诉讼当事人意图将纠纷提交调

[①] 有关荷兰法院转介的运作介绍的数据和内容,除非另有注释,均参考 Machteld Pel & Lia Combrink, Referral to Mediaiton by the Netherlands Judiciary, *Judiciary Quarterly*, 2011, Vol. 1.

[②] 自我测试的问题:"你是否愿意通过合意的方式与对方协商解决纠纷?"给出的选项:是、否或者不确定。若回答为"是",测试中给出的原因如下:(1)我觉得有可能达成理性的解决方案;(2)快速解决纠纷对我有利;(3)我和对方需要经常往来;(4)我想保留对纠纷解决的控制权;(5)交流不顺畅本身就是一个问题;(6)我觉得调解能解决我和对方的其他纠纷;(7)可能比走法律程序要便宜。

解后,应立即联系调解官员。在书面转介以及当事人自主转介中,调解官员需要为当事人提供调解的基本信息,如调解自愿性、调解程序的保密性、双方当事人对程序的自主性以及调解和判决的效力异同等。调解官员也会帮助当事人选择调解员,并安排见面时间。调解官员的这种协调性工作的意义重大,其他国家的经验表明,当事人在被法院转介调解后时常无法自主选择调解员,不是无法对调解员的选任达成一致,就是无法对第一次会面的时间达成一致。

一般而言,第一次调解安排在转介后的第二周进行。尽早开始调解可避免矛盾升级,对调解过程以及调解结果都有正面的影响。当调解开始后,调解官员对调解进程进行评估,并负责调解的行政工作。这些行政工作包括:对所有相关程序建立"调解档案",对调解结果归档整理,并通知转介法官和法院记录该结果。

3. 法院组织

无论外部资源如何丰富,若无法院的配合,调解工作仍难以顺利进行。法官需在恰当时机将调解制度介绍给当事人,并负责组织书面转介工作。在此期间,法官扮演统筹者的角色,负责鼓励调解,并在其他法官和工作人员对调解有疑问之时负责协调。调解官员和作为调解协调人的法官定期向法院组织汇报工作,并提出下一步工作计划。

通过汲取不同经历和不同工作的经验,LBM 在 2009 年发布了《法院转介调解的内部组织结构(The organization of the referral service to mediation within the courts)》的报告,提出了对法院组织工作的建议。同时,在法院组织系统和司法委员会的协助下,制定了政策性文件《2009 年后法院转介调解的未来发展(The future of court-connected mediation after 2009)》。该文件对未来全国法院转介调解服务的进一步发展进行部署。2009 年 3 月,司法委员会以及法院院长会议在 2009 年 3 月批准了这两份政策性文件。

4. 资金来源

自 2000 年项目启动以来,荷兰司法和国家安全部为 LBM 的运行提供财力支持。所有参与该项目的法院都得到了为各自的调解管理办公室配置办公场所和人员的启动资金。通过司法和国家安全部的支持,LBM 为调解官员提供机会使他们有机会成为注册调解员。这项政策得到了调解官员的积极响应。LBM 还运用这些资金召开专家会议,组织研究项目。

对当事人而言,截至 2005 年 4 月,参与法院转介调解均免收费用。调解员的薪酬来自法院,而法院的资金来自司法和国家安全部。调解员每调解一件案件,都会从司法和国家安全部处得到一笔固定的费用。2011年前,为了避免调解费用成为那些不符合法律援助标准的当事人获得调解服务,司法和国家安全部仍然对最初2.5小时的调解进行补贴。自2011年1月起,该临时性的规则已经失效。从2005年4月至今,符合法院提供法律援助标准的当事人仍可获得法院转介调解的司法援助。具体来说,如果当事人双方均符合法律援助条件,其仅需负担由他们收入决定的立案费,而不再收取额外调解费;如果有一方不符合法律援助条件,则该方应缴纳一半的调解费用。

5.调解员及程序培训

荷兰法院的转介调解服务开始运行之时,NMI仅成立了几年,在1999年NMI成立之初,并未设置调解质量的衡量标准,亦未成立调解员登记和认证系统,对调解过程出现的问题,当事人也无处申诉。如今,NMI已经成为全国调解及调解员质量把关的独立机构,并负责调解员的登记认证工作。根据调解员管理规范的要求,若要成为被登记在册的NMI调解员,必须参加NMI组织的调解培训课程,并且缴纳注册费,遵守其调解规则和行为规范。至2011年,NMI共有近4500名调解员(包括登记及认证两种类型),其中大部分调解员为兼职,只有10%为全职。每位调解员2011年平均收案11件。[①]

为保障法院庭审中转介调解的质量,法院为每一位法官开设了如何转介的课程。从2008年开始,法官们均有机会参加名为"纠纷诊所"(Conflict Diagnosis)培训课程。该课程指导法官如何考察法律纠纷下的争议问题,为法官提供具体方法,如何与当事人一起决定何种纠纷解决方法最为合适。LBM建议调解官员参加调解员的认证培训,并参与旨在介绍"转介"制度的课程。此外,调解员还可以参加以"在法院转介调解中的职业道德问题"为题的系列研讨会。该研讨会的成果以报告的形式发布,以期解决调解过程中的困境。为了保证转介服务的未来发展,倡导"订制的纠纷解决机制"的理念,自2010年起,上述"纠纷解决"课程和转介课程均已被列入荷兰法官培训中心的固定课程(The Netherlands Centre for Education of Judges,简称SSR)。

---

① 关于NMI调解员的数据来自Stratus,*The Status of Mediation in the Netherlands*,http://www.nmi-mediation.nl,下载日期:2018年6月30日。需要注意的是,NMI的调解员的大部分收案并非来自法院,而是自身及当事人申请调解(以上两种约占60%)。

(三)法院转介调解的效果[①]

荷兰法院转介调解的设计即使在世界范围内也属简洁、精致。这种特点在一定程度上归因于在全国推广法院调解前进行了规模由小到大的实验。荷兰的司法和国家安全部、NMI、LBM 都对法院附设调解的方式、效果进行了客观的评估和总结。通过内、外两种维度视角,对法院附设调解的实施情况予以全面监督。荷兰在借鉴了其他国家(比如英国、美国)的法院附设调解发展历程的基础上,更重视总结本土经验,寻找适合本国国情的道路。荷兰的法院附设调解体现了一种自下而上的发展路径。在纠纷解决体制内引入调解概念的最初,并非由政府牵头,而是由 NMI 这一私人性质的组织发起的。即使在今天,该组织仍然具有举足轻重的作用,而且依然保持了"私人"的性质。司法和国家安全部对该机构的支持和投入,具有"政府花钱购买服务"的性质。当然,这并非暗示政府的支持并不重要,而是说明在推进调解的过程中,应当加强公共机构和私人机构之间的合作。从调解的运行上看,荷兰的法院转介调解运行状况有几点需要注意:首先,法院转介调解不一定仅用在民事案件中。荷兰的经验表明在行政案件中调解可能比民事调解性价比更高。其次,当事人是否达成调解协议与双方对调解制度的满意程度并不一定成正比,对调解而言更重要的是过程而非结果。最后,对调解员和法官的培训至关重要。这种培训不仅包含调解的技巧,而且包括调解员的职业道德。

四、荷兰法院外调解制度

除了法院转介调解制度之外,法院外调解制度也是荷兰调解制度发展的一股重要力量。目前,荷兰全社会的各部门、各行各业都已基本形成一整套较为完备的内部纠纷解决机制。

[①] 以下对于荷兰法院转介的运作的介绍,除非另有注释,均参考 Machteld Pel & Lia Combrink, Referral to Mediaiton by the Netherlands Judiciary, *Judiciary Quarterly*, 2011, Vol.1. 下文所介绍的统计是根据 LBM 数据库中存储的 7237 件案件的资料综合得出的。

在荷兰,消费者的投诉主要由消费者协会统一处理。消费者协会通常会采取调解的方式解决消费者和商家之间的纠纷。面对一些关系到社会重大事项的投诉,消费者协会往往会通过发动民意来给商家施压,以促使纠纷的解决。如果纠纷比较严重或在后续处理过程中矛盾逐渐扩大,消费者协会将会组织或协助消费者向当地法院提起诉讼。此外,在一些较易产生交易纠纷的行业中,还设有专门处理本行业内消费者与商家之间纠纷的行业性协会组织,例如旅行社行业协会、机动车修理公司协会等。在调解过程中,中立第三人将本着公正客观的态度居中协调,并监督与引导纠纷的化解。[1]

荷兰调解协会(NMI,成立于 2002 年)是荷兰最主要的社会调解机构,承担多方面的纠纷化解职能。该协会还致力于社会调解的规范化发展,颁布了调解规则以及配套的规章制度,如 2001 年《荷兰调解协会调解员行为准则》(*Code of Conduct for NMI registered Mediators*)、2008 年《荷兰调解协会调解规则》(*NMI Mediation Rules*)[2]、《荷兰调解协会调解员纪律规则》(*Disciplinary Rules for NMI Registered Mediators*)等。上述规则已成为荷兰调解员制度的主要规范。社会调解主要遵循以下原则:(1)保密原则。在调解过程中,除调解员、当事人及其代理人外,其他任何人都不得参加调解。但以当事人一致同意为例外。(2)自愿、效率原则。调解基于自愿进行。为了保证调解的快捷、效率,当事人可以在任何时间终止调解程序。(3)中立原则。为了保证调解的公正,调解员必须做到"独立和中立"(independence and impartiality)。荷兰调解协会鼓励调解员接受持续的调解培训,并予以定期考核,以保证调解员的素质和调解的质量。

此外,荷兰的社会力量致力于发展在线调解。Rechtwijzer 2.0 是由海牙国际法协会为荷兰法律援助中心开发的。这一系统旨在帮助当事人进行纠纷诊断,通过问答方式明确纠纷梗概,协助协商,最终通过多种方式的 ODR 予以解决。为了促进协商,这一程序基于双方在问答环节提供的答案,提供自助的法律指引。第一种服务是针对婚姻纠纷,包括离婚及相关事项,例如监护权

---

[1] J. M. J. Chorus, et al., *Introduction to Dutch Law*, 4th edition, Kluwer Law International, 2006, p.31.

[2] 《荷兰调解协会调解规则》,齐广燕译,http://www.rmtj.org.cn,下载日期:2018 年 7 月 20 日。

和赡养费。针对房东和租客及邻里的纠纷解决程序正在设计之中。婚姻纠纷的服务只在双方未能通过自行协商解决问题时才适用,以在线调解和仲裁为主。该程序在安全和保密的网络环境下以异步对话的方式进行。这个平台的调解员可以与每一方当事人进行单独、保密的对话,这一点与常规的调解程序一致。为确保公正,最终达成的协议将由一位独立的律师进行确认。[①]

[①] 江和平、蒋丽萍:《域外在线纠纷解决系统简介》,载《人民法院报》2015年12月18日第8版。

第二十二章

韩国司法型调解制度

近年来韩国的滥诉情况比较严重。个人主义思想的膨胀和大众传媒、移动通信等各种电子媒体的发展,带来了权利意识高涨,进而导致了民众的妥协精神也随之弱化,而这种现象带来的直接后果就是诉讼案件的大幅增加。为此,法律界认为有必要强化调解制度,以利于有效地解决当事人之间的纠纷。

韩国人性格急躁,往往认为败诉会导致自己和家族名誉受到损害。[①] 因此,只要纠纷进入诉讼程序就意味着当事人之间的人际关系已经被破坏,很难以互谅互让的方式解决纠纷,往往要争执到审级制度(三审制)所允许的最终审级才肯罢休。鉴于上述情况,1991年1月13日制定的《民事调解法》(以下简称《调解法》)规定,法官可以依职权将诉讼案件交付调解程序(第6条),调解机关可以对调解不成立或者认定诉讼当事人之间的合意内容不适当的案件,作出替代调解的决定(职权调解决定)(第30条)。

如上所述,虽然有必要强化调解,但是我们无法否认强化调解存在的内在局限性,即韩国的民事调解无法突破其作为民事诉讼的补充性地位的现实。民众的受裁判的权利是宪法上的基本权利,因此违背当事人希望通过裁判方式解决纠纷的要求而过分追求以调解方式解决纠纷是不被允许的。尤其是调解着重于迅速而圆满地解决纠纷,所以经常会出现因疏于处理法理问题,进而

[①] 李荣勋:《对民事裁判的传统意识和对裁判的信赖》,载《尹一泳、金祥源大法官花甲纪念论文集》,韩国司法行政学会1993年版。

产生一些新的纠纷的情形。因此无视当事人基于自由意思的选择权而强行①进行调解,进而出现侵害民众的受裁判的权利的本质内容的情况绝对不被允许。从这种意义上,可以认为韩国的民事调解是具有诉讼补充性功能的、二次性的实现正义的手段。②

一、韩国司法型调解制度的主要内容

(一)发展沿革

在1962年1月15日制定《借地借家调解法》前,韩国一直适用日本的《借地借家调解法》。此后,1970年12月31日制定的《依简易程序的民事争议案件处理特例法》和1973年2月24日制定的《小额案件审判法》,相继扩大了司法型调解的适用范围。《调解法》对所有民事案件的调解进行调整,并同时废止了《借地借家调解法》。可以说,《调解法》的颁布使韩国的司法型调解进入了全面发展阶段。

(二)司法型调解的类型

司法型调解的类型有起诉前调解(依当事人申请的调解)和诉讼中调解。其中,前者以当事人的书面或者口头申请为要件,印花额仅为诉讼印花额的五分之一。

1. 起诉前的调解

(1)调解机关

在起诉前的调解中,调解机关主要包括调解担任法官、常任调解委员和调解委员会。

---

① 强制调解问题是律师团体和法院的每次座谈会上都要提出的讨论事项之一。参见《法律新闻报》2010年9月13日社论。在2010年12月3日举行的全国法院长会议上,最高法院院长也曾提及调解与和解的强制性问题。参见《法律新闻报》2010年12月6日的报道。

② 梁庆承:《关于强化我国ADR的方案及基本法制定的研究》,韩国言论仲裁委员会2010年版,第16页。言论仲裁委员会是韩国处理公共言论案件的组织机构。

调解担任法官由最高法院以外的各级法院院长和支院院长在所属法官中指定产生的法官以及市、郡法院的法官担任。原则上调解担任法官专司调解。

常任调解委员由法院行政处长从具有法官、检察官、律师资格,并在国家机关等从事过法律相关业务,或者担任过法学助教授以上职位达到15年以上的人员中委任。常任调解委员具有与调解担任法官同等的权限。常任调解委员领取相应的报酬,原则上不得从事其他职务。

法院行政处长可以按高等法院、地方法院、地方法院支院,分别委任常任调解委员,为促进调解业务的有效进行可在各级法院设立调解中心。2009年首尔和釜山设立了调解中心,2011年大邱、大田、光州设立了调解中心。首尔法院调解中心共有8名常任调解委员(曾任过大法官的律师1名和普通律师7名)[①],釜山法院调解中心共有3名常任调解委员(曾任过大法官的律师1名和普通律师2名),而大邱、大田、光州各有2名常任调解委员。上述调解中心处理各个地方法院和高等法院的依当事人申请的调解案件和本案裁判部交由调解担任法官处理的交付调解案件中的部分案件,中心受理案件后,须在一个月内指定调解日期。

调解委员会由调解长1名和调解委员2名以上(一般为2名)组成。其中,调解长由调解担任法官或者常任调解委员担任,调解委员则从各级法院院长委任的调解委员中由当事人协商或者由调解长指定产生。调解委员只要求具备学识与德望,而不要求其他特别的资格要件。调解委员的任期为2年,不领取报酬,只从国库领取相应的日补贴、津贴及差旅费等。

(2)调解程序

在实务中调解程序与和解基本相同,通常采取以下方式进行:先听取当事人陈述;必要时进行简单的证据调查;如果当事人之间达不成协议就由调解机关提出协议方案并劝告当事人予以接受。因此,实务中调解与诉讼中和解没有多大的区别,仅在依决定交付调解的案件中存在差异。由于《调解法》的规定并不太严格,因此也可以进行陪审调解[②]。

---

① 主要是从具有相当于高等法院部长法官级别的人员中任命。
② 陪审调解以法院调解委员作为陪审员,当事人提出主张时,由主审调解委员或者调解担任法官向陪审员提出若干个调解方案,并劝告当事人接受陪审员作出的判定或者进行强制调解的方式。

当事人提出申请的,由调解委员会进行调解。调解机关可以分离或者合并调解案件。

调解程序原则上不予公开,但案外人经调解机关许可可以旁听。调解机关可依当事人的申请作出禁止变更现状或者处分物件等保全处分命令,但该类命令不具有执行力,如违反只能处以30万韩元以下的罚款。起诉前调解申请具有消灭时效中断的效力。对于调解费用,如果调解成立时无特别约定则由当事人各自负担,否则由申请人负担。常任调解委员在适用刑法上的受贿罪时被拟制为公务员。调解程序中的当事人及利害关系人的陈述不得在民事诉讼中被援用。就起诉前的申请调解案件起诉时,受诉法院可以中止诉讼程序直至调解结束;而当诉讼案件交付调解时,诉讼程序中止直至调解结束。如果调解机关认为强制执行成为调解的障碍的,可在一定情形下中止执行程序。

(3)调解结果与效力

当事人之间无法达成协议或者协议内容不适当且没有作出替代调解的决定时,调解机关可以以调解不成立为由终结案件(《调解法》第27条)。当事人之间无法达成协议或者协议内容不适当时,只要不存在适当的理由,调解机关应依职权在申请宗旨的范围内斟酌诸多情况而作出替代调解的决定(《调解法》第30条)。对于替代调解的决定,当事人可在收到该决定书或者其调解笔录正本之日起2周内提出异议申请,如果没有异议申请或者异议申请被撤回或者替代调解的决定被驳回时,决定的内容视为得到确定(《调解法》第34条第4款)。经调解,当事人之间达成协议的,调解于协议事项记载于调解笔录时成立。因调解成立或者替代调解的决定得到确定时,产生与裁判上和解相同的效力(《调解法》第29条、第34条第4款),所以产生既判力和执行力。在调解不成立的情况下,如有起诉前调解申请则拟制为于提出起诉前调解申请时起诉,并自动进入诉讼程序(《调解法》第36条)。

2.诉讼中的调解[①]

受诉法院认为诉讼中的案件有调解必要时,可在抗诉审[②]判决宣告之前依职权决定将案件交付调解(《调解法》第6条)。对这些诉讼中受诉法院交付调解

[①] 诉讼中调解是指由受诉法院将诉讼中的案件交付调解。

[②] 抗诉审是指二审。韩国民事诉讼法实行三审制。其中对一审的上诉称为抗诉,对二审的上诉称为上告。

的案件的调解,既可以交付调解担任法官、常任调解委员或者调解委员会,也可以由受诉法院自行调解或者委托受诉法院所属的受命法官①或者不属于受诉法院的受托法官②进行调解(《调解法》第7条第3款、第5款)。

调解成立时,则视为撤回起诉。辩论终结或者审理终结后也可以交付调解。在进行调解程序的过程中,诉讼程序当然中止。调解不成立的,则重新恢复诉讼程序。其他情形则与起诉前调解相同。

3.家事调解

根据《家事诉讼法》和《家事诉讼规则》进行的家事调解,准用《民事调解法》和《民事调解规则》。只是因为对NA类③和DA类④家事诉讼案件和MA类⑤家事非讼案件(《家事诉讼法》第2条第1款)适用调解前置主义,所以对未经调解程序而直接起诉的,原则上受诉法院应将该案件交付调解。与和解相同,对于当事人无法任意处分的GA类⑥家事诉讼案件,不能进行调解。家事调解机关包括调解委员会和调解担任法官。

(三)司法型调解的适用范围

何种类型的案件适合调解,应通过探索案件的客观性质和当事人的主观意图作出判断。同时要根据各个调解机关的特性,将适合各调解机关特性类型的案件交付该调解机关。

1.客观要素

本人诉讼的情形、合同案件的情形、包括金钱以外问题的情形、当事人之间存在持续性个人关系或者业务关系的情形、当事人或者争议点为复数的情

---

① 受命法官是指受裁判长指定并代表合议庭处理案件相关问题的合议庭组成人员。

② 受托法官是指受管辖法院的委托处理案件相关问题的,管辖法院以外的其他法院的法官。其与受命法官的主要区别在于,受命法官是诉讼案件合议庭的成员,而受托法官是受诉法院以外的其他法院的法官。

③ NA类是指婚姻撤销、离婚撤销等身份关系案件中有关撤销问题的12种情况。

④ DA类是指根据身份关系的无效、撤销引起的损害赔偿请求及恢复原状请求的情况。

⑤ MA类是指关于夫妻之间的同居、扶养、协助或者生活费负担的处分、关于协议离婚或者婚姻被撤销后的夫妻财产分割的处分等,虽然法院可在监护方面行使自由裁量权,但是具有争讼性质的10种情况。

⑥ GA类是指婚姻无效、离婚无效等身份关系案件中有关无效问题的7种情况。

形、定型的、实体为非诉性质侵权责任案件的情形[1]、案件已确保充分证据的情形等,均可视为是适于进行调解的案件类型。但在现实中,如知识产权等存在高度的技术性、科学性问题的案件或者需要专业知识的有关国际交易的案件则难以进行调解,即使当事人提出调解申请也只是为了了解对方的情况。

2. 主观要素

当事人具有尽快进行和解的意思,不希望公开案件结果,对案件结果享有固有的处分权,希望与对方当事人维持持续性关系等情形,即可视为适于进行调解的案件类型。

3. 不适于进行民事调解的案件

包括宪法上的主张的情形;仅就法律争点存在争议的情形;请求宣言性判决的情形;因报道引起的损害名誉权案件等,有必要将案件结果公之于众的情形;依禁止命令的救济请求;请求确认境界的情形;债权人的代位请求;责任分配上存在争议的侵权案件;鉴于法律关系的重要性,有必要确立或者变更判例的情形等,可以视为不适于进行民事调解的案件类型。

4. 各调解机关的业务分担类型

《关于民事及家事调解事务处理的例规》(以下简称《调解例规》)第10条对此作了具体的规定。

适合于调解担任法官调解的案件如下:(1)起诉前申请调解的案件。[2] (2)当事人之间就案件事实关系争议不大,仅就法律判断存在分歧的案件。(3)由于案件当事人与大部分调解委员具有特殊的关系或者彼此认识,导致调解委员难以自由地表达本人意见的案件。

适合于调解委员会调解的案件如下:(1)多数当事人相互之间的利害关系严重对立的案件。(2)如亲属、合伙人之间的纠纷等,因为当事人之间的感情对立严重,就纠纷的解决,调解委员基于丰富经验的说服较之法律知识更为重要的案件。(3)如建筑工程相关纠纷、医疗相关纠纷等,涉及专业知识而适合于专家调解委员参与调解的案件。(4)当事人希望由调解委员会进行调解的案件。(5)当事人之间的分歧严重,难以即日进行调解的案件。

---

[1] 包括交通事故引起的损害赔偿案件,工伤事故引起的损害赔偿案件等。

[2] 但因为当事人之间的分歧严重而即日进行调解比较困难的案件,或者当事人希望由调解委员会调解的案件,均由调解委员会处理。

适合于受诉法院调解的案件如下：(1)因交通事故或者工伤事故引起的损害赔偿案件。(2)因对事实关系的证据调查进行得很充分,已经到了受诉法院可以对事实关系及其法律适用作出评价阶段的案件。(3)当事人希望尽快解决案件纠纷,可预计易于达成调解的案件。

二、韩国司法型调解制度的运营现状

(一)调解委员

目前,法院为了提高调解委员会的调解率,在各裁判部分别指定专任调解委员。对诉讼中的案件,只要不存在特别情形,则不论处于诉讼程序中的哪一个阶段,原则上交付调解要达到一次以上。每一名调解委员都要制作经历卡片,并分别对建筑、医疗、环境等各个特定领域制作专家调解委员名录并加以利用。

委任民事调解委员、家事调解委员、劳动专任调解委员,允许当事人依协议从中选择担任调解的调解委员。

截至2010年12月底,包括高等法院和市、郡法院在内的全国法院委任的调解委员人数总计为6276名,其中律师占11.6%,法务士占9.2%,教育者占11.5%,企业家占16.3%,而其中50岁以上未满60岁的人占40.1%,所占比例最高。

(二)调解案件的处理比率

2010年,韩国民事纠纷案件数为1049851件,而其中起诉前调解申请案件的处理数仅为10761件。如表一所示,起诉前调解申请案件的处理件数在过去5年里呈现出持续增加的趋势,但在所有民事本案案件的处理件数中的比率仅为1%左右(起诉前申请调解案件的受理数所占比例也无多大差异)。

所有调解案件中由受诉法院交付调解的案件数为 68353 件①,起诉前调解申请案件数与由法院交付调解的案件数的比率为 15%:85%。2010 年审结的民事调解案件数占审结的所有民事本案案件的比率约为 7.4%。上述事实充分说明韩国的民众与调解并不亲近,而更熟悉于裁判。这种现象进一步说明在韩国有必要向民众积极宣传调解制度。有关上述记述内容中 2006 年至 2009 年的资料可参考表 22-1 和表 22-2。

表 22-1 民事调解案件处理情况:调解担任法官、调解委员会的处理情况

年份	除小额案件以外的民事本案案件(括号内的数据包括小额案件但不包括三审)		调解担任法官、调解委员会处理的案件					
			合计	调解成立	调解不成立	职权调解决定	对职权调解决定的异议申请	其他
2010	342302 (1049851)	合计	16419	2986	4273	3947 (24%)	1378 (35%)	—
		申请调解(调解成功率,下同)	10761 (30.4%)	1798	2124	1887	408	—
		交付调解(包括表二的受诉法院处理案件的本案案件调解处理比率,下同)	5658 (18.4%)	1188	2149	2060	970	—
2009	333333 (1161003)	合计	12795	2538	2749	2405 (19%)	729 (30%)	—
		申请调解	10739 (30.1%)	1777	2103	1819	364	—
		交付调解	2056 (16.6%)	761	646	586	365	—

① 该数据是调解担任法官、调解委员会处理的 5658 件和受诉法院处理的 61984 件之和。

续表

年份	除小额案件以外的民事本案案件(括号内的数据包括小额案件但不包括三审)	调解担任法官、调解委员会处理的案件					
			合计	调解成立	调解不成立	职权调解决定	对职权调解决定的异议申请	其他

年份	除小额案件以外的民事本案案件		合计	调解成立	调解不成立	职权调解决定	对职权调解决定的异议申请	其他
2008	376466 (1341882)	合计	10315	2135	2346	1103 (11%)	397 (36%)	—
		申请调解	8698 (25%)	1473	1716	969	271	—
		交付调解	1617 (6.5%)	662	630	134	126	—
2007	349331 (1275282)	合计	9875	2837	2907	1166 (12%)	343 (29%)	—
		申请调解	6750 (31.4%)	1461	1719	849	191	—
		交付调解	3125 (5.2%)	1376	1188	317	152	—
2006	335096 (1250253)	合计	8550	2712	2616	1225 (14%)	366 (30%)	—
		第一审	8387	2641	2546	1218	365	—
		申请调解	5580 (35.9%)	1365	1502	822	184	—
		交付调解	2807 (5.2%)	1276	1044	396	181	—
		抗诉审	163	71	70	7	1	—
		高等法院	—	—	—	—	—	—
		地方法院	163	71	70	7	1	—

*1. 调解成功率=(调解成立数+职权调解决定数-异议申请、职权调解决定取消数)÷调解处理数×100

*2. 依受诉法院及调解担任法官、调解委员会的交付调解案件的调解处理比率=(调解成立数+职权调解决定数-异议申请、职权调解决定取消数)÷本案处理数×100

表 22-2 民事调解案件处理情况:受诉法院的处理情况

年份	民事本案案件处理数		受诉法院处理的案件			
			合计	调解成立	职权调解决定(*2)	异议申请(*3)
2010	参考表 22-1	合计	61984(*1)(88%)	50354	11630(19%)	7207(62%)
		第一审	58729	48229	10500	6398
		抗诉审	3255	2125	1130	809
2009	参考表 22-1	合计	60269(88%)	49062	11207(19%)	7427(66%)
		第一审	56446	46422	10024	6613
		抗诉审	3823	2640	1183	814
2008	参考表 22-1	合计	59894(88%)	47728	12166(20%)	7313(60%)
		第一审	56278	45305	10973	6531
		抗诉审	3616	2423	1193	782
2007	参考表 22-1	合计	53004(90%)	37768	15236(29%)	5304(35%)
		第一审	49304	35869	13435	4683
		抗诉审	3700	1899	1801	621
2006	参考表 22-1	合计	47846(91%)	34406	13440(28%)	4200(31%)
		第一审	43015	31389	11626	3366
		抗诉审	4831	3017	1814	834

*1.括号内的数据表示受诉法院的调解成功率(包括抗诉审)。

*2.括号内的数据表示职权调解交付率(包括抗诉审)。

*3.括号内的数据表示对职权调解决定的异议申请率(包括抗诉审)。

2010年,交付调解的案件中约92％的案件由受诉法院处理,这种情形受到了批评。[①] 为改变集中现象,法院采取了委任常任调解委员,成立调解中心,积极委托大韩商事仲裁院(纠纷综合支援中心)、首尔地方律师会(仲裁中心)等机构进行调解等措施。

2006年以来,调解申请案件的调解成功率一直停留在30％左右。2006年、2007年由受诉法院进行的调解成功率维持在90％的水平,2008年以后则维持在88％的水平。如果由受诉法院调解的案件都是适于进行调解的案件,而且是在进行完证据调查之后达成调解的,则问题不大。如果是在进行完证据调查之前达成调解的,则可视为有可能存在后文所指出的问题。

自2010年1月至11月,首尔法院调解中心受理的当事人申请调解案件和交付调解案件总计为3397件(未结案件除外),其中相当于50％的1689件通过调解得到解决。此外,大韩商事仲裁院的纠纷综合支援中心的调解结案率为34.6％,首尔地方律师会仲裁中心的调解结案率为32.8％。这种法院衔接型调解的结案率能超过30％,是令人鼓舞的现象。

从2010年5月开始实施的早期调解制度也得到了案件当事人的肯定而正成为重要的新型纠纷解决制度。[②] 适用这一制度时同样也需要斟酌上述诸要素,对是否属于适合进行调解的案件作出判断。就该早期调解制度曾对186名当事人或其代理人进行过问卷调查,其中80％以上的应答人对该制度表示满意。[③] 这一结果可视为是缘于早期调解制度有别于引发职权调解争议的受诉法院的调解,是在没有裁判部直接介入的情况下由首尔法院调解中心、大韩商事仲裁院的纠纷综合支援中心、首尔地方律师会的仲裁中心等机构的律师或者相关领域的专家们在更加轻松的气氛中和当事人一同寻求纠纷解决方案的制度。

---

① 有论者对此表示忧虑,参见《法律新闻报》2010年9月13日社论和《法律新闻报》2010年10月21日第3版的报道。

② 该制度是指自收到诉状至首次辩论日之间的2个月内,尽量通过调解来解决纠纷,而未能达成协议时才依通常审判程序进行审理的方式。当事人和民间调解委员在正式进入审判前,通过对话力求解决纠纷。

③ 《法律新闻报》2010年12月9日第4页对此作了报道。

如表 22-1 所示，起诉前申请调解的案件中由调解担任法官、调解委员会处理的调解案件数与依职权调解决定处理的案件数的比例自 2006 年至 2008 年维持在 10%～15%，2009 年为 19%，2010 年为 24%，呈现出逐步增加的趋势（请参考表 22-1）。2006 年、2007 年由受诉法院处理的调解案件数与依职权调解决定处理的案件数的比率为 30% 左右，自 2008 年至 2010 年则处在 19% 的水平（请参考表 22-2）。这一现象有可能是因为受诉法院对依职权调解决定交付调解持更加慎重的态度。

此外，对由受诉法院作出的替代调解的决定（职权调解决定）的异议申请率（包括抗诉审）自 2006 年至 2010 年从 30% 增加到了 60%，这说明职权调解决定并没有成为一个相对有效的纠纷解决方式。[①] 但就所有民事本案案件来看，通过调解与和解的解决比率 2006 年为 9.7%，2007 年为 12.8%，2008 年为 6.5%，2009 年为 16.6%，2010 年为 17.3%。5 年内从 6.5% 到 17.3%，变动幅度大且也没有呈现出一贯的增加趋势。但自 2009 年起，可视为维持了增加的趋势，想来是努力强化法院衔接型调解制度等的成果逐步显现的结果。如表 22-1 所示，对有调解担任法官、调解委员会的职权调解决定的异议申请率为 30%～35% 左右。这一结果估计是因为虽然同为职权调解决定，但是后者较之前者，是在权威性更少的氛围中形成的缘故。

（三）家事调解案件的运营现状

家事本案案件的处理件数自 2006 年至 2010 年的 5 年间大致处于增长的趋势，如表 22-3 所示，2008 年以来的 3 年间一直达到 5.5 万件左右，其中家事调解申请案件的调解成功率达到了 80% 左右。韩国的家事调解采用调解前置主义，调解申请案件保持着很高的调解成功率。2006 年、2007 年交付调解案件多于调解申请案件，但这种情况在 2008 年出现了逆转，即调解申请案件数超过了交付调解案件数，且从 2009 年起交付调解案件的绝对数量大幅减少。这应视为起因于调解前置主义，以及区别于财产纠纷的家事纠纷的特性。

[①] 相反，对调解担任法官、调解委员会的调解决定的异议申请率，自 2006 年至 2010 年一直保持 30% 左右，与对受诉法院的调解决定的异议申请率相比，表现出了较大的差异。

表 22-3　家事调解案件处理情况

年份	家事本案案件处理数	调解担任法官、调解委员会处理的案件						
			合计	调解成立	调解不成立	职权调解决定	异议申请	其他
2010	56446	合计	3516	2177	157	676 (19%)	57 (8.4%)	—
		地方法院	3516	2177	157	676	57	—
		申请调解	2539 (80.1%)	1837	60	205	7	—
		交付调解	977	340	97	471	50	—
		高等法院	—	—	—	—	—	—
2009	57261	合计	3659	2177	706	351 (10%)	167 (47.5%)	—
		地方法院	3656	2175	705	351	167	—
		申请调解	2350 (77.7%)	1758	159	88	20	—
		交付调解	1306	417	546	263	147	—
		高等法院	3	2	1	—	—	—
2008	54215	合计	4274	2247	1351	204 (5%)	97 (47.5%)	—
		地方法院	4251	2247	1333	202	95	—
		申请调解	2216 (77.7%)	1673	191	61	12	—
		交付调解	2035	574	1142	141	83	—
		高等法院	23	—	18	2	2	—

续表

年份	家事本案案件处理数	调解担任法官、调解委员会处理的案件						
			合计	调解成立	调解不成立	职权调解决定	异议申请	其他
2007	50843	合计	4418	2083	1629	223（5%）	82（37%）	—
		地方法院	4407	2081	1622	221	82	—
		申请调解	1873（73.6%）	1354	161	33	9	
		交付调解	2534	727	1461	188	73	
		高等法院	11	2	7	2	—	—
2006	45471	合计	3594	1638	1232	342（10%）	108（31.5%）	—
		地方法院	3579	1630	1230	338	108	—
		申请调解	1555（70.6%）	1073	188	37	12	
		交付调解	2024	557	1042	301	96	
		高等法院	15	8	2	4	—	—

* 调解成功率的计算方式同民事调解案件。

如表22-3所示,对家事调解案件中职权调解决定的异议申请率,在2009年以前为30%～40%,显现出相当高的比率,而2010年仅为8.4%。这种现象想来与积极推动调解中心等法院衔接型调解的努力有一定的关联性。

三、韩国司法型调解制度存在的问题

(一)职权主义过度

在韩国,调解担任法官之外的受诉法院也可以进行调解,且无关当事人的意思,将受诉法院把系属中的诉讼案件交付调解的时期规定为截止抗诉审判决宣告之前。受诉法院在各个审级中,不问是否已完成争点整理或者证据调查,随时都可能依职权将案件交付调解。此外,包括受诉法院在内的所有调解机关在调解不成立或者调解内容不适当的情况下,如无特别情况就可以替代调解的决定(职权调解决定)的方式直接提出调解方案。这显然对包括受诉法院在内的调解机关赋予了过度的权限从而严重限制了当事人自主的意思决定权。对于替代调解的决定,如果当事人不提出异议申请就会得到确定而具有与确定判决相同的效力。如前所述,2009年和2010年的异议申请率分别达到了66%和62%。虽说强行职权调解决定系因诉讼案件的激增引发的人和物质设施的不足,但若异议申请率达到如此高的程度,则不得不对因职权主义的过度介入而带来的对司法的不信任问题表示担忧。如前所述,韩国也看到了这一点,正通过新设常任调解委员制度以及运营新的调解中心等方法,为减轻受诉法院的调解负担继续作出努力。

受诉法院自身成为调解机关就意味着由同一机关担当作为不同的纠纷解决程序的诉讼和调解,进而隐含很多问题。因为调解具有在非公开主义原则下进行程序的特征,因此双方当事人会在调解过程中表现出更为坦诚的心态或者意见、态度等。① 在如此调解过程中的秘密性就受诉法院而言同样要加以遵守。因为如果调解不成立,受诉法院将重新继续诉讼。在这种情形下,如果参与调解过程的法官知晓调解过程中当事人的陈述内容,那就会产生对诉

---

① 例如,虽然在调解过程中承认了过失比率为30%,但是在诉讼程序中却主张10%等情形。

讼结果的预断，进而有可能影响判决。① 因此，对诉讼案件的调解应尽可能交给受诉法院之外的其他调解机关。再如，受诉法院委托调解担任法官、调解委员会或者常任调解委员进行调解时，实务中有可能发生如下情形：当事人的陈述内容或者调解过程中的争点等将被详细记录在调解笔录中予以留存，或者调解不成立时，当事人在后续诉讼中阐明调解过程中对方当事人陈述的对自己有利的内容，或者对该内容进行书面整理予以提交。② 在此情形下，调解过程中的陈述内容或者所提交的准备书面等参考材料传达到受诉法院的可能性越高，对诉讼结果产生的影响就会越大。基于此忧虑，韩国《调解法》第23条规定，调解过程中当事人或者利害关系人的陈述不得在民事诉讼中予以援用。但需要特别强调的是，要想真正地实现该规定的真实内涵，仅单纯地作出上述规定是远远不够的，至少要防止记载该陈述的调解相关资料传达到受诉法院的情况出现。③

基于上述讨论，可以发现适用韩国《调解法》及《调解例规》时应注意如下问题：

1. 送达交付调解意见书时：受诉法院将案件交付调解时，如因案情复杂有必要指出其概要或者提出受诉法院意见的，可以将记载诉讼进行经过，对调解方向的意见等内容的交付调解意见书送交给调解担任法官（《调解例规》第11条第2款）。此时对调解方向提出的意见有可能给调解担任法官形成成见，因此一定要慎重对待。

2. 通知调解结果时：调解案件转移到诉讼案件时，调解担任法官或者调解长为了让受诉法院了解调解经过，进而能够更加有效地进行诉讼程序，可以将记载调解进行经过及调解失败原因等内容的调解结果通知书送交给受诉法院（《调解例规》第17条第1款）。此时应特别留意防止一方当事人曾经提示的调解方案或对其不利的陈述内容被受诉法院知晓而成为诉讼资料。

---

① 梁庆承：《关于强化我国ADR的方案及基本法制定的研究》，韩国言论仲裁委员会2010年版，第97页。

② 李俊相：《为强化ADR之改善方案——以有关法院的主题为中心》，载《民事诉讼》（第10卷第1号）。

③ 英美国家没有关于法官参与ADR的法律，通常只是规定调解方案的内容、调解当事人及其拒绝调解方案的理由必须传达给法官而已，因此一般情况下调解程序不可能影响裁判。

3.制作调解笔录时:参与调解程序的法院事务官等要对调解制作调解笔录。但在调解担任法官允许的情况下可以省略记载部分内容(《调解法》第24条)。制作调解笔录时只要记载当事人的出席与否及简要内容就足够,而没有必要记载当事人的主张内容。

4.根据记录送交书送交案件记录时:恢复诉讼后,法院事务官应在调解程序终结之日起3日内根据记录送交书将案件记录送交给受诉法院(《调解例规》第25条第4款)。此时未经当事人的同意就不能把当事人在调解过程中提交的准备书面或者证据等参考材料附加到案件记录中。

(二)法院对民事调解结果缺乏监督

在调解中,虽然有法官或者法律职业人参与其程序过程,但是调解并不像判决那样以严格的事实调查和法理适用作为其前提,而是相对着重于纠纷圆满而迅速的解决,因此有可能会忽视法理问题。调解终结后因调解条款的内容含糊不清而引发新的纠纷的情形也不少见。调解笔录一经制作就会产生与确定判决相同的效力,① 当因疏忽未能发现调解条款中存在违反实体法上强行规范的情况,而达成调解时,由于并不相当于准再审理由,而无法撤销的情形较多。这种情形有可能导致对司法的不信任。因此更有必要强化法院的确认、审验功能。为此,《调解法》规定即使当事人在调解程序中达成协议,如果法院认为其协议内容不适当,就可以不在笔录中予以记载,而斟酌当事人的利益和其他所有情况,依职权作出替代当事人调解内容的决定(《调解法》第30条),从而配置了得以筛除调解过程中出现的大部分瑕疵的制度装置。

(三)诉讼程序与调解程序的衔接不畅

法院将诉讼案件交付调解时诉讼程序中止(《调解规则》第4条),在起诉前调解中以调解不成立而终结调解程序时视为是在提出调解申请时起诉(《调解法》第36条)。

根据现行法的规定,受诉法院在抗诉审判决宣告之前的任何时候都可以依职权交付调解(《调解法》第6条)。但是根据《调解法》或者《家事诉讼法》的

---

① 即既判力、执行力和形成力。

规定,受诉法院要将诉讼案件交付调解时,如果没有特别情形,至少要在基于当事人的主张和证据的提交,法院形成一定程度的心证的阶段之后,将诉讼案件交付调解为妥。当事人对交付调解表示反对的,就应当对此进行充分的考虑。在试图进行早期调解时,对该案件是否属于适合进行调解的案件类型作出判断显得更为重要。

(四)既判力的认定不清

在韩国,对司法型调解认定具有无限制的既判力是多数学者的意见[①]和司法判例的态度。[②] 韩国《民事诉讼法》规定,如果调解笔录中存在对确定判决的再审事由(第451条第1款)的,就可以准用再审规定提起再审(第461条)。

较之确定判决,诉讼和解或者调解发生实体法上或者程序法上瑕疵的可能性更高,但仍作出承认其具有既判力的法律条文,确实存在一些问题。[③] 留意到这一点,相应的判例要求诉讼调解中为明确界定既判力的范围,调解笔录应作出更加明确的记载。即应指出调解笔录中所认定的与确定判决相同的效力,仅及于对作为诉讼物的有关权利关系存在与否的判断。因此,成立诉讼中调解成立时,为使调解的效力及于诉讼物之外的权利关系,如无特别情形,则该权利关系应在调解条款中予以特别规定,或者在调解笔录中附加地记载于请求的表示之后,进而得以认定根据调解笔录的内容成为作为诉讼物的权利关系。

(五)执行力不足

由于民事调解是以当事人之间的互谅互让为前提,以纠纷的自主性解决

[①] 金洪奎、姜泰源:《民事诉讼法》,韩国三英社2010年版,第571页;宋相现、朴益焕:《民事诉讼法》,韩国博英社2011年版,第490页;金弘烨:《民事诉讼法》,韩国博英社2012年版,第702页;胡文赫:《民事诉讼法》,韩国法文社2011年版,第759页。

[②] 这是最高法院自1962年2月15日作出4294民商914全员合意体判决以来的一贯立场。

[③] 对此,韩国存在既判力否定说(参见郑东润、庚炳贤:《民事诉讼法》,韩国法文社2010年版,第647页)和除实体法上有瑕疵以外承认既判力的限制性既判力说(此为主流学说。参见李时润:《新民事诉讼法》,韩国博英社2011年版,第551页)两种学说。

为目标的,因此调解事项的履行也应自觉进行。如果是在重视约定的社会,其履行就不会成为多大的问题,反之则很难对债务人的主动履行抱有太大的期待。在此情况下,如果义务的履行无法得到保障,普通民众就会将民事调解制度视为没有效用的制度,进而会导致对司法制度整体的不信任。据此,《调解法》赋予民事调解与确定判决相同的效力,即既判力和执行力。对司法型调解的执行文的交付,根据申请由第一审法院的法院事务官等发放。诉讼记录在上级审法院的,则由该审级的法院事务官发放。对执行文的交付发生争议,需要进行救济的,可以对执行文的交付以及拒绝交付执行文提出异议申请。执行债权人可以提起执行文交付之诉或对执行文交付的异议之诉。如果是以条件不成就或者继承不存在为异议理由的,债务人可以在对执行文交付的异议之诉和对执行文交付的异议申请中作出选择。

在法院之外的机关达成的调解,如果具有与裁判上和解相同的效力(与确定判决相同的效力),对该调解的执行文的交付就由法院作出,其程序则遵循作为最高法院规则的《关于对各种纠纷调解委员会等的调解笔录的执行文交付之规则》。该规则的主要内容如下:

1. 法院或者法院的调解委员会之外的各调解委员会,审议委员会,仲裁委员会或者仲裁部以及其他纠纷调解机关(以下统称为调解委员会)制作的和解笔录、调解笔录、仲裁笔录、调解书等不论名称如何,只要是与裁判上和解具有相同效力的文书,对该笔录的执行文交付申请的方式和交付程序,除其他法令作出特别规定,只要不违背其性质,就依本规则的规定。

2. 对笔录的执行文交付申请案件,由制作该笔录的调解委员会所在地的地方法院(其所在地属于地方法院支院管辖时,则指该地方法院的本院)管辖。

3. 笔录中记载的债权人为了实施对其相对方的强制执行,可以向管辖地方法院提交笔录正本,作出执行文交付的申请。

4. 有管辖权的地方法院的法院事务官等在收到执行文交付申请书时,应当向制作该笔录的调解委员会委托向法院送交该笔录的副本。

5. 法院事务官等要对申请人提交的笔录正本和前述由调解委员会送交的笔录副本进行对照,确认一致无异后,交付执行文。法院事务官等交付执行文时,应将该事实附加记录在笔录副本上,并通知调解委员会。调解委员会收到该通知时,应及时在笔录原本上附加记录,载明申请人或者被申请人已交付执行文的宗旨和其交付日期及法院的名称。

6.关于执行文的交付程序和预交费用等,除该规则作出规定之外,准用《民事执行法》及《民事执行规则》的规定。

在人员配备和物质设施相对有限的情况下,法院要减轻过度的诉讼负担,就有必要增加法官的人数,但存在预算上的困难。因此,对诉讼案件不能仅靠判决方式予以解决,而应当积极谋求包括民事调解在内的 ADR 方式的解决方法。目前,韩国允许案件起诉后至宣判前将诉讼案件交付调解,调解案件的 92% 左右由受诉法院进行调解。这种将案件过度集中于受诉法院调解的做法存在很多问题。为此,应积极鼓励受诉法院之外的其他机关,即调解担任法官、常任调解委员、调解委员会等机关组织调解,而且还要进一步强化法院所属调解中心、大韩商事仲裁院的纠纷综合支援中心、首尔地方律师会仲裁中心等机关的调解。我们从对受诉法院职权调解决定的异议申请率超过 60%、对法院所属调解中心等法院衔接型机关的调解的满意度相对较高的事实中,可以看出上述改良方案的有效性。

第二十三章

日本调解制度

日本国位于太平洋西岸,陆地面积37.8万平方公里,人口约2.7亿(2016年7月)。① 日本受中国法文化和法制度的影响,十分强调民事争议的非讼解决方式。② 调解作为解决纠纷的重要方式,在日本有着悠久的历史,且深受民众欢迎。该制度经过不断的发展与完善,显示出旺盛的生命力。在世纪之交,日本进行了整体性的司法改革,ADR的发展是其中的一项重要内容。2004年12月,日本制定了《诉讼外纠纷解决程序促进法》。该法旨在鼓励建立市场化的调解及其他ADR机构,并将其作为国家的发展战略,设定准入标准和国家监管方式,向着ADR的多元化和职业化进一步发展。③

一、日本调解制度的发展概况

日本的调解历史源远流长,最早可以追溯到江户幕府统治时期。当时在日本民间就有通过长者调解解决纠纷的习惯。江户时期的内济制度与日本现代民事调解制度有着密切的联系。内济制度是同诉讼制度相互衔接的纠纷解决机制。当事人向法院起诉前,必须经调解前置程序,由当地的名门望族或村长组织当事人进行调解。若当事人达成纠纷解决方案,则制作内济证文。④

---

① 中华人民共和国外交部:《日本国家概况》,http://www.fmprc.gov.cn,下载日期:2018年5月3日。
② 常怡主编:《外国民事诉讼法新发展》,中国政法大学出版社2009年版,第254页。
③ 范愉:《非诉讼程序(ADR)教程》,中国人民大学出版社2016年第3版,第82页。
④ 吕珏:《中日调解制度比较》,载《山西高等学校社会科学学报》2002年第10期。

外国调解制度

调解因其经济便捷、程序简便的特点,在当时的社会环境中颇受青睐。日本现代调解制度(又称"调停制度")发端于大正十一年(1922年)的《借地借家调解法》。此后,日本先后制定了《小作(佃农)调解法》《商事调解法》《劳动争议调解法》《金钱债务临时调解法》《人事调解法》等若干单行调解法。① 在此阶段,日本调解制度呈现出"纠纷类型决定调解程序"的特征。

"二战"时期,日本制定了《战时民事特别调解规定》(以下简称《特别调解规定》),其适用范围包括所有的民事纠纷。② "二战"结束后,受美国法的影响,日本设立了家事法院,并于1947年制定《家事审判法》。1951年,日本颁布统一的《民事调解法》,将除家事纠纷和劳动纠纷外的各种调解制度加以统一。此后,该法于2003年进行修订,增设律师兼职法官制度,赋予律师民事调解法官之权能。③ 2004年12月1日,日本正式公布《关于促进利用诉讼外纠纷解决机制的法律》(以下简称《ADR促进法》)。《ADR促进法》作为日本实现法制现代化的一种战略性过渡措施,有效缓解了移植法与日本传统社会的不适与冲突。总体而言,日本调解制度可分为法院附设调解、民间调解、行政调解三类。其中,法院附设调解依管辖法院和处理纠纷范围的差异又可细分为民事调解与家事调解。不同调解模式之间既有共通性又有特殊性,兹择其要者分述之。

二、民事调解制度

日本民事调解制度主要受《民事调解法》以及最高裁判所制定的《民事调解规则》调整。《民事调解法》对于民事调解的目的、作用、适用范围、运作程序及效力等各方面均作出明确的规定。④ 民事调解与民事诉讼的适用范围基本

---

① 范愉:《人民调解与我国台湾地区乡镇市调解的比较研究》,载《清华法学》2011年第1期。
② 王亚新:《对抗与判定:日本民事诉讼的基本结构》,清华大学出版社2010年第2版,第190页。
③ 张绍忠:《日本〈民事调停法〉简介》,载《人民法院报》2011年8月19日第6版。
④ 辛国清:《日本法院调停制度的运作及特色》,载《公民与法》2011年第11期。

相同,除了行政案件、刑事案件不能适用调解外,大多数民商事纠纷都可以通过调解程序解决。《民事调解法》分为如下三个部分:通则、特则和罚则。特则主要适用于特殊类型的民事争议,主要包括宅地建筑物纠纷、农事纠纷、商事纠纷、矿害纠纷、交通事故纠纷和公害纠纷。日本民事调解制度具有司法性和非司法性纠合的属性。一方面,民事调解属于广义的诉讼程序范畴;另一方面,民事调解因非专业调解员的参与而具有非司法性。

(一)民事调解委员会

日本的民事调解工作主要由司法裁判所的调解委员会具体负责。原则上,调解委员会由一名主任及两名以上非专业调解员组成。《民事调解法》修订前,委员会主任仅能由职业法官担任。为减轻职业法官的工作负担,增强法官和律师群体之间的沟通互动,修订后的《民事调解法》准许拥有5年执业经验的律师以兼职法官的身份担任调解委员会主任。此举亦是日本首次尝试兼职法官制度。《民事调停委员及家事调停委员规则》(以下简称《规则》)第1条规定了非专业调解员的任职资格。在日本,成为非专业调解员需要满足以下要求:(1)具备律师资格;(2)拥有处理民事纠纷相关的专业知识以及丰富的生活阅历;(3)品德高尚;(4)年龄介于40岁至70岁之间。非专业调解员需由地方裁判所确定人选,报经最高裁判所批准任命。其任职期限为2年,可连选连任。非专业调解员在日本属于特别职务的国家公务员,由政府负责薪酬发放。在实践中,非专员调解员来源广泛,既包括律师、退休法官、医生,也包括大学教授、注册会计师等社会的各行各业。同时,《规则》还规定了禁止作为非专业调解员候选人的情形,譬如曾被判处监禁、曾受过其他严重刑事处罚或者曾被吊销行业执业资格。近年来,没有固定工作但拥有丰富社会经验的调解员人数增长了近三成。

(二)民事调解程序

1.民事调解的启动

民事调解程序的启动方式主要有两种,即依申请启动和依职权启动。一般而言,裁判所须秉持不告不理的原则,由此绝大多数案件都由当事人向裁判所提出调解申请。《民事调解法》第20条规定受理民事诉讼的裁判所认为适当,可依职权将案件交付调解。在争点和证据整理完毕前,当事人各方可以阻止裁判所将案件交付调解。受理诉讼的裁判所可以将案件交付有调解管辖权的裁判所，也可交由其他裁判所处理。裁判所依职权交付调解的案件主要集中于特定案件，包括：(1)当事人之间权利义务关系明确，争议不大的案件；(2)现有法律未作规定的新型案件；(3)适用现行法律难以妥善处理的案件；(4)相较于诉讼程序，更适合通过调解解决的案件。[①]

申请调解的手续十分简单，一般不需要律师的协助，当事人只需填写专门的申请表格即可。调解申请应当记载当事人及法定代理人、调解请求和纠纷要点。与向法院起诉类似，当事人须向有管辖权的法院申请调解。否则，法院将不予受理。根据规定，当事人应当向另一方当事人住所、居所、营业所或事务所所在地的简易裁判所申请调解。若对方当事人在日本国内没有住所及居所或住所及居所不明时，调解案件由其最后住所地的简易裁判所管辖。如果当事人之间另有约定，当事人可以选择任何简易裁判所或地方裁判所进行调解。一般而言，当事人申请调解应当采用书面形式，但裁判所同样接受口头申请。因调解与诉讼分属不同的程序，所以可能存在一方当事人向裁判所申请调解并获受理，而另一方当事人向裁判所起诉或者已经向裁判所起诉的当事人在诉讼过程中申请调解的情形。此时，应该遵循调解优先的原则，中止诉讼程序的进行。

为防止当事人或其他人的行为给调解程序的顺利进行造成障碍，《民事调解法》第12条设置了类似诉前保全的制度。该条规定，在调解程序开始前，调解法官或非专业调解员根据当事人的申请，在认为确有必要的情况下要求对方当事人或其他相关人员不得擅自处分有关财产或实施特定行为。虽然这些措施不具有执行力，但是如果当事人或其他相关人员不服从该措施，裁判所可对其处以10万日元以下的罚款。[②]

日本民事调解程序的启动具有单方性。只要简易裁判所受理一方当事人的调解申请，则不论另一方当事人是否同意，调解程序都强制启动。如果另一方当事人无正当事由经传唤拒不出席调解，裁判所有权视情况对其处以5万

[①] 王亚新：《对抗与判定：日本民事诉讼的基本结构》，清华大学出版社2010年第2版，第192页。

[②] 闫庆霞：《中日诉讼外调解制度比较》，载《暨南学报(哲学社会科学版)》2006年第4期。

日元以下的罚款。若当事人经传唤甚至被罚款后依然拒绝参与调解的,调解委员会只能以当事人之间不存在达成调解协议的可能为由作出终止调解的决定。

2. 民事调解的进行

《民事调解规则》第 8 条规定,当事人负有亲自到场参与调解的义务,除非遇有意外事件或不可抗力因素且获得调解委员会的特别许可。被传唤参与调解的除当事人外,还包括其他与纠纷相关的人员。这些人员既有《民事调解法》第 11 条规定的因与调解结果有利害关系申请参加或被调解委员会依职权强制要求参加的案外第三人,也有为推动纠纷解决而被传唤到场的其他案外人。

民事调解程序一般在简易裁判所进行。为此,简易裁判所和地方裁判所都设有专门的调解室。不同于法庭对抗式的布局,调解室的布局更类似于会议室。这种非对抗式的构造有助于缓解当事人之间的紧张对立关系,能够使当事人平心静气地交流,从而有助于实现纠纷解决的最终目标。此外,调解的地点也灵活多样。只要调解委员会认为有必要,其可以指定在裁判所之外的其他任何地点进行调解。例如,《民事调解规则》第 9 条规定,调解委员会可以到纠纷现场或作为纠纷标的物的不动产所在地进行实地调解。不仅如此,调解委员会还可以利用其他公共设施中的会议室。调解时间上,日本民事调解制度体现了以人为本、便民利民的原则,彰显了浓郁的人文关怀。有的裁判所还在下班后或晚间进行调解,从而最大限度地便利当事人利用调解。如未有特别规定,调解费用由当事人双方平均负担。调解程序终结前,当事人可以撤回全部或部分调解申请。一旦裁判所作出代替调解的决定后,未经对方当事人同意,撤回调解申请的行为不发生效力。

3. 民事调解员的除斥与忌避

民事调解程序应当建立在中立公正的基础之上,而日本的调解员除斥与忌避制度正是调解公平的保障。[①]《民事调解法》第 23 条、第 24 条规定,民事调解员的回避适用《非诉讼案件程序法》的相关规定。民事调解员的除斥与忌

---

① 除斥是指基于法定事由法官当然不能履行职务的行为,忌避是指由当事人申请并经由裁判所裁判而不能执行职务的情形。

避,应当由调解员所在的裁判所决定;属于简易裁判所的民事调解员的除斥与忌避,应当由该裁判所所在地的地方裁判所决定。

4. 民事调解程序的终结

民事调解程序的终结意味着调解程序的结束。《民事调解法》第14条规定,如果当事人各方无法在调解委员会的协助下达成纠纷解决协议,或者当事人之间的合意不适当,调解委员会可以调解不成立终结调解案件。与之相反,假使当事人之间就争议的解决达成了调解协议且协议内容为裁判所认可,调解程序同样即告终结。

(三)民事调解的保密性

调解保密性原则是调解制度的核心与灵魂之所在。调解保密原则其一可以直接保护当事人的隐私,鼓励当事人在调解程序中披露信息;其二,它剥夺了当事人利用调解所获信息损害他方当事人的可能,免除了对方当事人在其他场合披露敏感信息的威胁。[①]《民事调解规则》第10条规定调解程序应当非公开进行,只有在案外人提出旁听申请,且调解委员会在征询当事人意见后认为有必要的情况下,才能够作出旁听许可,允许案外人旁听调解。而且调解记录一般也不对外公开。除此之外,《民事调解法》还规定了调解员泄露调解信息的法律责任。如果民事调解员或曾为民事调解员的人无正当理由泄露评议经过、调解委员会意见或各意见的数量,则依照《民事调解法》第37条的规定,该行为可被认定为泄露评议秘密罪,最高可面临30万日元的处罚。第38条规定,若无正当理由,民事调解员或曾为民事调解员的人泄露工作中知悉的他人秘密的,可判处1年以下有期徒刑或者处以50万日元以下的罚款。

(四)民事调解协议

调解协议记载了当事人之间的权利义务分配方案。作为法院附设调解的一种,通过民事调解达成的调解协议,其效力也高于民间调解协议。根据《民事调解法》第16条的规定,调解协议与诉讼上的和解具有同等法律效力。也就是说,民事调解协议具有强制执行力,如果一方当事人在约定的期限内拒不

---

① 齐树洁:《程序正义与司法改革》,厦门大学出版社2004年版,第76页。

履行调解协议的内容,对方当事人有权申请法院强制执行。为了促进纠纷解决,《民事调解法》要求职业法官充分发挥其能动性。即便当事人未能达成调解协议,职业法官认为适当的,可在听取民事调解员意见的基础上,依职权在当事人调解请求范围内作出旨在解决案件的必要决定。此决定可要求对方当事人给付金钱、物或其他财产。如果当事人各方自决定发布之日起两周内均未提出异议,则该决定便具有与当事人达成的调解协议相同的效力。反之,只要有一方当事人在规定期限内提出合法的异议申请,该决定将自动失效。

对于《民事调解法》特则规定的增加或减少土地租金纠纷、商事纠纷、因矿产开发造成的公害纠纷等三类特殊纠纷,当事人可以在调解开始前或调解过程中形成书面合意,请求调解委员会提供调解方案,并承诺无条件接受调解方案的内容。调解委员会根据此合意作出的纠纷解决决定同样具有强制执行力。

三、家事调解制度

日本家事调解及家事审判工作均由独立设置的家事裁判所,即家事法院来进行。日本的家事法院系统最为发达,只要有法院的地方就有家事法院。[①] 截至目前,日本全国共有家事裁判所50家,拥有200名家事法官、150名家事助理法官和1500名家事调查官。《家事审判法》第9条将家事裁判所管辖的案件分为甲、乙两类。甲类案件系指非讼性质较为明显的案件,如禁治产、宣告失踪、指定监护人、确认遗嘱;乙类案件主要包括离婚或解除收养关系后的财产分配、遗产分割、亲权监护等争议性稍强或涉及较多财产关系的案件。《家事审判法》第17条规定,除甲类案件外,当事人可以申请家事调解委员会进行调解。日本家事调解制度最主要的特征为确立家事裁判所、采用调解前置主义、以别席调解为原则和设置家裁调查官四项。[②] 调解前置主要适用于普通裁判所管辖的离婚或解除收养关系等少数有关婚姻家庭的诉讼案件。此类案件的当事人在起诉前必须先行向家事裁判所提出调解申请。

[①] 张晓茹:《日本家事法院及其对我国的启示》,载《比较法研究》2008年第3期。
[②] 徐文海、陈俊:《日本家事调解制度新动向及启示》,载《中国应用法学》2017年第5期。

(一)家事调解委员会

家事调解一般由家事审判官和两名家事调解员组成的家事调解委员会进行。家事审判官担任调解委员会主任,主要负责引导家事调解程序的进行、指导家事调解员、开展证据调查工作。家事调解员的职权包括:(1)参与家事案件的调解活动;(2)听取当事人及相关人员的陈述,阐明自己的调解意见;(3)必要时调查案件事实,询问当事人或证人。① 家事调解员的任职资格与民事调解员的任职资格基本相同。为补偿因调解付出的时间和经济成本,家事调解员可获得法律规定的其他津贴以及最高裁判所规则规定额度的差旅费和日津贴。日本从社会各层次国民中选拔合适的调解员,从而确保家事调解员的多样性。家事调解员也是日本民众参与司法、接近司法的重要途径之一。基于家事纠纷的特点,为实现纠纷的妥善解决,开展家事调解时,调解员通常为男女各1名。日本家事调解员人数近10年来出现了小幅度下降,由2007年的12635人降至2017年的11803人。② 年龄方面,70%以上的家事调解员年龄在60岁至70岁之间。家事调解员丰富的社会阅历使得他们更容易获得当事人的信赖,从而有利于提高家事纠纷的调解成功率。

(二)家事调解程序

1.家事调查官调查

家事调解程序开始前,家事调查官应当就纠纷可能涉及的各种问题展开调查。如有必要,家事调查官还可采取措施防止当事人之间的对抗加剧。家事调查官的调查内容包括:(1)案件事实;(2)当事人的性格、生活经历、财产状况以及家庭环境等个人情况。家事调查官进行调查时应当充分运用医学、心理学、社会学、经济学以及其他各种专业知识。③ 待调查结束后,家事调查官应当出具调查报告。为确保调查官的专业性,调查官必须通过候补调查官资格考试。只有考试合格并经过两年实务调查训练,才能成为一名真正的家事

---

① 汤鸣:《让调解回归本位——日本家事调停制度的特色与镜鉴》,载《江海学刊》2015年第5期。
② 高魁:《日本法官办案效率管窥》,载《人民司法》2015年第1期。
③ 陈爱武:《人事诉讼程序研究》,法律出版社2008年版,第48页。

调查官。

2.家事调解程序的进行

家事调解程序开始后,家事审判官应当向当事人双方释明家事调解的意旨,即维持家庭和睦,实现子女利益最大化,以便当事人对于家事调解形成正确的认识,消弭当事人可能的抵触情绪,为家事调解的开展营造良好融洽的氛围。在调解进行的过程中,家事调解员应当兼听则明,平等、耐心、细致地听取当事人各方的陈述。尔后,家事审判官将当事人陈述与家事调查官提交的调查报告进行对照,以确定案件事实。日本的家事调解程序实行职权探知主义,家事调解委员会处理的纠纷范围不受当事人请求的羁束,家事审判官和家事调解员可以通过其认为合适的方式进行事实调查、获取证据,并提出调解方案。如果当事人达成调解协议,该调解协议一经登记便具有终局效力。[①] 考虑到部分当事人居住较远或因其他原因难以参与调解,《家事案件程序法》第270条规定,此种当事人若以书面方式预先向调解委员会提出同意接受调解委员会的调解方案,其他当事人在调解期日表示接受该方案的,视为当事人之间已达成调解协议。一旦调解失败,案件将自动转入审判程序,当事人无须另行起诉。为打消当事人的顾虑,使当事人开诚布公地交流,当事人在家事调解中的陈述不得直接作为诉讼中的证据。

四、民间调解制度

民间调解是指由民间机构或组织主持的调解,其中既包括民间自发成立的调解组织,也包括由政府或司法机关组织援助的调解机构。[②] 当代日本由熟人社会向陌生人社会转型,传统的村落、家族、单位等共同体日渐衰微,进而导致传统民间调解的衰落。但是,社会的发展变革又催生出新的自治共同体,并形成新的民间调解机制。可以说,民间调解沿着"发展—衰落—发展"的道

---

① 张晓茹:《外国法院家事调解制度考察》,载《人民法院报》2007年1月5日。
② 杨佳莉:《日本ADR制度发展述评》,载齐树洁主编:《东南司法评论》(2014年卷),厦门大学出版社2014年版。

路往复循环。① 不管怎样,民间调解都是不可或缺的纠纷解决资源。自愿、自主、诚实信用、促进纠纷解决是民间调解的基本理念。

(一)民间调解机构的认证

为了保障民间调解的质量,增强民众对民间调解的信任和认可,日本对于民间调解机构采取严格的准入制度。民间机构开展调解业务之前,必须向法务大臣提出申请。《ADR 促进法》第 6 条规定,民间调解机构应当满足下列条件:(1)具有专门领域知识背景的调解员;(2)有专门的规章制度,涵盖调解员选任办法、调解员回避、调解程序、调解收费标准等内容。经审查,如果法务大臣认为调解机构符合相应条件,则准予认证。此外,《ADR 促进法》第 7 条规定,7 类人士不得担任民间调解员:(1)成年被监护人;(2)与纠纷存在利害关系之人;(3)禁治产人;(4)受刑事处分后未满 5 年的;(5)被取消认证的法人的工作人员;(6)退出暴力团伙未满 5 年的;(7)暴力团伙成员或首领。取得认证的调解机构的名称和住所需在官方报纸上进行公示,以便接受公众的监督。在每年度的最后 3 个月,获得认证的调解机构需向法务大臣提交本机构的年度工作报告、财务状况等信息。如果调解机构出现法律规定的取消认证的情形,法务大臣可撤销认证。

(二)民间调解的效力

经认证的调解机构进行的调解程序能够产生诉讼时效中断、诉讼程序中止和抵消前置调解三种特殊的法律效果。如果当事人之间通过调解程序解决争议无望而终止调解程序的,当事人自收到调解终止通知书之日起一个月内以相同事由起诉的,申请调解日视为提起诉讼日。而假如诉讼程序正在进行,当事人之间又合意申请民间调解机构进行调解,受理案件的裁判所应当暂停案件的审理,但诉讼程序的中止期限最长不得超过 4 个月。在家事纠纷和租赁合同纠纷中,当事人若已申请民间调解,即便最终因未达成调解协议导致调解程序终止,这两类纠纷依然可以不受调解前置规定的限制。不过,如果管辖裁判所认为合理,其仍可以依职权再次进行调解。在民间调解机构主持下当事人之间达成的调解协议仅具有合同效力,当事人请求裁判所强制执行的,裁

---

① 范愉:《纠纷解决的理论与实践》,清华大学出版社 2007 年版,第 274 页。

判所不予支持。

五、行政调解制度

日本是行政调解机构比较发达的国家。行政调解机构部分由国家运营，部分由地方运营，负责处理环境、劳动、消费者权益保护方面的纠纷。行政调解机构的调解方案缺乏强制执行力，但因其成本低廉、效率较高而广受欢迎。以下选择日本国民生活中心和消费生活中心两个具有代表性的行政调解机构进行简要介绍。

(一)国民生活中心

日本国民生活中心成立于1962年，其前身为国民生活研究所。《独立行政法人国民生活中心法》赋予国民生活中心解决消费者纠纷的重要功能。[1] 国民生活中心项下的纠纷解决委员会负责消费者纠纷的调解工作。委员会由15名委员组成，任期2年。当事人如果向国民生活中心纠纷解决委员会申请调解，应由其本人或其代理人递交书面申请。委员会经审查后认为符合规定的，应当向对方当事人送达申请书副本。另一方当事人自收到申请书之日起15日内表示不同意适用调解或未作明确回应的，委员会将终止调解程序。如果当事人同意调解，委员会主任可选择2名以上与纠纷无利害关系的调解员参与调解。

中心调解员必须具备一定的法律知识，熟谙与消费者争议相关的法规、判决以及调解先例，以便更好地为当事人提供建议。此外，调解员还应具有敏锐的洞察力和强大的调控力，善于观察消费者的情绪变化，引导消费者的消极情绪朝积极方向转变。有学者说："消费者不仅想主张自己的权利，使纠纷朝着对己有利的方向解决，他们还希望调解员能理解其烦恼，并产生'你们的想法是正当的'的共鸣。""调解与其说是填补物理损失，还不如说是给消费者一个

---

[1] 陶建国等：《日本国民生活中心对消费者权益的保护》，载《无锡商业职业技术学院学报》2011年第3期。

曝光不幸遭遇的机会。消费者得以在调解员这个耐心且中立的第三方面前，与对方企业面对面互动。并在对事件的不断叙述描绘中回复平和心态。"①国民生活中心的调解广受好评，且成功率高。2012年，国民生活中心的调解成功率达53%。②

(二)消费生活中心

消费生活中心组织的调解意在通过事后介入的方式维护消费者合法权益，促进当事人之间争议的解决。其职责主要是"积极参与"与"尊重当事人的自我决定"。所谓"积极参与"，是指调解员为了实现消费者权益，在调解过程中实施的引导、指导行为。所谓"尊重当事人自我决定"，是指调解程序应当坚持调解自愿原则，尊重消费者的自主意思。不可否认，消费者与企业之间往往存在隔阂与不信任，导致当事人之间难以圆满解决纠纷。但经过调解员的努力，当事人之间也能重新回归谈判桌前，相互谅解，相互妥协，从而达成双方皆可接受的方案。消费生活中心认为，消费者与企业在实力上存在严重的不对称。消费者无论从信息获取能力还是经济实力方面都处于劣势。为平衡两者之间的力量差距，消费生活中心也在调解程序中给予消费者倾斜性保护。

六、几点评析

日本调解制度作为日本纠纷解决机制的重要组成部分，有效地发挥了分流案件的功能，缓解了法官的办案压力，在一定程度上解决了日本诉讼迟延的问题。作为一个善于学习的国度，日本不断从世界各国的民事调解制度中汲取营养。善于内省与充满创新精神也是大和民族的标签，日本并没有照搬他国的调解制度，而是将本国的调解传统与现代调解理念相互融合，探索出了一条适合本国的调解道路。

日本调解制度充满着浓浓的职权主义气息。例如，调解程序可依职权启

---

① [日]大村敦志：《消费者法》，日本有斐阁2007年版，第354～356页。
② [日]井口尚志、日野胜吾：《国民生活中心纠纷解决委员会的运行状况及今后的课题》，载日本《Jurist》2013年第12期。

动,一方当事人可以强制启动调解程序,裁判所有权作出代替调解的决定等。不难发现,日本民事调解程序与民事诉讼程序似乎也渊源颇深。民事调解程序的调解管辖、调解前保全等制度都深受诉讼程序的影响。但是,民事调解制度却又不失其本真,依然强调调解的中立、保密与灵活。《民事调解法》规定了调解员的除斥与忌避、调解员泄密的法律责任以及调解时间与场地的灵活选择。在尊重当事人意思自治的基础上增加适当的强制性要素,使得民事调解的成功率大大提高。因家事纠纷身份性、非理性、个别性、私益为主的特点,日本家事调解制度设置了家事调查官制度,从而有助于家事调解委员会充分了解案情以及探寻纠纷产生的深层次原因。家事调解程序由家事裁判官主导进行,家事调解员在调解程序中并非消极中立的协助纠纷解决者,而是以更加积极主动的姿态参与到调解程序中,如可以主动调查取证,为当事人提供调解方案,协助当事人修补破裂的家庭关系。通过两种法院附设调解达成的调解协议都被赋予强制执行的效力,这也是其与民间调解、行政调解的最大不同。与诉讼相比,法院附设调解的收费更加低廉,一般只是同标的额诉讼费的一半。然而,调解协议却能够获得与法院裁判相同的效力。这也是日本民事调解和家事调解深受国民欢迎的原因之一。

截至2014年,日本全国共有128个民间调解团体获得认证,所涉及的纠纷范围囊括制造物责任、土地界限划定、特殊商品交易、软件纠纷、劳资纠纷、夫妇关系、留学事宜、医疗纠纷、奢侈品买卖、知识产权等。在民间调解机构处理的案件中,47.2%的案件能够在3个月内处理完毕,64.9%的案件经过两次调解即可最终解决。与此相对的是,部分行业或地区仍未配备认证调解机构。民间调解机构分布不均也是制约民间调解发展的主要瓶颈,部分地区民间调解资源供给不足,民众难以接近民间调解。东京是已获认证的民间调解机构分布最为密集的地区,多达28个机构分布于此。北海道、横滨、京都等老牌发达城市也有为数不少的民间调解机构,数量在4个至6个之间。但日本的中部地区、东北地区民间调解机构分布极少,数量仅为2个左右,甚至在个别地区,如九州东部则尚未有民间调解机构获得认证。由于民间调解机构财政来源不稳定、律师界的压制和民众对民间调解机构缺乏信赖,民间调解机构的低使用率在《ADR促进法》颁布后并未得到显著改善。行政调解的最大特征在于其中立程度较低。行政调解机构处理的多为消费纠纷。为弥补消费者的弱势地位,行政调解机构积极参与案件调查、商品的测试、鉴定等活动。

总之，无论是法院附设调解、民间调解抑或是行政调解，它们都存在诸多共性，诸如程序灵活简便，减少对抗，无须严格适用实体法等，有助于友好关系的维系、实现当事人双方互利共赢。日本民间调解制度的设立虽不长，但却具有广阔的发展前景。随着日本多元化纠纷解决机制的不断深化，法院附设调解、行政调解、民间调解定会携手并进，共同发展，为纠纷解决贡献力量。

第二十四章

越南调解制度

越南社会主义共和国（The Socialist Republic of Viet Nam）位于中南半岛东部，北与中国接壤，西与老挝、柬埔寨交界，东面和南面临南海。国土面积329556平方公里，海岸线长3260多公里，人口9170万（2015年12月）。国会是国家最高权力机关，任期4年，通常每年举行2次例会。现为第十四届国会，共有494名国会代表。现行宪法是第五部宪法，于2013年11月在第十三届国会第六次会议上通过，是对1946年、1959年、1980年、1992年宪法的继承和发展。宪法规定：越南社会主义共和国国家政权属于人民，越南共产党以马克思列宁主义和胡志明思想为指导思想。司法机构由最高人民法院、最高人民检察院及地方法院、地方检察院和军事法院组成。[1]

21世纪初，"接近正义"（Access to Justice）浪潮席卷亚洲，司法改革成为亚洲各国的核心任务之一。在越南，革新开放事业的全面发展使得民商事纠纷的数量不断增加、类型日趋多样。社会民众对法院的要求越来越高，期望民事司法制度能够在实现正义、维护社会主义市场经济秩序等方面扮演更为积极的角色。全球司法改革的潮流、市场经济的发展与法治国家的建设，均迫切要求越南进行司法改革。

越南共产党中央政治局于2005年5月制定《2005年至2020年司法改革策略决议（49-NQ/TW）》[2]（以下简称《司法改革策略》）。《司法改革战略》是越南2005年至2020年司法改革的指导性文件，要求法院采取一系列改革措

---

[1] 中华人民共和国外交部：《越南国家概况》，http://www.fmprc.gov.cn，下载日期：2018年4月26日。

[2] 关于《司法改革策略》的具体内容，参见《越南2005年至2020年的司法改革策略》，龙飞等译，载《人民法院报》2010年7月9日第5版。

施推广 ADR。在改革纲领的推动下,越南调解制度不断发展,已取得初步的成效,但仍存在一些亟待解决的问题,包括调解立法尚不完备,调解职业化程度有待提高,纠纷解决理念仍需更新等。越南调解制度现代化并非一蹴而就的纸面化改造,而是需要利益相关者的长期共同努力。

一、越南调解制度概述

(一)发展背景

从阐释人类学的角度来看,法律及司法都是一种与地方性知识相关联的制度存在。① 越南调解制度的发展受到经济、社会、政治、文化等多种地方性因素的影响。

调解是越南社会常用的纠纷解决方式,民众大多认为"去法院诉讼是一种不幸"②。封建时代的越南几乎以乡村习俗和规则制度代替了正式法律。长久以来,村规民约构成了调解的最重要规则,被用以解决同一社区的成员之间的轻微民事纠纷。1945年,越南遵循苏联模式建立起社会主义国家后,社会经济各方面深受高度集中的计划经济体制的影响,民商事纠纷和重要社会问题由越南共产党予以安排与调整。不同乡村的多元化传统习俗,使基层调解能在高度集中的计划经济社会中被广泛接受。但除此之外,越南并不存在真正意义上的调解。1986年,越南制定并实施革新开放政策,大力推进市场经济与法治国家的构建。近30年来,越南已经跃居亚洲第二高速发展的国家。③ 经济高速发展的背后是社会经济关系的复杂化与民众价值追求的多元

---

① [美]克利福德·吉尔兹:《地方性知识——阐释人类学论文集》,王海龙等译,中央编译出版社2000年版,第222页。

② Le Hong Hanh & Le Thi Hoang Thanh, *Mediation and Mediation Law of Vietnam in Context of Asean Integration*, http://www.ssrn.com,下载日期:2018年5月30日。

③ 吴逸清、姚艳燕:《越南2014年经济表现及2015年展望》,载《东南亚纵横》2015年第2期。

化,并导致纠纷在总量上不断扩大且在类型上亦日渐复杂。为保障革新开放的深度推行,越南积极建设社会主义法治国家,将司法改革作为国家战略的关键因素。实践需求对法律供给提出了更高的要求。为此,越南颁布施行了一系列有关纠纷解决机制的法律法规。多元化纠纷解决机制(ADR)得益于改革开放政策,在越南获得了较大的发展,现代调解已初现端倪。①

越南共产党日益重视司法制度与纠纷解决机制的完善。越南共产党中央政治局于2002年发布司法改革决议(08-NQ/TW号);2005年又批准了两个重要决议,即《司法改革策略》和《2005年至2010年发展和改进越南法律体系战略决议(48-NQ/TW号)》。这三项重大决议表明了该国建设社会主义法治国家的决心。2002年至今,受上述司法改革政策的驱动,调解的立法与实践成效显著。2004年《民事诉讼法》、2010年《商事仲裁法》等法律法规的颁布是落实上述政策的重要举措,旨在促进越南ADR制度的逐步完善。

(二) 规范化发展

调解立法是调解规范化的核心。越南制定了大量规范性文件,包括法典、单行法、法规、决定、指示、通知及决议。有关调解的规定已在不少法律中有所体现。越南通过立法的方式推进调解规范化的进程,但其调解立法呈现碎片化状态。

有关调解制度的原则性规范主要有1993年《石油法》(第27条)、2005年《民法典》(第12条)、2005年《商法》(第11条和第317条第2款)、2005年《投资法》(第12条第1款)等。前述法律指出调解是解决纠纷的重要方式,鼓励当事人尽力采用调解的方式解决纠纷。例如,《商法》第317条规定:"当事人之间的调解应当由当事人选定的一个机构、组织或个人进行。"2017年2月24日,越南政府发布《商事调解法令》(2017年第22号法令)。该法令详细规定了商事调解的原则、条件和程序,以及设立调解中心的条件。②

---

① 现代调解运动是指20世纪70年代发端于美国,80年代传播至澳大利亚和英国,90年代拓展至欧洲大部分大陆法国家和南非的一场运动。参见[澳]娜嘉·亚历山大主编:《全球调解趋势》,王福华等译,中国法制出版社2011年版,第2页。
② Maria Chung, Baker & McKenzie, *Vietnam: New Decree On Commercial Mediation*, http://www.conventuslaw.com,下载日期:2018年4月28日。

外国调解制度

法院附设调解规定在《民事诉讼法》①(第179条至第195条)中;仲裁调解、商事调解规定在2010年《商事仲裁法》中;行政调解适用于土地纠纷和劳动争议;劳动争议调解规定在1994年《劳动法》和政府指导法令中;土地纠纷调解规定在2003年《土地法》和相关指导法令中。基层调解在1992年《宪法》中获得正式承认:"根据法律规定,适当基层人民团体可以处理轻微违法和人民之间的纠纷。"关于基层调解,最具体和全面的法律是1998年《基层调解条例》;民间调解则被规定在2005年《投资法》、2005年《商法》和其他一些法律中。

二、越南调解制度的类型

在越南,调解制度可以划分为法院附设调解、民间调解、基层调解、行政调解、仲裁调解和商事调解。下文兹分述之,以描绘该国调解制度的全貌,并指出各种调解类型的缺陷。

(一)法院附设调解

法院附设调解是指调解组织设立在法院的一种调解制度,属于司法调解与民间调解的共生制度。②《民事诉讼法》明确规定了法院附设调解,相关条款为第10条、第41条、第180条至第188条等。该调解类型具有如下特点:(1)附设调解程序在一审审前准备阶段是一个强制性程序,根据该法第10条的规定,"法院有责任进行调解,并应创造有利条件使有关各方根据本法的规定就民事案件或事项相互达成协议",即运用调解解决特定案件是法官的职责。(2)附设调解程序是诉讼与调解的紧密结合。该法第180条规定:"在一审审理准备阶段,法院必须为促使当事人达成调解协议而组织调解。"只有在调解失败的情况下,法官才能继续开庭审理。此外,在二审开庭阶段鼓励各方达成和解协议亦是法官的任务。二审开庭时,若当事人就纠纷解决达成调解

---

① 越南于2011年对《民事诉讼法》进行了修改。
② Forrest S. Mosten, Institutionalization of mediation, *Family Court Review*, Vol. 42, No. 2.

协议,且该协议不违反法律或社会道德,二审法院应作出修改一审判决与确认调解协议的裁判。(3)附设调解达成的协议之执行受司法保障。当事人达成的调解协议经由法官确认,具有与判决同等的法律效力。(4)调解会议须在双方共同出席的情况下进行。(5)附设调解的调解员是法官。原则上,审判长应指定一名法官来负责案件的调解。根据该法第184条的规定,受指令的法官负责调解程序的全部步骤,包括调解会议。

在法院附设调解程序中,调解法官主持调解会议,双方当事人提出待决的争议内容及相关意见。其有义务整理、明晰双方已达成协议和未达成协议的事项,以推动纠纷的高效解决。因此,越南法院附设调解属于"评估型"调解。

2006年至2010年,越南法院民事受案量为881966件,民事纠纷逐年增多。法院附设调解成功率通常在40%以上,发挥了重要的纠纷解决功能。(见表24-1)

表24-1　2006年至2010年越南法院民事受案量和附设调解数目(件)

年度	受案量	调解成功	
		数目	比例
2006	146823	60931	41.5%
2007	171681	82816	48.2%
2008	174732	76882	44%
2009	194358	87461	45%
2010	194372	99712	51.3%

然而,法院附设调解要求法官具备良好的技能和深厚的造诣。在实践中,多数越南法官承认其缺乏调解技能,这是因为近50%的法官没有受过专门、系统的调解培训。[①] 在附设调解中,越南法院并未与具有专业知识、提供纠纷

---

① Ministry of Justice of Viet Nam, *Report of Research Survey on Status of International Commercial Disputes and Dispute Resolution of Vietnam Enterprises, the Role of Judicial Institution* (conducted from 2007—2009), http://www.ssrn.com,下载日期:2018年5月28日。

解决服务的专业机构有效合作。①

(二)民间调解

民间调解主要指在非司法性和非行政性的民间组织、团体或个人主持下进行的调解。② 越南民间调解具有以下主要特点：(1)关于民间调解的法律缺失。仅《投资法》《商法》等法律对此有原则性规定。(2)调解机构主要依靠自我规范，其中 VIAC(越南国际仲裁中心)③的调解规则最具特色。该规则共 20 条，包括调解程序的启动、调解员的人数、调解员的委任、书面陈述的提交、调解员的角色、行政协助、调解员与当事人之间的沟通、各方与调解员的合作、和解协议、调解程序的终止、调解费用等内容。④ (3)民间调解达成的协议不具有强制执行力，因此越南工商界总体上仍然对民间调解缺乏信心。

当前，民间调解在越南尚未普及和广泛使用。民间调解服务可由专家、律师事务所、团体及其他未被禁止的组织提供。在实践中，上述组织并未专注于调解服务的规范与发展，也未对调解解决的案件数目作出统计，调解服务仍处于自然发展的状态。但不同于其他组织的不重视，VIAC 尽最大努力地推广民间调解，如其仅收取较低的 200 万越南盾调解申请费。⑤ 2007 年，VIAC 制定调解规则，奠定了越南民间调解发展的基础。然而，2007 年至 2010 年，该中心调解解决的案件数仅 5 件。⑥ 究其原因在于民间调解缺乏法律保障。

---

① Le Hong Hanh & Le Thi Hoang Thanh, *Mediation and Mediation Law of Vietnam in Context of Asean Integration*, http://www.ssrn.com, 下载日期：2018 年 5 月 30 日。

② 齐树洁主编：《纠纷解决与和谐社会》，厦门大学出版社 2010 年版，第 98 页。

③ 在合并对外贸易仲裁委员会和海事仲裁委员会的基础上，越南国际仲裁中心于 1993 年成立。这是一个独立的、非营利性仲裁机构。该机构成立的目的在于促进仲裁解决争端或替代性纠纷解决方式的发展。

④ 关于 VIVC 的调解规则的具体内容，http://www.viac.org.vn, 下载日期：2018 年 5 月 29 日。

⑤ 200 万越南盾折合人民币 600 元。

⑥ Ministry of Justice of Vietnam, *Report on Research Survey on Status of International Commercial Disputes and Dispute Resolution of Vietnamese Enterprises, the Role of Judicial Institution* (conducted from 2007—2009), http://www.ssrn.com, 下载日期：2018 年 5 月 30 日。

(三)基层调解

在越南,基层调解是最受欢迎的法院外调解制度,其特点如下:(1)基层调解是一种法院外调解和自愿调解,与上述法院附设调解完全不同。(2)基层调解的适用范围广,涵盖了家庭和民事等诸多轻微纠纷。(3)基层调解由公益性社会组织主持进行,国家对基层调解组织及调解员未予以控制。(4)因各地传统习俗与道德观念的多元化,基层调解得到广泛接受。(5)基层调解受《基层调解条例》的调整。

基层调解进行时,调解员首先与争议双方分别会谈,进行背对背式调解,以尝试较为迅速地达成调解协议。如果前述尝试失败,调解员通常会召集争议双方到当地的街坊或者村委会的办公室,向其阐明主要争议点与可适用的政府政策,推动双方达成调解协议。如果基层调解失败,调解员会建议双方当事人诉诸司法程序或者行政程序以解决争端。

全国有 120462 个基层调解组织与 623157 位调解员。基层调解组织辐射越南 93.8% 的村庄及社区。根据越南司法部公布的统计数字,1999 年至 2008 年,基层调解组织调处了 3899745 件案件,调解成功的比例为 80.3%。上述数字表明了基层调解在越南民众日常生活中的重要性。但一些地方的基层调解组织存在形式化、行政化的弊病,仅关注纠纷解决的量而非质。

(四)行政调解

行政调解是指行政机关或其设立的纠纷解决机构的工作人员,组织当事人就其纠纷进行调解的活动。[①] 作为强制性诉前程序,行政调解主要适用于劳动争议和土地纠纷的解决,集行政执法与纠纷解决于一体。

1. 劳动争议调解

根据《劳动法》的规定,劳动争议调解由基层劳动调解委员会及劳动调解员负责。该法第 164 条规范了劳动争议调解程序,根据规定,基层劳动调解委员会应自收到调解申请书之日起 7 日内启动调解程序;当事人或其代表必须出席调解会议;委员会应当提出可供争议各方考虑的和解建议;如果解决方案

[①] 范愉:《行政调解问题刍议》,载《广东社会科学》2008 年第 6 期。

被各方接受,该委员会应及时记录,并须由当事人和调解员签字;在调解不成的情况下,争议双方有权请求基层人民法院解决纠纷。类似程序可适用于集体劳动争议。不同的是,集体劳动纠纷调解失败时,争议一方或双方有权要求省级劳动仲裁委员会解决纠纷。囿于劳动争议调解协议的可执行性缺乏明确的法律规定,相关协议往往会因一方或者双方的不履行而陷入尴尬境地。

2. 土地纠纷调解

由于经济的发展和人口的增长,城市发展对土地和空间的需求愈来愈多,导致了严重的、复杂的土地纠纷。例如,工业园区、交通基础设施和新住宅的发展蔓延到农田,引发了越来越多的暴力冲突。[①] 为应对土地纠纷,越南强化了土地行政调解制度。根据《土地法》的规定,土地纠纷调解是强制性程序。国家鼓励当事人和解或通过基层调解解决土地纠纷。对于通过和解或基层调解仍不能解决的土地纠纷,争议双方应当向争议土地所在地的公社或乡人民委员会提出土地纠纷调解的书面申请。公社或乡人民委员会须与越南祖国阵线以及其他社会团体协作,共同对土地纠纷进行调解。土地纠纷调解期限为30个工作日,自收到书面申请时起算。土地纠纷调解结果必须书面记录,并由争议双方签名,获得争议土地所在地的公社或乡人民委员会的确认。

(五)仲裁调解

仲裁调解主要是指仲裁机构在仲裁中进行的调解。[②] 越南仲裁调解主要由《商事仲裁法》规范。根据该法第58条的规定,应当事人的请求,仲裁委员会可启动调解程序以协助双方解决争议。双方当事人达成协议后,仲裁委员会应当制作调解协议,并由当事人及仲裁员签字。

(六)商事调解

调解已经渗透到商事纠纷解决的各个方面。商事调解已经从主要依靠法院力量向依靠民间力量转变。调解的主持人已经变得越来越多元化和非官方化。《联合国国际贸易法委员会国际商事调解示范法》第1条将商事调解界定

---

① John Gillespie & Hualing Fu, *Resolving Land Disputes in East Asia: Exploring the Limits of Law*, http://www.ssrn.com, 下载日期:2018年3月23日。

② 齐树洁主编:《纠纷解决与和谐社会》,厦门大学出版社2010年版,第99页。

如下:针对由于商业性质的各种关系而引发的纠纷,当事人请求一名或多名第三人("调解员")协助其友好解决的过程。① 由于经济的迅速发展,为促进商事纠纷的高效、妥善解决,越南工商企业对商事调解反应积极。为此,《商事仲裁法》最终确立了商事调解制度。

三、越南调解制度的主要内容

(一)强制调解

当今许多国家或地区都以法律形式规定,某些民事纠纷必须以调解为必经或前置程序,这种法定前置式调解被称为"强制调解"②。有学者断言,在当代世界性的 ADR 运动中,强制调解已经成为真正代表时代潮流的制度设计。③

在越南,法院附设调解在一审审前准备阶段强制适用,除非案件不适宜调解。例如《婚姻家庭法》《劳动法》《民事诉讼法》等法律规定,离婚诉讼、劳动诉讼必须进行强制调解。此外,根据《土地法》的规定,基层调解强制适用于土地纠纷。倘若无法通过基层调解妥善解决,争议土地所在地的人民公社委员会将与越南祖国阵线及其他社会组织加强协调,共同致力于通过进一步的调解解决纠纷。

(二)法院支持调解

《民事诉讼法》第 41 条规定在民事诉讼中,法官有义务促进调解,使各方当事人达成调解协议。经由法院附设调解达成的协议具有强制执行力。

---

① 齐树洁、李叶丹:《商事调解的域外发展及其借鉴意义》,载《中国海商法年刊》2011年第 2 期。
② 王阁:《强制调解模式研究》,载《政法论丛》2014 年第 6 期。
③ 范愉:《委托调解比较研究——兼论先行调解》,载《清华法学》2013 年第 3 期。

(三)调解激励

社会对调解服务的有限需求说明大多数司法消费者并没有使用调解的习惯,除非其受到相应的激励。费用激励机制有助于扩大调解的适用范围。因此,调解失败在越南并不会产生不良的经济成本。法院开庭之前,诉讼双方达成调解协议的,仅须支付50%的诉讼费用。

(四)调解保密

调解保密是指调解不公开进行,在调解过程中,调解员对于双方当事人告知的信息严加保密。[1] 调解制度之所以能够解决纠纷,就是因为其建立在调解员与当事人以及当事人彼此之间相互信任的基础上,如果这种信任不复存在也就动摇了程序运作的基础。[2] 然而,越南法院附设调解与基层调解并没有确立保密条款。但在仲裁调解中,仲裁机构逐渐引入调解保密条款。例如,VIAC和争议各方被要求对调解程序的所有事宜负有保密义务。当事人不能在后续的诉讼或者仲裁中使用、披露调解程序中获悉的信息或文件等。为明确保密义务的内容,调解合意经常包含保密条款。

(五)调解协议的执行

调解协议的执行是实现调解的制度价值的最终环节。基层调解达成的协议不具有强制执行的法律效力。在法院附设调解中,当事人达成调解协议,且任何一方均未撤销合意,在协议备案之日起7日内,主持调解的法官应当出具确认调解协议的决定。该决定具有终局性法律效力及强制执行力,当事人不得提出上诉。在仲裁调解中,仲裁庭推动当事人达成调解协议,并及时作出确认协议的终局性裁决,该协议具有等同于仲裁裁决的法律效力,可作为执行根据。

---

[1] 齐树洁主编:《纠纷解决与和谐社会》,厦门大学出版社2010年版,第101页。
[2] 李德恩:《民事调解理论系统化研究——基于当事人自治原理》,中国法制出版社2012年版,第101页。

(六)调解员资质

在调解现代化的进程中,调解逐渐发展成为专门的职业。调解的职业化能够让社会对调解员产生信任,进而促使调解获得成功。但越南调解的职业化程度较低,目前尚无正式的调解员认证和监管机制。

四、越南调解制度的改革

(一)改革现状

在越南,调解制度的发展具备了基础条件,例如法院的超负荷、调解文化基因、司法改革政策等。但其调解制度的现代化程度仍未达到令人满意的期望值。"低供给对高需求"是越南调解制度现代化将要面临的重要挑战之一。

当前,该国调解制度存在如下问题:(1)在立法和实践上,调解并非一个完全独立的替代性纠纷解决方式,缺乏统一的调解法以提供规范性支持。(2)通过民间调解、法院附设调解解决纠纷的有效机制缺失。(3)调解的低组织化。专业的调解组织尚未形成,尤其是民间调解。(4)调解的低职业化。调解员不具有专业性,其纠纷解决技能需要全面提升。(5)调解的低制度化。如调解协议、调解保密、调解协议的执行和调解服务组织的建立和运作等。现代调解运动在全球范围内发展,呈现出不可阻挡的法律化、职业化、专业化趋势。调解法律化是越南调解持续发展的关键因素。其调解立法应满足下列要求:确定调解的基本特征;建立调解的一般规定;推动调解的多元化发展;设置利益激励机制。

(二)改革措施

越南的立法者和政策制定者已经认识到,必须借鉴其他国家调解现代化的成熟经验,采取一系列改革措施以发展调解制度。其中,调解的动员机制具体包括交付和过滤程序、费用激励机制、调解程序的教育推广、调解优势的提升等因素。① 立法机构、司法机构、调解组织及利益相关者等须积极参与到调解的动员中。调解现代化的改革措施包括统一调解法的制定、《民事诉讼法》的修订、利益相关者角色的转变等内容。

1. 统一调解法的制定

越南应制定统一的调解法,形成一个明确的调解制度框架。② 统一调解法的制定和施行有助于从根本上发展调解制度,改变目前调解立法碎片化的状况。

未来的统一调解法应满足下列要求:(1)承认调解的基本特征,如尊重当事人意思自治,保障调解过程的灵活性和保密要求等。(2)建构调解作为正式的纠纷解决方式的法律基础。(3)与全球调解法律一致与兼容。(4)确定发展调解制度的重要任务,如有助于减轻法院的工作量,社会化司法权,落实司法改革战略。

统一调解法应包括以下主要内容:(1)一般规定。该法应当明确调解的适用范围、适用对象、调解定义、调解活动的基本原则、调解的类型化以及发展调解的政策等主要内容。(2)具体事项。为保证调解活动的成效,立法应涵盖下述事项:确立调解过程的保密性规定;规定调解条款的法律效力,在当事人约定选择调解方式的情况下,其有义务在向法院提起诉讼或向仲裁机构提起仲裁前进行调解;规定调解协议的可执行性,增设调解协议司法确认程序;建立调解活动和法院之间的密切联系;调解员的权利和义务;调解员资格和调解员培训的一般规定;调解组织的设立要件及登记程序等。

2. 《民事诉讼法》的修订

《民事诉讼法》应当以"将调解转换为进入诉讼活动之前的一个独立程序"为方向进行修改。《民事诉讼法》还应当通过在法院内部直接设立调解中心和由法官和调解员组成调解委员会的方式,全面革新法院附设调解制度。

《民事诉讼法》第180条至第188条应当从以下几个方面进行增补,以克

---

① [澳]娜嘉·亚历山大主编:《全球调解趋势》,王福华等译,中国法制出版社2011年版,第23页。

② Tran Viet Anh, *A primer on mediation in Vietnam*, http://vietnamlawmagazine.vn,下载日期:2018年4月28日。

服现有法院附设调解制度的缺点:(1)不应当对所有的民事案件实行强制调解。相反,民事诉讼法应将纠纷确定和划分为"基于法律强制必须进行调解""基于法官命令必须进行调解""基于法官建议可以进行调解"等不同类型。(2)法官有主持调解会议的责任。然而,在当事人没有达成一致的情况下,调解法官不应当继续开庭审理,以确保案件解决的公正性。(3)调解应以更灵活的方式进行。例如,视具体情况,一方或双方当事人都必须参加调解会议;调解员可能是司法人员或社会工作者,如律师和专家等。

法院可以与有能力提供调解服务的其他组织合作。对简单或轻微的纠纷,法官可以指定任何与法院合作的调解服务提供者解决此类案件。法院衔接调解的形式可以被认为是司法社会化的有效措施,有助于减少法院的工作量。

3.利益相关者角色的转变

为提高调解的使用率,利益相关者角色的转变十分必要。政府应采取具体的政策和有力的措施来发展调解;学术机构可以成为调解组织成立和运作的发起人;调解的管理机构,如司法部和最高法院,应进一步完善调解员培训、认证与考核机制;民众应提高调解意识,扭转纠纷解决观念。

由于社会转型是其发展现代调解的重大机遇,解纷需求及政策支持构成越南调解扩大化的内生动力,调解的未来必定是光明的。然而,调解制度的现代化并不是一个在短期内就能实现的目标。这一艰难转型不仅是国家的任务,也是社会和民众的责任。

第二十五章

新加坡调解制度

新加坡共和国（Republic of Singapore）是世界上重要的转口港及联系亚、欧、非、大洋洲的航空中心，其国土面积719.9平方公里，人口561万（2017年6月）。① 根据《宪法》的规定，最高法院及下属的初级法院行使司法权。② 最高法院由上诉庭和高等法庭组成。初级法院包括地方法庭、推事法庭、家事法庭、少年法庭、小额债务索偿法庭和死因调查法庭。新加坡重视初级法院的作用，因为它们面对社会基层，直接关系到法制的执行。首席大法官指出，须在司法事务中奉行如下七条核心价值观：平易近人、迅速及时、平等待人、公正无私、廉洁奉公、独立办案、严格责任。③

20世纪70年代以来，替代性纠纷解决机制（ADR）在欧美国家获得了广泛的应用，形成了全球ADR潮流。新加坡顺应这一新潮流，冀望利用其地理位置的优势，谋求成为亚洲及太平洋地区的国际商事争议解决中心。为此，20世纪末以来，新加坡将ADR作为一种快捷、高效和经济的纠纷解决方法，在多个领域和行业予以推行。④ 2017年1月，新加坡制定了《调解法》，为商事调解提供了较为完备的制度框架，助力于国际商事争议解决中心的建构。

---

① 中华人民共和国外交部：《新加坡国家概况》，http://www.fmprc.gov.cn，下载日期：2018年5月28日。

② 在作为司法机构的法院和法庭之外，新加坡还有许多准司法机构，例如工业仲裁庭、土地收购上诉局、版权庭、所得税复审局、产业税重估局等。

③ [新]吴撷英：《独立公正的新加坡司法制度》，载《南京大学法律评论》（1997年春季卷），法律出版社1997年版。

④ 龙飞：《新加坡ADR制度的发展及启示》，载《人民法院报》2013年8月16日第8版。

一、新加坡《调解法》的制定背景

(一)社会和谐的传统文化

替代性纠纷解决机制可定义为诉讼之外的一切解决纠纷的途径的总称,该定义可能会产生一定的消极影响,即 ADR 是劣于诉讼的。为促进 ADR 的发展,今后应当转换思维,代之以新的认识,即 ADR 并非用以替代传统的法庭制度,而是提供了一系列工具,这些工具是解决争议必不可少的元素。

通过调解方式解决纠纷在新加坡具有悠久的传统。随着社会的变迁,过去由族群领袖和长者主导解决族群纠纷的时代已不复存在,但重视社会和谐的传统文化保留至今。由于与文化传统相契合,调解的发展在新加坡具有较深厚的文化基础。很多新加坡民众认为,发生纠纷后,去法院打官司不是纠纷解决的常态方式,最好的方式是通过可维系和谐关系的调解予以解决。伴随着城市化和工业化的进程,新加坡经济社会发展迅速,民众越来越"好讼",导致法院的受案量不断增加。例如,2001 年,新加坡初级法院共受理各类案件 486438 宗,其中刑事 279494 宗、民事 73450 宗、家事 13804 宗、小额索偿 42240 宗。在仅有 300 多万人口的国家就有如此巨量的案件(人均 6.3 宗),令人惊叹。[1] 在全球 ADR 运动、自身传统文化以及司法危机的影响下,新加坡调解制度于 20 世纪 90 年代起逐渐复兴。立法者和司法者日益重视这种耗费少、效率高的纠纷解决方式。调解不但有助于民间纠纷的及时解决,也有助于法院的案件管理,缓解日趋增大的案件压力。[2]

---

[1] 张卫民:《我眼中的新加坡法院》,https://www.chinacourt.org,下载日期:2018 年 6 月 23 日。

[2] Lim Lan Yuan, *Mediation Styles and Approachesin Asian Culture*, Asia Pacific Mediation Forum (2003), http://www.asiapacificmediationforum.org,下载日期:2018 年 5 月 2 日。

(二)社会力量的参与推动

20世纪90年代以来,新加坡先后设立了三家旨在提供调解服务的非营利性机构,即基本争议解决中心(PDRC)、新加坡调解中心(SMC)和社区调解中心(CMCs)。

基本争议解决中心设立于1994年,主要受理标的额在25万新元以下由初级法院审理的民事案件,提供法院附设ADR的服务。该中心成立之初,调解事务是由经过专业调解培训的初级法院法官负责的。随着案件压力的加大,一些经过正规法律训练和认证的社会志愿者加入了调解队伍。立法机关计划提升PDRC的法律地位,并准备创设"ADR适用推定"制度。这一制度的含义是当事人发生争议之后,如无相反的意思表示,自动适用包含调解在内的ADR程序。

创设于1997年的新加坡调解中心致力于提供解决私人商事纠纷的服务。该中心与新加坡最高法院紧密合作,积极鼓励参与案件管理会议的当事人选择调解和其他ADR程序解决纠纷。最高法院如果认为适当,可以直接将案件交付调解。该中心还与重点行业合作,针对特殊需求制定以行业为中心的调解方案。①

社区调解中心始创于1998年,主要处理邻里、家庭成员和亲友之间的日常纠纷,并不涉及商业性质的事项。由于处理的是非经济型纠纷,该中心需要精通心理、经验丰富的志愿者调解员,并通过调解员管理体制来保障调解员的质量水准。但由于经济因素不断渗透此类纠纷,邻里、家庭成员和亲友的法律意识逐渐成熟,社区调解中心的使用率正在下降。

(三)调解立法的制度支持

2017年,新加坡通过并施行《调解法》。该法旨在为商事调解提供法律依据。在新法实施之前,新加坡调解行业已经进行了一系列重大变革,包括建立"新加坡国际调解协会"。事实上,自调解在新加坡首次制度化以来,调解制度的运作已经超过了20年。多数学者认为,《调解法》的颁布实施具有重大的意

---

① 饶潮生:《看新加坡如何调解纠纷》,载《光明日报》2011年10月19日第15版。

义。但也有学者认为,新法在某些领域完善了普通法,但在其他一些方面却增加了不确定性。[①]

二、《调解法》的适用范围和特征

(一) 适用范围

立法工作组曾在2013年提出将新加坡发展为国际商业调解中心的建议,《调解法》的颁行旨在为这一宏大目标增添动力。该法适用于"全部或者部分在新加坡实施的调解案件"或者"明示规定适用新加坡法或者新加坡《调解法》的案件"。

《调解法》不适用于法庭调解或在法庭的指导下进行的调解商谈,由家事法院的法官、工作人员和志愿者组织的调解也被排除在外。此外,《调解法》也不适用于一些已由生效法律调整的调解,例如由社区调解中心主持的调解(1988年的《社区调解中心法》)、人力资源部下设的争端管理三方联盟(2016年的《劳动者求偿法》和2004年的《劳资关系法》)和小额索偿法庭(1998年的《小额索偿法庭法》)等。

总而言之,《调解法》仅限于社会调解,以配合新加坡国际调解中心的建设。这一中心成立于2014年,致力于提供跨域纠纷调解服务。《调解法》排除特定类型的调解,以避免与现行调解规范产生潜在的矛盾。但广泛适用调解的部门被排除在新法之外是否妥当(如法院和社区调解中心)。这一点引起了争论。有人认为,新法较为狭窄的适用范围与"新加坡调解协会"致力于为所有调解活动提供专业标准的政策相违背。

根据《调解法》第6条第3款的规定,部长可以作出指令,将本法的适用范围扩展到法院调解或根据法院的指示进行的调解。立法者表示,当前新法的适用范围只是一个保守的开始,未来会加以丰富和扩展。这一渐进型路径符

[①] Sundaresh Menon, Building Sustainable Mediation Programs: A Singapore Perspective, *Dispute Resolution Magazine*, Fall, 2015.

合整个调解行业和使用者的意旨,即最终拥有一套适用于所有类型的调解的统一法律规则。

(二)不以调解标准或者调解认证为立法重点

根据《调解法》第3条的规定,调解的过程被定义为通过问题确定、探索选择和协助沟通,促进争端的解决,双方当事人须自愿达成协议。该定义强调了协商一致的调解本质,并将调解区别于诉讼或者仲裁程序。调解的方式包括通过信息技术在网上进行的调解,即《调解法》可适用于在线调解。

除了以上条款,《调解法》并未就调解标准和调解认证作出规定。对此,有评论者解释说,诸如行为准则或协会规则等软法比制定法更灵活,更有助于促进调解的专业化。立法机关选择依靠"新加坡国际调解协会"来规范调解标准,该机构目前负责一个四层次的调解认证计划。毋庸置疑,限缩《调解法》的适用范围且仅对调解程序作原则性规定是立法者的一种谨慎选择。

三、调解保密制度

《调解法》对调解商谈的范围作了清晰的规定,即调解商谈包含以调解为目的的任何言行、资料的准备以及信息的提供。值得注意的是,调解商谈既包含启动调解的协议,也包括经调解达成的协议。所有的调解商谈都是保密的,但须遵守有关例外的规定。《调解法》反映了当事人对调解过程及其结果通常倾向于保密的态度,这一点值得肯定。在一方当事人希望通过法院强制执行调解条款时,调解保密的限制才会被双方当事人合意放弃或被法院裁定突破。

(一)保密原则

《调解法》第9条第2款列举了调解保密的例外情形,其中包括一些社会普遍接受的例外,如双方合意、寻求法律建议、保护某人免受伤害为目的的公开,以及调解涉及潜在罪行或非法目的的公开。除此之外,若当事人欲突破保密性原则,须获得法院或仲裁庭的许可。这一许可须考虑《调解法》第11条第2款所载明的因素:(1)调解内容是否已经公开;(2)是否基于公共利益的考虑或者司法公正的考虑而公开;(3)法院或仲裁庭认为有关的其他情形。其中第二个因素与判例中的"司法公正"原则十分相似,并将"公共利益"并列为特别考虑的因素。在实践中,法院考虑较多的主要是"公共利益"和"公正司法"的因素。

保密性的一个例外与普通法不相一致,《调解法》第9条第2款规定只有当事人同意才能公开,即当事人的合意可以违背调解员的意愿,并要求如果特定的调解内容被公开,须征得调解员的同意。这些规定实际上暗示,只有当事人各方试图公开调解员所作的发言时,才需要调解员的同意。[①] 这和判例中法官清晰阐明的观点相违背,法官认为保密性的放弃可由当事人合意,也可由调解员作出。但较为特殊的是,双方当事人决定放弃保密原则无须调解员的同意。其主要目的是对争议双方给予保护,且表明尊重调解商谈而给予调解员较为有限的保护。尽管如此,《调解法》将调解员置于相对不利的位置,被视为是普通法上的轻微倒退。

《调解法》较为隐晦地承认保密性和可采性之间存在重叠。根据第9条第3款的规定,可突破保密原则的三个因素与证据的可采性密切相关:(1)以达成或者执行调解协议为目的而公开商谈内容。该规定反映了判例法中的"不受损害"原则。(2)调解员或律师的不当行为。这与被人们广泛接受的证据可采性规则中的"明确的不当行为"极为类似。(3)以证据开示为目的的公开。在诉讼中,若一方当事人试图开示相关的商谈内容,保密性和可采性可能被突破。

然而,证据开示程序很可能会因《调解法》第9条和第10条所规定的调解商谈的机密性和非可采性而无法真正进行。法庭有责任考量《调解法》第11条所列的因素,具体包括公共利益、此前已经公开披露以及容许证据开示的证据,以践行长期以来实行的"不受损害"原则。

(二)可采性

任何调解商谈的内容成为证据须获得法庭或仲裁庭的许可。《调解法》第10条为普通法上的可采性提供了额外的保护,规定对属于"不受损害"原则下的例外情形时,商谈内容将自动获得可采性,而无须事前许可。在实践中,当

---

① 龙飞:《新加坡 ADR 的发展和启示》,载《人民法院报》2013 年 8 月 16 日。

事人在需要公开记载有主要证据的文件或宣誓书之前,应当首先获得法院的同意。这是一个有意义的变化,因为它将申请的责任落在了寻求打破可采性规则上的一方当事人,而该负担不应由另一方当事人来提出异议,届时如其已向法院提出公开申请,那就必须撤回。

《调解法》并没有在立法上规定争议双方或者调解员具有取舍商谈内容的特权,当事人的放弃或者调解员的单独行为都不能够导致可采性的例外情况发生。相反,英国的相关判例趋向于一种"不受损害"的特权,尽管这种特权仅为争议当事人所享有。关于相关"特权"的立法应当增强灵活度,容许一般条件下符合例外情形而无须事先许可,唯有在法庭需要权衡个人利益和公共利益的情况下才需要事前同意。美国《统一调解法》和马来西亚《调解法》都设立了"特权"机制,或许就是基于以上原因。但令人遗憾的是,新加坡并没有将这一现存于普通法中的理论付诸立法。

保密特权是调解顺利进行的助推器,但《调解法》并没有就"特权"予以明确规定。新加坡基于公共利益原因而未将调解商谈内容"非可采性"作为一般原则,导致《调解法》趋于保守。只有立法足够成熟时,新加坡才会逐渐接受调解保密特权。

《调解法》都有可能取代普通法中针对私人调解的"不受损害"原则。问题在于,当法官考虑到公共利益或者司法管理时,是否还需要寻求普通法原则的指引。《调解法》第11条第2款已被法官援引为"不受损害"的例外规定。目前,相关判例也显示,该条已被法院正式接纳。制定法和判例法的"不受损害"例外的规定相辅相成,使得法官能够就事前申请作出恰当的裁定。

四、调解协议的可执行性

《调解法》第12条设置了促进调解协议执行的机制,以提升调解制度的公信力。这一机制的目的是吸引更多的跨境用户选择新加坡商事调解。

(一)调解协议执行促进机制

当前,调解协议被法院视为合同并予以执行。在司法程序中,需要确保依据合同原则来确定调解协议的有效性,有损协议有效性的因素包括错误和胁迫等。举一例说明：上诉法院分析了双方的谈话和通讯，以确定是否达成了购买股份的调解协议，部分的商谈需要双方的共同好友来协助确认。此后，上诉法院确认了高等法院的决定，即依靠公正的调解员来证明双方确实协商一致。类似的，法院在确定婚姻案件当事人是否已就其财产分割达成协议时，也依赖于合同原则。

这种执行调解协议的传统方式造成了极大的不便：首先，进行法律调查需要额外的花费；其次，如果存在关于合同及其条款的争议，调解保密性很可能会受到损害，因为法院可能会对"不受损害"规则作出例外的解释，并将当事人的调解商谈内容作为证据加以审查。

执行的不确定性使人们对调解程序的效用产生怀疑。实践表明，缺乏可执行性已成为阻碍商事主体选择运用调解解决纠纷的因素，而终局性和确定性成为争议解决成效的关键因素。由国际调解协会2014年所做的一项调查显示，90%的受访者认为国际间的调解协议执行机制的缺失是跨境调解发展的重大障碍。联合国国际贸易法委员会在此方面作了不懈的努力，其目标是创设一种可用于跨境执行调解协议的国际文书。

如果有未决的法律程序，调解协议可以依附在法院的指令中。这一指令易于执行，且不需要支付费用。因此，地方法院和家事法院对未决案件所进行的调解，和解条款往往出现在法庭的指令之中。此外，双方都同意在违反和解条款的情况下，守约一方当事人可以申请法院提取和解条款来制作判决。但大量的私人调解不能进入司法确认程序，而无法获取法院的执行指令。

《调解法》设立了一种将社会调解转化为可立即执行的法庭指令的机制。该法第12条第5款描述了这种"法庭指令"，即可以按照法院作出的判决或裁定的方式执行。该机制仅适用于特定调解机构或者认证调解员主持的调解。①

该机制的启动需要满足以下几个条件：(1)所有参与者(包括调解员)必须一致同意提出申请；(2)调解协议必须为书面形式且由所有参与者签名；(3)申请必须在达成调解协议之后的8周内作出，如有延长事由，需经法院批准。在

---

① 特定调解机构是指"新加坡调解中心"，认证调解员是指由"新加坡调解协会"作出的认证。

无争议的情况下可以发挥该机制的作用。但在协议存在与否或者协议效力存疑的情况下则不发生效用,因为这些争议事实必须通过正式庭审才能加以判断,而这是该机制所无法做到的。

调解协议须为书面形式的目的是保证其转化为法院指令而被记载和执行的妥适性。此外,第12条鼓励当事人达成要件完备的调解协议,继而将具备完整要件的调解协议转换为法庭指令。8周的申请期限旨在鼓励当事人及时积极履约,防止可能的违约情况发生。

该法第12条第4款强调,法院不会一律执行经当事人一致同意的协议。根据合同法的规定,一些违法行为是阻却执行的因素。因而,在《调解法》中对加速执行机制设置一些限制条件是比较合适的,否则,法院可能会沦为私人协议的橡皮图章。根据法律的规定,在下列情况下,法官有权不将有关协议作为法庭命令记录在案:(1)该协议因受胁迫、欺诈和虚假陈述等因素的影响而无效;(2)该协议的标的不适于调解解决;(3)该协议的条款不符合儿童的最佳利益(其中的争议涉及儿童的福利);(4)该协议有损公共政策。

第一种情形与合同法认定合同无效和可撤销的规定相一致。法务部长解释说,这些无效的因素"必须被证明",从而使法院确认它们是调解协议不执行的理由,换言之,仅有初步证据证明是不为法院所接受的。

第二种情形则与联合国国际贸易法委员会工作组正在起草的有关调解和仲裁的条文相似,这一条款是从《纽约公约》第2条中汲取灵感的。该条规定,在被要求承认或强制执行的国家的法律下,当标的物不能仲裁时,允许不承认仲裁裁决。《调解法》第12条第4款也采用了类似的方式来解读既定的条款。因此,律师在帮客户起草调解条款时,应确保在新加坡法律框架下,协议的关键部分是可执行的。

第三种影响协议可执行性的情形则是《女性宪章》第125条项下"儿童福利"因素。可以预见的是,双方就婚姻纠纷达成协议后,将积极寻求利用加速执行机制实现权利。在作出执行裁定前,家事法院须审查记录于法庭指示中的调解协议是否遵循了"儿童福利"优先原则。

与之相似的是,法院可以基于《女性宪章》第121条的规定来评估双方达成的协议是否"公平公正",上诉法院在2014年的Surindar Singh slo Jaswant Singh v. Sita Jaswant Kaur案中运用了裁量权,强调法庭指令将使双方的和解协议具有重要的分量,除非有充分和实质性的理由认为这样做将导致不公正。而家事法院对婚姻协议的监督可能是在第四种情形,即"公共政策"的指引下进行的。

第四种使得法院拒绝赋予协议可执行性的因素是"公共政策"。因此,在公共政策的影响下,仲裁裁决和私人调解协议将会得到相同程度的审查,这一立场也符合法院目前的权力,即不支持非法或违反公共政策的合同。①

总之,《调解法》第 12 条第 4 款作为一项法律原则,用以指引法院在执行协议方面裁量权的行使。这说明普通法的合同原则可以适用于认定执行协议效力的因素。当然,《调解法》第 12 条与普通法的规定在法律地位上并没有很大的差异,但《调解法》为各方当事人提供了更大的自主权,即不必启动完整的法律程序,便可迅速获得可执行的法院指令,这将有助于增强商事主体选择调解的意愿。②

(二)暂停诉讼,移付调解

法院可以作出"暂停诉讼、移付调解"的指令,这是《调解法》新增的制度,与等待仲裁的制度相类似。《调解法》借鉴了《仲裁法》的相关做法,规定当事人须在被法院批准"暂停诉讼,移付调解"前形成启动调解的协议。这一协议可以在合同中以调解条款的形式出现,要求双方当事人运用调解解决"全部或部分争议"。在调解结束前,法院可作出临时命令,保障当事人的先行调解权利。

这是一个积极的立法变化,得到多数人的支持。目前在商业合同中,调解条款和多层次纠纷解决条款迅速增加,但它是否具有可执行性却仍然不确定。在 2014 年的"Sulamerica Cia Nacional de Seguros SA v. Enesa Engelharia SA"案中,上诉法院则采取了更为严格的立场,认为要求当事人"寻求通过调解友好地解决争端"的多层次纠纷解决条款并没有明确选择何种程序或者哪一特定调解服务提供者。新加坡法院对于调解条款采用了更为宽容的态度,例如在 2012 年的 Institutional Trust Services (Singapore) Ltd. v. Toshin

---

① Dorcas Quke Anderson, A Coming of Age for Mediation in Singapore? Mediation Act 2016, *Singapore Academy of Law Journal*, 2017, Vol. 29.

② Nadja Alexander, *The New Hong Kong Mediation Ordinance: Much Ado About Nothing*, http://kluwermediation blog.com,下载日期:2018 年 5 月 2 日。

Development Singapore Pte Ltd.案中,新加坡上诉法院肯定了通过真诚谈判而达成的协议;在 2014 年的 International Research Corp. plc v. Lufthansa Systems Asia Pacific Pte Ltd.案中,有关合同中约定各方应举行一系列会议,而法院认为这些会议指的就是调解,关于多层次纠纷解决的表述已经足够清晰,应当得到支持。

《调解法》赋予了法院中止诉讼程序而等待调解结果的职权,实现了调解和仲裁的地位同等化。新法仅要求调解条款明示"以调解方式解决纠纷",而不需要进一步约定采用何种程序或者某一特定调解服务提供者。这一规定有利于鼓励更多的民众选择调解方式解决纠纷。

五、新加坡调解制度的实践与展望

(一)调解中心的显著成就

2014 年,基本争议解决中心(PDRC)调解案件 6430 件,调解成功率达到 90% 左右;社区调解中心(CMCs)调解案件 7000 余件,成功率达到 70%;新加坡调解中心(SMC)调解案件 2300 件,成功率为 75%。

这些机构取得成功的原因有如下几点:(1)政府扮演了鼓励当事人选择调解制度和其他 ADR 机制的重要角色。政府已经在劳动和公共采购等行业通过立法和行政行为建立了调解纠纷的程序。(2)司法机构促使调解成为与传统法庭程序的平行程序。新加坡立法和司法机构认为通过法庭外方式解决纠纷也可以获得正义,鼓励各方自主合作解决各种争端。(3)新加坡非常重视维持和发展现有的训练有素和经验丰富的调解员。"新加坡国际调解协会"规定调解员应得到官方认证并接受监督,并对调解员职业设立了较高的标准。(4)调解项目对用户的需求进行了积极回应并不断进行完善。

(二)新加坡调解的新实践

新加坡调解机制在家事纠纷和国际争端解决两个截然不同的领域取得了重大进展,前者是将相当真实且具体的与当事人关系最紧密的社区价值融入其中;而后者则强调了基于地理和文化差异的商业分歧的严肃性。

1. 家事司法领域

家事司法的改革始于2014年家事法院的建立。在此之前,生活费用、遗嘱认证、收养、家庭暴力等家事纠纷是由专设的家事法庭受理的。虽然家事法庭广泛使用了诸如调解和商谈等程序,但是由于审判过程基本上是对抗性的,无法从根本上缓解诉讼中家庭所遭受的痛苦和敌意。

家事法院设立之后,即致力于改变现状。其具体做法包括:采取较低对抗性的调解和商谈程序;将子女未满14岁强制调解的范围扩大到子女未满21岁;法官拥有当认为合适时要求双方参与调解程序的职权;在涉及监护权或儿童福利的诉讼中,法院可以指定医疗专家、顾问或社会工作者来评估法院即将采用的措施的适当性。[①]

在决定改革之初,改革委员会通过广泛地征求家事司法领域的专家和民众的意见,意识到对抗性程序无助于家庭关系的维护。立法者于是提倡更广泛地使用非对抗性的争端解决方法,并要求法官在诉讼过程中拥有更多的干预权力,以减少冲突和争执,形成一种法官指挥型的诉讼程序。家事法院提出了新的专业标准和培训要求,从而使家庭调解员能够妥善地处理敏感的家庭问题。

2. 国际争端解决领域

近年来亚洲国家国际贸易和投资的显著增长,迫切需要能够及时解决跨国企业利益冲突的高质量的争端解决机制。新加坡自我定位为解决跨国商业争端的中立国,目前已成为世界上最受欢迎的仲裁地之一。

成立于1991年的"新加坡国际仲裁中心"(SIAC)在国际商事仲裁领域一直处于领先地位,其案件数量和标的额连年持续增长。"新加坡国际调解中心"(SIMC)始建于2013年。筹备组对调解领域作了广泛的调查并提出许多切实可行的建议,例如成立专业机构,制定标准,为调解员提供资质认证,通过立法完善新加坡的调解结构等。筹备组还提出建立国家调解服务机构,该机构应由多元化的、经验丰富的国际调解员和专家小组组成。

SIMC在其调解规则的规制下进行商事调解,除此之外,该组织还提供组

---

① Press Release, *Recommendations of the Committee for Family Justice*, https://www.mlaw.gov.sg,下载日期:2018年5月6日。

织上和行政上的支持,以促进各阶段的调解。SIMC 和 SIAC 合作建立了独特的"仲裁—调解—仲裁"机制,实现两者的无缝衔接。针对国际业务的特性两大机构不仅重视调解的保密性和灵活性,也注重争议解决的终局性和可执行性。①

为实现"高质量解决纠纷"的目标,新加坡国际商事法院(SICC)也加入 SIMC 和 SIAC 队伍中来。新成立的 SICC 受理的案件是与新加坡几乎没有联结的国际商事纠纷,SICC 将在传统法庭和仲裁程序之间形成一个中间地带,它的目的是提供法庭程序的结构程式,同时兼具仲裁的一些优势。三者结合,将致力于为构建一个解决争端的亚洲中心。

3. 金融争议解决领域

成立于 2005 年 8 月 31 日的金融业争议调解中心(FIDReC)是一个独立的机构,旨在解决金融机构与消费者之间的争议纠纷,为消费者化解与金融机构之间的争议,提供一站式的便捷服务。FIDReC 隶属于新加坡银行协会消费者调解部和保险业争议调解机构。其管辖范围如下:(1)投保人与保险公司的索赔纠纷,其上限为 10 万新加坡元;(2)银行与用户、资本市场纠纷以及其他相关纠纷,其赔偿上限为 5 万新加坡元。FIDReC 处理程序:(1)调解:鼓励消费者与金融机构友好协商解决争议,费用免费;(2)调解失败,采取第二阶段裁决,提交裁决案件,个人消费者申请费用 50 新加坡元,金融机构申请费用 500 新加坡元。争议双方和证人都要参加有 FIDReC 的听证会,听证前,双方交换各自书面投诉资料,给予双方足够的时间了解对方的诉求,听证双方均有充足的机会向对方阐述观点。FIDReC 裁决效力:裁决对于金融机构有单方面的约束力,如果消费者不满意或拒绝裁决结果,可以考虑通过法律途径继续解决争议。2014 年,FIDReC 共调解了 981 项投诉,其中有 673 宗和解,另外 308 宗则进入仲裁程序。在进入仲裁的案件当中,46 宗投诉最后获得赔偿。在 3 个月内成功处理的个案达到 44%,在半年内成功处理的个案占 86%,几乎全部投诉个案都能在 9 个月内解决。

在过去的 20 多年中,新加坡调解制度一直缺乏正式的法律规定,以较为

---

① White & Case 2012 International Arbitration Survey: *Current and Preferred Practices in the Arbitral Process*, http://www.whitecase.com,下载日期:2018 年 5 月 6 日。

模糊的普通法作为法律依据。《调解法》的实施为法律原则的一致性提供了很好的契机,给予了调解使用者更好的指引。当前,这一目标已经部分获得实现。该法虽然只适用于新加坡商事领域,但是反映了立法者对实现法律原则一致性的迫切需要。业界相信,在不久的将来,《调解法》将与新加坡的调解行业一同走向成熟,并逐渐扩展到许多其他类型的调解中。

调解在新加坡各领域中的发展,预示着其光明的前景。立法者和司法者不再把 ADR 看作是一个辅助或替代法庭的体系,而将其视为法律制度的重要组成部分,期冀它为纠纷解决提供最适当的途径。或许现在可以说,新加坡的调解时代正在到来。

第二十六章

印度调解制度

印度是南亚最大的经济体和"金砖五国"之一,长期与中国保持紧密的经贸联系,其国土面积298万平方公里,人口13.39亿。根据宪法的规定,印度为联邦制国家,是主权的、资本主义的民主共和国,采取英国式的议会民主制。联邦议会由联邦院(上院)和人民院(下院)组成。司法机关由联邦最高法院、州高等法院和地方法院构成。其中,最高法院由1名首席大法官和25名陪审法官构成。这些陪审法官均由首席大法官举荐,并由印度总统任命。[①]

印度在英国法律制度的影响下建立了对抗制诉讼模式,但以友好方式解决纠纷的文化基因依然存在。20世纪90年代,受"接近正义"(access to justice)运动的影响,印度开展了一场声势浩大的民事司法改革,完善调解制度是其中的一项重要内容。1996年,立法机关颁布了《仲裁与调解法》,正式将调解制度纳入法律框架。但在实践中,当事人和律师仍很少选择调解的方式解决纠纷。由于经济的快速发展,纠纷数量不断增多,加之调解制度处于虚置状态,印度法院面临日益严重的司法危机。2015年,印度法院积压的案件超过2700万件,其中600万个案件的庭审时间已经超过5年。[②] 为缓解司法的压力,立法和司法部门越来越重视包括调解在内的非诉讼纠纷解决机制。[③]

---

① 中华人民共和国外交部:《印度国家概况》,http://www.fmprc.gov.cn,下载日期:2018年5月28日。

② 黄雪杉:《一官司一甲子,不可思议的印度司法》,载《法制日报》2016年9月5日第7版。

③ 非诉讼纠纷解决机制与替代性纠纷解决机制意思基本相同,Alternative Dispute Resolution,简称ADR。

2015年,联邦议会通过《仲裁与调解法(修正案)》。① 修改后的《仲裁与调解法》进一步完善了调解制度。

一、印度调解制度的发展背景

(一)文化传统的延续

印度的调解制度早在雅利安人时期就已萌芽,在吠陀时代已有基层调解制度,中世纪前后建立了潘查亚特制度(Panchayati)。② 潘查亚特制度与乡村秩序紧密结合,在乡村治理中发挥着重要的作用。通常认为,印度早期乡村部落里的纠纷解决方式是调解制度的雏形,并深深影响了现代调解制度。在印度现代调解制度中,调解员类似于部落里的智者(pancha),引导着整个调解程序的进行。智者通过鼓励纠纷双方在调解中自主表达观点,以求有效地调和矛盾,最大限度地维护纠纷双方的利益。与早期调解制度不同的是,在现代调解制度中,调解员无权作出有约束力的调解决定。③

(二)早期立法的驱动

印度独立后,议会制定了宪法,开始重视公民的基本权利。政府积极推动经济改革,促进国有企业、金融机构的发展,提高民众物质生活水平。在人口增加和经济活跃的背景下,尽管法律规定了不少权利及救济措施,但单一的法庭司法模式无法应对诉讼案件的激增,由此产生了不少司法问题,如案件积压、诉讼迟延等。为此,发生纠纷后,民众不愿在诉讼上耗费大量的时间和金钱,而希望通过诉讼外的方式予以解决,如仲裁和调解等。印度仲裁制度受英国仲裁法制的影响,体系较为完善,深受民众的喜爱。④ 而调解制度由于深受

---

① 印度总统于2015年10月23日颁布《仲裁与调解(修正案)条例》[*The Arbitration and Conciliation (Amendment) Ordinance*,2015]。
② Panchayati system of justice,即印度村务委员会,也称五人长老会。
③ 张建:《仲裁中的调解与和解问题刍议》,载《南都学坛》2017年第1期。
④ 上海国际仲裁中心:《印度仲裁法制度的最新发展》,载《东方律师》2016年第2期。

部落纠纷解决模式的影响,在确立之初并未取得预期的效果,各方主体对调解制度的适用显得十分谨慎。

1947年,印度《工业纠纷法》首次以法律的形式确立调解的概念,并规定了具体的调解程序。该法第4条规定,调解员的职责是"积极促进劳资纠纷的解决"。1996年的《仲裁与调解法》规定了更为细致的调解程序。1999年通过的《民事诉讼法(修正案)》规定法院可将其审理的案件移付调解。虽然印度立法确立了调解制度,并赋予该制度某种强制力,但是其并未获得广泛的适用。为了突破这一困境,2002年《民事诉讼法》第89条规定了法院调解条款的制定及在必要时的重新制定,即如果法院认为存在和解因素,且双方同意,那么法院可用包括调解在内的其他方式解决。在成功的调解案例中,原告有权获得诉讼费的全部退还。2005年的Salem Advocate Bar Association,Tamil Nadu v. Union of India案之后,调解制度开始获得民众的信任,因此该案被认为是印度调解发展史上意义重大的案件。

(三)ADR全球化的影响

起源于美国的ADR(非诉讼纠纷解决机制的英文缩写)在全球的迅速推广,表明了其对于纠纷解决的有效性。ADR特有的功能和优势赋予纠纷主体更多的选择权,有利于满足纠纷主体的多样性需求。20世纪70年代以来,不少国家的民事司法制度陷入危机,如诉讼延迟、讼费高昂等。为此,无论是普通法系还是大陆法系国家,都大力推行调解制度,由此形成了全球调解浪潮。[①] 20世纪末期,在大法官沃尔夫勋爵的领导下,英国对民事司法制度进行综合性的改革。一方面,改革不再局限于某个部分,而是着眼于民事司法制度的整体;另一方面,改革不仅仅涉及法律条文,还涉及原有诉讼文化与诉讼理念。其中,最大的变化是纠纷解决机制的单一化转向纠纷解决机制的多元化。[②] 处于转型中的印度注重学习与借鉴英国先进的法治经验,积极发展调解制度。

[①] [澳]娜嘉·亚历山大主编:《全球调解趋势》,王福华等译,中国法制出版社2011年版,第2页。

[②] 齐树洁:《英国民事司法改革及其借鉴意义》,载《河南省政法管理干部学院学报》2001年第4期。

二、调解制度的主要内容

1996年的《仲裁与调解法》以联合国国际贸易法委员会的《调解规则》为基础。该法并不是为了取代原有的诉讼制度,而是旨在促进调解制度的实质性发展。根据该法第61条的规定,除法律规定或当事人另有约定外,调解适用于所有纠纷。

(一)调解的概念及特征

调解是以当事人为中心的自愿协商过程,中立的第三方运用专业的沟通技巧协助当事人解决纠纷。当事人自主决定是否将纠纷提交调解及调解过程的有关事项。调解员发挥着协助沟通以促进纠纷解决的作用。印度调解制度具有如下特征:

首先,调解是自愿性的程序。当事人自主决定是否进行调解及调解的有关事项。即使法院已将案件强制移送调解,当事人仍控制着调解进程,无须给出任何理由即可终止调解程序。因此,自愿性是调解程序的本质属性。

其次,调解是以当事人为中心的程序。调解程序强调当事人的直接参与,虽然调解员、代理人和其他参与者在调解程序中扮演着不同的角色,但是当事人对纠纷的解决起着关键性的作用。

再次,调解是非正式的程序。调解程序不受证据规则和正式议程的约束,调解进程可依当事人的意愿予以灵活调整,也可因调解过程中的突发事件而中断或终止。

复次,调解是协商性的程序。调解不仅涉及事实和法律,更关切纠纷产生的深层次原因。因此,调解应关注事实、法律和当事人的根本利益。调解程序旨在达成纠纷双方都能接受的解决方案。在调解的过程中,调解员应保持客观公正,不受个人偏好的影响。调解员的主要任务是运用专业的沟通技巧促进协商,防止程序陷入僵局,推动调解程序向前发展。

最后,调解是保密性的程序,即不公开调解过程和结果。未经当事人的书面同意,当事人在调解过程中所作的陈述不得对外披露,不得用于诉讼、仲裁等程序。此外,除非经当事人一方同意,调解员不得将他提交的信息向另一方披露。案件的调解结果应以书面形式作出,并由双方当事人签字并归档。若调解失败,调解报告不必说明原因,只需注明"未解决"的字样。

(二)调解的基本原则

调解的基本原则是调解精神的集中体现,表明了调解的性质。印度调解制度的基本原则主要有以下几项:(1)非对抗性,即当事人为友好解决纠纷可作某种程度的妥协,不必遵循法定的权利和义务。(2)自愿性,即任何一方可以随时启动或终止调解程序。(3)灵活性,即调解员基于效率的考虑而灵活选择程序。(4)协议的非强制性,即当事人协商解决纠纷,而非代之以有约束力的决定。

(三)调解员制度

2005年6月,印度最高法院在审理 Salem Advocate Bar Association v. Union of India 一案中,通过 SCC(Supreme Court Cases)第344号判例承认了《民事调解示范规则》(*Model Civil Procedure Mediation Rules*)。该规则由时任印度法律委员会主席 M. J. Rao 发起制定。大多数高等法院采用了该规则。

1. 调解员的资格

《民事调解规则示例》对调解员的任职资格作了规定。为确保调解的公正性,在职法官不能担任调解员。但并非所有退休法官均可担任调解员,只有最高法院、高等法院及区法院的退休法官可担任调解员;在最高法院、高等法院及区法院中,具有15年以上法律从业经验的人员退休后也可担任调解员。除此之外,以下几类人员也可担任调解员:(1)专家或具有15年以上从业经验的专业人员;(2)已退休的政府高级官员或高级管理人员;(3)高等法院许可的调解机构的专家。

调解员应遵守一定的道德和行为准则。最重要的是避免利益冲突,尤其应避免调解员与纠纷解决结果存在直接利害关系;如果存在间接利害关系,调解员有义务在调解开始前向当事人说明。在此种情形下,除非当事人一致同意,该调解员不能继续参与调解。此外,调解员还应保持中立、确保当事人的自愿性、明确调解程序的保密性等。

2. 调解员的培训

即使是完全结构化的运作机制,对于运用它的人而言,也需经过培训后才能熟练掌握。调解作为非诉讼纠纷解决机制也不例外。在印度,调解员的培训以结构为基础,以结果为导向,重点在于提高调解员的理论与技能水平。①该培训须遵循全国统一的标准,培训时长至少 40 小时,培训内容须涵盖理论与实务。为此,培训机构设置了调解的概念、调解员的角色等 17 门课程。

3. 调解员的选任

关于调解员的选任,除非双方当事人共同指定两名或三名调解员,否则将只有一名调解员参与调解程序。如果多名调解员参与案件调解,那么他们应当共同履行职责。被选任的调解员可要求当事人提交书面材料,说明纠纷性质、争议焦点和具体请求。调解员自行搜集到的案件信息,可向双方当事人披露;但当事人向调解员提交的信息,应受保密原则的限制,调解员不得随意披露。

若调解程序中只有一名调解员,应由双方当事人应协商选任;若调解程序中有两名调解员,双方当事人可各自选任一名;若调解程序中有三名调解员,当事人可各自选任一名调解员,第三名调解员应由双方当事人共同协商选任,该名调解员为首席调解员。在某些情形下,当事人可以邀请机构或个人来协助调解,也可请求机构或个人推荐合适的人选担任调解员。但在推荐或任命调解员时,该机构或个人应选择当事人双方户籍所在地以外的第三人,以确保所选任人员的独立性与公正性。

根据 1996 年《仲裁与调解法》的规定,调解员应综合考虑当事人的权利义务、交易习惯和商业惯例,独立公正地协助当事人解决纠纷。在尊重当事人意愿的前提下,调解员可在调解程序的任何阶段提出任何建议,且这些建议无须以书面方式说明理由。此外,除非法律特别规定或双方另有约定,调解员不得在仲裁或诉讼程序中担任仲裁员、代理人、律师或证人。

近年来,印度大力发展线上纠纷解决机制(ODR,即 Online Dispute Resolution)。② ODR 是一种纠纷解决的线上模式,被认为是 ADR 的重要内容。这种模式不仅可以缓解诉讼压力,而且十分便捷和高效。ODR 主要通过提供虚拟的会议室,使得当事人可以真切地面对面交流。如孟买的调解员与

---

① Supreme Court of India, Mediation Training Manual of India, https://supremecourtofindia.nic, 下载日期:2018 年 7 月 4 日。

② Namita Shah, *Making ODR the Obvious Dispute Resolution Mechanism in India*, http://www.mediationworld.net, 下载日期:2018 年 7 月 4 日。

加尔各答和科伦坡的当事人各自舒适地坐在办公室,就可以有效解决纠纷。这种将现实世界和网络空间完美结合的模式为调解方式的发展注入了新的活力。

三、调解程序

调解程序是一个动态的过程,上一阶段的工作完成后方可进入下一阶段。依据不同阶段的功能,可将调解程序分为四个阶段:(1)开场介绍及案情陈述;(2)共同会议;(3)单独会议;(4)程序终止。为促进调解程序的迅速进行,这些阶段又具有一定程度的灵活性。

(一)开场介绍及案情陈述

首先,调解员介绍自己的姓名、从业领域及从业经验等基本信息,介绍过去调解成功的类似案件。其次,调解员应表明与双方当事人无利害关系,并表达对友好解决纠纷的愿望。再次,当事人作自我介绍,以便调解员获取更多的信息。最后,调解员告知双方当事人享有协商的权利,并与当事人及其代理人沟通调解的时限和议程。如果是初级律师代理一方当事人参与调解,调解员应确认该律师的业务能力。

在案情陈述阶段,调解员重点介绍以下内容:(1)调解的概念、阶段及优势;(2)调解员、当事人及代理人的角色;(3)调解规则等。接着,调解员应向当事人强调调解的自愿性、保密性、灵活性,以及进行单独会议的必要性等。通常情况下,当事人及其代理人只可向调解员陈述。当一方当事人陈述案情时,另一方当事人不得随意打断。调解员应确认双方当事人已理解调解的有关事项。当事人若有疑问,调解员应及时释明。

一旦调解程序开始,双方当事人不应再将争议提交诉讼或仲裁,除非一方当事人认为不得不通过诉讼或仲裁程序维护其权利。

(二)共同会议

调解员应在不中断、不质疑的情形下,让当事人陈述案情、发表观点、发泄情绪并表达感受。共同会议的内容主要包括:当事人陈述案情及主张,并由当事人的各自代理人说明涉案的法律问题。

调解员应鼓励和促进沟通,并有效协调当事人之间的分歧。若调解员认为还未充分了解案情,可以通过提问的方式获得更多的信息。当事人陈述结束时,调解员须做一个总结,表明通过听取双方当事人的陈述,已了解案情和诉求。经调解员的许可,一方当事人可以回应另一方当事人的疑问。

调解员应明确当事人之间的分歧以及需要解决的问题,阻止当事人之间的攻击行为,保障调解程序的有序进行。在会中和会后,调解员可单独和当事人的代理人交流。调解员根据共同会议的进展情况、当事人的态度等确定单独会议的时间和可能的次数。若调解员认为有必要,也可回转至共同会议。

(三)单独会议

调解员可通过单独会议发现案件事实。调解员应与当事人及其代理人秘密沟通,并再次确认程序的保密性。单独会议为调解员收集更多信息和明晰共同会议期间的疑问提供机会。在此阶段,当事人可以发泄痛苦、愤怒等情绪;调解员应分析影响当事人情绪的因素,明确双方的立场和利益。此外,调解员应及时确认双方当事人已达成的合意。根据当事人的陈述,调解员自行决定是否对存疑部分提问。综合全案,调解员可提出新的解决方案。

调解员在单独会议期间的主要任务是详细审查当事人的具体请求,认真分析支持各自请求的事实和法律因素;若当事人坚持提起诉讼,可帮助当事人分析诉讼的时间和金钱成本,考虑各方的立场与预期,预测胜诉或败诉的可能性。

(四)程序终止

如果当事人就争议的解决达成合意,调解员可以召集他们签订书面调解协议。调解员也应在调解协议上签字,以表明调解协议系其在场时签署。调解协议签署后,当事人还须将调解协议送交法院审查。

若当事人未达成调解协议,调解员无须说明理由和承担责任,案件将被退回有关法院。当事人及其代理人和调解员就调解期间所获得的信息、材料等不得向法院或他人披露。

1996年《仲裁与调解法》规定了调解程序终止的事由:(1)双方当事人签署了调解协议;(2)调解员与双方当事人协商后,书面确认继续调解已无意义;

(3)双方当事人向调解员发出终止调解程序的书面声明;(4)一方当事人书面通知另一方当事人和调解员,在书面通知到达之日起终止调解程序。

调解程序终止后,调解员应确定调解费用并向当事人发出书面通知。调解费用是指与调解有关的合理费用,主要包括在各方同意情形下的调解员、参与人和证人的费用,依据法律规定提供的任何协助及与调解程序和协议有关的其他开支。除非另行约定费用的分配规则,否则费用应由双方当事人平均分担。

如果调解失败,调解员应建议纠纷双方将争议提交仲裁或诉讼。法院或仲裁机构在当事人陈述说理后作出有约束力的裁决。相比较而言,依据当事人双方合意而达成的调解协议,更有利于维护双方的关系,避免二次创伤。

四、调解与其他纠纷解决方式的关系

(一)调解与人民法庭制度

随着印度早期社会的不断发展,部落内部出现了人民法庭(Lok Adalat)的纠纷解决方式。人民法庭可以处理所有民事案件,如婚姻纠纷、土地纠纷、财产纠纷、劳资纠纷等,甚至可以处理自诉的刑事案件,相较于潘查亚特制度有了一定程度的发展。该法庭是由一名法官和多名律师组成的专家团,以中立的身份为争议双方出具和解方案。由于其权威性被公众所认可,人民法庭的和解方案通常会被双方当事人所接受,进而做到案结事了。[①] 1987年的《法律服务法》促进了人民法庭制度的发展。由于国家承担人民法庭的运行费用,减轻了纠纷双方的经济负担,民众有机会获得低成本、高效率的纠纷解决服务。从运作效果来看,人民法庭分流了不少案件,成为印度重要的纠纷解决方式。

人民法庭制度与调解制度存在明显的差异。简单地说,调解就是在中立第三方的帮助下,纠纷当事人自愿、协商、保密地达成调解协议以解决私人纠纷。调解制度的核心是从当事人的利益出发,为当事人寻找妥善的纠纷解决

---

① 张建:《评印度仲裁制度改革的得与失——以2016年〈仲裁与调解法(修正案)〉为中心》,载《印度洋经济体研究》2017年第4期。

方案。为履行这一职责,调解员应恪守独立、公正的原则。他可在调解的任何阶段提出解决纠纷的建议,但只起协助的作用。相比较而言,人民法庭制度在一定程度上弱化了当事人之间的交流与协商。

(二)调解与仲裁

在印度,一般认为调解是仲裁的先导程序。根据1996年《仲裁与调解法》第77条的规定,如果纠纷双方认为有必要,可以将纠纷提交仲裁或诉讼程序。由此可见,仲裁或诉讼并非解决纠纷的必然选择。而选择调解,意味着当事人选择以更为友好的方式解决纠纷,并保有对最终结果的控制权。因此,调解被认为是解决纠纷的理想方案,通常是由中立的第三方依据简易的程序规则协助解决纠纷。

如果调解失败,双方当事人可将纠纷提交仲裁。虽然现代仲裁制度被认为是解决纠纷的有效手段,但是也存在诸多不足,最为严重的是仲裁的诉讼化。调解则为当事人自愿解决纠纷提供了更大的空间,根据当事人的独特需求提供补救措施,鼓励当事人遵守协议并帮助修复破裂关系。

与诉讼制度相比,仲裁被认为是私人化的,但调解比仲裁更为私人化。在仲裁程序中,虽然当事人双方对日期、仲裁员等事项有一定的自主选择权,但是仲裁员有权作出具有终局性的裁决,这一裁决具有强制执行力。在调解程序中,调解员仅是协助性的角色,当事人自主协商并达成纠纷解决协议。此外,1996年的《仲裁与调解法》规定仲裁协议需采用书面形式,但没有对调解协议(Settlement Agreement)作出明确的规定。因此,调解协议可采用书面或口头形式,具有较大的灵活性。① 在仲裁期间,仲裁机构鼓励各方启动调解程序,一旦调解程序启动,当事人会被禁止再次启动仲裁程序。显然,该法的目的是鼓励当事人优先选择适用调解程序而非仲裁程序。过去几年的经验表明,仲裁既不经济,也不高效。调解是快速解决纠纷而不损害当事人关系的更为友好的方式。

---

① Vikas Goel, *Highlights of Amendment to the Arbitration and Conciliation Act 1996 via Arbitration Ordinance* 2015, http://www.mondaq.com,下载日期:2018年4月28日。

(三)调解与诉讼

现代调解制度具备一系列不同于诉讼制度的属性,并对纠纷解决的主流方式产生了全球性的影响。就这一点而言,调解给予社会自我修复的原始能力。法庭诉讼伴随很多限定性要求和例外情形,实行对抗、正式、复杂的司法程序,回溯性地发现案件事实,产生一元的、胜或败的裁判结果。相较于诉讼,调解是合意性的、秘密的、非正式的、便利的、面向未来的程序,给当事人带来矫正的、多维度的、双赢的救济。

律师参与调解可以帮助当事人消除疑虑。但有律师认为,调解会对他们的原有执业造成威胁。而事实上,调解制度的引入为律师界提供了新的执业机会,带来新的业务收入。此外,民众逐渐发现,调解不同于法庭上的激烈对抗。调解员往往能从当事人的长远利益出发,为纠纷解决提供建设性的意见。

表 26-1 印度调解制度与有关纠纷解决方式的比较

	调解	仲裁	诉讼	人民法庭制度
性质	调解是一个协商程序,非审判程序。调解员起促进作用。当事人直接参与纠纷解决并决定相关条款	仲裁是一种准司法裁决程序,由法院或当事人任命的仲裁员裁决当事人之间的纠纷	诉讼程序是法官或相关人员决定诉讼结果的程序	根据1987年的《法律服务法》第19条的规定,人民法庭制度不具有诉讼的性质;根据该法第22条B款的规定,人民法庭制度兼具调解和仲裁的某些属性
适用法律	调解程序及协议不受法规的限制和约束,因此具有灵活性	仲裁程序和裁决结果受1996年《仲裁与调解法》的约束	诉讼程序及判决结果需遵守有关的法律法规	无明确的规定

续表

	调解	仲裁	诉讼	人民法庭制度
约束力	只有当事人达成双方都能接受的协议时才具有约束力	裁决结果对双方当事人有约束力	判决结果对双方当事人有约束力	主审官员是中立的第三方
立足点	调解的协商性立足于现在和未来，当事人可不受权利义务的限制达成纠纷的解决	对抗性对双方当事人的权利义务影响重大	本质上是对抗性的，立足于过去，并确定双方当事人的权利与义务	律师可参与其中
要求	需要双方当事人的积极参与	并不总是需要双方当事人的积极参与	并不总是需要双方当事人的积极参与	需要积极参与
程序	非正式的司法程序，具有灵活性和保密性	遵循严格的正式程序	正式的公开程序，并遵循严格的诉讼流程	主审员的主要职责是说服双方当事人达成一致的意见
是否可上诉	调解协议的终局性和不可上诉性	依据特定事由对裁决结果提出质疑	裁决结果可上诉	不可上诉
参与度	在调解员在场的情况下，当事人有直接沟通的最佳机会	当事人双方不能直接沟通	当事人双方不能直接沟通	当事人双方可直接沟通
费用	纠纷经法院附属调解解决后，依据法律规定，已经支付的诉讼费用应当退还	无须缴纳诉讼费用	交纳诉讼费	无须缴纳诉讼费用

通过上述对比,印度的调解制度相较于其他纠纷解决机制,有如下优势:(1)调解强调当事人的参与,各方可自主陈述案情,并直接参与协商。(2)调解过程是自愿的,如果任何一方当事人认为调解对于纠纷的解决没有意义,可在任何阶段退出。这种自主性保障了调解结果的质量。(3)调解程序的高效与经济。根据法院附设调解的有关规定,法院应免收调解费用。(4)调解程序简单灵活。它可以根据具体情况随时调整,灵活的时间安排不会影响当事人的日常生活。(5)调解在真诚友好的氛围中进行,当事人开诚布公地商谈有助于修复和改善当事人之间的关系。(6)调解员公正独立,确保与当事人之间不存在利害关系,有助于当事人进行有意义的协商,彻底而全面地解决纠纷。(7)当事人更愿意自觉履行自主达成的调解协议。协议内容不受法定权利义务的限制,因此可以最大限度地满足当事人的潜在及长远利益。

2015年的《仲裁与调解法(修正案)》对1996年的《仲裁与调解法》作了重大修改,使得调解解决纠纷更为经济、便捷与高效,但新法也存在一些不足。为此,印度高层委员会(High Level Committee,HLC)获得授权,研究调解制度在实践中的运作情况,并审查其实际效果。为使印度成为世界知名的ADR中心,促进调解程序更为规范化,HLC于2017年7月30日提交了研究报告,建议对现行的《仲裁与调解法》进行修订。由总理莫迪担任主席的联盟内阁于2018年3月8日批准了2018年《仲裁与调解法(修正案)》草案,决定提交议会审议。

第二十七章

澳大利亚调解制度

澳大利亚位于南太平洋与印度洋之间,由澳大利亚大陆、塔斯马尼亚岛等岛屿和海外领土组成,国土面积769.2万平方公里,人口2486万(截至2018年3月)。[①] 作为新兴移民国家的澳大利亚,多种风俗文化、思维观念、生活方式相互交织融合。在司法体制方面,澳大利亚实行联邦与州相并行的二元司法体制。联邦和各州都十分重视替代性纠纷解决机制(Alternative Dispute Resolution,简称 ADR)的创新与发展。ADR 在纠纷解决领域发挥了日益重要的作用。在众多 ADR 方式中,调解的适用最为广泛。大量的纠纷在进入诉讼程序前就已通过调解得以化解。

一、澳大利亚调解制度的概况

调解在澳大利亚有着悠久的历史,早期的澳大利亚土著居民就将调解作为解决纠纷的主要方式。[②] 但伴随着欧洲殖民者的法律制度输出,传统的调解制度日渐式微。作为英联邦成员,同时作为英国前殖民地的澳大利亚,其司法理念也深受英国的影响,民众有着很强的法制观念,诉讼被视为实现正义的重要乃至唯一的方式。因此,调解在很长一段时间不被澳大利亚政府和民众所接受。随着社会经济的发展,纠纷数量呈现快速增长的趋势,但由于对抗主

[①] 中华人民共和国外交部:《澳大利亚国家概况》,http://www.fmprc.gov.cn,下载日期:2018年6月18日。
[②] 王锐:《澳大利亚联邦法院对调解服务的监督和评估》,载《法律适用》2008年第10期。

义模式下的诉讼程序冗长、低效、昂贵,①导致案件积压、诉讼迟延。为矫治诉讼程序的缺点,20世纪80年代,澳大利亚法院便尝试引进在美国迅速发展的ADR。② 上述措施的推行,得益于澳大利亚的普通法传统——法院在适用法律规则和法律程序方面,享有较大的自由裁量权。20世纪90年代以来,澳大利亚民事纠纷解决体制历经了突飞猛进的发展,对ADR的利用达到了一个高潮。

调解程序在澳大利亚家事法院中的适用最为广泛,在联邦裁判司法庭、行政上诉裁处和国家土著人权利法庭也有普遍的应用。③ 为规范调解制度,促进调解制度的发展,2011年,澳大利亚颁布了《民事纠纷解决法》(*the Civil Dispute Resolution Act*)。该法规定了一项当事人的强制义务,即在将纠纷诉诸联邦法院之前,当事人应尝试通过调解或者是类似的ADR程序解决纠纷。

澳大利亚有着丰富的调解资源,各类调解组织和机构百花齐放。民间调解与行业调解成为澳大利亚主要的调解力量,司法调解则构成调解的辅助力量。民间调解在澳大利亚有着广阔的市场。澳大利亚境内有许多民间调解机构提供付费调解服务以及其他种类的纠纷解决服务,比较知名的民间调解机构包括澳大利亚商业争议中心、悉尼争议中心、今日调解、冲突管理中心、人际关系中心、生活、生活关系网络。④ 民间调解机构拥有高素质的调解员队伍,除专职调解员外,调解机构还聘请大量执业律师、退休教授、心理学家、社会学家、退休法官、会计师等专业人士担任兼职调解员。此外,民间调解机构可以依据个案采取针对性的纠纷解决方式,以满足当事人多元化的纠纷解决需求。澳大利亚许多全国性行业组织都设有专门的纠纷处理部门,主要负责处理经营者与消费者之间的争议。1995年澳大利亚标准委员会颁布的《投诉处理标准》促进了行业组织调解的发展。⑤ 金融领域的争议解决可以说是澳大利亚

---

① 齐树洁主编:《英国民事司法制度》,厦门大学出版社2011年版,第200页。

② 范愉、李浩:《纠纷解决——理论、制度与技能》,清华大学出版社2010年版,第67页。

③ [澳]娜嘉·亚历山大主编:《全球调解趋势》,王福华等译,中国法制出版社2011年版,第35页。

④ 中国法学学术交流中心:《借鉴域外经验 完善多元纠纷化解机制建设》,载《民主与法制时报》2017年12月21日第3版。

⑤ 林广华:《澳大利亚调解制度的经验与启示》,载《中国发展观察》2010年第12期。

行业调解的典范。金融申诉专员制度不向消费者收取任何费用,其收入来源主要包括金融机构缴纳的会费和案件受理费。消费者在请求金融申诉专员处理前应当先行向金融机构申诉。若纠纷无法解决,调解员将召集当事人双方通过调解的方式解决争议。如果当事人仍无法达成一致意见,专员可以作出决定。专员的决定对于金融机构具有约束力,但是对消费者不具有约束力。此举也体现出对于消费者的倾斜性保护。司法调解是指纠纷当事人被指令、劝导或者自愿地在听证之前将案件交付给法院的工作人员进行调解。除联邦最高法院外,所有的联邦或州法院均具有调解职能。司法调解主要由以下四类人士主持:(1)法官。不过,为确保案件审理的公正,避免法官带有先入为主的偏见,倘若当事人未通过调解达成调解协议,则参与纠纷调解的法官不得参与后续的诉讼程序。(2)法院调解员。他们作为法院团队的成员,拥有丰富的专业知识和调解经验。(3)司法登记官。相较于法官,其权限受到一定的限制,如无权作出判决,但有权在调解程序中发出具有约束力的法院命令。(4)司法事务官。他们主要负责主持聆讯程序、召开案件评估会议和审前准备会议等。①

二、澳大利亚调解制度的主要内容

(一)调解员制度

澳大利亚在国家层面设立了国家 ADR 顾问委员会,为调解行业的发展提供宏观性指导。在调解行业内部,澳大利亚调解员协会作为行业自治性组织,负有制定行业标准、监督调解员行为的职责。2007 年,协会制定了《国家调解员资质认定标准》(*National Mediator Accreditation System*,以下简称 NMAS),②对适用范围、调解程序、认证标准、教育培训、准入培训、续展认证等方面作出详细的规定。

---

① 桂广涛:《澳大利亚调解机制简析》,载《人民法院报》2011 年 9 月 23 日。
② 有关《国家调解员资质认定标准》的具体内容,参见 National Mediator Accreditation System,http://www.nadrac.gov.au,下载日期:2018 年 6 月 18 日。

1. 调解员准入

澳大利亚拥有一支业务水平精湛的调解员队伍。为保障调解员的职业素养,调解员必须具备一定的专业知识、社会阅历和工作经验,以便能够胜任调解工作,独立地协助当事人解决纠纷。NMAS 要求调解员需符合下述条件:(1)品行端正;(2)遵守现行执业准则、立法要求和认证标准;(3)参加了执业保险、从业保证金或者具有劳动合同;(4)具有正规协会或组织的会员资格,并且该协会或组织应当建立了职业道德标准、投诉惩戒程序和职业培训机制;(5)具备专业调解技能,如接受过相应的教育培训或具备调解经验等。[①]

2. 调解员认证

NMAS 要求认证调解员需完成由有经验并通过认证的调解员提供的至少 38 个小时的培训课程。该培训课程应当提供至少 9 个模拟调解,其中至少有 3 个要求参与者履行调解员的角色,并且至少有 2 个模拟调解包含来自参与人导师的书面反馈。除培训课程之外,参与者还需完成一个能力评估,并由导师给出书面报告。

调解员每隔两年进行续展认证,在此期间他至少应完成 25 个小时的调解或共同调解任务。如果不能完成此项任务,调解员应对不能完成该任务提供合理的解释。此外,调解员还应参加至少 20 个小时的持续性专业发展教育。[②]除资质认证机构外,其他机构也可以向调解员提供教育培训课程,如行业培训组织、大专院校及其他相关培训机构。

(二)调解程序

1. 调解程序的启动

《民事纠纷解决法》规定,在将纠纷诉诸联邦法院之前,任何一方当事人都应当尝试通过诉前程序,以合理的方式解决纠纷。这一规定主要适用于澳大利亚联邦法院和地方法院。在诉讼程序启动之前,各方当事人均需向法院提交一份有关诉前程序的声明。在声明中,申请人应指出已采取哪种纠纷解决

[①] 蒋惠岭:《澳大利亚调解员资质认证审批国家标准》,载《人民法院报》2010 年 9 月 10 日第 6 版。

[②] 王锐:《澳大利亚联邦法院对调解服务的监督和评估》,载《法律适用》2008 年第 10 期。

方式或是未采取的理由；被申请人应陈述是否同意申请人的声明，或者是不同意的理由。当事人不履行上述义务，将会负担额外的诉讼程序与费用。

除当事人合意启动调解程序外，法院也被赋予依职权启动调解的权力。1997年《联邦法院法》第53条a款规定，案件可以在经过或不经过当事人同意的情况下提交调解，但提交仲裁仍需得到当事人的同意。2000年《新南威尔士高等法院法》第110条k款规定，如果情况合适，法院可以在经过或不经过相关当事人同意的情况下命令将诉讼案件的全部或部分提交调解。即使在当事人异议的情况下，法官依然可以启动调解程序。

2. 同意调解的协议

当事人既可以在纠纷发生之前，也可以在纠纷发生之后约定通过调解解决纠纷。在当事人约定通过调解解决双方的纠纷后，当产生争议时，调解程序往往始于一方当事人的要求。除非事先明确约定，否则当事人需要协商选择调解员，并约定调解员的任务和报酬。如果当事人选定了具体的调解机构，那么往往由调解机构来任命调解员。通常，当事人与调解员之间的协议内容包括：(1)明确约定调解员扮演的角色；(2)调解程序的经过及范围；(3)调解程序中各方的权利及义务；(4)调解的保密性及其例外；(5)调解程序的终止及调解协议的执行。

3. 调解程序的进行

澳大利亚尚未规定统一的调解程序，当事人可自主设定调解程序规则。调解员在某些情形下，也可向当事人提出建议。在启动调解程序以及任命调解员之后，调解员将组织调解准备会议，并通知双方当事人有关调解的具体程序、调解员的角色以及经各方当事人同意的调解日程表。

调解程序的核心是调解会议，其目的在于为当事人提供有关纠纷解决请求本身或者调解程序的信息，并推导出当事人在请求方面的特殊利益及其他与调解程序有关问题的信息。各方当事人以及调解员均需参加由调解员主持的调解会议。如事先未召开调解准备会议，调解员将当场陈述调解程序的相关信息以及调解员的角色，然后由当事人陈述对纠纷的见解。调解员需要通过调解会议明确当事人争议的焦点以及各方当事人的利益和地位。接下来，调解员通常会单独听取每一方当事人的陈述，目的在于确定每一方当事人所能接受的可能性。最后是全体会议，当事人将达成最终的纠纷解决协议。如果调解成功，调解程序往往以书面调解协议的达成而终结。在当事人未达成纠纷解决协议而导致调解失败的情形下,调解员需确定当事人的争议焦点,以实现诉前程序的价值。

4.调解程序的终止

如果当事人双方达成调解协议,那么调解程序自动终止。调解员若认为调解不宜进行下去,可终止调解程序,并向法院报告。《联邦法院规则》第72条规定,法院有权在任何阶段终止调解。赋予调解员或法院终止调解程序的目的在于防止当事人仅将调解视为拖延诉讼程序的策略,而非期冀通过调解程序解决争议。

(三)调解协议

1.调解协议的达成

成功的调解程序终结于当事人之间达成了解决双方争议的纠纷解决协议,该协议需采用书面形式。调解员可在遣词造句方面协助当事人,但却无权决定纠纷解决协议的内容。

即使在不成功的调解程序中,当事人之间的纠纷未能解决或者是未能全部解决,如果当事人在调解程序中就争议的焦点以及当事人的观点达成一份令双方都满意的书面声明,那么调解程序对将来诉讼程序的开展也是有益的。尤其是当联邦法院要求当事人证明其在诉讼之前已为解决纠纷作出诚挚努力时,这份声明更显得重要。

2.调解协议的执行

当事人在达成调解协议之后,可向法院申请赋予该协议法律效力,当事人也可申请法官将该协议制作成判决书。为确保协议的履行,澳大利亚法律规定,如果达成调解协议的当事人故意不履行协议、导致法院启动强制执行程序的,法院将会给予其严厉的经济处罚。

(四)调解费用

1.调解收费标准

澳大利亚的调解收费标准采用市场定价的模式,政府并未制定调解收费的指导价,但由于调解具有公益性,因此收费标准并不高。即使是纯粹的私营调解机构,譬如一些以调解业务为主的律师事务所,从事调解工作也大多出于公益心。① 尽管缺乏可靠的数据支持,但据初步估计,调解程序的平均费用仅大致相当于诉讼程序费用的5%。在当事人选定调解员时,可与调解员自由约定报酬。当事人之间承担的调解费用是不一致的,这已成为惯例。此外,《民事纠纷解决法》规定,一方当事人在诉讼之前,不尝试通过诉前程序解决纠纷,将可能承担相应的费用制裁。

2. 对诉讼费用的影响

如果调解程序不是免费的,那么调解的相关费用将被添加到诉讼费用之中。特别是在调解不成功或是调解仅解决部分纠纷的情形下,调解的费用将导致诉讼费用的增加。

3. 法律援助

对于免费的公共调解而言,并无进行法律援助的必要。在某些案件中,试图通过调解方式解决纠纷的初始尝试,是当事人获得法律援助的前提条件之一。在诉前程序(特别是调解程序)强制进行的情形下,可对当事人进行法律援助但却不是强制性的。

(五)调解保密性

调解保密性具有吸引当事人参与调解的制度魅力,也是成功调解的核心要素。② 调解的保密性在调解程序中意义重大,已成为澳大利亚调解立法活动的主题。当事人之间遵守保密义务的目的在于,为调解的各方当事人营造一种私密性的气氛,以便于他们开诚布公,并达成解决协议。澳大利亚的许多法律,如1976年的《联邦法院法》、《最高法院法》都强调当事人保密义务的重要性,尤其是调解程序中的保密义务。《最高法院法》第24条规定,在调解中所做的一切陈述、交流和讨论均通过书面协议的形式记录并严格保密。1995年《证据法》规定了调解保密性的一般条款,该法第131条第1款规定,当事人在协商解决纠纷过程中所作的陈述,在其他程序中禁止使用。但该法的第131条第2款又列举了一系列的例外情形,尤其是在一方当事人明确表示同

---

① 中国法学学术交流中心:《借鉴域外经验,完善多元纠纷化解机制建设》,载《民主与法制时报》2017年12月21日第3版。

② 肖建华、唐玉富:《论法院调解保密原则》,载《法律科学》2011年第4期。

意使用其陈述,或者相关陈述可防止欺诈和权利滥用的情形下。2011年通过的《民事纠纷解决法》指出,1995年《证据法》第131条的规定继续适用。

1. 保密的信息

调解保密性原则的适用范围相当广泛,原则上当事人在调解程序中交换或披露的任何信息都应当受到调解保密原则的保护。调解中当事人所作的任何陈述以及承认,都不允许在法院或其他机构进行的程序中提出。任何出于调解目的而准备的,或在调解过程中提出的,或是作为调解结果的文件及其复制品都不允许在上述程序中提出。

违反相关的保密义务意味着对法庭的藐视,当事人将会遭到制裁。但是,对于意图纠正非法披露信息行为的受害一方当事人,其并无直接与获得该信息的第三方当事人接触的权利。西澳大利亚州最高法院认为,只有受害一方当事人的律师在征得法院的许可之后,才有权提交一份纠正的声明,并发给第三方当事人。总体而言,调解保密义务适用于所有类型的调解程序。

2. 保密性的例外

1995年《证据法》列举了保密特权的一系列例外情形,包括所有当事人均同意公开,或者不公开将引发严重的刑事犯罪等。在此前的法律规定中,澳大利亚法院已经将这些例外情形适用于调解程序。由于2011年的《民事纠纷解决法》保留了1995年《证据法》第131条的规定,因此,上述例外情形同样适用于民事纠纷的解决。

三、澳大利亚家事调解制度

澳大利亚非常重视家庭立法和家事纠纷的解决。1975年颁布的《家庭法》(Family Law Act 1975)设立了专门处理私人家庭纠纷的家事法院。其主要形式是在联邦高等法院内部设置家事法庭,并在各主要城市及部分地区设置联邦家事法院。家事法院设立伊始即提供专门的调解服务,与冰冷生硬的判决书相比,灵活温和的家事调解更能满足家事纠纷解决的特殊性。任何有可能向法院提起诉讼程序的人都有权直接向家事法院申请委任"家庭及儿童调解员"。家事法院经双方同意有权将相关法律程序转交调解员处理。若法院认为"家庭及儿童调解员"有助于纠纷的解决,则有责任建议其寻求调解员的协助。为促进纠纷的解决,法院将中止诉讼程序的进行,以便当事人双方接受调解。

澳大利亚于1988年制定了《子女抚养费(登记与收取)法》《子女抚养法修正法》;1989年制定了《子女抚养费(评估)法》。根据联合国倡导的"儿童最大利益原则"和人权保护理念,以构建和谐家庭为总目标,澳大利亚将家事纠纷的调解由替代性纠纷解决方式升级为"主要的解纷方式"(即 PDR,Primary Dispute Resolution)。《2008年家庭法修正法》增设了家庭纠纷解决机制(Family Dispute Resolution Mechanisms)。该机制囊括了家事调解、家庭咨询及仲裁服务等方式。家事调解员从以下几个方面帮助当事人:(1)分析存在的问题;(2)找出解决问题的方法;(3)在合适的情况下,尝试达成纠纷解决方案;(4)如果家事纠纷涉及未成年人,当事人双方应当作出最有利于未成年人的决定。

(一)家事调解的核心:子女最大利益原则

澳大利亚家事法院自成立以来,一直致力于探索因离婚导致的子女抚养及财产纠纷的解决方式。实践证明,纯粹依靠家事裁判并不能完全及时有效地解决家事纠纷,法院也意识到家事调解在处理离婚、子女抚养及情感抚慰方面的重要作用。① 澳大利亚根据联合国《儿童权利公约》的精神,颁布了《1995年家庭法改革法》,确立了子女最大利益原则。② 家事调解也以此为基本原则。当夫妻因离婚问题诉至法院时,调解员及法官不仅要考虑其意愿,也要考虑离婚对子女的影响。在2012年的 Cheever v. Barrie③ 一案中,调解员鼓励双方以一种"更合作、更尊重、更富创造性的方式进行沟通与决策"。鉴于"他

---

① 澳大利亚各州或地区都建立了各自的儿童法院,下设家庭分院,其审理有关危险情况下儿童的保护和照管等案件。家事法院则是专门处理离婚、与家庭有关的儿童的一般民事案件,以及由于家庭破裂而引起的财产纠纷案件的专门法院。

② Vicky Kordouli 认为,子女最大利益原则有狭义和广义之分。前者以子女的幸福为最大利益;后者认为,父母的幸福会对孩子产生影响,因此在影响孩子幸福的范围内也要考虑父母的利益。家事法院持后种见解。参见 Jonathan Crowe & Lisa Toohey, From Good Intentions to Ethical Outcomes: The Paramountcy of Children's Interests in the Family Law Act, *Melbourne University Law Review*, 2009, Vol. 33, No. 391.

③ Cheever v. Barrie [2012] FMCA fam 869.

们之间的'战争'导致了孩子们持续的焦虑和对家庭环境的不满",调解员以对孩子们的心理治疗为切入点,充分运用其教育学、心理学的知识背景,向父母阐明其行为对孩子人格塑造、生活环境的重大影响,并建议父母及孩子参加家事调解中心设立的分离咨询项目。该项目为孩子们提供了表达想法、抒发情感的机会,有利于疏导其心理郁结;同时为父母提供个别辅助,引导其日后更加注重孩子的需求。

家事调解贯彻子女最大利益原则,有利于实现双赢。父母通过调解员的疏导学会如何更好地尊重对方、和谐相处,尽可能地减少离婚等纠纷给子女带来的影响;子女亦有权表达想法或愿望,获得帮助,开发自身的潜能。当子女利益与父母利益指向一致时,应同时考虑两者而无须将子女利益置于优先地位。[①] 但并非所有情况下都能兼顾两者的利益,在父母冲突难以调和的情况下,调解仍应以子女最大利益为首要原则,调解员可建议一方父/母暂停探视或者分离父母责任。[②]

(二)家事调解的适用条件

虽然澳大利亚将家事调解视为解决家事纠纷的重要途径,但是并非所有的家事纠纷都适宜调解。当事人将案件提交法院后,法院的家事调解员必须对当事人的情况进行评估,以决定是否适用调解程序。家事调解员在评估时需全面考虑影响双方自愿磋商的因素,主要包括是否出现家庭暴力;是否存在安全问题;双方在交涉时是否享有平等的权利,如,当事人之间是否有经济或语言能力方面的差距;儿童是否存在受虐待的风险;双方在感情、心理和身体上是否健康;调解员认为与调解有关的其他事项。[③] 如果调解员在评估后认为纠纷适合调解的,可以依法进行调解;反之,如果调解员在评估后认为不适

[①] AMS v. AIF [1999] 199 CLR 160. 在该案中,Kirby法官认为,子女最大利益原则并不是抚养案件中的唯一考虑因素,但是如果孩子的利益与父母的利益相冲突,应当以子女的幸福和权利为先。在2000年的 A v. A:Relocation Approach 一案中,家事法院也强调了该原则。

[②] [澳]帕瑞克·帕金森:《子女最大利益原则的适用:二元因素的影响》,罗杰译,载陈苇主编:《家事法研究》(第6卷),群众出版社2011年版。

[③] Tomo A Itobelli, *Family Law in Australia-Principles & Practice*, LexisNexis Butterworth, 2003, pp. 622～627.

合调解的,其应当告知当事人采用其他纠纷解决方式。

(三)家事调解的主体

1. 调解主体的角色功能

澳大利亚家事法院由法官、司法登记官、登记官以及法院调解员等组成。为了确保司法公正,家事法官不能主持调解,但可以为当事人提供调解指南。登记官是法院的专职律师,熟知家事法律,有权从事离婚、赡养等家事纠纷的调解;调解员是合格的社会工作者和心理学家,擅长就有关未成年子女的纠纷案件进行调解。[①]

2. 调解主体的资质要求

1984年《家庭法条例》(*Family Law Regulations* 1984)明确规定了调解员的任职资格:(1)调解员须已获得法律或社会科学等学科的学位(或曾修读一年以上的调解或纠纷解决全日制课程)。(2)调解员须不断地接受相关训练,维持相应的专业水平。2008年《家庭法(家事纠纷解决从业者)条例》第5条、第6条[②]在 NMAS 的基础上部分修正了家事调解员的资格要求,规定调解员应具备如下条件:(1)持有家事纠纷调解全日制本科文凭。(2)持有硕士学位。(3)持有适当资质,或曾接受任命从事调解并被评定为合格,或修满硕士课程学分。[③] (4)2009年6月30日前,注册于家事纠纷解决登记处,参加三门特定课程学习并被注册机构评定为合格,或完成硕士学位课程。此外,调解员还应具备以下条件:未被州或地方法律禁止从事儿童工作;在各州或地区依法雇佣儿童工作者,能提供家事纠纷解决服务;有适当的投诉机制;适合承担家事纠纷调解的功能和责任;未被剥夺任命资格。

---

① Alastair Nichiolson, Margaret Harrison, Specialist but not Unified: The Family Court of Australia, *Family Law Quarterly*, 2003, Vol. 37, No. 3.

② Family Law (Family Dispute Resolution Practitioners) Regulation 2008, http://www.comlaw.gov.au,下载日期:2018年6月18日。该条例第6条还具体说明了投诉机制的设置,以确保家事调解的有效开展及家事纠纷的解决。

③ 具体标准如下:拥有或被授予适当资质,或已符合全国调解员资格评审标准,并为有权的调解任命机构所任命;或被注册培训机构评定为合格;或完成硕士学位课程。

3. 家事调解的特别辅助机构

调解员往往与家事法官组成调解委员会，共同实施调解事务。为了提高调解实效，调解委员会必须"介入法律问题背后的人际关系"[①]，了解家事纠纷的来龙去脉，因此，法院设立了家事顾问[②]，负责调查事宜。顾问并非调解的主持者，而是作为家事法院的特别辅助机构。

澳大利亚家事法院调解主体的设置正是家事纠纷的特殊性使然，也体现了该国立法和司法机关对家事纠纷解决机制的重视。

（四）家事调解的实施过程

1. 家事调解前置程序

《家庭法》规定，凡涉及父母对子女的抚养纠纷或向法院申请抚养令时，当事人必须向法院提交由家事纠纷调解员出具的已进行调解服务的证明，除非出现家庭暴力、子女虐待或者紧急事项等特殊情形。除此以外，所有分居的父母在向法院申请养育令之前，也必须尝试通过调解解决纠纷，否则该纠纷将不被法院受理。

2. 家事诉讼程序中的调解

澳大利亚家事法院调解最显著的特点是多层次、多元化，调解贯穿于诉讼的始末。[③] 只要当事人有调解的意愿，法官即中止审理程序，为其安排调解员，确定调解的时间、地点。具体流程如下：首先，由当事人提交申请。经双方同意，法官可将案件转介调解。其次，召开庭前信息会议。由登记官或调解员初步了解案件争点，介绍相关司法程序，使当事人充分了解可利用的调解服务以及未成年子女利益的重要性。该会议为必经阶段。再次，举行案件评估会议。由调解员、登记官分别或共同主持，答复申请人关于调解程序的疑问，评估个人意愿以便提供更有针对性的服务；如果评估结果表明该案不适合调解，

---

① ［日］中村英郎：《民事诉讼制度和理论的法系考察》，陈刚、林剑锋译，载陈刚主编：《比较民事诉讼法》（第1卷），西南政法大学印行，1999年。

② 多数国家在家事法院内设专门的家事调查官，但在澳大利亚，则由家事顾问行使调查官的职责。

③ 本章所称的"家事调解"不涉及社区组织CBOs的调解教育、调解服务等诉前调解，但包括进入法院而尚未进入审判程序的家事调解。

则转介其他服务。最后,进行调解。在双方同意的情况下,视案件性质采取不同的程序:(1)对于仅涉财产问题的争议,由熟悉财产事务的登记官主持。(2)涉及子女问题的争议,则由调解员主持。(3)对于同时涉及上述两类争议的案件,则委派一名男性和一名女性担任登记官和调解员,共同主持"联合调解会议",以兼顾性别平衡。

四、简要的评析

澳大利亚现代调解制度的历史已有30余年,立法和司法部门与时俱进,不断扩展充盈调解制度的内容。据澳大利亚有关部门统计,发生纠纷之后,大约92%的当事人采用调解途径解决纠纷,采用诉讼途径解决纠纷的当事人只有8%。[1] 澳大利亚调解制度快速发展的原因可归纳为以下几点:(1)诉讼成本的倒逼机制。众所周知,澳大利亚的诉讼费用高昂,且诉讼费用与法院级别呈正相关关系,即越高级别的法院当事人支出的诉讼费用越多。例如,在地方法院立案需要398澳元,而在州法院立案却需要2500澳元。反观调解,其纠纷解决成本远低于诉讼,许多公益性的调解组织甚至免费向当事人提供调解服务。纠纷解决成本是任何理性人选择纠纷解决方式的首要考虑因素。高昂的诉讼费用实际上变相鼓励当事人选择包括调解在内的其他ADR解决纠纷,从而实现案件分流。这不仅有利于降低纠纷解决成本,缓解案件积压,提高诉讼效率,为澳大利亚民众接近正义(Access to Justice)提供了便利,还有利于法院集中资源审理疑难复杂案件,实现纠纷解决资源的优化配置。(2)政府对调解的鼎力支持。澳大利亚调解制度由过去的备受冷落到如今的广受欢迎离不开政府不遗余力的支持。政府在全国各个社区都设立了司法社区中心、法律援助中心和家庭关系中心。此外,政府还通过购买服务的方式斥巨资购买民间调解机构的服务。(3)高度规范的调解员认证体系。调解员作为调解程序的核心关键人物,其能力素养直接关系到调解程序能否顺利开展。澳

---

[1] 曹佃杭:《从澳大利亚调解制度看我国调解工作的改革发展》,载《人民调解》2005年第5期。

大利亚制定了全国统一的调解员资质认定标准,对于调解员的准入门槛作出细致周全的规定。随着纠纷类型的不断更新,调解员同样必须学习,不断提升自己的专业知识,故调解员资质认定标准也强制要求调解员需要接受教育培训。正因为对于调解员资格的严格把关,使得澳大利亚调解制度深得民众的信赖与认可。(4)法律规范的倡导。澳大利亚颁行了许多法律,倡导当事人选择调解解决纠纷,2011年的《民事纠纷解决法》正是其中的范例之一。该法将调解程序或其他ADR程序设计为一个强制当事人参加的诉前程序。

值得一提的是,澳大利亚ADR的创新也始终走在世界前列。早在2002年,澳大利亚第一个ODR(Online Dispute Resolution,简称ODR)平台便正式上线运行。2017年,澳大利亚国家法律援助机构(National Legal Aid,简称NLA)开发了在线家庭法争议解决系统,以便利当事人在线解决家事纠纷。然而,不可否认,调解制度在处理社会深层次纠纷面前却束手无策。虽然存在种族平等组织和土著权益审裁庭等机构,但是此类机构对于解决土著权利争端力有未逮。

总而言之,澳大利亚调解制度在实践中不断创新,其先进的经验值得学习与借鉴。未来澳大利亚调解制度将继续向着规范化、体系化、专业化的方向迈进。

第二十八章

南非调解制度

南非共和国(The Republic of South Africa)于1961年5月31日成立,位于非洲大陆最南部,是一个多种族国家,国土面积1219090平方公里,人口5652万(2017年)。1994年临时宪法是南非历史上第一部体现种族平等的宪法。法院系统由宪法法院、最高上诉法院、高等法院、地方法院、治安法院和酋长法庭组成。① 从法的归类来看,南非以及受南非法影响的国家自成一个独立的法族,值得单独研究。② 从经济角度看,南非之于非洲正如美国之于世界,它有着较为完善的基础设施和健全的国民经济体系。

在非洲大陆,以和解协商为核心的习惯法长久存在,近代以来虽遭受到殖民统治的巨大冲击,但习惯法及其实践仍保留至今。③ "二战"结束后,南非积极争取独立运动,于1961年摆脱英国控制并成立南非共和国,新政府切实推进政治经济改革。在这一过程中,南非社会深陷种族冲突的漩涡,传统的司法制度难以有效回应。由于种族隔离的废除、和解进程的开启,新南非进入经济较快发展、政治民主化的时期。④ 随之而来的是,与其他国家一样,南非的诉

---

① 中华人民共和国外交部:《南非国家概况》,http://www.fmprc.gov.cn,下载日期:2018年5月28日。
② 南非法是一种典型的混合法。一方面,从历史发展来看,南非本是黑人的家园,土著人固有的习惯法及酋长法庭长期保留下来;另一方面,自17世纪以来在南非占统治地位的却是欧洲移民带来的法律,先有荷兰法,后有英国普通法,二者相互竞争,相互作用,共同形成了今天南非独具特色的混合型法制。参见夏新华、刘星:《论南非法律体系的混合特性》,载《时代法学》2010年第4期。
③ 王奎:《南非习惯法的历史发展》,载《佛山科学技术学院学报(社会科学版)》2011年第1期。
④ 杨立华:《南非的民主转型和国家治理》,载《西亚非洲》2015年第4期。

讼程序变得冗长且昂贵。① 在习惯法传统、种族冲突频发、司法危机严重的情势下,立法者和司法者开始重视包括调解在内的 ADR 制度。20 世纪 90 年代以来,替代性纠纷解决机制(ADR)的实践在南非更加普遍。独立调解服务协会的建立使得延续传统的调解制度在南非复兴。专业的调解员培训以及诊所式法律教育对调解技能的强调,则为该国调解制度的持续发展提供了有力的保障。物质文明与政治文明均较为发达的新南非后来居上,以传统非洲社会的协商机制为基础,紧跟世界纠纷解决机制的发展趋势,创造了独特的调解制度。

一、南非调解制度概述

(一)发展背景

1.承袭法律传统。非洲国家的法律制度深受西方法律文化的影响,几乎所有的非洲国家独立后都保留了前宗主国强加的法律制度,并在此基础上不断发展。② 南非的法制形成于荷兰东印度公司在开普敦的殖民地时期,随后英国取代荷兰,法律体系逐渐被英国法取代,其后又经历了"再次民法化"、种族隔离结束后新宪法的颁布等过程,最终形成了糅合英国法与荷兰法的混合法系国家。③ 此外,英国对南非实施的是间接统治,其在移植英国普通法的同时,承认当地习惯法的适用空间和酋长法庭的生存空间,临时宪法和新宪法亦对土著酋长制度及传统习惯法的有效性予以承认,因而酋长法庭仍然在南非广大的乡镇地区发挥着不可替代的作用。④ 其实,在传统非洲的社会,从法律

---

① [澳]娜嘉·亚历山大主编:《全球调解趋势》,王福华等译,中国法制出版社 2011 年版,第 308 页。

② 贺鉴:《大陆法系对英语非洲国家宪法的影响——以法、德两国宪法对南非宪法的影响为例》,载《湖南科技大学学报(社会科学版)》2010 年第 2 期。

③ [南非]科尼利厄斯·G.凡·德尔·马尔维:《大陆法系与普通法系在南非与苏格兰的融合》,翟寅译,载清华法律评论编委会主编:《清华法律评论》(第 4 卷第 1 辑),清华大学出版社 2010 年版。

④ 江必新:《埃及、南非司法制度见闻》(下),载《中国审判》2007 年第 11 期。

文明形成时起,血缘亲属关系在社会关系体系中就占有突出的地位,社会主体宁愿选择非诉讼的方式来解决纠纷。具体而言,在南非境内早期已居住着包括科伊人、桑人、科萨人等许多土著人,他们组成不同的部落,由酋长或长老领导,部落成员之间的争端常由酋长或长老根据习惯法解决。① 纠纷总是与社会交往相伴相随的。当时的土著部落过着狩猎与游牧生活,流动较大,相互间交往较少。这就决定了矛盾纠纷的解决必须以恢复和睦、促进团结为目的,采取简便快捷且能最大限度地维护人际关系的非诉讼纠纷解决方式及时解决。②

2. 调和种族冲突。自欧洲殖民者17世纪中期侵入非洲南端以来,白人种族主义制度以排斥和剥夺非洲原住民族及其他"非白人"族群的生存和发展权利为特征,通过种族主义的法律制度和国家机器,维护欧洲移民后裔和白人资本对南非土地和资源的控制,造成了南非种族间政治、经济和社会的割裂与对抗。为了争取在自己的土地上生存和发展的权利,南非的原住民族和"非白人"族群进行了不懈的反抗。南非在20世纪中迅速推进工业化和现代化,但这并未导致种族统治的放松。相反,政府不断运用现代国家的强大机器强制实行种族隔离。例如,尽管高级法院不时作出判决以减弱或延缓新的种族隔离措施所造成的冲击,下级法院对于触犯种族法规的行为还是继续并且大规模地加以惩处。③ 20世纪60年代,南非国内兴起"黑人觉醒运动",倡导广义的黑人团结。20世纪80年代后,反种族隔离斗争走向更广泛的联合,形成学生运动、工会运动和各界人民的反抗高潮。④ 随着社会冲突日益尖锐化,"司法温情主义"也越来越难以应对日益高涨的种族运动。社会的分裂冲突的调和并非传统司法制度以一己之力可实现的。从法律史和比较法的视野来看,调解被视为增强民间自治能力(empower)的方法之一。⑤ 为此,南非立法者

---

① 朱伟东:《南非共和国国际私法研究——一个混合法系国家的视角》,法律出版社2006年版,第76页。

② 李松长:《南非民事诉讼法的演变》,载《辽宁经济管理干部学院学报》2008年第2期。

③ 阿尔比·萨克斯:《南非的法律和司法》,载《环球法律评论》1981年第1期。

④ 杨立华:《南非的民主转型和国家治理》,载《西亚非洲》2015年第4期。

⑤ 范愉:《非诉讼程序(ADR)教程》,中国人民大学出版社2016年第3版,第58页。

和司法者冀望以和解为核心的调解制度成为调适种族冲突的有效措施。调解的运用有助于实现各种族间的宽容和解精神,这是南非民主改革最主要的特征,也是取得成功的关键。①

3.缓解诉讼压力。1994年4月27日新政府成立后,着力改造和整顿旧的司法系统。政府的重建与发展计划(RDP)强调,必须按照1996年新宪法的规定,不分种族和人人平等的价值原则改造司法体系,最终建立起全国统一、公开透明、对全体公民公正负责的司法体系。② 然而,回归到司法实践却是另一番景象。审前程序复杂耗时,法官超负荷工作,案件拖延现象屡见不鲜,南非的民事司法制度已变成一种成本昂贵、运行缓慢、程序烦琐的司法制度。③ 首席大法官桑代尔·尼科博在2011年7月8日召开的第三次全国司法会议④上发表的演讲中提到,各级法院开始采取措施,妥善应对司法中的拖延和案件积压现象,有些法院已尝试引入了替代性纠纷解决机制来缓解积压的案件。而放眼全球,诉讼爆炸已成为一种普遍的社会现象,诉讼的高成本和迟延成为世界性的问题,由此引发了全球范围的司法改革运动,各种替代性纠纷解决方式应运而生。现代调解的兴起与发展逐步改变了传统的纠纷解决方式的结构,促使人们对司法理念以及某些法律观念进行重新思考。⑤ 在这样内解压力、外应潮流的情况下,南非调解制度的复苏与发展势不可挡。

(二)发展历程

在传统的非洲社会中,很少对违反习惯法的行为采取制裁措施,因为冲突

---

① 潘兴明:《南非种族冲突的化解与现代化之路》,载《南京大学学报(哲学人文社会科学版)》2005年第6期。

② 杨立华主编:《南非》,社会科学文献出版社2010年版,第206~212页。

③ [南非]桑代尔·尼科博:《把正义分配给每一个公民——从现实出发的南非司法改革》,蒋惠岭、蒋丽萍译,载《人民法院报》2012年12月7日第6版。

④ 桑代尔大法官强调此次以"获得司法救济"为主题的会议意义非凡:这是南非第一次将各界、各部门的领导人以及非政府组织、私营机构、学术机构的代表、优秀法学家聚集到一起,行政、立法和司法部门第一次共同反思、探讨南非的司法制度改革。参见[南非]桑代尔·尼科博:《把正义分配给每一个公民——从现实出发的南非司法改革》,蒋惠岭、蒋丽萍译,载《人民法院报》2012年12月7日第6版。

⑤ 齐树洁:《程序正义与司法改革》,厦门大学出版社2010年第2版,第81页。

主要是通过双方同意的协商机制进行的。当时西方国家的争议解决倾向于诉讼而不是协商的方式,由此导致法院判决和仲裁员裁决成为民事司法体系中争议解决的主要方式。因此,传统非洲社会存在的协商机制作为主要的冲突解决方式曾一度被殖民主义所扰乱。南非独立调解服务协会(IMSSA)的建立使传统的 ADR 制度首先在南非得以复兴,其主要提供调解、仲裁和便利化的劳动纠纷解决服务,并进一步扩展到社会调解领域。该协会由一群工会会员、雇主、学者和律师建立,致力于建立一个可信赖的专业化非诉讼纠纷解决机构供人们选择。当时在种族隔离状态下的法定纠纷解决机构缺乏可信度和有效性,独立调解服务协会的成立代替了这些机构。在 20 世纪 80 年代末和 90 年代,独立调解服务协会与其他组织在调解社区纠纷中发挥了积极的作用。[①]

在重建南非传统 ADR 制度的过程中,旨在指导南非建立和平民主国家的《国家和平协议》(*The National Peace Accord*)扮演了重要的角色。在该协议的推动下,从 1995 年开始,ADR 制度日渐获得了法律的支持。目前,全国共有 40 余部法律规定了调解和其他争议解决方式。1995 年《劳动关系法》[②]的通过,使得大多数的劳动纠纷通过调解的方式解决;宪法法院和公司管理条例则为商业调解提供了重要支持。自 20 世纪 90 年代末期以来,多数组织为劳动、社区、家事和环境领域的纠纷解决提供较为全面的 ADR 服务。其中,调解在婚姻和家庭纠纷以及环境领域的争议的解决中尤其盛行。

南非有很多调解服务的提供者。其中最著名的是 Tokiso 争议解决有限公司、Equillore 集团、南非调解员协会和南非仲裁基金会。[③] 除调解外,其他 ADR 方式如调解—仲裁(Con-arb)、仲裁—调解、事实调查(Fact Finding)、建议性仲裁(Advisory Arbitration)、简易化程序、一致意见(Con-opinion)等也经常被运用于解决各类民商事纠纷。

---

① [南非]John Brand:《南非的友好争议解决》,贺玉彬译,载程波主编:《湘江法律评论》(第 12 卷),湘潭大学出版社 2015 年版。
② 南非《劳动关系法》适用于除国防和情报部门以外所有行业的雇员。参见李放、卜凡鹏主编:《南非——"黄金之国"的崛起》,民主与建设出版社 2013 年版,第 152 页。
③ [南非]John Brand:《南非的友好争议解决》,贺玉彬译,载程波主编:《湘江法律评论》(第 12 卷),湘潭大学出版社 2015 年版。

外国调解制度

二、法院附设调解制度

自20世纪80年代以来,由于诉讼拖延和诉讼成本高昂,南非的司法制度屡屡受到批判。① 为此,南非试图将调解制度融合到诉讼体系中,为法院节省时间和管理上的精力,使司法专家处理更重大的疑难案件。既有的尝试主要体现在《高等法院规则》和《特定民事案件速裁与调解法》(以下简称《调解法》)中,上述规则将调解制度分别引入高等法院与治安法院。2014年,南非颁布《法院附设调解规则》,司法部要求各试点地方法院2014年12月1日开始施行这一规则。②

(一)高等法院③中的调解制度

在南非,高等法院是除治安法院外,承担乡镇诉讼较多的法院。如同治安法院进行的诉讼,高等法院的诉讼亦因其程序拖沓且成本高昂而备受批评。通过引进一系列在高等法院层次上运作的"专家法院"来重组高等法院,在一定程度上虽可缓解其效率低下的症结,但却未涉及成本较高的问题的解决。因而,在高等法院中也出现了引入替代性纠纷解决机制的现实需求。《高等法院规则》第37条的规定就是对该需求的明确回应。根据该规则第37条的规定,当事人被强制举行一次审前会议,会议的日期、时间和地点均由当事人自行协商确定,仅在其无法就上述问题达成一致意见时,法官方可对此作出相关

---

① 南非法律改革委员会:《替代性纠纷解决机制第8号讨论文件》第94号项目,第2.9节。参见[澳]娜嘉·亚历山大主编:《全球调解趋势》,王福华等译,中国法制出版社2011年版,第311页。

② Esplugues, Carlos & L. Marquis, *New Developments in Civil and Commercial Mediation*, Springer International Publishing, 2015. p. 668.

③ 南非有10个省级分区高等法院,另有3个地区高等法院,这些法院由有关省法院的法官主持。各高等法院在辖区内行使最高司法管辖权,主要审理地方法院无力或无权审判和量刑的案件。其他与高等法院同级的法院还包括:土地权益法院(Land Claims Court)、劳动法院(Labour Court)地方巡回法院(Circuit Local Diviions)。参见杨立华主编:《南非》,社会科学文献出版社2010年版,第210~211页。

的决定以打破僵局,使审前会议得以进行。当事人必须交换详述各自作出承认的目录、将要参与的被调查事项以及与审前准备相关的其他事项。会议的记录必须存档,会议记录应包含的信息种类主要包含以下几个方面的内容:(1)各方当事人对某一问题达成的解决方案的反应。(2)问题是否是通过当事人诉诸调解、仲裁或者是否通过第三方作出决定,以及作出决定的基础。(3)各方当事人作出的承诺。①

(二)治安法院中的调解制度

1991年,立法机关通过了《调解法》,该法首次将调解制度正式引入除上述专门法院外的普通治安法院,且专门构建了一个被称为"速裁法院"(Short Process Court)的新法院体制。由此,原有的普通治安法院和新建立的速裁法院均有权组织法院调解。根据《调解法》第3条第1款的特别规定,在民事诉讼中传唤当事人之前或之后的任何时间里,经双方当事人协商一致,当事人或其代理人均可将纠纷提交调解处理。但通过传唤正式启动诉讼程序后,当事人要求调解的权利将受到一定的限制。法院必须在确定调解程序不会无故拖延审判的情况下,方可将案件移交调解。然而,在一般的民事诉讼中,当事人可在法院判决作出前的任何阶段就特定的争议问题达成和解,而无须经过主审法院的批准。一旦当事人达成和解,其仅需向法院申请将该和解方案作成法院的执行命令。②

关于调解程序,《调解法》第3条第4款规定,当事人同意调解后,书记员必须为当事人和调解员指定一个合理的见面时间,由调解员在法官的办公室内对当事人进行访谈和调查。《调解法》授权司法部长制定相关规则,以明确规制与调解员访谈和调查相关的调解实践与程序。据此,司法部长于1992年颁布了《简易程序法院和调解程序规则》,通过设置诸多行政指令,规范普通治

---

① [澳]娜嘉·亚历山大主编:《全球调解趋势》,王福华等译,中国法制出版社2011年版,第317页。

② Martha Thomas Olotu, *A Comparative Study of Dispute Settlement and Resolution in South Africa and Tanzania*, Department of Commercial Law, Faculty of Law, University of Cape Town, 2012.

安法院与速裁法院中的调解制度的运行。① 正如《调解法》第 3 条所述,调解程序的目的在于促使当事人达成法院外的和解方案。纠纷解决方案达成后,调解员即向法院提交书面决议,并将决议内容记录下来。该决议自被记录时起,对当事人产生法律约束力。为鼓励当事人提交调解,该法强调,如无法就全部的纠纷达成解决方案,当事人可就其中的部分问题达成和解。《调解法》第 3 条第 1 款第 2.21 项还就调解员的选任问题作了具体的规定,如调解员必须由法院任命而不能依当事人的自行选择确定;司法部长负责从律师联合委员会或律师公会指定的人员名单中将调解员分配到每个行政区域,此举意味着调解员的来源限定于律师队伍;在调解程序中,以诉讼代理人资格出现的律师需接受基本的培训,从而确保其自觉遵守调解规则。

三、法院外调解制度

(一)家事调解

面对差强人意的离婚诉讼状况,立法机关于 1987 年通过了《离婚纠纷调解法》。② 在该法颁布之前,家事纠纷的处理机制中并无法院附设调解制度,调解服务主要由私人调解机构提供。具体而言,主要由南非替代性纠纷解决机制协会(ADRASSA)、南非调解员协会(SAAM)、南非婚姻与家庭协会(FAMSA)等非政府机构向公众提供针对家事纠纷的调解服务以及此类调解员的培训。例如,私人家庭调解员主要是律师、心理学家或社会工作者,他们接受过至少 40 个小时的家庭调解培训。

为实现"出于对子女权益的保护,当某一离婚纠纷可能涉及未成年儿童或婚姻中收养的孩子,应根据申请为其提供调解服务"的立法目标,《离婚纠纷调解法》设置了专职于离婚纠纷调解的家事辩护人办公室。根据该法第 2 条第 2 款、第 3 条的内容,基于律师参与离婚判决的经历或家事纠纷解决的经验,

---

① [澳]娜嘉·亚历山大主编:《全球调解趋势》,王福华等译,中国法制出版社 2011 年版,第 311~314 页。

② 南非 1987 年第 24 号法律,该法于 1990 年 10 月 1 日生效。

家事辩护人主要来自律师队伍。为协助家事辩护人开展调解工作,司法部长被授权任命一至两名具备专门知识、特殊资质和丰富经验的人士担任家事辩护人办公室的家事顾问。家事辩护人和家事顾问均可依法律的授权,在职责范围内要求精神病学家、心理学家等专家协助调解。根据该法第4条第2款的规定,离婚纠纷的调解是在家事辩护人认为存在对子女利益实施特殊保护的必要,而提议并事先征得法院的同意下启动,或直接依据法院的指令开始的,因而被认为是非自愿性质的调解。为此,该法第5条授权司法部长公布离婚纠纷调解的具体规则。离婚调解规则第5条第1款规定,家事辩护人可以一种其认为有利的、令人满意的方式展开调解活动,并可在认为必要时,要求任何人服从宣誓书或其他陈述的书面文件和报告。

(二)商事调解

南部非洲董事协会在2010年3月1日制定了最新版本的《公司治理准则》。[①] 该准则第81条规定:"董事和行政人员在履行公司管理职责时,有义务确保有效、快速地解决争议,这意味着必须考虑争论双方的需求、利益和权利。另外,争议解决应当节俭,不应浪费公司的财政资金和资源。"该准则第84条规定:"公司外部争议可提交仲裁或诉讼解决,然而这些并不是解决纠纷的最合理或最有效的方式。一般考虑到当事人的利益以及保持和强化商业关系的需要,调解是最有效的解决方式。"这是《公司治理准则》第一次明确地规定了ADR制度。对商业调解的另一重要支持来自2011年生效的南非新公司法。该法规定,作为向法院起诉或向公司委员会申诉的替代性选择,当事人可将争议提交给公司法庭或其他机构和个人通过斡旋、调解和仲裁的方式来解决。[②]

(三)劳动调解

南非有关劳动争议处理的立法经历了曲折发展的过程。20世纪初期,南非劳动条件恶劣、罢工运动频发并经常导致流血事件的发生,加之国际社会的

[①] 《公司治理准则》,http://www.iodsa.co.za,下载日期:2018年2月22日。
[②] 公司法庭是《公司法》设立的解决争议的法定机构,其他机构和个人是私人纠纷解决服务的提供者。

谴责和施压,南非劳动立法在这种情境下得以发展,政府制定了相关的法律以改善劳动关系和处理劳动纠纷①。其中,有关劳动争议处理机构及方式的第一次立法是1924年的《劳动争议调解法》。该法主要针对利益争议的处理,明确规定不适用于非洲本土居民。此后,该法于1937年和1956年进行修订,并且在第二次修订中规定建立一个劳动争议裁判所解决劳动争议,但是该裁判所受限于职位保留而无法适用于所有类型的劳动争议。因此,在种族隔离制度结束之前,主要的劳动争议处理机构有劳动争议委员会、调解委员会、劳动争议法庭、劳工上诉法院,其争议处理方式主要为调解、仲裁和签订认可协议。

1995年《劳动关系法》致力于消除旧制度对争议处理机制的影响,保护作为平等主体的劳动者的合法权益,使该国的劳动争议处理机制得到全面更新。② 该体制包含的劳动争议处理方式主要有调解、调解—仲裁、仲裁,以及诉讼,相应的劳动争议处理机构包括和解、调解与仲裁委员会(the Commission of Conciliation, Mediation and Arbitration,以下简称CCMA)、集体谈判委员会、私人争议处理机构和劳动司法机构③。其中,和解、调解与仲裁委员会具有曾属于劳动法庭的仲裁职能。此外,2002年《劳动关系法修正案》规定,所有的劳动争议在仲裁或判决之前必须进行调解。

1. 和解、调解与仲裁委员会

和解、调解与仲裁委员会对推动南非劳动争议解决中ADR制度的发展发挥了重要的作用。根据《劳动关系法》的赋权,该委员会作为一个以地区为基础的全国性独立法定机构,对南非共和国九省均有管辖权,其运作不受任何政党、工会或雇主(组织)联盟的干涉。其成立的目的在于建立一个得到企业、劳工和政府支持的可信赖的ADR机构,消除劳动争议解决过程中的对抗主

---

① 如1924年《劳动争议调解法》、1939年《劳动争议调解法》、1956年《劳动争议调解法》等。参见肖海英:《论南非的劳动争议处理机制》,载《中国人力资源开发》2015年第1期。

② 实际上,《劳动关系法》要求当事人在提起劳动诉讼或将此类争议提交和解、调解与仲裁委员会、集体谈判委员会或私人仲裁机构处理之前,必须将此类争议提交调解方式解决。这样做的结果是,南非大多数的劳动纠纷都是通过调解的方式解决的。参见李放、卜凡鹏主编:《南非——"黄金之国"的崛起》,民主与建设出版社2013年版,第151页。

③ 即专门的劳动法院和劳动上诉法院,参见江必新:《埃及、南非司法制度见闻(上)》,载《中国审判》2007年第11期。

义,为该类纠纷提供有效、简单、快捷、成本低廉的争端解决服务。① 该委员会由一名主席,三名政府代表,三名工会代表和三名雇主组织代表组成理事会,作为最高决策机构,主席和九名代表均由国家经济发展和劳动委员会②提名并由劳动部部长任命,任期三年。委员由理事会任命、管理。理事会必须任命必要且足够的合格委员,以使委员会有效运转,在任命时,除必须考虑能力外,还应注意各种族、性别都有相应的代表。委员会中专职委员和兼职委员并存,二者比例约为1:2.5,共同行使委员会的职能。③

在案件受理范围方面,并非所有的劳动争议都可以提交委员会处理,如涉及独立承揽人的争议、不适用劳动法律法规的争议,以及存在私人协议的争议等。但劳动法律法规所规定的劳动争议必须提交委员会解决。凡提交委员会的争议,可以通过以下三种 ADR 方式处理,即调解、调解—仲裁,以及仲裁:(1)调解。在南非,当因相互利益引发的劳动争议提交至委员会时,委员会将委派一名委员进行调解。调解在公正的基础上以不公开的方式进行,包括调停、实况调查和以咨询仲裁裁定形式提供建议。这就意味着,不要求委员提供证据证明在调解会上产生的疑问。只有当事人本人或当事人的工会或雇主组织的行政人员可以出席调解会。法律执业者没有权利出席此类调解会。如果争议未得到解决,当事人可以给予罢工或闭厂的通告,或根据具体情形,将争议提交劳动法院或仲裁机构处理。(2)调解—仲裁。委员会设置调解—仲裁程序的目的在于加快限定范围情形下的争议处理程序,例如试用期内因任何原因的雇员解雇或试用期内不公正的劳动规则。在必要的情况下,该程序允许调解和仲裁在同一天内以连续程序进行,调解不成功的争议立即进行仲裁,以获得终局的有约束力的仲裁裁决。相对于分开的调解程序和仲裁程序,当事人承受的成本要低得多,这更符合快速解决争议的原则。如果任何一方当事人反对,或者争议未能在一日内解决,则由委员会发布"争议未解决证明",

---

① Hanneli Bendeman, *An Analysis of the Problems of the Labor Dispute Resolution System in South Africa*, http://www.accord.org.za,下载日期:2018年4月21日。

② 该委员会(简称 NEDLAC)于1995年建立,包括四个办公室:贸易和工业、公共金融和货币政策、劳动市场以及发展办公室。NEDLAC是一个进入议会前的准备程序,试图在所有有关劳动、经济和发展政策的社会合作者中达成共识。

③ 肖海英:《论南非的劳动争议处理机制》,载《中国人力资源开发》2015年第1期。

该程序即告终结,进入分别的调解、仲裁程序。① (3)仲裁。在南非,如果劳动争议的调解不成功,和解、调解与仲裁委员会必须委派委员组织仲裁。劳动咨询顾问不是法律执业者,因此不能出现在任何调解或仲裁程序中,除非其获得工会或雇主组织的行政人员或者当事人的同意。仲裁被视为对案件的全面审理。委员依据不得作为证据的纪律调查结果作出的裁定,劳动法院可以取消。

委员会在实践中取得了较大的成效,主要体现在以下几点:第一,解决率提高。劳动纠纷解决率常年维持为72%,比起1956年劳动关系法下的调解委员会有很大的提高。② 第二,门槛降低,可进入性提高。委员会为指控雇主不公正解雇的雇员提供了直接进入调解和仲裁的渠道。所有部门(军队、情报机构和慈善机构除外)的雇员都可以寻求进入委员会而不用考虑其工会化,其调整范围扩展到农业雇主和家政工人。2011年至2012年,CCMA共受理了161588宗纠纷,比2010年至2011年增加了5%。③

2. 集体谈判委员会

进行登记的一个或多个工会和一个或多个雇主组织可以设立一个行业和地区的集体谈判委员会(The Labor Relations Amendment Act),它是共同雇主和工会谈判的机构,其职能主要包括订立和强制执行集体协议、防止和解决劳动争议、根据2002年《劳动关系法修正案》第51条履行争议解决职能、建立和管理为争议解决设立的基金等。2002年《劳动关系法修正案》规定,促成集体谈判应成为调整劳动和管理关系、促进劳动争议解决的重要办法。因此,集体谈判委员会有权处理当事人因集体协议或其他法定文件引发的争议,且可协议处理诸如最低工资、工作时间、超时、假期薪资、通知期限和扣减薪资等问题。经和解、调解与仲裁委员会授权后,集体谈判委员会还可执行其大部分争议解决职能。集体谈判委员会的裁定如获得和解、调解与仲裁委员会主席的证明,将具备和劳动法院指令相同的法律效力。④

---

① 洪永红、周益兰:《南非调解仲裁委员会初探》,载《河北法学》2008年第12期。

② 参见 Statement by Mr. Tito Mboweni, Minister Of Labour, At the Public Presentation of the CCMA ANNUAL REPORT, Cape Town, http://www.ccma.org.za,下载日期:2018年4月25日。

③ Esplugues, Carlos & L. Marquis, *New Developments in Civil and Commercial Mediation*, Springer International Publishing, 2015. p. 668.

④ 肖海英:《论南非的劳动争议处理机制》,载《中国人力资源开发》2015年第1期。

3. 私人争议处理机构

南非独立调解服务协会建立于1984年,是南非第一个专门处理重要劳动争议的私人争议处理机构,可以提供仲裁调停服务以处理劳动争议。与法院相比,它具有高效、非正式性和对抗性较少的特点。2000年,该协会关闭,同时成立新的托科索(Tokiso)争议解决公司以替代其地位和作用。目前,托科索已发展成为南非最大的和最有效的私人争议解决服务机构。虽然当前存在对托科索之类的私人争议解决机构的需求,但是和解、调解与仲裁委员会并未授权其他任何私人机构开展争议解决的业务。因此,为给争议当事人提供更多的选择,授权私人争议处理机构处理争议,成为一项非常紧迫的现实需求。

四、南非的调解技能培训

(一)专业的调解员培训

近年来,政府意识到调解员需要经过培训方能达到国际标准的要求,因此于2010年3月5日在南非斯泰伦博斯大学商学院的非洲争端解决中心成立了国际争端解决从业者委员会。该委员会的宗旨是对解决争端的从业者进行资质认定并发布国家认证标准,认定对象包括调解员、仲裁员还有培训员及课程评估员等。该委员会有权颁布国家注册的附属服务提供者证、经认可的争端解决从业者证、培训员证、课程评估员证。南非调解员的专业性得到了国际认可,这一专业性被传输到北爱尔兰、巴斯克地区和津巴布韦等地。其培训人员在发展中国家也广受欢迎,尤其是培训商业和雇佣领域的调解员的人员。①

(二)诊所式法律教育中的调解技能培养

南非的法律教育模式是一种三阶段的教育模式,在第二个阶段的学习

---

① [南非]John Brand:《南非的友好争议解决》,贺玉彬译,载程波主编:《湘江法律评论》(第12卷),湘潭大学出版社2015年版。

中,法学院主要通过开展诊所式法律教育,对法科生进行集中式职业培训。① 诊所式法律教育作为一种教学方法,是指法科生在以大学为依托的诊所为当事人提供法律服务而获得学分。在全球化的推动下,诊所式法律教育已经遍及众多国家。南非种族隔离制度结束之后,诊所式法律教育在新南非得到了进一步的发展。南非第一个法学院诊所由开普敦大学(University of Cape Town)于1971年3月建立,②到1996年,南非的21所大学的法学院均设有法律诊所。

在诊所式法律教育的过程中,法科生需要集中性接受法律实践的技能训练,诸多法学院与法律实践技能培训中心为学生联合开设了法律技术训练课程,如口头辩论、询问、调解与协商、辩护等技术性课程。这些技术性课程的讲授通常以小组为单位进行,以便使师生之间得到即时和充分的交流。就对学生进行法律实践的技能训练这一目标而言,诊所式法律教育不只是诉讼技巧的训练,即怎样为当事人提供法律服务,它更多地强调一种非诉讼技巧的训练,因为在诊所中会涉及大量非诉讼领域的技能培养。诊所式法律教育对法科生非诉讼纠纷解决技能培训的重视,确保了调解员的素质精良,为调解制度的发展和调解质量的提高,奠定了重要的人力资源基础。

2010年,非洲最大经济体和最具影响力的国家南非的加入,使"金砖四国"(BRICs)扩容为"金砖五国"(BRICS),从而催生出覆盖亚洲、欧洲、美洲和非洲的全方位的南南合作机制。随着合作的深入,"金砖国家"的概念早已超出了最初的经济范畴,向更广阔的领域延伸,初步显现出这一年轻的机制正在成长为新兴发展中大国在各领域进行全面对话与合作的平台。③ 在我国近年的司法改革中,调解制度受到前所未有的重视,得到迅速的发展。实践证明,

---

① 陈红梅:《南非诊所式法律教育及其对中国的启示》,载《西亚非洲》2008年第9期。

② 该诊所完全是在自愿的基础上由学生管理,由轮值私人律师指导的。其中,学生不获得学分;私人律师无任何报酬。参见 Peggy Maisel, *Expanding And Sustaining Clinical Legal Education In Developing Countries*:*What We Can Learn From South Africa*,Global Alliance For Justice Education(GAJE)North American Regional Conference,30 Fordham Int'lL. J. 374,Vol. 30,No. 1,2007.

③ 李放、卜凡鹏主编:《南非——"黄金之国"的崛起》,民主与建设出版社2013年版,第7页。

为有效应对转型时期多元化的利益冲突,需要一种多元化的思路。我们不仅要求制定相对公正的法律,也需要在纠纷解决时兼顾不同群体的特殊利益,更好地进行协调,而不是简单地作出非此即彼的判断。①

---

① 齐树洁:《依法治国与民事诉讼制度的完善》,载张卫平、齐树洁主编:《司法改革论评》(第19辑),厦门大学出版社2015年版。

外国调解制度

第二十九章

加纳调解制度

加纳共和国位于非洲西部、几内亚湾北岸,国土面积238537平方公里,人口2880万(2017年)。其司法机构分为司法系统和公共法庭系统。前者包括最高法院、上诉法院、高等法院、商业法庭、地区法院、县级法院、巡回法院、速审法院、少年法庭、检察长办公室等。最高法院为终审法院。后者是为了确保"人民参与司法程序",以最终实现司法民主化而于1982年建立的。全国公共法庭为终审法庭。① 在"接近正义"浪潮的推动下,加纳引进了现代ADR制度,颁布了《ADR法》,对传统调解制度作了较大幅度的改良。考察新制度的运行成效,可以发现非洲传统观念和西方ADR价值之间存在一定的紧张关系,导致非洲民众不愿选择利用调解来解决纠纷。加纳发展调解制度的经验表明,只有在尊重当地习惯和经验的基础之上,结合现代ADR的先进理念和规则,才能保障民众实质性地"接近正义"。

一、加纳现代ADR制度的发展背景

"接近正义"思想是全世界法治改革运动的重要部分,作为"接近正义"第

---

① 中华人民共和国外交部:《加纳国家概况》,http://www.fmprc.gov.cn,下载日期:2018年5月26日。

第二十九章 加纳调解制度

三波浪潮的 ADR 制度,已成为各国司法体制改革的重要内容。① 非洲国家于 20 世纪 80 年代开始引入 ADR,至今发展已逾 30 年,成效十分显著,这在很大程度上得益于非洲相对稳定的政治局势和国际组织法制输入的不懈努力。目前,ADR 已成为非洲国家司法制度中的重要组成部分,与传统纠纷解决机制并行,对于缓解法院案件负担、促进民众"接近正义"具有积极的意义。调解程序作为最典型的 ADR 方式,有助于在节省时间和费用的同时更有效地解决纠纷,通过双方的"自主决定"获得更加满意的结果,维持纠纷各方的人际关系。调解员帮助当事人理解法律关系,促进双方的沟通交流,进而友好地解决纠纷。

传统纠纷解决机制历史悠久且被广泛尊重,一直是非洲民众"接近正义"的重要手段。在当今许多非洲国家,它与现代 ADR 制度并行不悖,相辅相成。传统纠纷解决机制中扮演关键角色的是家族首领、长者和族长。这些人士通过谈判、调解和仲裁等程序来解决纠纷。在一些国家,传统的裁断仍然是解决纠纷的主要形式。在社群主义框架下,传统纠纷解决机制仰赖特定区域内人们传统上的接受和认同,已成为非洲社区生活重要的解决纠纷途径。② 非洲传统纠纷解决机制的核心在于合意,其过程的推进需要当事人的自愿,所有决定的作出也需要当事人的合意。尽管主持程序的首领或长者拥有最终的决定权,当事人双方的同意以及社区的参与才是决定作出的关键。传统纠纷解决的目标在于达成一种符合各方需要,能够得到所有人尊重的解决措施。

在许多非洲国家,和解文化也是传统纠纷解决机制中的重要价值。传统纠纷解决机制着眼于恢复社区的和谐,鼓励当事人达成共识。在纠纷解决之前,违约方可能被要求向社区或者特定个体道歉。在刑事领域中,传统纠纷解决机制鼓励罪犯重返社区,作出赔偿或其他补偿手段来请求原谅。和解与双

---

① "接近正义"运动的第一个阶段是通过创立和完善法律咨询以及法律援助制度等与诉讼制度紧密相关的周边制度,为当事人提供接近司法的途径和保障。"接近正义"运动的第二个阶段主要关注于为消费者、残疾人、环境污染受害者等弱势群体的扩散性利益提供司法上的保护。"接近正义"的第三个阶段试图构建诉讼外争端解决机制(ADR),以此实现"接近正义"的目标。参见齐树洁主编:《外国 ADR 制度新发展》,厦门大学出版社 2017 年第 2 版,第 16 页。

② Jacqueline Nolan-Haley, Mediation and Access to Justice in Africa: Perspectives from Ghana, *Harvard Negotiation Law Review*, 2015, Vol. 21, No. 3.

方合意相关联,受害者和犯罪人必须同意最终结果。①

在众多非洲国家中,加纳是较早获得独立且进行法律变革并引入 ADR 制度的国家,其 ADR 制度的实践经验为非洲各国提供了有益的借鉴。近年来,随着国际黄金和可可价格下跌,加纳遭遇了一定程度的经济困难,②但相对稳定的政治局势为 ADR 制度的发展提供了有利环境。

长期以来,ADR 制度被认为是解决非洲发展中国家内外危机的重要手段。ADR 制度在非洲的发展展示了后殖民地时代非洲"接近正义"的努力。2014 年 11 月,在被问及为何积极倡导并引入现代 ADR 制度时,加纳现任最高法院首席大法官伊萨克·柯宾纳·阿班(Isaac Kobina Abban)答道:"ADR 制度不应被理解为新兴事物,而应该被认为是修正传统纠纷解决机制的工具。现代 ADR 制度相较于单纯为了和平的传统纠纷解决机制更易获得公正的结果。ADR 制度带给非洲传统纠纷解决机制的利好是赋予争议双方自主选择中立第三方机构的权利,以及自主决定争议结果的权利。此外,调解中当事人可以自由发言而不必顾及年龄和辈分。"③

二、加纳调解制度的发展历程

在获得独立之后,加纳走在非洲国家引进现代调解制度并积极实践的前沿。现代调解制度无论是在司法体制内还是司法体制外都取得了可喜的进展。具体而言,加纳设立了正式的处理政治和法律争端的调解机制,带头设立了"非洲国家和平委员会",并于 2010 年正式实施《ADR 法》。此外,加纳为改进调解制度也作出很大的努力。例如,建立调解场所、培训调解员等。

加纳的法律体系属于"双轨制",即由英属殖民地时期遗留下来的普通法

---

① See Jacqueline Nolan-Haley & James Kwasi Annor-Oene, Procedural Justice Beyond Borders: Mediation in Ghana, *Harvard Negotiation Law Review*,2015,Vol.20,No.4.

② 加纳的货币已经成为国际上运作最差的几种货币之一,其宣布将寻求国际货币基金组织(IMF)的金融援助。

③ See Center for Mediation in Africa at the University of Pretoria,http://www.up.ac.za,下载日期:2018 年 5 月 23 日。

体系以及社区中的传统习惯法体系构成。前者讲求正当程序和对抗性,而后者注重和平解决纠纷和非对抗性。"双轨制"体系符合加纳的基本国情和历史传统,得到了民众的遵从,但同时也遇到了一些问题,如纠纷解决效率低下、纠纷解决成本高昂等。这也为加纳引入现代调解制度提供了契机。

(一)现代 ADR 制度在司法体系中的发展

加纳法院体系在运行中产生了不少问题,例如低效率、高费用、司法资源供给不足以及司法腐败等。这些问题成为现代调解制度在加纳发展的重要动力。其借鉴美国调解制度化的经验,在法院系统引入现代调解制度。加纳首席大法官敦促尽快加强司法与 ADR 制度的合作,认为二者的融合将有利于民众接近司法并提升个人权利的保障水平。

司法 ADR 在加纳的落地生根可追溯到 1993 年的第 459 号法案。该法案鼓励法院系统积极运用包括调解在内的 ADR 制度。2001 年,首席大法官组建了一个 ADR 特别小组,其任务是制定推进 ADR 制度在法院系统适用的政策建议。2005 年,首席大法官发布了将 ADR 正式纳入司法体系的政策。此后,加纳法院系统制定了一系列 5 年发展计划,以积极回应前述司法政策。自 2005 年起,加纳地区法院提供的法院附设调解取得了相当好的实践效果,尤其是在家事案件中。2009 年,首席大法官建立了独立的国家 ADR 理事会,以协调法院系统的全部 ADR 事务。

2010 年《ADR 法》的实施标志着加纳 ADR 制度发展达到全新的高度。该法囊括了完整的 ADR 程序,包括仲裁、调解、谈判、和解等,其中的一大亮点在于试图将传统习惯法中的仲裁和正式法中的调解贯通起来,正式承认调解的法律地位,其中调解员的权利与传统习惯完全契合。该法鼓励人们运用调解或其他 ADR 方式解决纠纷,并要求在全国普遍建立 ADR 教育中心。[①]

对此社会的反应不一。许多学者为之欢呼雀跃,ADR 的亲身实践者以及律师协会的主席将其形容为"加纳司法制度的救星",认为其能够解决加纳司法制度长期存在的高费用、低效率等问题。现任首席大法官支持《ADR 法》,

---

① 法制化是当代 ADR 发展的趋势之一,其中调解立法是法制化的重要表现形式。参见齐树洁、许林波:《域外调解制度发展趋势述评》,载《人民司法·应用》2018 年第 1 期。

尤其赞许条款中对于传统仲裁方式的保留。原因在于,加纳司法系统巨大的案件负担以及低效率已造成法院不堪重负。ADR 的推行有利于民众接近正义。支持者将 ADR 描述为"传统司法体系的可靠伙伴"、"更低价、便捷、快速、非对抗的接近正义的完美路径"。

然而,也有一部分人对《ADR 法》持消极态度。例如,传统的家族首领们担心 ADR 制度会削弱他们的权威,降低他们的作用。其中一些首领认为他们未被邀请参与立法活动,而相关立法彻底改变了传统仲裁的法律地位。为了缓解首领们的担忧并寻求他们对新法律的支持,加纳首席大法官承诺传统仲裁依旧会保持其活力,认为其有助于纠纷的解决而会长期存在,与此同时首领们应该利用此契机在 ADR 实践中丰富知识和技能。

新法施行之后,很快获得了多方面的支持。调解培训和 ADR 教育开始活跃起来,高级法院的商事法庭将调解设置为审前强制程序,ADR 的其他制度性规定也相继建立。

(二)现代 ADR 制度在司法体系之外的发展

除了在法院系统的发展,ADR 制度也在私人领域和社区中获得迅速扩展。例如,旨在处理商事纠纷的加纳仲裁中心于 1996 年成立,2003 年生效的《劳动法》专门设立了解决劳动纠纷的 ADR 程序,基层法律援助中心还引入社区调解。另外,联合国开发计划署在加纳开展宗族首领的调解技能培训活动。与此同时,这一项目的主要成员也赴美国学习 ADR 的先进经验。①

在政治冲突调解方面,加纳同样取得了长足的进步。2006 年,加纳成立了国家和平委员会,其目的是预防和解决冲突。国家和平委员会在 2008 年举行的全国选举中发挥了巨大的作用,成功调停了涉及能源和酋长的纠纷,使得政权得以和平过渡。2011 年,加纳在法律上确认了该委员会的合法地位。

(三)加纳调解制度的运行成效

根据加纳 2013 年发布的"接近正义"报告,加纳民事纠纷的主要类型有三

---

① 例如,加纳现任首席大法官伊萨克以及现任律师协会主席阿马格尔都曾于 20 世纪 90 年代赴美国学习 ADR 经验。

种,即商事争议、土地争议和财产争议,其中经由调解解决的比例较低。有学者将造成这种现象的原因归结为"抵抗和解的根深蒂固的文化"。具体来说是指,在这些类型的案件中,当事人与案件诉讼标的具有"深厚的利害关系",导致双方皆不愿轻易让步。

2015 年,加纳共有 57 个地区和巡回法院参与法院附设调解项目。按照计划,该项目将于 2017 年扩展至加纳所有法院。但法院附设调解的效果尚不显著。2013 至 2014 年的数据显示,进入法院附设调解的案件共计 5789 件,但仅有 2355 件得以成功调解,调解成功率仅为 41%,低于 2012 至 2013 年 46% 的调解成功率。① 其原因如下:

1. 当事人的消极抵抗

有学者经过调查,认为调解率低下的主要原因在于当事人的坚持抵抗而不妥协以及加纳法律体系中缺失庭外和解制度。随着越来越多的土地被开发,加纳土地纠纷的数量急剧增加。而土地对于土地所有人而言兼具经济和领地的双重价值,因而土地纠纷的当事人更需要法院具有强制执行力的司法判决,而对不具法律强制力的调解协议不感兴趣。

加纳人不喜爱和解的文化特质在后续对地方法院调解的实证研究中再一次被证实。有学者指出,利用 ADR 解决纠纷除了比诉讼程序更快捷和廉价之外,对于缓解法院案件积压的问题几无助益。如果当事人拒绝达成和解协议,那么 ADR 发展的最大挑战在于如何实现和解并促使协议的履行。2013 年加纳的"接近正义"报告中除了提到法院附设调解取得的成效之外,也同样提及当事人不愿和解的问题。

加纳民众抵制和解的重要原因之一是强制调解的出现。强制性因素使得调解制度具有了对抗制诉讼的特点。当调解已不再是基于双方合意进行的非正式程序时,习惯于合意决策的双方当事人则对其丧失了兴趣。②

2. 调解员试图强制和解

当事人抵制调解的另一个原因在于调解员的较高职权性。相关研究指

---

① Jeanmarie Fenrich (ed.), *The Future of African Customary Law*, Oxford University Press, 2013, p. 313.

② See Kwesi Appiah, Report on Access to Justice—Scoping Study of the Justice (Formal and Informal) Sector in Ghana, *STAR-GHANA*, 2014, Vol. 6, No. 3.

出,部分调解员急于求成,强迫当事人达成调解协议。调解员在调解开始之前首先要介绍调解与庭审程序的不同之处,然后告知双方当事人调解的目的是促成和解。但在加纳,部分调解员频繁引用宗教教义,强制当事人妥协,由此引发了当事人的抵触情绪。人权和行政司法委员会(CHRAJ)的研究报告表明,有些调解员过度强调作出妥协,急于达成和解,而忽视了当事人在制定法和习惯法上的权利。当事人一般不愿接受严重损害其利益的结果。此外,调解员过度强调和解还导致程序缺乏透明性。这无疑对弱势群体十分不利,他们经常被"哄骗"或"胁迫"达成调解协议,而这些协议通常有损其合法权益。双方当事人可以接受传统纠纷解决机制中首领的职权行为,却又抵制法院系统中调解员的较高职权性,二者似乎存在矛盾。其中的重要原因在于官方调解的强制性侵蚀了双方合意的基础。当官方调解能够有效减少法院负担时,就不免带有一定的强制色彩,加之调解员不断催促和解的达成,遭受当事人的抵制就不难理解了。

学者的研究成果可为加纳调解制度的发展提供智识支持。不少研究已表明,当法院附设调解呈现官方、正式和强制的特性,调解员诱导甚至强迫当事人达成妥协时,调解制度当然不会得到习惯于合意决策的当事人的青睐,反而会遭受消极抵制。从比较法的视野来看,调解员试图强制促成调解的问题同样也出现在美国和其他西方国家。学者和政策制定者表达了对该问题有损公平的担忧:当被迫达成调解协议时,当事人可能会暂时接受对其不公的结果,但并不会自愿履行调解协议。一些学者还指出诸如家庭暴力的受害者或贫穷者等弱势群体,可能无法在 ADR 程序中感受到公正。

三、加纳调解制度的发展经验

加纳的经验为非洲各国"接近正义"的实践以及调解制度的进一步发展提供了智识引导。对加纳调解制度的研究目的在于希望证明调解能够保障社会民众有效"接近正义"。当前,加纳热切欢迎调解制度的引入,将其与传统的纠纷解决机制相结合,使得纠纷解决实践体现出更多的公平性、自治性以及主体性。但是,加纳调解制度在一些情况下具有强制色彩,导致当事人不满与抵制,特别是在极难妥协的土地纠纷案件中。

加纳的经验表明,政策制定者应该预估并非所有人都会支持削弱双方合意的强制调解。立法机关和司法部门将调解制度视为丰富传统纠纷解决机制的工具,但当双方当事人基于自身意愿和利益的考量不愿意选择由官方强制适用的调解。

(一)契合传统纠纷解决体制

在加纳,在本被设计为"接近正义"工具的调解制度遭遇当事人抵制之时,这一制度未来将向何处发展呢?加纳政策制定者应当对此进行仔细的思考。倘若放任调解制度的强制性因素的不断膨胀,加纳调解制度将紧随西方国家的步伐,由轻度说服转化为强制妥协。如果当事人非自愿地加入调解过程,他们将不得不按照调解员的指示去做。而调解申请执行的比率很高表明,从劝说转为强制不是提升调解有效性的最佳解决方案。如果当事人全程自愿参与调解过程之中,那么他们尊重协议的可能性更高。

除了加纳之外,许多非洲国家也都追随西方而实施强制调解改革,但学者认为,对此应当保持谨慎。在调解中融入强制色彩,即调解员指示和劝说当事人,并为当事人提供解纷方案咨询。虽然强制调解并未强制要求当事人达成调解协议,但是结局往往是较弱势的一方,通常是无律师代理的那一方,容易受到裹挟地达成调解协议,而实际上他对调解结果并非真正同意。因而,在考虑是否在非洲国家构建强制调解程序时,政策制定者应当倾听调解参与者的各种声音,谨慎地作出决定。虽然调解制度给加纳法律体系带来了诸多益处,但是目前尚不宜在其中融入过多的强制色彩。

(二)遵循当地的传统价值观

通过询问和恢复方式解决争议的传统机制比起对抗式诉讼,更受当地社区的青睐,因而法律改革应当建基于传统纠纷解决机制的成功经验。例如,加纳期冀将调解作为法庭内外当事人解决争议的合法手段,须尊重那些长期存在于传统纠纷解决机制中的价值。这就避免了将调解加入强制因素而有违"接近正义"要求而所带来的风险。当传统的基础性价值例如合意和尊重长者等,没有受到遵从时,调解制度遭到民众抵制就不难理解了。这就解释了一个问题,即为什么人们拒绝在调解中邀请年轻的调解员,且抵制在未充分协商的基础上,强迫其达成协议的行为。① 唯有建基于既存的纠纷解决机制之上,尊重当地习惯和价值的调解制度才能最大限度地保障民众"接近正义"。合意并非必然会产生公正的实体结果,但可以产生两个维度的程序价值:传统纠纷解决机制中广受尊重的价值以及自主决定的支持机制;双方当事人的合意加强了调解程序的合法性。作为"接近正义"重要工具的调解制度必须尊重合意价值。

(三)辩证看待西方 ADR 的理念和价值观

借鉴和吸取发达国家的成熟经验是发展中国家完善法治的必经之路。加纳在引入西方现代 ADR 的过程中遇到了"水土不服"。西方调解的"中立性"、"自主决定"等原则无法得到加纳国民的完全认同,并与传统习惯法格格不入,这就导致调解利用率相当低,无法达致"接近正义"的目标。

需要考虑的一个问题是,传统的家族首领是如何看待西方样式下的调解制度。有学者采访了多位部族首领,发现他们大多对《ADR 法》的颁布和实施兴趣不大。考虑到传统纠纷解决方式在加纳民众生活中的重要地位,部族首领的接受和参与很可能在 ADR 实验中扮演着重要的作用。基于加纳的经济现状,其根本没有足够的资金来培育大批的现代中立调解员来提供调解服务,可预见的是部族首领仍将长期担任调解制度的关键角色。加纳经验的启示在于:应当辩证地看待西方的理念和价值观,引进他国先进制度之前要注重考察本国的"土壤","全盘西化"只能使得移植制度的初衷无法实现。

(四)推广运用"促进型"调解模式

加纳《ADR 法》提出了一种与美国法不完全一致的调解概念。在美国,调解具有很大程度的自由度和任意性,没有联邦层级的法律和较少的州法律对调解的实践进行严格的规制。而在加纳,《ADR 法》几乎囊括了调解制度的所有程序事项,从调解员的数量到调解中的保密要求,既规范调解双方,也规制第三方(即调解员)。

就方法论而言,目前学界正在进行一场关于调解员应在多大程度上在调

---

① 例如在乌干达,当事人往往拒绝年轻的法学院学生在法院附设的调解中担任调解员,原因在于其不符合当地尊重长者的价值观。

解过程和结果中注入自己的力量的激烈辩论。Len Riskin 教授在"评估型"和"促进型"调解风格的区别中，捕捉到了调解员角色的概念："评估型"的调解是指当事人希望获得调解员的关于解决纠纷的适当指导，包括法律、实践和技术层面的，且该调解员有能力借由其经验和客观性来提供指导。"促进型"的调解是指当事人有足够的能力和智慧来处理纠纷，也比调解员乃至他们的律师更加能够认清现状，也就是说，当事人能够提出比调解员更好的解决方案，那么"促进型"调解员的主要任务就是促进双方的沟通，以帮助其作出决定。[1]

《ADR 法》显然偏向于采纳"强指导性和评估性"的调解模式，立法赋予了调解员对程序的控制权：调解员可以采用其认为适当的调解程序，但应考虑当事人的意愿。这就阐释了调解员应当"以客观、公正、公平为准则，平等关切双方当事人的权利与义务，了解有关贸易的目的及有关争议的情况，包括双方以往的商业惯例"。《ADR 法》授权调解员"制定可能的解决方法，并将其提交各方，供其考虑"。

调解的价值在于当事人的合意，西方调解员扮演的角色是"促进"当事人寻找一个解决问题的最佳方案，反过来，西方普遍认为，谈判涉及的是寻求以自身利益为基础进行交易的自主行为者，以及基于市场规范的理性选择。而"加纳式"的调解通过将法律规范注入调解程序，以此限制当事人的自主性。调解员在调解中扮演着积极的角色，这表明了即使表面上仍需要由当事人同意，但社会认同这种等级色彩浓厚的决策。在加纳不断演变的纠纷解决机制中，尊重权威始终是传统社会的一项基本特征，这一特点使族群价值神圣不可侵犯。

法律的生命在于实施。一个健康的体系必须保证有足够多的中立群体来调解纠纷，且他们利用的程序必须满足纠纷各方的需要。加纳 47 个地区和巡回法院已经制定了"法院附设调解"方案，其目标是到 2017 年将该方案全面落实到所有法院。在 2012 年至 2013 年，将近 5000 个案例通过这些项目进行了调解，调解结案率略低于 50%。在主要的都市区，调解实施和推广的力度很

---

[1] Leonard L. Riskin, Understanding Mediators' Orientations, Strategies, and Techniques: A Grid for the Perplexed, *Harvard Negotiation Law Review*, Vol. 24, No. 7.

大,而一些乡村地区则致力于增加合格调解员的供给,两者均取得较为显著的成效。

加纳民众希望专业训练能够对调解员有所助益,并理解本国立法和西方调解员行为标准之间的微妙差别,其最引人注目之处是参与者对调解模式的理解。参与者可能并不了解《ADR法》的具体规定,但是他们通常认为中立的调解者除了扮演居中者之外,还可以做其他更多的事情。当扮演居中者的角色时,调解员往往期望得到尊重,而作为争议当事人,他们总是在过程和结果中寻求中立的指导。在许多加纳民众看来,在西方话语下,当事人"专属拥有"(独占)调解程序似乎变得很难接受,这不符合欧美的调解文化。

一些加纳的学者观察到西方调解制度运行的良好成效,并认为传统权威机构的等级制度在现代调解中是死板的和不负责任的。为了更好地融入世界,他们积极倡导将西方的一些成熟经验和先进制度引入加纳调解制度。对加纳法院附设调解的参与者的初步调查结果显示,当事人对经过专业训练的居中者有相同的反应,并往往惊异于调解员并无权决定调解结果。在对调解参与人的访问中获知,大多数调解员使用的是"促进型"模式,多数当事人对其所要求的自治性作出积极的反应。当事人认为在调解中他们拥有自由表达的权利,能够被平等对待,不会被强迫接受调解协议。大多数受访者认为他们的自主性在调解过程中得到了尊重。[①]

从中我们可以看出,"促进型"调解同样的特征在一些人眼中是优势,而在另外一些人的眼中则是缺点,这些都值得谨慎关注。

四、结　语

在过去的几十年中,在"接近正义"的目标指引下,ADR尤其是调解制度已经在非洲国家生根发芽。当前,现代ADR制度已经融入非洲许多国家的正式法律体系之中,为社会民众提供更便捷、灵活、低廉的纠纷解决路径,并缓

---

① See Jacqueline Nolan-Haley, Mediation: The Best And Worst of Times, *Cardozo J. of Conflict Resolution*, 2015, Vol. 16, No. 5.

解了国家的司法负担。此外,现代调解制度为传统纠纷解决机制提供了新的价值,但在一些情况下,二者会产生一定的冲突。这种未能考虑当地环境和文化的调解制度在许多国家出现了问题。西方国家和非洲国家在调解的理念和价值方面的理解不尽相同,如中立性和指示性、自我决定和社群主义、保密性和公众参与之间的冲突。

作为新兴的民主国家,加纳为非洲其他国家调解制度的发展提供了很好的示范,尤其是在将调解融入正式法律体系的经验值得参鉴。加纳已将现代调解制度和传统纠纷解决机制的积极因素融会于正式法律体系中。在西方国家纠纷解决理念的引领下,一些案件的调解具有强制色彩。加纳推行调解制度得到了政府、司法机关和政策制定者的共同支持,但却受到在传统纠纷解决机制中扮演重要角色的宗族首领们的抵制,以及某些特定类型(主要是财产纠纷)案件当事人的拒绝。

加纳经验的启示有两点:其一,在将调解引入正式法律体系之时,应当充分考虑传统习惯和文化,以有助于"接近正义"目标的实现;其二,实质性合意是传统纠纷解决机制的重要价值,应当在现代 ADR 制度中拥有一席之地。自愿调解使得当事人参与实质化,因此立法者应当尊重调解中的合意价值。唯有尊重加纳习惯法中的双方合意价值,加之现代调解制度中的自主决定价值,才有助于找寻通向正义的最佳路径。调解若能充分吸收当地的传统价值,尊重当地合意的文化氛围,其必将成为加纳法律体系中充满活力的力量。

外国调解制度

第三十章

调解制度的发展趋势

在遍及全球的民事司法改革浪潮中,包括调解在内的 ADR 制度受到了普遍关注,并在不同程度上被纳入各国司法改革的架构之中。近年来,域外调解制度的发展出现了法制化、电子化、职业化的新趋势,值得研究和借鉴。如果我们能够带着问题意识,用比较的眼光去观察和审视域外调解制度的新发展,对我国正在建构的多元化纠纷解决机制必将大有裨益。

一、调解的法制化进程

立法的完善为各国 ADR 的发展提供了坚实的法制基础。1998 年 10 月,美国颁布了世界上第一部《ADR 法》,授权和鼓励联邦机构使用 ADR 方式解决纠纷。该法公布后,法院附设 ADR 在美国的立法和司法实践中从"暴风骤雨"式的激进革命转向了"和风细雨"式的渐进改革。2007 年,日本实施《ADR 促进法》。该法作为日本实现法制现代化的一种过渡性战略措施,有效地缓解了移植法与传统社会间的不适与冲突。

现代调解运动的复兴得益于其生存环境持续不断的改善与优化。事实上,调解的制度化不过是最近十余年的事情,而调解立法是优化调解制度生存环境的首要因素。放眼世界,各国和地区大多通过立法的方式推进调解制度的发展。进入 21 世纪后,欧洲各国掀起调解立法的热潮。与调解有关的立法活动在欧盟各国方兴未艾,引人注目。2003 年,奥地利率先颁布了欧洲第一部《民事案件调解法》,该法被公认为欧洲首部法典化的调解程序规则。

2008 年 5 月,欧洲议会及欧盟理事会颁布了《关于民商事调解若干问题的 2008/52/EC 指令》(以下简称《调解指令》)①,该指令对各国纠纷解决的实践及监管机构的运作产生了积极的影响,引发了欧洲各国在实践、立法、学术研究等领域的讨论与验证。律师、法官、咨询委员、调解员等具备中介功能的纠纷解决的实践者开始质疑传统的纠纷解决机制,并着手探索如何进一步提高纠纷解决的效率与质量。由于各欧盟成员国必须在 2011 年 5 月 21 日前实施该指令(第 10 条除外,该条必须在 2010 年 11 月 21 日前实施),立法部门必须考虑如何设计新的立法,以体现《调解指令》的内容;研究部门亦须相应地调整其研究的重点与方向。至 2017 年,大多数成员国相继根据《调解指令》修改民商法、诉讼法中关于调解的规定,或者制定新的调解法。例如,2009 年,匈牙利发布法令,修改 2003 年 3 月 27 日起施行的《调解法》;2010 年 12 月,希腊颁布《调解法》;2012 年 7 月,德国颁布《促进调解及其他诉讼外冲突解决程序法》(简称《调解法》);2012 年 7 月,西班牙颁布了第一部全国性的《调解法》;2013 年 4 月,葡萄牙立法机关通过《调解法》;2016 年 1 月 1 日,波兰《促进友好型纠纷解决法》正式实施;2017 年,爱尔兰正式通过《调解法》。值得一提的是,俄罗斯过去没有专门的调解立法,在欧盟各成员国调解立法热潮的影响下,也于 2011 年 1 月施行了《调解法》。

此外,意大利议会于 2009 年颁布了第 69 号法律,将调解作为纠纷解决的选择之一,同时授权意大利政府制定相关法令,以完善调解制度。2010 年,意大利正式实施第 28 号法令。该法令引入了强制调解的规定,试图进一步扩大调解的适用范围。同年 10 月,意大利司法部颁布第 180 号命令,②对调解组织、调解员资格以及强制调解费用等规定进行补充。2011 年 1 月 1 日生效的

---

① 该指令的适用范围主要表现为以下 3 个方面:(1)仅限于民商事纠纷的调解,即仅调整民法规范的纠纷类型,而不包含行政纠纷与刑事案件。(2)在成员国同意放宽其有关国内纠纷的法律规定的适用范围的前提下,指令方可适用于跨境纠纷的调解。因此,对指令提出保留意见的成员国,其保留意见必须同等适用于国内纠纷的解决。(3)指令并不为成员国有关调解过程及当事人的所有事宜提供全面的指导方案,其仅规范诸如调解协议的执行力问题等事项,至于调解员的专业性法规的制定等内容,则由成员国自行决定。参见 Klaus J. Hopt & Felix Steffek, *Mediation: Principles and Regulation in Comparative Perspective*, Oxford University Press, 2012, p.5.

② Ministry of Justice Decree 不同于 Legislative Decree,前者是司法部颁布的政府规章,而后者是根据法律的授权制定的,其效力等同于法律。

外国调解制度

瑞士《联邦民事诉讼法》对民事程序中的调解制度予以统一规范,并鼓励各州积极使用调解方式解决民事纠纷。

从20世纪90年代开始,加拿大议会修改了大量制定法以引进调解制度。这些法律包括《破产法》《广播法》《运输法》《环境评价法》《离婚法》《农场债务调解法》《劳动法》《人权保护法》《移民和难民保护法》《青少年刑事审判法》《体育运动法》等。可见加拿大调解制度不仅被运用在民商法领域,而且被广泛运用于公法领域。[1] 为提升美国调解实践的管理和技术水平,1998年至今,美国越来越多的学术机构和行业组织公布了"模范标准"和"统一法案"。例如,由美国律师协会、美国仲裁协会和纠纷解决专业社团合作编写并修订的《调解员行为模范标准》,美国律师协会和统一州法委员会全国会议起草的《统一调解法》等等。其中,仅涉及调解的州法规和联邦法规就已经超过2000部。[2]

南非、澳大利亚、新加坡等国的调解法制化成果同样不可忽视。面对差强人意的离婚诉讼状况,南非立法机关于1987年通过了《离婚纠纷调解法》。[3] 在该法颁布之前,家事纠纷的处理机制中并无法院附设调解制度,调解服务主要由私人机构提供。1991年,立法机关通过了《特定民事案件速裁与调解法》,首次将调解制度正式引入普通治安法院,且专门构建了一个被称为"速裁法院"(Short Process Court)的新法院体制,原有的普通治安法院和新建立的速裁法院均有权组织调解。澳大利亚已经成为仅次于美国的调解大国,其数量巨大、种类繁多的调解立法,既规定了法院强制调解,也规定了当事人自愿调解。尽管如此,无论在联邦还是各州,均无统一的调解规范,2011年8月1日生效的《民事纠纷解决法》回应了这一需求。随着亚洲的贸易与商业领域持续快速增长,亚洲地区对法律服务的需求预计会增加,新加坡冀望成为亚洲地区争议解决的中心,大力推进商事调解的发展。2014年,新加坡国际调解中心与新加坡国际调解学院成立,以便加强其所提供的国际商业调解服务。2017年11月,新加坡《调解法》生效施行,核心内容是和解协议转为庭令、搁置法律程序条文、限制披露与可呈堂证据条文以及把适用于仲裁案件的律师

---

[1] 朱立恒:《英美刑事和解探析——以VOM模式为中心的考察》,载《环球法律评论》2010年第2期。

[2] 齐树洁主编:《美国民事司法制度》,厦门大学出版社2011年版,第147页。

[3] 南非1987年第24号法律,该法于1990年10月1日生效。

专业法令豁免项目延伸至调解案件。

总体而言,调解的法制化具有现实需求,并取得了显著成效。以意大利为例,2012 年,全国未决民事案件多达 600 万件,诉讼拖延严重阻碍了经济的发展,2013 年至 2018 年的经济增长预期从 0.7％降至 0.5％。意大利 2010 年第 28 号法令第 5 条引入了强制调解制度,该法律于 2012 年被宣布因违宪而撤销,2013 年予以恢复。意大利司法部公布的数据表明,近年来调解案件的数量大幅度增加,有效缓解了法院的审判压力。[①] 再如,伴随着《调解法》的生效施行,俄罗斯各大调解中心如雨后春笋般建立起来:2015 年在莫斯科州已建立了 45 个调解委员会,直至 2017 年俄各大城市均已建立起调解中心。

二、调解的电子化运作

在电子化时代(E-age),网络技术在纠纷解决中发挥着日益重要的作用。纠纷解决服务的提供者开始寻求利用互联网技术改进纠纷解决方式。在线纠纷解决机制(Online Dispute Resolution,简称 ODR)是 ADR 移至网络空间的电子化产物,主要形式包括在线协商、在线调解和在线仲裁。ODR 通常被用于解决因科技而产生的新类型纠纷,如域名纠纷、数据传输的保密与安全引发的纠纷、提供 IT 服务引发的纠纷、因违法使用歌曲或视频而引发的侵犯知识产权纠纷以及电子商务纠纷等。ODR 同样可被用于调解网络范围以外发生的纠纷,它可以产生与传统 ADR 同样的效果。[②] 在当事人之间的地理位置相距遥远,或当事人自我感觉在线交流更有自信的情况下,ODR 是一种非常有效的调解模式。在美国、加拿大和欧洲各国,存在大量有关 ODR 程序立法的小规模试点项目。其中,美国律师协会的电子商务和 ADR 部门(ABA-

---

① [意]Elena Consiglio:《意大利调解制度的新发展》,李叶丹译,载齐树洁主编:《东南司法评论》(2013 年卷),厦门大学出版社 2013 年版。

② 有关 ODR 的调整范围的详细介绍参见 http://www.odr.info,下载日期:2018 年 6 月 9 日。

eADR)的职责即为处理与 ODR 有关的法律问题;①2001 年跨国运作的欧洲法院外纠纷解决网站(EEJ-Net)正式建立,其目的是在法院之外利用网络技术解决跨国消费者纠纷。该网站尤其适合解决电子商务纠纷。② 许多国际组织、消费者组织、ADR 服务提供者以及贸易组织也提出了许多有关 ODR 的建议,如经合组织(OECD)、联合国国际贸易法委员会(UNCITRAL)、国际商会(ICC)等。

在线仲裁是 ODR 最正式的表现类型,但由于当事人参与程序的自由度和对程序的控制力较低,在线仲裁在各国(地区)的实践中并不如在线调解普及。基于调解的自身优势,在线调解的发展较为迅速。在线调解是调解移至网络空间的电子化产物,并成为在线纠纷解决机制的重要形式。在线调解是指在第三人的协助下,当事人之间、当事人与第三人之间利用网络信息技术所打造的网络纠纷解决环境,在未会面的情形下,利用网络信息技术进行的解决纠纷的信息传输、交流、沟通,最终达成协议并解决纠纷,可分为辅助型在线调解和自动型在线调解两类。在线调解的运作与服务取决于调解服务机构数量、质量与程序规则。其依赖于以高度发达的信息技术为基础的远程交流,对硬件设施要求较高,具有快速便宜、高度机密、避免有争议双方当事人面对面语言交流等优势。③ 但出于对网络的不信任,在线调解协议还不能向法院申请司法效力确认。④ 近年来,在线调解平台试图通过创立强制执行规则,保证调解协议的顺利执行。在线调解实践的突出代表是比利时政府于 2011 年 4 月创建的 Belmed 调解(Belgian Mediation)平台,其为 ODR 的实践开辟了新的道路。当在线调解申请提交后,平台会自动将纠纷转至有执业资质的调解组织,以节省当事人寻求适宜的调解组织的时间与费用。除比利时外,欧盟其他国家的民众也可以通过 Belmed 平台获得在线调解服务。截至 2014 年年底,已有 26 家各类调解服务组织与 Belmed 平台签订合作协议。Belmed 平台要求与之合作的调解服务组织必须遵守欧盟《关于消费纠纷的庭外解决责任

---

① 有关美国律师协会的电子商务部门和 ADR 部门所处理的 ODR 法律问题的详细介绍,参见 http://www.law.washington.edu,下载日期:2018 年 6 月 9 日。
② 有关欧洲法院外纠纷解决网站中有关 ODR 内容的详细介绍,参见 http://www.eejnet.org,下载日期:2018 年 6 月 9 日。
③ 范筱静:《在线纠纷解决机制研究》,载《西部法学评论》2012 年第 4 期。
④ 郑世保:《在线解决纠纷机制的类型化研究》,载《郑州大学学报》2014 年第 5 期。

机构的 1998/257/EC 建议》《关于非司法机构涉及消费者纠纷处理的原则的 2001/310/EC 建议》的最低保证,即庭外消费纠纷解决程序必须遵守下列原则:独立、有效、法定、抗辩、代理、公平和透明度等。此外,西班牙创造性地将"在线调解"融入小额纠纷简易调解程序中。在线调解法制建设的突出代表是欧盟及其各成员国。例如,欧盟于 2013 年 5 月 21 日颁布《消费者网络替代性纠纷解决机制(ODR)条例》;西班牙于 2012 年 7 月颁布《调解法》,其中第 24 条第 1 款规定:对于争议标的额小于 600 欧元的小额纠纷,当事人可以在具备客观物质条件时通过视频会议等电子媒介进行在线调解;该类小额纠纷的调解期限应当控制在 1 个月以内。

在线调解的发展需要大量的人力物力,亟待资源的优化整合。如在线调解平台建设耗费大笔资金,平台建成的运行成本也不小。英美法系国家在线调解制度的发展明显优于大陆法系国家,主要因为前者积极地推进纠纷解决服务的市场化。纠纷解决市场化以竞争的优胜劣汰为手段,实现纠纷解决资源的充分合理配置,促进纠纷解决效率的最大化。竞争不仅有利于提高纠纷解决服务的质量,而且起到了普及知识的作用。以外国的调解市场为例,虽然这类市场已相当成熟,但是为了不在竞争中落败,各类纠纷解决机构纷纷抢占网上市场,通过各种方式最大限度地在网上推广其服务产品。例如,美国 JMAS 公司以市场及用户为优先,致力于发展在线纠纷解决机制,提供高质量、高效率的纠纷解决服务。再如,国外有代表性的 30 家在线纠纷解决机制网站,超过 80%的资金来源于商家和客户所缴纳的费用,近 1/3 实行的是会员制,只有两个网站获得了政府的资金支持,不到 7%。[1] 为此,在线调解的发展应树立市场化理念,明确企业的主导地位,扩大纠纷解决行业的自主权。

三、调解的职业化发展

"职业化"是指拥有和运用独特的知识、技能、方法、思维模式和语言文字等的同质化群体,专门从事某类工作,通过向社会提供特定的产品来参与社会

---

[1] 范愉主编:《多元化纠纷解决机制》,厦门大学出版社 2005 年版,第 581 页。

资源和利益分配的发展趋势。在 ADR 的发展进程中,有关纠纷解决的技能逐渐发展成为专门的职业技能。

近年来,受国家鼓励与市场调节的影响,政府和社会资金汇集、优秀人力资源聚合,纠纷解决的资源向调解制度的配置份额较以往明显增多。各国和地区的调解职业化呈现良好的发展态势,各类调解组织和培训机构层出不穷,调解员数量增多且素质明显提高。其中,调解员资格评审制度的发展成为调解职业化的重要助力。例如,南非于 2010 年 3 月 5 日在斯泰伦博斯大学商学院的非洲争端解决中心成立了"国际争端解决从业者委员会",旨在对解决争端的从业者进行资质认定并发布国家认证标准,认定对象包括调解员、仲裁员、培训员以及课程评估员等。该委员会有权颁布国家注册的附属服务提供者证、经认可的争端解决从业者证、培训员证、课程评估员证。德国于 2012 年颁布的《调解法》以立法的形式界定了调解员的法律地位,并明确规定了调解员的培训与反馈机制。①

调解是一种与调解员经验、能力、知识(包括法律知识及其他必要的专门知识)乃至人格魅力密切相关的实践活动。职业调解主义,是指调解服务不但由法律规则制定,并且要由受过系统专业教育的人来提供。因此,调解员的培训是影响调解职业化的重要因素。各国十分重视培养调解人才,许多社会机构和大学均设立了调解员培训课程。例如,2012 年,莫斯科大学、莫斯科国立法律大学与莫斯科调解中心合作设立了调解培训班,调解教育逐渐成为社会培训机构的商业增长点。在培训教育方面,大陆法系国家比较关注跨学科教育与部门法理论,普通法系国家则更注重实务的技能训练。法国的大多数调解员都有扎实的法律或人文科学背景;美国则在法律诊所教育中日益重视对学生的调解技能培训;南非在法学教育中对法科学生进行集中式调解职业培训,②其调解员的专业性获得了国际认可。此外,南非的调解培训人员也在发展中国家受到广泛的欢迎,尤其是培训商业和雇佣领域的调解员的人员。③

在对待调整职业化的态度方面,各国和地区可分为三种类型:一是以匈牙

---

① 张泽涛、肖振国:《德国〈调解法〉述评及其启示》,载《法学评论》2013 年第 1 期。
② 陈红梅:《南非诊所式法律教育及其对中国的启示》,载《西亚非洲》2008 年第 9 期。
③ [南非]John Brand:《南非的友好争议解决》,贺玉彬译,载程波主编:《湘江法律评论》(第 12 卷),湘潭大学出版社 2015 年版。

利和葡萄牙为代表的许可模式,要求调解员需经过官方许可注册后方可执业;二是以奥地利为代表的激励模式,允许任何人充当调解员,但对当事人有利的一些规定,如保密性条款和时效条款等只有在调解由注册的调解员主持时才能适用;三是以英国、美国为代表的市场模式,该模式排斥公权力对调解职业化的干涉,相信自治市场的参与主体作出的理性选择行为。

四、调解制度发展的激励与保障

从允许调解作为一种纠纷解决方式使用,到鼓励调解的普遍使用,再到现阶段的采取有条件的强制利用方式推动调解的运用与发展,各国对调解所持的态度发生了明显的改变。[1] 在上述三个发展阶段中,强制调解的推行、诉讼费用罚则的运用及调解保密原则的坚持,都为调解制度在全球范围内的快速发展提供了充足的动力与保障。

(一) 强制调解

为将更多的纠纷引入非诉讼纠纷解决机制,提高纠纷处理的效益和社会效果,世界各国越来越多地在特定类型的纠纷处理中建立强制调解程序,当代全球调解呈现出强制性的发展趋势。[2] 由于强制调解构成了对当事人行使诉权的一种限制,所以非依法律规定不得适用。此外,强制调解的本质是针对启动调解程序采取强制,而非对调解结果施加强制。法定性和程序启动性是强制调解制度的鲜明特征。

德国将调解的理念贯穿于审判程序的始终,其《民事诉讼法》第 278 条明确要求法官"应当在诉讼的各阶段努力在当事人之间进行调解"。该国的法院调解分为当事人合意的调解和诉前强制调解两类。关于后者,《雇员发明法》《著作权和发现法》《支付不能法》和《劳动法院法》等法律都对诉前强制调解程

---

[1] 范愉:《当代世界多元化纠纷解决机制的发展与启示》,载《中国应用法学》2017 年第 3 期。
[2] [澳]娜嘉·亚历山大主编:《全球调解趋势》,王福华等译,中国法制出版社 2011 年版,第 234~235 页。

序作了规定。2000年《民事诉讼法施行法》对《民事诉讼法》作了修改,增设审前调解程序的规定,对特定类型的案件进行强制调解。

在爱尔兰,无论是民间调解还是法院附设调解,均由当事人自愿参与。2004年《调解法》规定的调解会议制度是调解自愿原则的唯一例外。该法规定,一方当事人可申请举行调解会议,法院经合议认为该会议有助于纠纷的解决,则会强制另一方当事人参与。另一方当事人同意与否,不影响调解会议的举行。虽然法律并未规定任何确保另一方当事人参加会议的强制措施,但是法院可命令拒绝参加调解会议的一方当事人承担随后发生的诉讼费用。[①] 虽然当事人并无参加调解会议的法定义务,但是为规避承担诉讼费用的风险,通常会参加调解会议。

比利时《司法法典》明确规定,劳动争议、房屋租金纠纷、某些环境纠纷等案件适用强制调解程序。[②] 根据俄罗斯《劳动法》《家庭法》的规定,集体劳资纠纷、离婚纠纷适用强制调解。

与邻国美国相比,调解制度的发展在加拿大起步较晚,早期主要集中在劳动争议和农场债务纠纷。20世纪90年代以来,政府大力推广调解制度,取得成效。加拿大通过各种强制机制促使当事人选择调解程序,强制调解作为一种纠纷解决方式,有效减轻了法院的压力。在联邦层面,法院附设调解比较典型的是离婚强制调解;在省一级层面,安大略省强制调解的特色较为明显。安大略省于1999年修改《民事诉讼规则》,决定在较大的城市选出若干民事法庭试行诉中强制调解制度,即法院立案后,将案件直接转入调解程序。该制度在试行阶段取得良好效果后即全面推广。强制调解制度本是仅在多伦多和渥太华地区法院实施的试点项目,但在实施两年后,评估委员会根据实施报告,认为其应当作为一项长期的制度纳入安大略省《民事诉讼规则》的规制范围。该提案最终转化为该省《民事诉讼规则》第24条和第76条的规定。

越南共产党中央政治局于2005年5月制定《2005年至2020年司法改革

[①] Katie Bradford, *Commercial Mediation:A Comparative Review* 2013, http://www.linklaters.com,下载日期:2018年6月20日。

[②] 方俊、王喆:《比利时调解制度的蓬勃发展》,载《人民法院报》2016年11月4日第8版。

策略决议(49-NQ/TW)》,要求法院采取一系列改革措施推广 ADR。① 据此,《婚姻家庭法》《劳动法》《民事诉讼法》等法律规定,离婚诉讼、劳动诉讼必须进行强制调解。《土地法》也规定强制调解适用于土地纠纷。除某些特定案件外,在第一审审前准备阶段强制适用法院附设调解。

以加纳为代表的非洲国家借鉴西方国家的经验,逐步实施强制调解制度。尽管该制度在非洲的发展仍然存在诸多争议,不可否认,其已成为非洲许多国家纠纷解决体系的重要组成部分。②

(二)诉讼费用罚则

各国纠纷解决的实践证明,当诉讼方式被过度用于纠纷解决时,法院将不堪重负,从而导致诉讼迟延、诉讼成本过高以及投入司法的资源无法与诉讼量增长的速度相适应等问题的产生。且以两造对抗为基调的诉讼,可能并不利于对当事人的行为进行预防性引导。③ 因此,在诉讼之外寻求其他纠纷解决方式成为必然趋势。在英国,诉讼费用罚则的确立和发展对调解的运用起到了极大的促进作用。

1999 年 4 月 26 日,英国《民事诉讼规则》(以下简称新规则)正式实施,开启依法鼓励当事人调解的新时期。新规则从基本原则到具体制度都对 ADR 的实践给予了有力的支持。从基本原则层面来看,新规则第1.1条第2款规定,公正审理案件应切实保障当事人平等;节省诉讼费用;应当根据案件金额、案件重要性、系争事项的复杂程度以及各方当事人的经济状况,采取相应的审理方式;便利、公平地审理案件;案件分配与法院资源配置保持平衡,并考虑与其他案件之间的资源配置需要。在具体制度上,法院利用诉讼费的调节作用促使当事人采取 ADR。新规则第44.3条和第44.5条规定,在裁定诉讼费用的承担时,法院可以对当事人的全部行为作出评价,评价的内容包括以下几点:(1)当事人在诉讼前和诉讼中的行为,尤其是在签订了诉前议定书之后的行为;(2)当事人提出的特定诉讼请求的合理性;(3)当事人的申诉或抗辩行

---

① 《越南2005年至2020年的司法改革策略》,龙飞等译,载《人民法院报》2010年7月9日第5版。
② 王言:《非洲 ADR 的发展与加纳经验》,载《人民法院报》2017年6月2日第8版。
③ 齐树洁:《关于我国民事司法改革的思考》,载《法学杂志》2009年第3期。

为;(4)胜诉方是否整体或部分地夸大了诉讼请求。① 例如,法院在对当事人是否遵循诉前议定书的情况作出评价后,不遵守诉前议定的当事人将陷于不利的境地。②

新规则实施后,调解在实践中得到了有效应用。2002年2月,法院在 Dunnett v. Railtrack 一案中首次适用了诉讼费用罚则,即当事人若拒绝法院提出的以调解方式解决纠纷的建议,即使该方当事人在随后的诉讼中获胜,法院同样有权判决其承担案件的诉讼费用。法院在认识到该罚则"很可能被无理或非善意的一方当事人作为诉讼策略所利用,借'诉讼费用罚则'逼迫对方当事人接受调解,从而损害对方当事人的合法权益"后,③对"诉讼费用罚则"作了适当的修正;2002年5月,法院在 Hurts v. Leeming 一案中,确立了"有充分理由拒绝调解不适用'诉讼费用罚则'"的规则;2004年5月,法院在对 Halsey v. Milton Keynes General NHS Trust 一案作出判决时,对先前确立的诉讼费用罚则进行了必要的调整。该案的判决确立了两个重要原则:一是强制当事人适用调解等非讼程序,将会妨碍当事人行使诉讼权利,同时也违反了《欧洲人权公约》第6条的规定,即"任何人有权在合理的时间内受到依法设立的独立与公正的法庭之公平与公开的审讯";二是诉讼费用的处罚措施应适用于当事人无正当理由而拒绝调解的情形。败诉方在要求法院对胜诉方适用诉讼费用罚则时,应当承担举证责任,证明胜诉方不合理地拒绝接受调解。④

在英国,并非所有适合调解的案件都可以适用诉讼费用罚则,该罚则的适用须符合以下三个条件:(1)争议具有可调解性。家事案件、人身伤害、医疗损害以及大多数的合同纠纷是适合调解的。(2)调解的费用与争议的标的符合比例。小额争议的案件根据其本身的性质应当进入调解程序,因此可直接适用诉讼费用罚则。(3)调解有成功的可能性。这需要法官综合各项因素后进行判断。

参鉴英国的相关制度及其经验,世界其他国家也在建构本国特色的讼费

---

① John O'Hare & Kevin Browne (eds.), *Civil Litigation*, Sweet & Maxwell Press, 2011, pp.614-615.
② 齐树洁主编:《英国民事司法改革》,北京大学出版社2004年版,第399页。
③ 张永红:《英国判例法对调解的规范和引导》,载《法律适用》2010年第3期。
④ 沈芹宇:《英国调解中的诉讼费用罚则》,载《人民法院报》2010年3月26日第8版。

罚则制度。例如,《调解法》并未直接规定费用制裁条款,但可援引《仲裁程序法》的相关规定。《仲裁程序法》规定,当诉讼一方未遵守联邦法律规定或者协议约定进行诉前纠纷解决程序,尤其是另一方发出诉前程序要约而没有回应的,法庭应当强制该当事方承担诉讼的一切费用,不论案件处理结果如何。上述费用包括国家司法费用和当事人诉讼成本。这一费用制裁措施是对传统讼费规则的必要调整,有助于引导当事人回归调解。

(三)调解保密原则

20世纪70年代以来,大量民间性、自治性的调解制度盛行的同时,行政性、司法性或准司法性的调解制度也在各国得到推行,这些调解大多以法院为主导机构,与诉讼制度具有一定的联系,被称为法院附设调解(court-annexed mediation)。各国以立法、判例和证据制度来严守调解过程以及处理结果的秘密性,建立起了一整套完善、科学的保密制度。

1. 美国法院附设调解保密制度

作为世界上调解制度最发达的国家,美国通过立法、判例等方式建立起了覆盖全联邦地区的法院附设调解体系,保密制度因其在调解中的重要作用而受到普遍关注。各州相关立法林林总总,联邦政府也相继颁布统一法规对调解保密的主体、范围和实现方式等予以明确。此外,随着近年来社会的发展和情势的变化,司法实务界也纷纷以判例、平衡规则来完善调解保密制度。

在法律规范方面,对法院附设调解保密制度规定最为全面的当属2001年的《统一调解法》。该法第3条第1项规定:"本法适用于按照法院或行政机关规则进行的调解,或者向法院、行政机关和仲裁员提交的调解。"可见,该法规定的调解保密制度也适用于法院附设调解。除《统一调解法》外,《联邦证据规则》(2010年)也规定禁止披露调解信息。该规则第408条规定:"在对一项诉讼主张进行和解或企图和解的过程中,当事人(1)提出、表示或允诺提出;(2)表示或允诺接受一项有价值考虑的调解信息,当该诉讼主张的效力或数额引起争议时,该信息不能作为证明对该诉讼主张无效或其数额负有责任的证据采纳。当事人在和解谈判中所作行为或陈述的证据同样也不能被采纳。"第501条还赋予法官创制证人免证特权的裁量权,这一规定被认为是创制了调解参与人的免证特权。《加利福尼亚州证据法典》(1966年)、《德克萨斯州民事程序及救济法》(2013年)也针对调解保密制度制定了比较详细的规范;田纳西、俄勒冈等州立法典中亦有类似的规定。在美国的司法实践中，调解保密通常以当事人签署保密协议、法庭依法援引调解保密特权以及证人作证特权等方式来实现。鉴于个案之间的差异，法官通过判例确立了排除保密特权的例外，不断丰富和完善保密制度。

2. 欧盟及其成员国的调解保密制度

为了更好地促成调解，让纠纷当事人能够在调解程序中开诚布公地进行沟通和交换信息，有必要充分尊重调解的秘密性，《调解指令》第7条规定：(1)假如当事人意使调解以保密的方式进行，除当事人同意外，各成员国应当保证调解员以及其他参与管理调解程序的人员，不会被迫在民商事诉讼和仲裁中就调解产生的或与调解相关的信息作证。但以下情况除外：当与成员国相关的公共政策成为必须首要考虑的因素时，特别是需要保护儿童的最佳利益时或防止对个人身心健康的侵害时；为了履行或执行调解协议而必须披露协议的内容时。(2)第1款的规定不排斥成员国制定更为严格的措施以维护调解的保密性。在《调解指令》的指导下，各成员国普遍在调解立法时确立了调解保密制度。

《德国调解法》第4条规定，调解员以及在调解过程中的相关人员都负有保密义务。该项义务涵盖了调解员在调解过程中所获悉的一切信息。然而，调解员的保密义务不适用于以下情形：(i)公开调解协议的内容对于履行或执行该调解协议实属必要；(ii)基于对公共政策的考量，有进行披露的必要性，特别是为了防止危及子女福祉或者防止对某人的身体或精神健康造成损害的情形；(iii)公开案情是获得案件真相所必需的。调解员的保密义务同时也可作为调解员拒绝作证权的主要依据。根据《德国民事诉讼法》第383条第1款的规定，因职务、身份或职业而知悉一定事实的人员享有拒绝作证权。如果有关人士要求调解员公开调解活动中的保密事由，调解员可以援引《德国调解法》以及《德国民事诉讼法》的相关规定拒绝公开信息。

保加利亚调解制度经历了从无到有，从零星规定到系统规范的过程，日臻成熟。其中，保密原则已上升为保加利亚调解制度的基本原则之一，2007年修订的《民事诉讼法》赋予调解员拒绝作证的权利，调解保密的内容得以进一步充实。2011年，为了与《调解指令》保持一致，保加利亚修改了《调解法》第7条的内容。根据新的《调解法》第7条第2款的规定，除非得到当事人的明确同意，调解员在法庭上不得被询问有关当事人向调解员透露的信息以及与调解结果相关的信息。然而,与其他原则一样,调解保密也存在例外。《调解法》规定了调解保密的三种例外情形:一是保密信息可能被用于实施犯罪等不法行为;二是为了保护儿童的特殊利益和人身利益;三是披露将会有利于调解协议的执行。[①]

在葡萄牙,根据2013年《调解法》有关保密原则的规定,除因"公共政策"(public policy)外,调解员应当对在调解程序中获得的信息予以保密。对于何谓"公共政策",《调解法》通过列举的方式予以说明:(1)在监护权调解中儿童的利益;(2)为保护人身(包括生理、心理)的健全;(3)为了保护与前述同样重要的利益。

3. 日本法院调停中的保密规定

在大陆法系国家,日本法院调停制度颇具特色。它是一种在诉讼程序之外单独设立的制度,由一名法官和两名以上民事调停委员组成调停委员会,促使当事人之间达成调解协议。日本《民事调停法》《家事审判法》《家事审判规则》均有关于调停中的保密制度的规定。

《民事调停法》对调停的主体、保密程序以及违反保密义务的责任作了详细的规定。该法将调解过程的不公开作为基本原则,规定调解按非讼程序进行。即对当事人在互谅互让的基础上达成的协议过程进行保密,即使调解不成,当事人也没有外界的舆论压力。[②] 值得注意的是,该法明确规定了调解员泄露信息的法律责任,如第37条将调解员违反保密义务的责任认定为"泄漏他人秘密罪",第38条进一步规定:"没有正当理由,民事调停委员会或者其委员泄漏工作中知悉的他人秘密的,可判处1年以下有期徒刑或者处以50万日元以下的罚款。"尽管由不同的法律予以调整,在调停保密方面,家事与民事调停却有着类似的规定,如调停委员会的组成,调解保密的形式和责任等。[③] 由于家事纠纷经常涉及夫妻关系、儿童权益等,为保护当事人的隐私,《家事审判法》第3条规定:"除非当事人申请须由家事调停委员会进行调停,在家事法院

---

① 朱昕昱:《发展中的保加利亚调解制度》,载《人民法院报》2017年3月24日第8版。

② 宋才发、刘玉民主编:《调解要点与技巧总论》,人民法院出版社2007年版,第297页。

③ 司法部编:《人民调解立法参考资料》,法律出版社2008年版,第12~16页。

认为合适的情形下,如当事人出于个人隐私的保护等原因,特别希望仅由家事法官实施调停时,可以仅由家事法官独任进行调停程序。"①

总结域外调解制度的立法与实践经验,ADR 的发展与司法改革的互动,有助于促使法院承担起促进、协调和监督 ADR 的职能,并促进传统诉讼文化的转变。域外调解法制化、电子化及职业化的有益经验,以及在激励与保障调解制度发展方面的优秀做法,均可为我国调解现代化转型提供可资借鉴的参考样本。

---

① 陈飚:《日本家事调停制度研究》,载《河北法学》2010 年第 1 期。